온 더 무브

On The Move by Timothy Cresswell

이 저서는 2018년 대한민국 교육부와 한국연구재단의 지원을 받아 수행된 연구임 (NRF-
2018S1A6A3A03043497)

온 더 무브

모빌리티의 사회사

팀 크레스웰 지음 최영석 옮김

앨피

모빌리티인문학 Mobility Humanities

모빌리티인문학은 기차, 자동차, 비행기, 인터넷, 모바일 기기 등 모빌리티 테크놀로지의 발전에 따른 인간, 사물, 관계의 실재적 · 가상적 이동을 인간과 테크놀로지의 공-진화co-evolution라는 관점에서 사유하고, 모빌리티가 고도화됨에 따라 발생하는 현재와 미래의 문제들에 대한 해법을 인문학적 관점에서 제안함으로써 생명, 사유, 문화가 생동하는 인문-모빌리티 사회 형성에 기여하는 학문이다.

모빌리티는 기차, 자동차, 비행기, 인터넷, 모바일 기기 같은 모빌리티 테크놀로지에 기초한 사람, 사물, 정보의 이동과 이를 가능하게 하는 테크놀로지를 의미한다. 그리고 이에 수반하는 것으로서 공간(도시) 구성과 인구 배치의 변화, 노동과 자본의 변형, 권력 또는 통치성의 변용 등을 통칭하는 사회적 관계의 이동까지도 포함한다.

오늘날 모빌리티 테크놀로지는 인간, 사물, 관계의 이동에 시간적 · 공간적 제약을 거의 남겨두지 않을 정도로 발전해 왔다. 개별 국가와 지역을 연결하는 항공로와 무선통신망의 구축은 사람, 물류, 데이터의 무제약적 이동 가능성을 증명하는 물질적 지표들이다. 특히 전 세계에 무료 인터넷을 보급하겠다는 구글Google의 프로젝트 룬Project Loon이 현실화되고 우주 유영과 화성 식민지 건설이 본격화될 경우 모빌리티는 지구라는 행성의 경계까지도 초월하게 될 것이다. 이 점에서 오늘날은 모빌리티 테크놀로지가 인간의 삶을 위한 단순한 조건이나 수단이 아닌 인간의 또 다른 본성이 된 시대, 즉 고-모빌리티high-mobilities 시대라고 말할 수 있다. 말하자면, 인간과 테크놀로지의 상호보완적 · 상호구성적 공-진화가 고도화된 시대인 것이다.

고-모빌리티 시대를 사유하기 위해서는 우선 과거 '영토'와 '정주' 중심 사유의 극복이 필요하다. 지난 시기 글로컬화, 탈중심화, 혼종화, 탈영토화, 액체화에 대한 주장은 글로벌과 로컬, 중심과 주변, 동질성과 이질성, 질서와 혼돈 같은 이분법에 기초한 영토주의 또는 정주주의 패러다임을 극복하려는 중요한 시도였다. 하지만 그 역시 모빌리티 테크놀로지의 의의를 적극적으로 사유하지 못했다는 점에서, 그와 동시에 모빌리티 테크놀로지를 단순한 수단으로 간주했다는 점에서 고-모빌리티 시대를 사유하는 데 한계를 지니고 있었다. 말하자면, 글로컬화, 탈중심화, 혼종화, 탈영토화, 액체화를 추동하는 실재적 · 물질적 행위자agency로서의 모빌리티 테크놀로지를 인문학적 사유의 대상으로서 충분히 고려하지 못했던 것이다. 게다가 첨단 웨어러블 기기에 의한 인간의 능력 향상과 인간과 기계의 경계 소멸을 추구하는 포스트-휴먼 프로젝트, 또한 사물인터넷과 사이버 물리 시스템 같은 첨단 모빌리티 테크놀로지에 기초한 스마트시티 건설은 오늘날 모빌리티 테크놀로지를 인간과 사회, 심지어는 자연의 본질적 요소로 만들고 있다. 이를 사유하기 위해서는 인문학 패러다임의 근본적 전환이 필요하다.

이에 건국대학교 모빌리티인문학 연구원은 '모빌리티' 개념으로 '영토'와 '정주'를 대체하는 동시에, 인간과 모빌리티 테크놀로지의 공-진화라는 관점에서 미래 세계를 설계할 사유 패러다임을 정립하려고 한다.

감사의 말

모빌리티를 두고 오랫동안 고민한 결과물로 이 책이 나왔다. 그 시작은 학부 시절 쓴 〈밥 딜런의 가사에 나타난 모빌리티 메타포〉(1986)라는 논문이었다. 아주 꼼꼼한 지형학자였던 런던대학 지리학부 학장님을 납득시키느라 애를 쓴 기억이 난다. 나는 이 논문을 위스콘신대학교에서 쓴 석사학위논문 〈Go-egraphy: 미국 대중문화에 나타난 이동성의 은유〉(1988)로 확장하였다. 나를 도와주신 모든 분들에게, 특히 모빌리티를 탐구하도록 이끈 피터 잭슨께 감사드린다. 위반transgression을 중심으로 한 내 박사학위논문에서는 직접적으로 모빌리티를 다루지는 않았으나, 나는 이를 《제자리에 있는/제자리에서 벗어난In Place/Out of Place》(1996)으로 다시 묶어 내면서 실제 자료에 나타난, 또 메타포로서 이론적 탐구에서 계속 등장하는 모빌리티에 충격을 받았다. 명백한 것은, 결국 위반이 전치displacement, 즉 어떤 장소 안팎으로의 이동을 포함한다는 사실이다. 예컨대 그라피티를 그리는 거리의 작가들은 뉴욕의 지하철 라인을 따라 움직인다. 스톤헨지 주위를 돌아다니는 여행자들은 바흐친이나 세르토의 이론에 등장하는 유목민이나 보행자들의 이론적 저항과 유사한 행위를 하고 있는 것인지도 모른다. 언뜻 보기에 모빌리티 개념은 위반이나 저항과 아주 비슷해 보인다. 그러나 위반이나 저항이 아닌 모빌리티 형태들도 분명히 존재한다. 초국가적인 기업들, 그리고 이 기업들과 함께 움직이는 자본의 흐름이 그 예이다. 이동하지 않고 머무르면서 지배적인 흐름과 움직임에 저항하는 경우가 있다는 것도 분명하다. 바로 이런 지점들을 다루기 위해 이 책을 쓰게 되었다.

모빌리티 전환the mobility turn, 즉 새로운 모빌리티 패러다임이 등장한 1996년 이후로 모빌리티는 중요한 학제간연구 과제로 부상했다. 나는 운 좋게도 이 분야가 성장하는 시기에 내 생각들을 발전시킬 수 있었다. 많은 사람과 기관들의 도움을 받았다. 지난 몇 년 동안 브라이언 호스킨스, 피터 애디, 조앤 매던, 개러스 호스킨스를 비롯한 여러 대학원생들의 놀라운 성과에서 배울 수 있었던 것도 행운이다. 울프 스트로메이어, 데이비드 앳킨슨, 크리스 필로, 리스 존스, 마크 화이트헤드, 루크 데스포지스, 데보라 딕슨, 마틴 존스, 로버트 도지션, 마크 굿윈, 피터 메리먼 등 웨일즈대학의 동료들은 격려와 지원을 아끼지 않았고 중요한 제안도 해 주었다. 데이비드 델라니, 닉 블롬리,

지네트 베르스트라테, 존 어리, 캐런 카플란 등 이 책을 읽고 의견을 제시해 준 많은 이들에게 감사 드린다. 특히 이 책에 쓸 자료를 모으려고 이곳저곳을 방문했을 때 모빌리티의 여러 측면에 대한 생각을 함께 나눠 준 에드 소자, 레온 데벤, 도나 휴스턴, 지네트 베르스트라테에게 감사를 표한다. 이 연구의 많은 부분은 루이지애나 주립대학교, 다트머스대학교, 노스캐롤라이나대학교 채플 힐, 캘리포니아대학교 데이비스, 캘리포니아대학교 로스앤젤레스, 버몬트대학교, 미들베리대학교, 일리노이대학교 어바나-샘페인, 헐대학교, 런던대학교, 사우샘프턴대학교, 랭커스터의 모빌리티 연구센터에서 열린 세미나와 학회에서 발표되었다. 주최 측과 참가자들의 논평과 친절한 비평에 감사 드린다. 리즈, 암스테르담, 랭커스터, 일리노이, 웨일스대학에서 모빌리티를 주제로 열린 여러 회의들은 특별히 언급할 만한 가치가 있다. 노르망디 세리시의 모빌리티도시연구소에서 일주일 동안 머물면서 많은 것을 배웠다. 2003년에는 매사추세츠 햄프셔대학에서 글로벌 이주민 프로그램 연구자로 한 학기를 보내는 행운도 누렸다. 배려와 격려를 베풀어 준 미르나 브리트바트와 김창에게 감사 드린다.

이 책의 일부분은 《New Formations》, 《Cultural Geographies》, 《Gender, Place and Culture》에, 그리고 《Space and Social Theory》나 《Les Sens du Mouvement》 같은 편저들에도 실렸거나 실릴 예정이다. 좋은 의견을 주신 편집자들과 심사자들께 감사 드린다.

뉴저지 스티븐스 컬리지, 퍼듀대학교, 버클리 밴크로프트 도서관, 뉴욕대학교 도서관, 하버드 슐레진저 도서관, 스미스칼리지 스페셜 컬렉션, 런던의 댄스 교사를 위한 제국협회도서관, 웨일즈 국립도서관, 암스테르담 시립기록보관소, 뉴욕공립도서관, 시카고대학교의 특별 콜렉션 담당 부서 등 여러 도서관의 기록들과 특수 소장 자료들을 활용하게 도와준 사서 분들과 기록 관리자 분들께 지난 4년간 너무나 큰 신세를 졌다. 문화기술지 작업을 할 때 만난 분들, 특히 로스엔젤레스의 버스승객조합, 스히폴공항 사람들과 택시 기사들, 얀 벤트헴과 폴 마익세나아에게도 고마움을 표하고 싶다.

이 책을 쓰도록 용기를 북돋워 준 루틀리지출판사의 데이비드 맥브라이드에게 감사 드린다. 2년간의 펠로우십(R000271264)을 허락한 경제사회연구회the Economic and Social Research Council의 도움이 없었다면 이 연구는 이루어질 수 없었을 것이다. 영국 아카데미와 아베리스

티스 웨일스 대학교도 지원을 해 주었다. 무엇보다 캐롤, 오웬, 샘, 매디슨 제닝스의 도움과 지지와 사랑에 감사하고 싶다. 이들 없는 세상은 내게 아무것도 아니기에.

차례

|1장|

모빌리티의 생산

: 해석의 틀

손을 움직이기, 걷기, 춤추기, 운동. 차를 몰아 출근하고 퇴근하기. 휴일에 나가고, 행진하고, 도망치고, 이민을 가고, 여행하고, 탐험하고, 회의에 참석하는 것. 이 모든 모빌리티 형태들이 사회문화연구에서 하나로 다루어지는 경우는 드물다. 모빌리티는 포착하기 어려운 무형적인 특성이 있기 때문에 이해하기 곤란한 연구 대상이다. 그러나 모빌리티 연구는 인간의 핵심을 겨냥한다. 모빌리티는 존재가 지닌 근본적인 지리적 측면이며, 존재의 서사가 그리고 이데올로기가 자라날 수 있는, 그리고 자라게 하는 풍요로운 토양을 제공한다. 갓 태어난 아기의 첫 발길질부터 글로벌 비즈니스맨의 여행에 이르기까지 어디에나 있는 모빌리티는 온갖 학문의 대상이 되어 왔다. 모빌리티는 신체와 사회에 관한 논의에서 중심적인 역할을 한다.[1]

현대 도시 이론에서도 중요하다.[2] 문화는 더 이상 어떤 장소에 매여 있지 않고, 혼종적이고 역동적이며, 뿌리보다는 경로에 가깝다고들 한다.[3] 사회적인 것은 '사회'에서가 아니라, 21세기 모빌리티들의 복잡한 배열에서 포착된다.[4] 철학과 사회이론은 정주주의sedentarism의 시대가 저물고 뿌리 없는 노마디즘이 대두한다고 주장한다.[5] 모빌리티가 현대 서구 세계에서 널리 통용되는 여러 가지 의미를 지니고 있다는 사실이 가장 중요하다. 진보로서의 모빌리티, 자유로서의 모빌리티, 기회로서의 모빌리티, 모더니티로서의 모빌리티가 있는가 하면, 표류 · 일탈 · 저항으로서의 모빌리티도 입에 오르내린다. 모빌리티는 이 세계에서, 또 세계에 대한 우리의 이해에서 예전보다 훨씬 중요하다. 그럼에도 불구하고 모빌리티 자체, 그리고 모빌리티가 의미하는 바는 불분명하다. 장소, 경계성, 토대, 안정성의 대안으로 제시된 일종의 빈 공간인 것이다. 이 공간은 검토가 필요하다. 이 책의 목적도 여기에 있다.

이 책은 다양한 맥락 뒤에 놓여 있는 지리적 상상을 탐구한다. 모빌리티가 사회문화적 권력의 맥락 안에서 어떤 의미를 부여 받았는지를 탐사하는 것이다. 달리 말하자면, 모빌리티가 생리학에서 국제법, 춤의 표기 방식에서 건축에 이르는 다양한 활동들 속에서 어떻게 지식의 대상으로 자리 잡았는지, 그리고 지난 몇 세기 동안 서구에서 모빌리티에 관한 상상이 사람들과 그들의 실천에 대한 판단에 어떤 영향을 미쳤는지를 탐구한다. 이러한 시도를 위한 해석의 틀을 마련하려면 기초적인 문제부터 다루어야 한다.

이동과 모빌리티

모빌리티의 기본적인 의미, 즉 A 지점에서 B 지점으로의 이동에서 시작해 보자.

$$A \xrightarrow{\hspace{3cm}} B$$

모빌리티에는 전치displacement, 즉 위치 사이를 이동하는 행위가 포함된다. 그 위치들은 마을이나 도시일 수도 있고, 서로 고작 몇 센티미터 떨어져 있을 수도 있다. 이동의 도식화는 모빌리티에 대한 가장 단순한 이해 방식을 보여 준다. 예를 들어, 고전적 이주 이론migration theory에서 이동 여부의 선택은 A와 B가 각각 밀고 당긴 결과다. 그 사이에 있는 선의 내용은 탐구되지 않는다. 이동을 이러한 움직임들이 누적된 결과로 보는 시각은 이동이 여행, 노마디즘, 경로, 비행 노선으로 표현되는 최근의 사회 이론에서도 별 반성 없이 받아들여진다. 이 선은 우리의 탐구를 위한 좋은 출발점이다. A와 B를 연결하는 선의 존재가 그저 당연한 것으로 여겨지지 않도록, 이 선의 내용을 들여다보고 탐사하고자 한다.

전 세계 여러 곳의 사람(그리고 사물)들이 만드는 모든 규모의 이동에는 의미가 가득하다. 이 이동은 권력의 생산자이자 그 산물이다. 나는 이동movement과 모빌리티mobility를 분석하여 이 둘을 구분하고 싶다. '이동'은 추상화된 모빌리티(권력의 맥락에서 추상화한 모빌리티)라고 볼 수 있다. 그러므로 이동은 사람들이 위치들 사이로 이동할 수 있게 해 주는 위치 변화 행위(대개 추상적이고 실증적인 이주 논의에서 점 A와 점 B로 주어진다)를 뜻한다. 이동은 그 이동의 유형, 전략, 사회적 함의를 고려하지 않는, 위치 변화의 일반적 사실이다.

그렇다면 이동은 추상적 공간 속에 있는 위치location의 동적 등가물 dynamic equivalent이라고 볼 수 있다. 이 추상적 공간은 내용이 없고, 겉보기에 자연스러우며, 의미 · 역사 · 이념을 결여하고 있다. 추상적인 공간과 위치에 대한 비판[6]은 많지만, 위치의 동적 등가물인 이동은 그만큼 주목 받지 못했다. 이동이 위치의 역동적 등가물이라면, 모빌리티는 '장소place'의 역동적 등가물이다. 장소라는 단어는 이론적인 설명을 할 때든 일상생활에서든 온갖 맥락에서 쓰인다. 지리학적인 이론과 철학에서 장소는 공간의 의미 있는 부분, 즉 의미와 권력이 스며들어 있는 위치를 뜻하게 되었다.[7] 장소는 우리가 경험하는 의미의 중심이다. 우리는 장소에 애착을 품고, 그곳을 두고 싸우고, 거기에서 사람들을 쫓아낸다. 위치는 그렇지 않다. 이상하게도 지리학자들은 이른바 고정적이고 제한된 범주들인 공간, 시간, 지역, 환경에 쏟은 것만큼의 관심을 모빌리티에 기울이지 않았다. 학회에 참석하는 사람들은 현대 세계에서 모빌리티의 증가가 '지리학의 종말'이라고 말하곤 한다. 이들이 말하는 지리학이 학문 분야로서의 지리학을 의미하는 것은 아니겠지만, 이 발언들은 곰곰히 음미해 볼 만한 가치가 있다. 사람과 사물이 이동할 때, (실제 세계에서든 학문 용어에서든) '지리학적'이지 않은 것은 무엇인가? 왜 지리학은 고정성이나 정체되어 있는 것과 동일시되는가? 모빌리티는 장소처럼, 공간적―다시 말해 지리학적―이며 인간의 세계 경험에서 핵심이다.

사회적으로 생산된 운동으로서의 모빌리티를 이 책에서는 세 가지 관계적 계기들로 이해한다.

첫째, 인간의 모빌리티를 이야기할 때 우리는 모빌리티를 순전한 사실로, 즉 관찰 가능하고 이 세상에 존재하는 사물이자 경험적인 현실로 여긴다. 이는 모델링을 하거나, 이주 이론을 세우거나, 교통계획을 설계하는 사람이 측정하고 분석한 모빌리티이며, 스포츠과학 연구소나 애니메이션 스튜디오에서 고성능 컴퓨터 하드웨어와 소프트웨어로 포착한 모빌리티다. 이 모빌리티는 공항 같은 곳에서 폐쇄회로 텔레비전과 생체인식 시스템으로 추적하는 동작motion이다. 이런 모빌리티는 순수한 동작에 가깝고 그 무엇보다도 추상적이다.

둘째, 영화 · 법 · 의학 · 사진 · 문학 · 철학 등에서 나타나는 다양한 재현 전략들이 보여 주는 모빌리티 개념이 있다. 모빌리티 재현은 의미들을 생산하면서 모빌리티를 포착하고 이해한다. 이 의미들은 이데올로기적일 때가 많다. 모빌리티는 이것을 의미하거나 저것을 의미한다는 식이다. 따라서 A에서 B로 간다는 단순한 사실은 자유, 위반, 창조성, 삶 그 자체와 동의어가 된다.

셋째, 우리는 모빌리티를 실천하고 경험하고 구체화한다. 모빌리티는 우리가 세상에서 존재하는 하나의 방식이다. 예를 들어, 우리가 걷는 방식은 우리에 대해 많은 것을 말해 준다. 우리는 사랑에 빠져 있을 수도 있고, 행복할 수도 있고, 괴로워하거나 슬플 수도 있다. 기분에 따라 우리는 다르게 모빌리티를 경험한다. 인간의 모빌리티는 환원 불가능한 구체적 경험이다. 걸을 때 발의 통증이나 얼굴에 부는 바람을 느낄 수도 있으며, 뉴욕에서 런던으로 날아갈 때 잠을 못 자 괴로워할 수도 있다. 흔히 우리가 모빌리티를 경험하는 방식이나 이동 방식은 재현이 모빌리티에 부여한 의미와 밀접할 때가 많다. 마찬가지로 모빌리티의 재현은 모빌리티를 실천하고 구체화하는 방식에 기반한다. 데이비드 델라니David Delaney에 따르면, "인간의 모빌리티는 물질적 환경 속을 이동하는 물리적 신체, 그리고 재현된 공간 속에서 이동하는 범주화된 인물 둘 다를 뜻한다."[8] 움직이는 인간은 그저 어떤 사람이 아니다. 댄서, 보행자, 운전자, 운동선수, 난민, 시민, 관광객, 사업가, 남성들과 여성들이다. 이 책은 모빌리티 신체와 재현된 모빌리티 사이의 상호작용에 주목한다. 재현을 도외시하고 모빌리티를 이해하는 것, 혹은 물질적 신체성에만 집중해 모빌리티를 이해하는 것은 둘 다 핵심을 놓치는 일이다.

이동, 시간, 공간

이동은 시간과 공간으로 구성된다. 시간의 공간화, 공간의 시간화이다. 이동(그리고 모빌리티)을 논하면서 시간과 공간을 고려하지 않으면 중요한 지점을 놓치게 된다. 칸트가 말했듯이 시간과 공간은 삶이 이루어지는 근본적인 축이며 가장 기본적인 분류 형식이다. 물질적 대상은 시간과 공간 상의 좌표를 가질 수밖에 없다. A에서 B로의 물체 위치 변화인 이동은 시간과 공간의 변화를 낳는다. 그러나 이동을 좀 더 꼼꼼하게 짚어 본다면, 시간과 공간은 그렇게 단순한 문제가 아니다. 시간과 공간은 이동의 맥락(이동이 생길 가능성이 있는 환경)이자 이동의 산물이다. 움직이는 사람과 사물은 시간과 공간의 생산에서 행위 주체agent이다. 이를 가장 잘 드러내는 말은 '시공간 압축time-space compression'일 것이다. 교통과 통신 기술의 혁신이 가져온 속도의 향상은 모빌리티를 계속 증가시켜 사실상 지구를 축소시켰다. 그래서 마르크스는 시간에 의한 공간의 절멸을 이야기할 수 있었다. 19세기에 철도 기술이 발달하고 새로운 모빌리티 양식들이 등장하자, 사물들은 실제로 엄청나게 가까워졌다.[9] 추상적 이동 관념은 절대시간이나 절대공간이라는 추상적인 개념으로 구성되어 있지만, 이 책에서 말하고자 하는 모빌리티 개념은 의미와 권력으로 충만한 우리 삶의 철저한 사회적 측면으로서, 사회적 시간과 사회적 공간이라는 요소들로 구성된다.

공간과 시간의 사회적 생산 문제는 최근 들어 사회과학과 인문학의 지속적인 관심을 받았다.[10] 공간은 기능적 공간들로 세계를 구분하면서(예컨대 지도를 그리거나 기하학적인 측정을 하고, 자산가치에 따라 공간을 분류하고, 도시를 계획하면서) 창출되었고, 시간은 시간표와 일일 일정표와 시계가 측정하는 시간의 규제를 받으며 표준화되었다. 시간과 공간 모두, 자연 세계와 즉각적인 경험에서 벗어나 추상적 세계 속에 놓이게 되었다. 이 추상적 시공간은 대개 무역과 자본의 요구가, 또 다양한 형태의 가부장제, 식민주의, 제국주의가 지배한다.[11]

이동과 모빌리티를 이해하려면 추상적 시공간의 사회적 생산과정을 파악할 필요가 있다. 사회적 산물로서의 모빌리티는 절대적 시공간의 추상 세계에 존재하는 것이 아니라, 사회적 시공간의 유의미한 세계 안에 있다. 모빌리티는 사회적인 시공간 생산과정의 일부이기도 하다. 예를 들어, 볼프강 쉬벨부쉬Wolfgang Schivelbusch에 따르면 철도는 발명된 후 지구 곳곳으로 빠르게 퍼져 나가면서 공간을 근본적으로 다시 생각하게 만들었다. 짧은 시간에 더 멀리 갈 수 있게 되면서 실제로 거리가 줄어들었다. 직장과 집 사이가 멀어도 통근이 가능해지면서 대도시는 교외로 확장되었다. 새로운 모빌리티 양식으로 인해 직장과 집은 기능적으로 분리된 공간으로 자리 잡았다. 점점 더 많은 사람들이 기차 안에서 새로운 속도를 경험하면서, (열차 창문에서 바깥 풍경을 지켜볼 때와 같은) 공간에 대한 파노라마적인 인식이 처음으로 출현했다. 세계를 연속적인 흐릿한 상으로 보는 일이 가능해졌다. 시속 20~30마일에 불과했던 초기의 영국 열차들도 마차보다 세 배나 빨랐다. 당시의 잡지《쿼털리 리뷰Quarterly Review》에서는 그 효과를 이렇게 서술했다.

철도가 갑자기 영국 전역에 깔렸다고 치자. 비유적으로 말하자면, 나라 사람들 모두가 한꺼번에 전진하여 도시라는 난롯가 가까이에 자기 의자를 두게 된다. 난롯가에 다가가는 시간은 예전의 3분의 2로 줄어든다. 예전 시간의 3분의 2만 들이면 지금 사람들 사이에 존재하는 거리도 좁혀진다. 이 비율이 반복되면 항구와 부두와 도시들, 그리고 전체 시골 주민들의 사이가 3분의 2만큼 좁혀지고, 모든 것이 같은 비율로 이 나라의 중심에 있는 난롯가 가까이에 모일 것이다. 이렇게 거리가 소멸하면, 우리나라 땅은 큰 도시 하나보다 작게 줄어들 것이다.[12]

결과적으로 철도라는 새로운 모빌리티 양식은 장소들이 갖는 개별성, 즉 아우라를 약화시켰다. 빠른 속도로 장거리를 주파하는 효과적인 모빌리티를 갖추지 못한 장소들은, 계절 따라 나오는 자체 생산물을 파는 지역적이고 특수한 시장이 되었다. 교통수단은 이 생산물들을 상품으로 변화시켰다. 상품이 공간적 존재성을 잃어버리고 계속 팽창하는 시장의 산물이 된 결과였다.[13] 관광객이 이 장소들을 둘러보는 일도 가능해졌다. 이를 지역 개별성 와해 현상의 일부분으로 보는 사람들도 있다.

철도는 지역 주민들만의 시간을 빼앗았다. 가령 1870년, 워싱턴 DC에서 샌프란시스코로 여행한 사람은 2백 개 이상의 시간대를 통과해야 했다. 모든 마을에는 그들만의 시간이 있었고, 그 시간은 하늘에 떠 있는 태양의 위치를 따랐다. 이 시스템은 1869년 대륙횡단철도의 건설 이후 사라졌다. 열차의 속도가 점점 더 빨라지면서, 두 열차가 같은 시간과 공간에 존재하면 치명적인 사고를 일으킬 수 있었기 때문이다. 1883년 11월 18일, 미국 철도는 4개의 표준 시간대를 정했다. 1884년에는 그리니치 천문대가 표준 자오선으로 지정되고 세계가 24개의 시간대로 나누어지면서 표준시는 지구 전체로 확장되었다. 철도로 인해 시간은 점점 합리화 · 기계화 · 시간표화되었고, 승객들은 티켓, 분류표, 수화물, 시계, 시간표, 유니폼에 익숙해졌다. 랠프 해링턴Ralph Harrington의 말을 빌리자면, "승객들은 선로와 기차만큼이나 훌륭한 철도 기계의 구성 요소였다. 기계가 효과적으로 작동하려면 그 부품의 모든 움직임이 통제되어야 하듯이, 승객의 행동도 기계적 효율성에 따라 규제받아야 했다."[14] 그렇다면 모빌리티는 시간과 공간의 기능인 것만이 아니라, 분명히 시간과 공간을 생산하는 행위 주체이다. 이를테면 (파리에서 리옹으로 향하는) 열차의 이동은 추상적이고 절대적인 시공간에서 이루어지지만, 사회적 시공간 생산에서 중심 역할을 하기도 한다. 여기서, 이동은 모빌리티가 된다.

이데올로기, 스케일, 모빌리티

모빌리티는 혼란스러워 보인다. 우리는 움직이는 것들이 일으킨 혼란을 자주 경험한다. 하지만 고정적이고 정주하는 삶은 혼란처럼 보이지 않는다. 몸속 혈액순환과 전 세계를 운항하는 제트기의 이동 사이에 존재하는 연관성에 관심을 갖는 사람은 찾기 어렵다. 회의론자들은 이동이 명백한 사실이고 그래서 흥미롭지 않다고 여길 것이다. 신체 스케일의 모빌리티와 다른 스케일에서의 모빌리티는 어떤 의미를 통해 연결된다. 이데올로기적일 때가 많은 모빌리티 이야기들은 혈액세포를 도시계획과, 생식 과정을 우주여행과 결부시킨다. 이동이 그저 이동인 경우는 드물다. 이동은 어떤 의미를 담고 있고, 이 의미는 여러 스케일들에 걸쳐 나타난다. 모빌리티에 대한 일반적인 설명에서 빠져 있는 지점이 바로 이 의미 문제이다. 이 때문에 중요한 연결 지점들이 생략된다. 모빌리티에 관한 글들은 통근자의 경로 패턴, 이주, 춤 등 매우 구체적이거나, 반대로 A와 B 지점만을 이야기할 때처럼 지나치게 추상적이다. 인간 모빌리티의 여러 측면들에 서로 전혀 다르게 접근하는 이런 방식들은 서로 연결되어야 한다. 조금 다른 맥락에서 나온 말이긴 하지만, 다니엘 밀러Daniel Miller의 생각은 경청할 만하다. "우리 세계의 특징들은 우연히 동시대에 존재하는 고립된 파편들처럼 보일 때가 많지만, 그 사이의 연관성을 밝혀내려는 이론은 무엇이건 사회학에 도움을 줄 것이다."[15] 그가 지적했듯이 이는 우리가 속한 탈구조주의 세계에서는 위험할 정도로 유행을 거스르는 기획이지만, 각자의 경계에 갇혀 서로 간에 아무런 관련이 없는 이 야기를 주고받는 일을 피하려면 시도해 볼 필요가 있다. 따라서 나의 목표는 여러 스케일에 걸쳐 있는 인간의 모빌리티에 대한 서로 다른 설명들을 추적하고, 그 설명들 간의 중요한 차이점을 부정하지 않되 하나의 논리로 묶는 사고방식을 마련하는 것이다.

좋은 사례가 하나 있다. 몸속 피의 순환과 시내 교통의 순환이다. 리처드 세넷Richard Sennett은 윌리엄 하비William Harvey의《동물의 심장 과 혈액 운동에 관한 해부학적 연구Exercitatio Anatomica de Motu Cordis et Sanguinis in Animalibus》(1628)가 제공한 신체의 이미지가 '혁명적'이라고 했다.[16] 윌리엄 하비는 심장이 혈액을 펌프질해 몸의 동맥으로 내보 내고, 이 피가 혈관을 따라 심장으로 되돌아간다는 것을 발견했다. 몸의 순환계를 발견한 것이다. 하비 덕분에 다른 사람들도 비슷한 방 식으로 몸을 연구하기 시작했다. 토머스 윌리스Thomas Willis는 신경계 의 존재를 알아냈다. "몸속의 기계적인 움직임, 즉 피와 신경의 움직 임은 영혼(애니마anima)이 생명 에너지의 원천이라는 고대 관념과 대 립하는 비종교적인 신체 이해를 낳았다."[17] 이제 육체 속 생명에 활력 을 불어넣는 것은 영혼이 아니라 피였다. 하비에게 피는 '삶 그 자체' 였다. 하비의 발견은 신체 연구와 의학사에서도 중요했지만, 그것이 함축하는 바는 더 컸다. 신체 영역의 모빌리티 관념은 경제학이나 도 시계획 분야로도 빠르게 확산되었다.

건강은 순환과 강하게 결부되었다. 피가 몸속을 도는 것처럼 공기 도 시내를 순환한다. 18세기 들어 도시 관리와 계획을 맡은 사람들은 거리의 쓰레기를 치우기 시작했고, 복잡한 하수도 건설을 추진했다. 이전에 자갈을 부었던 도로 표면에는 판석을 덮어서 매끄럽게 만들었다.[18] 도시계획가들과 건축가들은 흐름과 이동을 극대화하려고 애를 썼다. 도시계획가들의 글에 동맥이나 정맥 같은 단어들이 나타나기 시작했다. 흐름을 방해하면 도시라는 신체의 건강을 해친다는 것이 그들의 생각이었다. 알랭 코빈Alain Corbin의 말처럼, "하비가 내놓은 혈액순환 모델에 따라 공기, 물, 폐기물까지도 항상 이동하는 상태여야 했다."[19] 프랑스 건축가 랑팡L'Enfant의 워싱턴DC 도시계획에서 가장 지배적인 비유가 '신체를 순환하는 피'였다는 사실은 그리 놀랍지 않다.

생물의 생식 체계를 다루는 교과서들은 우리의 신체 활동에 의미를 부여하는 방식에서 그리 교과서답지 않았다. 에밀리 마틴Emily Martin에 따르면, 오랫동안 교과서들은 월경을 실패라는 관점에서 접근하여 퇴화, 쇠퇴, 결핍, 악화 등의 단어로 묘사했다. 남성의 생식 과정을 서술할 때 쓰는 말들과는 큰 차이가 있었다. "정자세포가 성숙한 정자로 변화하는 메커니즘은 아직 확실하게 밝혀지지 않았다. … 정자 형성 과정의 가장 놀라운 특징은 그 엄청난 규모이다. 일반적인 남성은 하루에도 수억 개의 정자를 만들 수 있다."[20] 일방적인 목표 달성이라는 관점, 즉 움직이지 않는 난자에 침투하는 움직이는 정자는 최근까지도 인간의 생식 과정을 다룰 때 지배적인 사고방식이었다. 정자세포의 모빌리티는 행위능력agency으로 받아들여졌다. 생리학 교과서들은 난자가 '표류'하고 '밀려나가는' 반면에, 정자는 '강력한'

꼬리의 추진력으로 대단한 '속도'를 내며 움직인 끝에 제 유전자를 난자에 '전달'한다고 설명한다. 사정은 "정액을 질의 가장 깊숙한 곳까지 밀어 넣고", 여기서 정자는 "에너지"를 발휘하여 "채찍질하듯 강력하게 요동치며 움직여서" 마침내 "난자의 표면을 파고들어", 스스로를 "삽입한다". 즉, 난자는 수동적이고 정자는 활동적이다. 정자는 일을 하고 난자는 그 일의 대상이다.[21] 표현 방식이 바뀌고 정자를 고르는 난자의 적극적 역할이 인정된 것은 최근이다. 1983년에 제럴드 섀튼Gerald Schatten과 헬렌 섀튼Helen Schatten은 이렇게 서술했다.

수백 년간 유지된 고전적인 설명 방식은 정자의 활동을 강조해 왔고, 여기서 난자는 잠자는 숲속의 미녀처럼 뒤에서 응원하는 역할을 떠맡았다. 분명히 난자는 이 이야기의 중심인데도 그림 형제의 동화 속 공주처럼 소극적인 존재로 취급되었다. 이제, 난자는 정자가 새로운 생명을 얻기 위해 파고드는, 제자리에 묶여 있는 존재가 아니라는 사실이 확실해지고 있다. 오히려 최근의 연구는 정자와 난자가 상호적이고 활동적인 동반자라는 비주류적인 관점을 옹호한다.[22]

정자의 모빌리티는 남성적이고 활동적이지만, 난자는 수동적이고 거의 움직이지 않으며 여성적인 것으로 의미화되어 왔던 것이다.

신체 내 모빌리티는 신체의 경계를 뛰어넘어 이데올로기적 의미를 띠게 된다. 하비의 혈액 연구가 그랬듯이, 의미들은 여러 스케일로 확산된다. 1975년, 미항공우주국 나사가 우주에서 미국의 아폴로와 소련의 소유즈를 연결시키는 역사적인 시도를 추진할 때 소련과 겪은 갈등은 모빌리티 지정학의 좋은 예다. 두 우주선의 도킹은 냉전의 완화 국면에서 중요한 이벤트였다. 갈등은 도킹 메커니즘의 설계를 둘러싸고 벌어졌다. 원래 도킹 장치에는 남성 부분과 여성 부분이 있었다. 남성 부분이 작동해서 수동적인 역할을 하는 여성 부분에 삽입되는 방식이었다. 남성 부분은 움직이고 여성 부분은 제자리에서 기다렸다. 이 상황이 은유적으로 의미하는 바는 소유즈-아폴로 미션을 추진하는 과정에서 명백해졌다. 간단히 말해, 어느 편도 삽입당하는 쪽이 되기를 원하지 않았다. 문제를 해결하기 위해 초강대국들은 완전히 새로운 '중성 도킹 시스템androgynous docking system'을 설계했다. 이 도킹 시스템의 특징은 양쪽이 동시에 적극적이면서 수동적인 상호연결 장치였다. 이 사건에서 인체 생리학 교과서의 용어가 그대로 쓰인 것은 아니지만, 하비의 혈액순환론 및 도시 환경 사이의 연계와 유사한 과정은 분명히 존재했다. 인체 내부의 모빌리티에 부여된 의미, 즉 고도로 젠더화된 의미는 우주 경쟁의 정치로 번역되었다. 적어도 여기서 모빌리티는 남성성을 의미했다.

혈액 · 정자 · 도시교통 · 우주선에서 보듯이, 단순하고 명백해 보이는 이동은 A에서 B로 가는 것만을 의미하지는 않는다. 겉보기에는 아무것도 아닌 것처럼 보이지만, 이 둘을 연결하는 선은 의미와 권력으로 가득하다.

역사적 모빌리티 인식

모빌리티를 이해하기 위해서는 그 사이의 관계에 주목해야 한다. 무용학자 노먼 브라이슨Norman Bryson이 말했듯이, 춤처럼 개별적인 모빌리티 형태를 이해하려면 구조화된 모빌리티를 연구하는 더 넓은 영역에서 살펴보아야 한다. 그는 무용 연구가 기존의 틀에서 벗어나, 사회적으로 구조화된 신체 움직임의 한 사례로 춤을 바라보아야 한다고 주장한다. 의미를 부여하는 관례와 제도 안에서 움직임이 의미를 갖게 된다는 것이다. 브라이슨은 고전적 무용 형태가 현대적인 형태로 변화하는 과정을 추상화와 기계화라는 개념을 통해 추적한다. 예를 들어 파리의 현대무용은 스펙타클, 관객성spectatorship, 섹슈얼리티 사이의 복잡한 상호작용을 보여 준다. "강렬하고 특수한 형식에서, 관찰자와 관찰 대상이 지니는 본질적인 사회적 관계가 드러난다."[23]

그러나 기존의 움직임에 대한 인식이 새로운 인식으로 어떻게 변화했는지를 더 깊이 있게 이해하려면, 무용 같은 움직임의 형태를 그보다 더 큰 이동 인식 변화의 한 증상으로 보는 '사회적 이동학social kinetics'이 요구된다는 것이 그의 주장이다. 가령 캉캉춤이 보여 주는 추상화와 기계화는 테일러주의, 대량생산의 도래, 기계화된 새로운 교통수단 등 노동 현장에서 일어난 변화와 함께 다루어야 한다. 캉캉춤을 이해하기 위해서는 "춤 아닌 다른 움직임들의 영역, 움직임이 분석되고 재현되는 다른 사회적 영역, 행동과 몸짓이 변화하고 정착되는 더 큰 사회적 과정들을 살펴보아야 한다."[24] 그는 사회적 이동학이라는 새로운 분야를 제안한다. 사회적 이동학은 사회적으로 구조화된 이동의 역사를 뜻하며, 모빌리티를 권력과 의미의 장 안에서 작동하는 것으로 이해해야 할, 그리고 결정적으로 이동에 대한 인식의 변화라는 큰 맥락 하에서 보아야 할 정치적 이론적 필요성을 제기한다.

브라이슨은 이동 인식(표현을 달리하면, 모빌리티에 관한 인식)의 결정적인 전환을 포착한다. 시간표와 기계화를 강조하는 고도화된 모더니티의 출현, 다시 말해 모빌리티의 통제와 표준화가 그 변화의 특징이다. 그러나 이것만이 모빌리티 인식, 즉 사회적으로 구조화된 이동 인식에 나타난 유일한 변화라고는 할 수 없다. 서구 모빌리티의 역사 전체를 자세히 설명하는 것이 이 책의 목표는 아니지만, 이 책의 주제에 해당하는 현대 서구의 모빌리티 세계 이전에 나타난 모빌리티 인식 변화의 윤곽을 그려 볼 수는 있다.

봉건시대의 모빌리티 인식

유럽 봉건사회에서 모빌리티는 사치품이었다. 대다수가 살던 곳에 머물렀다. 교통 시설이 부족했고 토지에 묶여 있는 사람들이 많았으므로 해당 지역 밖으로의 이동은 두려운 일이거나 아예 불가능했다. 중세 유럽에서는 사람과 사물이 거대한 연결 고리로 땅에 매여 있었다. 땅에 매여 있다는 말은 비유이기도 하지만 말 그대로의 사실이기도 했다. 봉건사회는 극도로 토지 중심적이었다. 신에게 더 가까운 존재인 왕들은 봉신封臣들에게 토지를 하사하고 그 대가로 복종을 요구했다. 이 새로운 토지 소유자들은 그 땅에서 일하는 사람들에게 공물을 받았다. 인구의 대다수인 농민들은 영주領主에게 의존했다. 영주들이 왕에게 기대어 존재한 것과 마찬가지였다. 농민들은 영주와 토지 둘 다에 묶여 있었다.[25] 그들은 '애드스크립투스 겔배adscriptus gelbae', 즉 '땅에 붙어 있는 자'였다. 이동할 권리는, 말하자면 민간 주체private entities의 손에 맡겨져 있었다. 주인들은 하인들의 움직임을, 영주는 농노의 모빌리티를, 노예주들은 노예들의 이동을 통제했다.[26] 지그문트 바우만Zygmunt Bauman은 전근대 세계가 비교적 작고 안정적인 집단들로 구성되었다고 보았다. "마을에 사는 사람들 모두 서로 다시 만날 가능성이 있다는 것을 알고 있었다. 대부분의 경우에, 그 어떤 일을 하건, 계속해서, 서로 마주칠 기회가 충분했기 때문이다. 상호관찰은 이들의 공동체를 지속시키고 재생산했다."[27] 바우만에게, 전근대 유럽인의 삶은 모든 것이 투명한 현대적 유토피아의 축소판이었다. 그러나 이런 사회는 좁은 시야 안에 갇힐 수밖에 없다. "시야의 한계가 안전한 삶을 만들고 유지하는 세계의 크기를 규정"했기 때문이다.[28] 이동하며 지낸다는 것은 여백에 존재하는 삶이었다. 음유시인, 십자군, 순례자, 떠돌이 수도승들은 방랑하는 동안 장소와 뿌리의 의무 바깥에 존재했다. 유대인들은 봉건제의 특징인 의무의 거미줄 밖에서 살았기 때문에 무시당하고 불신의 대상이 되었다. 루이스 멈포드Lewis Mumford에 따르면,

중세 시대에 소속이 없는 사람이란 파문당했거나 추방당한 사람이었다. 둘 다 사형선고와 다를 바 없었다. 존재한다는 것은 가문, 장원,

수도원, 길드 등의 조직에 속하는 것이었다. 집단의 보호 외에는 안전이 보장되지 않았고, 집단생활이 끊임없이 요구하는 의무를 받아들이지 않으면 자유를 누릴 수 없었다. 중세인은 자기가 속한 계급과 조직의 선명한 방식대로 살아가고 죽었다.[29]

옮겨 다니며 사는 삶은 사회적으로나 지리적으로나 설 자리를 잃는 행위로 간주되었다. 예를 들어, 음유시인들은 음탕하고 무책임하게 야반도주하는 자로 취급 받았다.[30] 이들은 중세 사회에서 뚜렷한 입지를 갖지 못했다. 소작농도 귀족도 아니었으며, 일거리를 찾아 여기저기 떠도는 사람들이었다. 장소에 기반하지 않은 이들의 지위는 불안정했다. 고용주인 영주들 덕분에 제 신분보다 높은 지위를 암시하는 옷을 입기도 하고, 일종의 연예인으로서 사회계급구조를 넘나드는 흔치 않은 자유를 누리기도 했을 것이다. 매인 데 없는 음유시인들은 제 고용주와 다투는 자의 법정에 불려가서 스파이 노릇을 하거나, 처벌받지 않은 범죄의 희생양으로 전락하기도 했다.

유대인들도 정착민들에게 공포와 혐오의 대상이었다. 많은 유대인들은 자기의 선택에 따라서가 아니라 박해와 추방 때문에 중세 유럽을 떠돌았다. 아이러니한 일이지만, 쫓겨난 것인데도 유럽에서는 유대인들의 모빌리티를 꼬투리 삼아 그들을 불신했다. 유대인들은 상업에 종사했고 새로 나타난 상업도시에 주로 거주했는데, 지주계급은 모빌리티 못지않게 상업과 상업도시도 싫어했다.

물론 봉건 유럽에서는 다양한 스케일로 모빌리티가 발생했다. 토

지 노동에 관련된 모빌리티는 끊임없이 일어났을 것이다. 제한된 것
은 모빌리티의 스케일이었다. 도시들 사이를 여행하는 단순한 일도
불가능했고, 나라들 사이의 여행은 말할 것도 없었다. 예외도 있었
다. 순례, 전쟁, 연락을 위해서는 먼 거리를 이동해야 했다. 《캔터베
리 이야기》는 결국 길에 관한 이야기였다. 유럽 여러 곳에서의 농노
해방 이후 중세 말기로 접어들었을 때 길 위를 돌아다닌 '부랑자들'
은 큰 의미가 있다. 바우만은 이들을 가리켜 "탈전통적인 혼란의 선
봉 또는 게릴라 부대"라고 했다.[31] 스페인에서 피카로picaro라고 부른
부랑자들은 피카레스크picaresque 문학 형식을 낳았다. 이 시기의 고전
에 속하는 마테오 알레만Mateo Aleman의 《구스만 데 알프라체Guzman de
Alfrache》(1599)에서는 한 무리의 거지들이 지배 엘리트들을 속일 여러
가지 기발한 방법을 고안해 낸다. 마르틴 루터가 편집한 《부랑자와
거지에 관한 책Liber Vagatorum》(1529)에서는 부랑자를 스물 여덟 종류로
나눈다.[32] 바로 이 부랑자들 때문에 새로운 사회적 수준의 국가 질서
체제가 필요해졌다. 부랑자는 전근대적인 질서를 보장해 준 상호관
찰 바깥에 있는 데다가, '땅에 붙어 있는 자'의 위치를 벗어나고 이동
했기 때문에 무서운 존재였다. 예측 불가능한 새로운 움직임이었던
것이다.[33]

근대 초기의 모빌리티 인식

16세기 들어 토지에 얽매이지 않고 무역업에 종사하는 사람들이 늘
어나면서, 유럽은 전례 없는 수준의 모빌리티를 경험했다. 도시들

만이 모빌리티의 급증을 소화해 낼 수 있었다. 엄청나게 덩치를 키운 상업자본주의는 무역을 뒷받침해 줄 모빌리티를 필요로 했다. 상업 이익을 보호하기 위한 길드가 등장하자, 상업 모빌리티는 봉건사회의 뿌리를 점차 약화시켰다. 자유, 모빌리티, 도시 생활이 서로 결부되기 시작했다. "도시의 공기는 사람을 자유롭게 한다"는 말이 떠돌았고, 자유는 모빌리티와 손을 잡았다. 루이스 멈포드는 "중세 도시가 요구한 기업의 자유가 새로운 이동의 자유를 낳았다"고 주장한다.[34] 또한, 16세기 후반에는 영국의 봉건적 질서가 급속하게 와해되었다. 인구가 늘어나고 농업 효율성이 증가하면서 육체노동의 수요는 줄어들고 토지와의 새로운 관계가 형성되었다. 많은 사람들이 수세기 동안 유지되어 온 질서에서 이탈했다. 사람들은 집을 잃고 경제적으로 궁핍해졌다. 머물 장소가 사라졌다. 새로 나타난 "주인 없는 사람들"은 어떤 질서에도 속하지 않는 것처럼 보였으므로 두려움을 낳았다. 이들을 알아볼 수 없게 만든 것은 이들의 모빌리티였다. 새로운 부랑자였던 것이다. "서로 뒤섞여 사는 전통적인 방식으로는 감당이 되지 않을 만큼 너무 무기력하고 머릿수가 많은 사람들"이었다.[35] 반대로 중세 사회는 한 공동체의 모든 구성원이 서로에게 책임이 있다는 생각(이를테면 프랭크플레지frankpledge*)에 근거했다. 새로 나타난 움직이는 이방인들은 그런 체제를 무너뜨렸다.

새로운 모빌리티에는 새로운 사회적 감시와 통제가 필요했다. 이

---

* 중세 영국에서 열 가구, 이후에는 백 가구를 묶어 상호 조력하며 치안을 담당하게 한 제도.

를 위한 갖가지 수단이 등장했다. 부랑자에게는 양처럼 낙인을 찍어 눈에 띄도록 했다. 새로 제정된 부랑자법 대상자들을 처리할 구빈원과 교도소가 생겨났다. 영국과 프랑스에서 만들어진 이 법은 나중에 신대륙 식민지에도 적용되었다.[36] 상호관찰은 점차 힘을 잃었고, 통제는 국가의 몫이 되었다. 모빌리티를 통제하는 일도 사적인 영역에서가 아니라 국가 차원에서 이루어졌다. 중세 유럽인 대부분에게 주어진 스케일은 아주 지역적인 것이었으나, 근대국가의 등장은 지역 권력을 조금씩 잠식했고 마침내 국민국가nation-state가 탄생했다. 이 과정의 중심에 빈민 구제가 있었다.

빈민 구제는 지역사회의 책임이었고, 빈민들의 모빌리티 관리도 지역에 맡겨져 있었다. 유럽에 국민국가들이 들어서면서 그만큼 더 큰 상품 및 임금노동 시장이 나타나자, 지주들과 지방 영주들은 자신들의 모빌리티 통제권이 줄어들었다는 사실을 깨달았다. 노동이 국가적 스케일로 이동하면서 빈민 구제는 국가적 문제로 떠올랐다. 모빌리티의 스케일이 완전히 달라졌다. 사람들은 이제 누구의 허락도 받지 않고 훨씬 더 넓은 범위를 이동할 수 있었다. 존 토피John C. Torpey가 지적했듯이, "우리가 지금 '국내' 이동이라고 생각하는 것—근대적인 국가 및 국가체제의 발전 이전이라면 무의미하고 시대착오적인 개념—은 국가 혹은 '국민국가' 내의 이동을 의미한다. 역사적 증거들이 분명하게 보여 주듯이, 19세기까지도 다른 지방 출신 사람을 '다른 나라'에서 온 사람처럼 '외국인' 취급하는 것은 흔한 일이었다."[37]

그러나 모빌리티는 사람들의 이동만을 뜻하는 것이 아니다. 모빌리티에 대한 일반적인 관념, 모빌리티가 의미하는 바도 바뀌고 있었다. 과학과 철학은 모빌리티가 설명되어야만 하는 중요한 현실적 요소라고 보게 되었다. 17세기 초의 역사적 상황과 상업자본주의의 성공은 모빌리티 개념의 고평가를 가져왔다. 갈릴레오의 발견은 움직임에 대한 이해를 재구성했다. 중요한 것은 관성 개념이었다. 물체는 외부의 방해를 받지 않으면 계속 움직인다. 움직이는 물체를 이렇게 이해하는 관점은 당대까지 지배적이었던 아리스토텔레스적 믿음, 즉 어떤 목표나 목적telos에 다다르기 위해서만 사물이 움직인다는 생각과 모순되었다. 아리스토텔레스에게 운동은 그 물체에 이미 깃들어 있는 잠재성의 결과였다. 사물의 자연 상태는 멈춤이었다. 그러나 갈릴레오에게 자연 상태는 운동이었고, 멈춤은 일종의 우연일 뿐이었다.[38] 갈릴레오가 물리 세계에서 모빌리티를 재구성한 것처럼, 윌리엄 하비는 신체에 새로운 의미를 부여했다. 17세기 초까지만 해도 대부분의 의학 전문가들은 음식물이 간에서 혈액으로 바뀌고, 혈액이 인체의 연료 역할을 한다고 믿었다. 여러 차례의 해부를 통해 하비는 그런 믿음이 거짓임을 깨달았다. 그는 혈액이 인체에서 어떤 방식으로 흐르는지에 관심을 기울였다. 1628년에 발표한《동물의 심장과 혈액 운동에 관한 해부학적 연구》에서, 하비는 심장이 퍼올린 피가 몸 전체를 돌고 심장으로 돌아와 재순환되는 과정을 설명했다.[39] 갈릴레오와 하비의 발견은 과학의 영역 너머로도 영향을 미쳤다. 토머스 홉스의 정치철학을 예고한 것이다.

토머스 홉스는 운동을 자유와 동일시하는 철학의 핵심에 끊임없는 운동을 위치시키기 위해 갈릴레오의 새로운 과학을 빌려 왔다. 인간의 모빌리티를 자유의 개인적 형식으로 보는 자유주의적 개념이 여기서 등장한다. 홉스는 개인이 욕망을 좇아 끊임없이 움직이고 서로 부딪히는 일종의 브라운 운동*을 하는 기계와 같다고 보았다. 윌리엄 하비의 연구도 홉스에게 영향을 주었다. "생명의 움직임은 혈액의 움직임"이며, "(이를 처음으로 알아낸 하비가 확실한 증거들을 보여 주었듯이) 정맥과 동맥을 통해 끊임없이 순환한다."[40] 홉스는 생명이 피와 사지의 움직임 속에 자리 잡고 있다고 믿었다. 그래서 아리스토텔레스가 특정 방향으로 제한된 움직임의 세계를 상상한 것과 달리, 홉스는 "성장, 성취, 휴식할 능력을 결여한, 일관성도 목적도 없는 움직임을 되풀이하는 동질적 집단"이 사회생활의 근저에 놓여 있다고 생각했다.[41] 홉스, 갈릴레오, 하비는 끊임없는 움직임들이 계속해서 출현하는 새로운 세계를 제시했다. 이 새로운 사회에서 행복은 움직일 수 있는 자유에 근거한다. 처음으로, 움직임을 방해받지 않는 것이 근본적인 자유라는 생각이 등장한 것이다. 홉스는《리바이어던》에서 "자유는 방해받지 않는 상태"이며, "방해란 움직임에 대한 외부의 간섭"이라고 했다.[42]

외부에서 좌지우지하는 특정 공간에 얽매여 있거나 그 환경의 제약

---

* 브라운 운동Brownian movement: 액체나 기체와 같은 유체 속에서 아주 작은 입자들이 외부의 간섭 없이도 불규칙하게 운동하는 현상. 1827년 식물학자 로버트 브라운이 발견했다.

을 받아 움직일 수 없을 때, 우리는 이를 이동할 자유가 없다고 말한다. 그 어떤 생명체든지 간에 붙들려서 감옥에 들어가 있거나, 사슬에 묶여 있거나, 둑 안에 갇혀 있어서 그런 외부의 제약이 없으면 더 넓은 공간으로 나갈 수 있을 때, 우리는 이들에게 자유가 없다고 말한다.[43]

200년 후, 18세기의 법학자인 윌리엄 블랙스톤William Blackstone은 모빌리티와 자유에 대한 홉스의 견해를 그대로 받아들였다. 그는 신의 세계와 물리적 세계의 현명한 결합에서 법이 출현했다고 주장했다. 물질의 가장 중요한 원칙은 "움직일 수 있는 모든 물체가 따라야 하는 이동의 법칙"이다.[44] 그는 모빌리티가 인간의 절대적 권리라고 보았고, 개인의 자유권을 "정당한 법 절차에 의해서가 아니라면 수감되거나 구속받지 않"으며 "이동loco-movement"하는 힘 또는 "상황을 바꿀 수 있거나 자기가 원하는 대로 장소를 옮길 수 있는" 능력이라고 정의했다.[45]

모빌리티가 곧 자유liberty and freedom라는 생각은 봉건사회에서는 전혀 받아들여지지 않았을 것이다. 근대 초기, 도시가 성장하고 사람들이 땅에서 쫓겨나면서 모빌리티의 관행과 이데올로기가 변화하였다. 이동지향적인 새로운 사람들이 유럽에 나타나기 시작했다. 권리로서의 모빌리티는 국민국가의 범위 내에서 마음대로 움직일 수 있는 권리를 부여 받은 근대 시민의 형상과 동시에 등장했다. 또한, 부유한 젊은이들이 유럽의 명소들을 여행하는 그랜드 투어grand tour의 유행은 또 다른 근대적인 이동적 형상, 관광객의 등장을 예고했다.[46] 사

회학자 딘 맥캐널Dean MacCannell은 관광객이야말로 모더니티의 전형
이라고 했다. 관광의 세계는 근대적 삶의 산물들에 의존하고, 위치의
변화displacement로 경험을 확장시키며, 뚜렷하게 전근대적이면서 이제
는 중요하지 않은 과거에 흥미를 갖는 현상에 기반한다. 시민과 관광
객은 모두 자기 정체성 때문에 배제당한 타자들에게 의존한다. 자유
롭게 이동할 수 있는 시민들은 그들처럼 자유롭게 움직일 수 없는 외
부자들에게 의존한다. 관광객들은 새로운 레저 계급에게 서비스를
제공하는 사람들의 비교적 뒤떨어지는 모빌리티에 의존한다. 근대
초기 대부분의 여성들처럼, 이 사람들은 집에서, 그리고 겉보기에는
그림처럼 아름다운 유럽 남부에서 떠날 수가 없다.[47]

서구의 모더니티와 모빌리티

근대적 개인은, 무엇보다도, 이동하는 인간이다.[48]

이 책에서 다루는 모빌리티는 대부분 지난 2백여 년 동안의 서구
세계 모빌리티에 대한 것이다. 모빌리티는 분명히 서구 모더니티의
중심에 위치한 것처럼 보인다. 사실 현대라는 말은 자동차, 비행기, 우
주선처럼 기술적인 모빌리티 이미지들을 연상시킨다. 또 전 지구적으
로 사람들의 이동이 늘어나는 세계를 의미하기도 한다. 그러나 가장 중
요한 것은 이 말이 모빌리티 차원에서 사고하는 방식, 다시 말해 이전
과는 확실히 다른 모빌리티의 형이상학을 가리킨다는 사실이다.

19세기 초반, 영국에서는 도로망이 확충되면서 이동 시간이 극적으로 줄어들었다. 여전히 말과 마차에 의존했지만 도로가 개선되고 늘어난 덕분에, 1750년에는 런던에서 브리스톨까지 48시간이 걸렸으나 1821년에는 같은 시간이면 잉글랜드와 웨일즈 대부분의 지역에 도착할 수 있게 되었다.[49] 1830년에는 리버풀과 맨체스터를 잇는 철도가 등장했다. 1860년경에는 지금의 철도망 대부분이(그리고 이후 폐쇄된 많은 노선들도) 존재했다. 1910년에 이르면 런던에서부터 10시간 내로 북부 스코틀랜드를 제외한 모든 곳에 갈 수 있었다. 속도만이 공간을 사라지게 한 것은 아니다. 철도 여행은 더 많은 사람들이 여행을 경험하게 했다. 1835년에는 약 천만 번의 마차 여행이 있었으나 불과 10년 후에는 철도 여행이 3천만 회나 이루어졌으며, 1870년에는 놀랍게도 3억 3,600만 회로 늘어났다. 미국의 상황도 비슷했다. 1850년 9천 마일이었던 미국의 철도 길이는, 1869년에는 7만 마일로 도약했다. 1869년에 완공된 미대륙횡단철도는 동해안과 서해안 사이로 상품과 사람을 쉽게 실어나를 수 있었다. 오래지 않아 철도는 미국 국가 정체성의 상징이 되었다.[50]

모더니티는 확실히 논쟁적인 개념이며, 이론가들 대부분도 그 내부의 모호성과 긴장을 지적한다.[51] 마일스 오그본Miles Ogborn에 따르면 "모더니티의 시대성, 지역성, 특성, 전망은 모두 규정하기 어렵다."[52] 모더니티의 본질에 대한 여러 논의들은 새로움, 인공성, 질서, 이성, 민주주의, 기술, 혼란 등의 개념들과 얽혀 있다. 이 모든 개념들은, 과거의 어느 시점에 그 이전의 삶을 전근대적이라고 부르게 할 만한 어떤 일이 일어났다는 보편적 인식과 밀접한 관계가 있다. 현대사회 이론에서 모더니티처럼 서로 명백하게 대립하는 많은 개념들을 포괄하는 용어는 거의 없다.

한편에서는 모더니티의 중심에 공간적 질서 원리가 존재한다고 보고, 또 한편에서는 유동성과 모빌리티를 강조한다. 이 두 입장 사이의 긴장은 이 책에서도 중요하다. 푸코 이후로 많은 이론가들은 모더니티에 나타난 감시와 규율에 주목했다.[53] 이들은 근대란, 새로운 시공간 구조가 일상생활을 기능화·합리화시킨 세계라고 본다. 앙리 르페브르Henri Lefebvre는 근대가 어떤 식으로 추상화되고 합리화되었는지를 다루었다. 모더니티 이전에는 시간이 나무테처럼 삶에 새겨졌으나, 모더니티로 진입하면서 시간은 삶과 자연에서 분리되어 측정 가능한 것, 추상적인 것이 되었다.[54] 제임스 스콧James Scott은 고도화된 모더니티high modernity를 논의하면서 사회의 공간적 질서를 강조한다. 삶의 혼돈에 질서를 부여하려는 특정한 시각이 고도화 모더니티의 특징이라는 주장이다. 근대에 들어 일렬로 곧게 늘어서도록 나무들을 심은 것, 브라질리아와 뉴델리의 거대 도시계획 등을 그 예로 들 수 있다. 스콧은 모더니티 계획의 핵심을 가독성legibility의 발전에서 찾는다. 이는 혼란스럽고 지역적인 전근대 세계에 질서를 부여해 이해할 수 있게 만드는 것을 뜻한다. 그가 실행지實行智metis*라고 이름 붙인 일종의

---

* 일상생활을 유지하게 해 주는 토착적이고 실천적인 지혜를 가리켜 스콧은 실행지라고 부른다. 이를테면 노조의 '준법투쟁'처럼 실행지가 누락된 공식적 지침만을 따를 경우 제아무리 근대적이고 합리적인 체계라 할지라도 제대로 작동하지 못한다(제임스 C 스콧, 《국가처럼

실용적 지식이자 "특정 장소에 근거한 관점"을, 합리성과 과학 그리고 "특정 장소에 근거하지 않는 관점"이 대신하게 된 것이다.[55]

흥미롭게도 스콧은《국가처럼 보기》서문에서 가독성 문제를 다루는 정반대의 방식을 언급한다. 유목민, 목축민, 집시, 노숙자, 탈출 노예들의 경험을 예로 들어 "언제나 국가가 그 주변부에서 움직이는 사람들의 적이었던 이유"에 주목한 것이다.[56] 가독성이 공간에 따라 부여된 것은, 근대사회의 주요 소외 집단들이 고정성을 결여하고 있는 현상과 관련이 있다. 모더니티 속의 모빌리티에 대한 불안감은 정착하지 않는 자들에 대한 국가의 대응보다도 더 광범위하다. 여러 사람들이 모더니티가 안고 있는 불안의 근원에 모빌리티가 있다고 주장했다. 게오르크 지멜Georg Simmel의 사회 이론이 좋은 예이다. 지멜은《메트로폴리스와 정신생활The Metropolis and Mental Life》에서 근대 도시 생활이 감각의 과부하를 만들어 낸다는 유명한 주장을 내놓았다. 전통적인 비도시 지역의 삶은 느리고 관습적이었으나, 근대적 도시성이 나타나면서, 특히 화폐경제와 시계로 측정하는 시간이 발달하면서 사람들은 자아와 사회를 더 추상적으로 인식하게 만드는 감각들의 폭격에 노출되었다는 것이다. 사람들은 이성적인 판단에만 치우치고, '무관심한 태도blasé attitude'를 취하게 되었다. 점점 더 가속도가 붙은 모더니티는 시민들이 코스모폴리탄으로 변화하는 상황에서 불안을, 그리고 중요한 새로운 자유를 낳았다.[57] 고전적인 사회학 연구

보기》, 전상인 옮김, 에코리브르, 2010 참고).

에서만 모더니티가 낳은 불안감을 다룬 것은 아니다. 19세기 말 미국에서 널리 읽힌 책인《미국의 신경과민American Nervousness》에서 조지 비어드George Beard는 그가 신경쇠약neurasthenia이라고 이름 붙인 병이 "증기기관의 힘, 정기간행물, 전신電信, 과학, 여성의 정신활동"이라는 다섯 가지 특징을 갖는 "근대 문명" 때문에 발생한다고 썼다.[58] 지멜과 마찬가지로, 비어드는 근대적 시간 개념과 삶의 빨라진 속도에 주목하였다. 신경계의 수용 능력이 점점 한계에 도달하고 있음을 보여 주기 위해서였다.

시계의 발명과 시간을 꼼꼼하게 따지는 현상은 근대적 신경과민과 관련되어 있다. 시계는 우리가 기차 발차 시간이나 약속 시간에 늦지 않으려고 시간에 맞추도록, 그래서 정확한 시간을 확인하는 버릇을 들이도록 강요하기 때문이다. 시간을 정밀하게 측정하는 기계가 널리 쓰이기 이전에는, 모든 약속은 넉넉한 여유를 두고 잡혔고 여행은 더 긴 시간을 들여 준비해야 했다. 옛날 마차 여행은 증기선이나 기차처럼 정시에 즉시 출발하지 않았다. 사람들은 날씨를 보고 해가 떠 있는 위치를 가늠하면서 시간을 짐작했다. 어느 한 순간을 놓칠까 봐 초조해 할 필요도 없었고, 몇 분 늦었다는 이유로 돌이킬 수 없는 손해를 보는 일도 거의 없었다.[59]

시카고 사회학파에 속하는 초기 미국 사회학자들도 모빌리티를 중심에 두고 세계를 파악하였다. 하이델베르크대학에서 지멜과 함께 공부한 로버트 파크Robert Park는 도시 생활의 이동성에 대한 지멜의 논의들을 계승했고, 파크의 제자인 넬스 앤더슨Nels Anderson은 도시와 비도시 지역을 차별화하기 위해 모빌리티 개념을 사용했다. 앤더슨은 "도시 생활은 더 이동적이며, 안정이 비도시 생활의 특징인 것처럼 모빌리티는 도시 생활의 특징"이라고 했다. 그는 "지방의 번화가 Main Street"(시골)를 "대도시의 대로Broadway"(도시)와 비교하면서, 지방 번화가는 반복과 자연적인 리듬이 특징인 반면에 대도시의 대로는 "문화적이고, 인공적이며, 기계화되어" 있으며, "기계화하고 있는 도시 환경은 사람들의 움직임과는 아주 다른 그 자체의 모빌리티를 보여 준다"고 지적했다.[60]

모더니티가 어떤 모빌리티들과 대립한다고 보는 스콧의 시각과는 달리, 모빌리티가 모더니티 구조의 핵심이라고 여기는 입장도 많다. 그중에서 가장 잘 알려진 것은 마샬 버만Marshall Berman의 논의일 것이다. 그는 자본주의 모더니티에 대한 마르크스의 경고인 '견고한 모든 것은 공기 속에 녹아 버린다'를 끌어들여 모든 것이 유동적인 상태에 있는 모더니티를 생생하게 묘사했다. "근대적 환경과 경험은 지리와 민족, 계급과 국적, 종교와 이데올로기의 모든 경계들을 넘나든다. 이런 의미에서 모더니티는 모든 인류를 하나로 묶는 것이라고 할 수 있다. 그러나 모더니티는 역설적인 통일이자 분열의 집합이기도 하다. 우리 모두는 여기에서 끊임없는 해체와 갱신, 투쟁과 모순, 모호함과 고통의 소용돌이에 빠져든다. 근대화란 마르크스의 말처럼 '견고한 모든 것이 공기 속에 녹아' 버리는 세계의 일부가 되는 것이다."[61] 버만이 말하는 모더니티에서는 아무것도 확실하거나 안전하지 않다. 혼돈이 가득하고 끝없이 움직이는 이 모더니티는, 스콧이 말하는 근대적 합리성이 만드는 합리적인 세계 질서와는 큰 차이가 있다. 여기서 모더니티는 모빌리티의 적이 아니라 친구다.

구체적인 모빌리티 형식들을 논의하게 되면, 모더니티는 모빌리티의 시대로 받아들여질 때가 많다. 앞에서 이야기했듯 기차 여행은 모더니티의 환유가 되었다. 일상에서 걷는 경험도 비슷한 의미를 지닌다. 파리의 모더니티를 다룬 발터 벤야민은 기차와 보행자를 여러 번 언급한다.[62] 파리의 새로운 대로들을 마음대로 거닐 수 있는 자유로운 인물인 산책자flâneur는 모더니티와 모빌리티 논의의 핵심 형상이다.[63] 이주자는 근대적 조건을 뜻하게 되었다. 프랑스 시골을 잠식해 들어가는 모더니티를 그린 존 버거John Berger의 주목할 만한 3부작 소설 《그들의 노동에 함께 하였느니라Into Their Labours: A Trilogy》는 이주민을 근대적 이동의 중심 형상으로 다룬다.[64] 망명했거나 이주한 예술가, 작가들은 모더니티를 대표하는 작품들을 내놓았다. 피카소나 조이스가 대표적인 예다.[65] 지그문트 바우만은 관광객, 부랑자, 순례자들을 은유로 활용하여 모더니티를 진단하였다. 바우만은 근대의 끊임없는 모빌리티를 가장 날카롭게 지적한 사람이기도 하다.

모더니티란 강박적인 행진이다. 계속 더 많이 원해서가 아니라, 만족을 몰라서가 아니라, 야심차고 모험적이어서가 아니라, 모험이 실패하고 야망이 좌절되었기 때문이다. 어디든 임시로 머무는 곳에 불과하므로 행진은 계속되어야 한다. 훨씬 더 나은 곳도 없고, 이곳도 저곳도 비슷하다. 여기보다 지평선에 더 가까운 곳이란 존재하지 않듯이.[66]

아르준 아파두라이Arjun Appadurai의 《고삐 풀린 현대성Modernity at Large》에서도 근대의 중심에 이주가 있다고 본다. 전근대와 근대 사이의 단절은 서로 연관된 미디어와 이주의 발전에서 비롯되었다는 것이다. 미디어와 이주는 "근대적 주관성의 구성적 특징"을 이루는 새로운 형태의 상상을 만들어 낸다.[67] 전자 미디어는 대면 행위가 중심인 기존의 의사소통 세계를 변화시켰다. 새로운 전자매체와 결합할 때, 이주는 "근대 주체 생성에 새로운 불안정성을 야기한다."[68]

독일로 건너간 터키인 임시 이주노동자들이 독일 숙소에서 터키 영화를 관람하고, 필라델피아의 한국인들이 한국에서 위성으로 송출한 화면으로 1988년 서울올림픽을 지켜보고, 시카고의 파키스탄인 택시운전사들이 파키스탄이나 이란의 이슬람 사원에서 녹음된 설교 카세트를 들을 때처럼, 탈영토화된 시청자들을 만나는 이 생생한 이미지들은 디아스포라적인 공공영역, 현상을 만들어 낸다. 국민국가만이 중요한 사회 변화의 핵심 결정 요인이라고 보는 이론들은 여기서 혼란에 빠진다.[69]

피터 테일러Peter Taylor는 모더니티 논의에 잠재하는 이런 모호한 지점을 지적했다. 스콧이 말하는 질서의 모더니티는 버만이 말하는 혼돈의 모더니티와 대립한다. 테일러는 "적어도 모더니티의 모호성이 작동하는 어떤 방식 하나는 이렇게 이해해 볼 수 있다"고 썼다. "근대 인과 근대적 제도는 근대 세계가 질서의 반대편에 있다는 사실을 충분히 인식하지 못한 채, 세계를 질서 짓는 계획들을 세운다. 따라서 모더니티는 질서를 만드는 이들과 현대성의 조건인 끊임없는 변화 사이의 끝없는 싸움이다."[70]

그렇다면 분명히 모빌리티는 근대적인 것의 중심이다. 근대 시민은 무엇보다도 이동하는 시민이다. 하지만 모빌리티는 공포와 의혹의 대상이자, 근대적 합리성과 질서가 이룩한 많은 업적을 위협하는 인간의 행위이기도 했다. 다시 이 대목에서, 철도의 발전이 좋은 예가 될 것이다. 추상적인 시공간을 만들어 낸 철도는 근대적 삶을 질서짓는 중요한 수단이기도 했지만, 그 때문에 새로운 불안의 근원이 되기도 했다. 철도 역사학자 랠프 해링턴Ralph Harrington의 말처럼, "한 편으로 철도는 경제사회적 개선, 민주주의, 에너지, 낡은 제약으로부터의 자유, 끊임없이 퍼져 나가는 근대적 자유가 준 모든 이익과 기회, 기계화된 문명 등을 가리키는 진보의 상징이었다. 그러나 또 한 편으로 철도는 사회질서의 불안과 타락, 문화의 저속화, 시골이 지닌 아름다움의 훼손, 사고가 낳은 폭력과 파괴와 공포 등을 뜻하는 공해, 파멸, 재난, 위험과도 연관되어 있었다."[71]

모빌리티의 의미를 사전에서 찾아보는 것도 한 가지 방법이다. 옥스퍼드 영어사전에 실린 운동movement과 모빌리티mobility 같은 용어들의 정의는 그저 복잡하다는 것 이상의 의미를 암시한다. 17세기에 영어로 들어온 모빌리티라는 단어는 사람, 신체, 팔다리와 장기에 적용되었다. 이는 움직일 수 있는 능력을 의미했고, 자연과학에서는 운동이라는 단어와 호환되었다. 모빌리티는 구체적인 자연과학적 의미로 쓰이면서도 사회적 의미도 지녔다. 18세기에는 쉽게 옮겨 다니고 흥분하는 무리들을 모빌리티라고 불렀고(움직이는 민중the mobile vulgus을 가리키는 모빌리티는 귀족nobility과 대조되는 말이었다), 이후에 이 말이 짧아져서 군중the mob이 되었다. 한편, 운동이라는 단어도 나름의 변화를 겪었다. 대체로 이 말은 17세기부터, 특히 기계를 다룰 때 그 운동의 과정과 역학을 언급하기 위해 사용되었다. 그러나 이보다 더 오래된 뜻은 똥이 움직이는 것, 즉 '배설'이었다. 이 두 용어는 모두 구체적이면서도 추상적인 의미를 가지고 있었다. 그러나 대체로 운동은 추상적이고 과학적인 개념을 가리킬 때가 많은 반면에, 모빌리티는 사회적이고 위협적인 의미로 쓰일 때가 많았다. 이 둘 모두 모더니티와 함께 나타났다.

모빌리티가 어떻게 이해되었는지를 알기 위해 꼭 사전적 정의에 기댈 필요는 없다. 모더니티는 시공간 압축time-space compression을 만들어 내고 의사소통 및 교통수단의 놀라운 발전을 이룩했지만, 난민 문제에서 글로벌 테러에 이르는 도덕적 공황 상태도 낳았다. 다들 입을 모아 칭송하는 모빌리티 기술도, 온갖 스케일에 걸쳐 사람들이 제자리를 벗어나는 위반의 세계가 열릴 가능성을 높인다. 이런 긴장은 이 책의 모든 부분에서 나타난다. 모빌리티는 중심이자 주변이다. 모더니티의 생명줄이자 그 몰락을 재촉하는 바이러스인 것이다.

이상으로 모빌리티에 대한 역사적 인식 변화를 간략하게 설명해 보았다. 세상에 등장한 모든 서로 다른 모빌리티들을 포괄적으로 설명하기는 어렵다. 많은 부분을 놓치긴 했겠으나, 이 스케치는 모빌리티에 대한 생각과 실천이 역사적으로 다양한 방식으로 나타났다는 것을 알게 해 준다. 사람들의 이동은 아주 다른 세계관을 만들어 냈다. 이제 다루어야 할 문제는 **모빌리티 생산 과정**이다.

모빌리티 – 비판적 관념지리학

이 책은 움직임에 관련된 요소들이 어떻게 모빌리티가 되는지를 다룬다. 다시 말해, 이동이 어떻게 의미를 얻고, 모빌리티의 이데올로기가 이동 관행의 생산에 어떻게 관여하는지를 짚어 볼 것이다. 이는 비판적 관념지리학Critical Geosophy*을 시도하는 것이다. 관념지리학은 라이트J. K. Wright가 1947년에 지식의 지리학을 의미하기 위해 만들어 낸 용어다. 그는 지리학자들이 현대 세계의 알려지지 않은 영역을 연구하면 큰 성과를 거둘 것이라고 했다. 이 미지의 영역은 물질적인 장소가 아니었다. 이미 세계의 거의 전부가 기록되고 지도로 그려졌다. 그가 말한 미지의 영역은 일상에서 사람들에게 알려졌거나 알려

---

* 지리학자 존 라이트John Kirkland Wright가 1947년에 제기한 지리학적 방법론 혹은 분야. geo(지리)와 sophia(지혜)의 합성어로, 지리적 상상력이나 지식을 의미하며 지관념론地觀念論이나 지리적 지혜로 번역되기도 한다. 라이트는 일상적인 지리적 지식을 탐사하면 사람들의 앎이 어떻게 세계를 구성하는지를 알아낼 수 있다고 보았다.

지지 않은 세계를 뜻했다. 바로 선원과 농민과 부두 노동자의 지리적 지식이다.[72] 비판적 관념지리학은 지리적 개념의 구성과 세계에서의 실천을 탐구한다. 마찬가지로 이 책은 사람들의 지리적 상상에서 모빌리티가, 그리고 부동성immobility이 맡는 역할을 중시한다. 지리적 상상을 관념의 세계에 국한된, 정신에 대한 흥미로운 지도라고만 볼 수는 없다. 오히려 이 상상들은 행동의 세계에서 활동하는 참여자들이며, 판사, 의사, 공장 관리자, 사진작가, 공무원, 변호사, 공항 설계자처럼 우리가 사는 세상을 빚어낼 능력을 가진 모든 사람들에게 영향을 끼친다. 개인의 꿈과 열망에 얽매이지 않는 이 상상들은 사회적이고, 정치적이다.

어떤 지리적 상상들은 세계와 희미하게만 연결되어 있어서 특수한 몇몇 사람이나 맥락에만 한정된다. 이 상상들도 일부 시공간에 제한된 개인의 정신을 그려 낸 지도이거나 앎의 방식일 수 있다. 그러나 깊이 있는 지식이라고 부를 만한 것들도 존재한다. 이 지식들은 우리가 살고 있는 세상에서 지속적이고 심오한 구조적 역할을 한다. 공공공간과 사적 공간의 분리를 예로 들어 보자. 이 분리는 자본주의와 가부장적 관계에 기반한 지리적 상상력의 한 형태이다. 그러나 공공공간과 사적 공간의 구분이 없는 세상을 상상하는 것이 불가능하지는 않다. 실제로 마르크스주의, 페미니즘, 아나키즘 등에서 출발한 의미 있는 작업들이 이 일을 해냈다. 공공공간과 사적 공간의 분리는 사회적 구성이며 역사의 산물이다.

그러나 없어질 수 없고, 이론적으로도 폐기할 수 없는 지리적 상상의 요소들도 있다. 그중 하나가 모빌리티이다. 모빌리티는 삶 속에 실존한다. 인간은, 동물은 어떤 모빌리티 능력을 지녀야만 한다. 우리는 돌아다니며 세상을 경험한다. 심각한 장애가 있는 신체를 제외한 모든 몸들은 모빌리티 능력을 가진다. 공공공간과 사적 공간의 구분과 달리, 모빌리티는 애초부터 존재했다. 모빌리티의 편재성Ubiquity 은 때론 진부해 보인다. 그 보편성 때문에 따분해 보일지도 모르겠으나, 모빌리티가 특정한 시대와 장소에서 어떤 이데올로기의 일부로 강력하게 작동하는 것도 바로 이 보편성 때문이다. 인간의 삶에서 모빌리티는 지역적이거나 특정한 조건이 아니다. 모빌리티의 사회적 구성이나 생산을 이야기한다는 것도 모빌리티 그 자체가 발명된 것이니 없어지게 만들 수 있다는 말이 아니다. 모빌리티는 자동차나 소설과도 다르고, 중력이나 다이아몬드의 경도와도 다르다. 자동차와 소설은 사회가 만들어 냈고 언젠가는 사회에서 쓸모없어질 것이다. 중력이나 다이아몬드의 경도는 사회가 나타나기 훨씬 이전부터 존재했고 어떤 사회도 이를 없앨 수는 없다.

모빌리티는 장소와 마찬가지로 중간지대middle ground에 존재한다. 이것들 없이 사회를 생각할 수는 없다. 그러나 우리가 사회를 생각하는 특정한 방식이 사회적으로 생산되었다는 것도 틀림 없는 사실이다. 모빌리티나 장소는 사회적 생산물이지만 필수적인 것이기도 하다. 우리 몸이 우리를 움직일 수 있게 해 준다는 사실은, 무수히 많은 방식으로 나타나 모빌리티에 담기는 의미들이 너무나 중요하다는 것을 의미한다. 특정한 모빌리티들이 근본적이고 자연적인 것처럼 보이는 이유는 어디에나 모빌리티가 존재하기 때문이다. 역사성이 확실한 자동차나 소설이라면 불가능한 일이다.

모빌리티는 사회적 생산이기도 하므로, 모빌리티에 관한 지식은 (공간이나 장소처럼 여타 근본적인 지리적 개념들에 관한 지식들과 마찬가지로) 현대 세계의 정치와 너무나 중요하고 깊은 관계를 맺는다. 정지 상태와 모빌리티, 고정성과 흐름은 세상을 바라보는 다양한 방법을 알려 주는 심오한 지식의 대상이다. 그러므로 고정성과 흐름에 대한 관념들이 어떤 식으로 사유의 저변에 깊은 영향을 미치는지를 이해하면 비판적 관념지리학에 도달하게 된다. (이에 비하면 법률, 의학, 사회운동, 영화, 사진, 도시계획, 건축, 철학, 심지어 지리학 그 자체까지도 문화적 삶의 표층에 더 가깝다.) 언제나 정치적이고 언제나 차이를 만들어 내는 사회적 삶에서 지리적 지식이 어떤 역할을 하는지를 가늠하게 하는 것이 비판적 관념지리학이다.

2장의 주제는 고정성과 흐름 사이의 구별이다. 한편으로는 고정, 장소, 공간적 질서에 관한 형이상학적 개념을, 다른 한편으로는 흐름, 모빌리티, 생성의 형이상학을 다룬다. 이 장의 목적은 모빌리티에 관한 문헌들을 검토하고, 이 자료들 자체도 고정성과 흐름이 이데올로기적으로 행위와 사고를 구조화하는 세계의 일부임을 보여 주는 것이다. 신체 스케일의 모빌리티들을 전 세계에 걸친 모빌리티들과 연결해 줄 고도의 모빌리티 정치를 요청하면서 2장을 마무리한다.

3, 4, 5장은 신체 모빌리티의 정치성을 고찰한다. 3장에서는 모빌리티를 표현하려고 한 사진작가 에드워드 마이브리지와 생리학자 에

티엔 쥘 마레의 시도를 조명한다. 이들은 모빌리티를 새롭게 인식하게 한 사진 기법들을 개발했다. 4장은 프레드릭 테일러와 프랭크 길브레스, 릴리언 길브레스의 공장노동자 동작 연구에 주목한다. 동작 연구는 노동자들의 기존 움직임을 기록하기 위해서만이 아니라 건강, 효율성, 생산성이라는 도덕적 목표를 성취해 줄 새롭고 이상적인 동작을 만들어 내기 위한 정교한 재현 전략을 마련했다. 5장은 미국에서 건너온 이른바 '괴상한 스텝'의 유행에 대응하며 발달한 영국의 볼룸댄스를 다룬다. 따라서 5장은 앞의 두 장에서 다룬 신체 스케일의 모빌리티를 대서양을 가로지르는 더 넓은 모빌리티 감각과 결합시킨다. 제국주의 스타일의 춤, 특히 영국의 춤은 터키트롯Turkey Trot, 시미the Shimmy, 지터버그the Jitterbug와 같은 미국 춤, 특히 미국 흑인들의 춤에 대한 대응이었다. 또다시, 부적절하고 미개하고 부도덕한 모빌리티가 비난 받으면서 적절하고 세련되고 도덕적인 모빌리티가 나타났다. 이 세 장은 일종의 병적인 것으로 취급 받는 위협적이고 지나친 모빌리티들과의 관련 속에서 특정한 모빌리티들이 생성된다는 주장을 담고 있다.

6장과 7장은 모빌리티가 미국의 역사학과 이데올로기에서 어떤 역할을 했는지에 주목한다. 모빌리티는 예외주의exceptionalism라는 미국 국가 이데올로기의 중요한 요소일 뿐만 아니라, 권리, 시민권, 문화유산 담론의 중심이다. 6장에서는 백여 년에 걸친 대법원 판례를 검토하여 모빌리티 권리의 발달을 살펴보고, 모빌리티 권리가 시민 형상의 법적 규정에서 핵심에 자리하게 되었다고 주장한다. 6장 말미에서는 모빌리티와 시민권, 권리 간의 결합 논리를 재구성할 진보적 방식을 제시하기 위해 L.A. 버스승객조합운동을 논의한다. 계속하여 7장은 이민자의 모빌리티를 법으로 규정한 사례를 분석하여 미국에서의 모빌리티와 시민권을 논한다. 1882년 중국인 배제법Chinese Exclusion Act과 2001년 미국 인구구성 연구법the Peopling of America Theme Study Act 이 그 대상이다. 전자에서는 중국인 이민자가 위협적인 존재로 규정되었지만, 후자에서는 모든 이민자를 미국인 정체성의 중심에 놓는다. 8, 9장에서는 아주 다른 두 모빌리티에 각각 초점을 맞춘다. 여기에서 다양한 스케일들과 모빌리티는 상호작용하는 모습을 보인다.

8장에서는 특별한 대서양 횡단 여행을 자세히 살펴본다. 미국의 두 여성참정권 운동가들은 영국의 활동가들을 만나고 스톡홀름에서 열리는 국제 참정권 회의에 참석하기 위해 여행을 떠났다. 대서양 횡단 증기선에서 토머스 쿡 여행사까지 포괄하는 모빌리티 기술의 네트워크가 이를 가능하게 했다. 이 여행에서 용기를 얻은 두 사람은 보스턴으로 돌아온 후 신문들이 '영국식'이라고 이름 붙인 새로운 대중정치의 일환으로 자동차를 탔다. 9장에서는 모빌리티를 생산하는 특별한 장소, 공항을 자세히 검토한다. 공항이라는 장소는 중요한 여러 모빌리티 스케일들이 한 지붕 아래 모이는 곳이기 때문에 주목할 만한 가치가 있다. 공항은 사회문화 이론가들의 글에서는 포스트모던하고 트랜스내셔널한 삶의 핵심적인 비유다. 더군다나 공항은 테일러와 길브레스의 방식과 비슷하게 신체 모빌리티를 정교하게 통제하려고 만들어진 곳이다. 어떤 이동 주체가 되려고 하느냐에 따라 국가적·국제적 모빌리티 권리 개념이 현실화되거나 그것이 잔인한 속임수였음이 드러나는 곳이기도 하다. 암스테르담의 스히폴공항 분석은 이 책 전체에서 나타나는 모빌리티의 다양한 스케일과 내러티브를 종합해 줄 것이다. 마지막 에필로그에서는 2005년 허리케인 카트리나가 불러온 재앙 이후, 뉴올리언스 안팎의 모빌리티 정치를 다룬다.

고정과 유동의 형이상학

2장의 목적은 우리의 사고와 행동에 영향을 미치는 근본적인 형이상학을 지리적 상상(장소, 공간 질서, 모빌리티 등에 관한 관념들)이 어떤 식으로 만들어 내는지를 우선 살펴보는 것이다. 이후의 장들에서는 법, 생리학, 안무 등의 분야가 기존에 모빌리티가 지닌 의미의 영향을 받는 동시에 어떤 식으로 모빌리티에 의미를 부여하는지를 알아본다. 2장에서는 현대의 문화와 사회를 이해하는 기본적인 메타포로 모빌리티를 활용한 경우들에 주목한다. 다시 말해서, 지리적 상상력이 새로운 지식의 형성에 영향을 미치는 방식을 추적해 보는 것이다. 여기서는 특히 학문적 지식의 구성에 초점을 맞춘다. 요즈음의 사회적 논의에서 모빌리티와 관련된 말들은 대개 긍정적인 것으로 받아들여진다. 유동적이고 역동적이며 변화무쌍하고 어쨌든 움직인다면, 그것이 무엇이든 진보적이고 흥미롭고 현대적인 것으로 간주된다. 반면에 근원에 가깝고 근본적이며 정적이거나 경계가 분명한 것은, 반동적이거나 침체되어 있거나 과거에 속한 것처럼 보인다. 항상 그래왔던 것은 아니다. 2장에서는 이와 관련된 역사를 추적해 본다.

이 책은 근대 서구의 문화와 사회에 모빌리티가, 또 모빌리티에 부여된 의미가 깊숙히 스며들어 있다는 주장을 전제로 삼는다. 모빌리티에 관한 뿌리 깊은 이데올로기들은 근대사회 문화 이론에 만연해 있다. 더 넓은 범주인 사고와 행위의 세계에서도 마찬가지다. 문헌 자료들도 이 세계의 일부이므로, 근대 학문의 사유와 그 대상인 세계 사이를 구분하는 것은 이 책의 목적에 별 도움을 주지 못한다. 2장에서는 사회문화적 사유의 영역에서 모빌리티에 관한 상상이 떠

맡은 광범위한 역할을 탐구한다. 세계를 바라보는 형이상학적 방식은 크게 두 가지로 나뉜다. 정주定住의 형이상학과 유목적 형이상학이다. 이 두 방식은 모빌리티, 공간 질서, 장소를 다르게 이해한다. 전자는 장소, 근원, 공간 질서, 소속이라는 틀 속에서 모빌리티를 바라본다. 여기서 모빌리티는 장소와 공간의 질서에 따라 배치된 세계의 부산물에 불과하므로 도덕적으로나 이념적으로나 의심스러운 대상이다. 후자는 모빌리티를 우선시하며 장소에 애착을 품는 것을 싫어하고 흐름, 유동성, 역동성을 즐긴다. 이 입장에 따르면 장소는 과거에 갇혀 있고 지나치게 폐쇄적이며 반동적이기까지 하다. 두 경우 모두, 장소와 모빌리티의 도덕적 지리학이 상호작용하여 여러 관행과 물질문화와 존재론, 인식론, 정치에까지 영향을 준다. 세상에 널리 퍼져 있는 이 관념들과 사고방식들은 우리가 사는 세계 속으로 스며들어 모든 믿음과 실천의 배후에서 작용한다. 물론 관념의 연속체에도 끝은 있고, 관념이 순수한 형태로 존재하는 경우도 거의 없다. 그렇다 하더라도 이 널리 퍼진 사고방식들은 우리가 살고 있는 이 세계의 기반을 이룬다.

정주定住의 형이상학

근대 서구 세계에서 모빌리티를 바라보는 주요 방식들 중 하나는 위협, 체계를 어지럽히는 무질서, 혹은 통제의 대상으로 치부하는 것이다. 제임스 스콧은 근대국가들이 이동하는 자들에게 질서와 규율을 부여하려고 애써 왔다고 지적한다. 근대적 삶 속에서 '어딘가 다른 곳에서' 온 듯한 느낌을 주는 외부자는 끊임없이 불안을 낳는 존재였다. 떠돌이, 부랑자, 난민, 망명자는 비도덕적인 어떤 일을 벌이려는 자들로 취급 받았다. 그래서 행상, 집시 여행자, 방랑하는 유대인들은 모두 교정과 규율을 필요로 하는, 움직이는 위험 요소였다.[1]

인류학자 리사 말키Liisa Malkki는 난민 문제를 다루면서 '**정주의 형이상학**sedentarist metaphysics'이라는 용어를 사용했다. 말키에 따르면, 우리는 공간과 장소의 고정성이 이동보다 도덕적이며 논리적으로 우위에 있다고 가정한다. 고향이라는 토양에 뿌리를 두는 정체성 개념은 완전히 형이상학적이다. 세계를 경계가 명확한 영역들로 나누고자 하는 끝없는 욕망 속에서 '정주의 형이상학'이 탄생한다. 문화와 정체성을 고정과 경계와 뿌리로 파악하는 개념들은 정주를 지향하는 특정한 사고방식들과 연결되어 있다는 주장이다. 이 사고방식은 나라나 국가nation · state · country나 장소로 세계가 분할되는 것이 당연하다는 생각을 낳고 이를 계속 재확인한다. 눈에 보이지 않을 정도로 몸에 배어 있는 정주의 형이상학이 이동하는 사람들에게 끼치는 영향은 매우 크다. 세계가 뿌리를 지니고 있으며 경계가 존재한다는 생각은 언어와 사회적 실천에 반영되고, 어떤 땅과 지역과 국가, 즉 장소에 속하는 정체성들을 적극적으로 만들어 내며, 모빌리티와 위치 이동을 질병 취급하는 담론과 실천을 생산한다. 미국의 부랑자 대응이나 영국의 집시 정책은 확실히 이러한 과정의 일환이었다. 난민과 망명자들도 비슷한 대우를 받았다. 말키는 전후의 난민을 연구하면서 다음과 같이 표현했다.

> 고향 상실은 도덕적 행위의 위기다. ⋯ 난민이 세계의 입구에 등장
> 하는 순간, 우리의 윤리적 관점 전체가, 사물의 신성한 질서에 대한 태
> 도 전체가 변한다. ⋯ (난민들의) 행동은 근본적으로 도덕관념이 없고
> 개인으로서나 사회의 일원으로서의 책임감도 없는 사람들을 우리가
> 상대하고 있다는 증거다. ⋯ 그들은 정직한 시민들이 존중하는 윤리적
> 규범에 얽매이지 않는다. 무슨 짓이든 해치우는 위협적이고 위험한 자
> 들이다.[2]

2장의 전반부에서는 지리학 이론에서부터 이동하는 자들을 정착
시키려는 시도에까지 이르는 여러 형태의 지식에 잠재하는 정주의
형이상학 개념을 알아보고, 후반부에서는 모빌리티를 핵심으로 하
는 대안적 사유이자 현재 부각되고 있는 유목적 형이상학을 살펴본
다. 우선, (크게 보면 실증주의적인) 공간 상호작용 이론spatial interaction
theory과 (실존주의와 현상학의 영향을 받은) 인본주의 지리학humanistic
geography이 모빌리티에 부여한 의미를 파악해 볼 것이다. 이 두 분야
가 세계를 인식하는 방식은 서로 대립하는 것처럼 보일 때가 많지만,
결국 인문지리학Human geography도, 법이나 건축과 마찬가지로 세계를
파악하는 하나의 방식이다.

공간 상호작용 이론

피터 하겟Peter Haggett은 《인문지리학에서의 위치 분석Locational Analysis in Human Geography》(1965)에서 퍼시 크로우Percy Crowe의 예전 논문(1938)을 인용하면서 이렇게 썼다. 지리학자들은 "지구상의 움직이지 않는 요소만을 대상으로 삼는다. 지리학이 진보하려면, **호모 도미엔스**Homo Dormiens˙가 어떻게 활동하는지에 관심을 기울여야 하지 않을까?"[3] 이후 모빌리티는 지리학 연구의 대상으로 간혹 등장하기 시작하였다. 지리학에서의 인간 모빌리티 연구는 지리학 자체만큼이나 오랜 역사를 가지고 있다. 카를 사우어Carl Sauer에서 비롯된 문화지리학이 주목했던 기원과 확산 개념에서부터 요즘 들어 유행하는 혼종성과 세계화에 이르기까지, 인류의 이주는 언제나 주목 받았다.[4]

이 모두를 다 다룰 필요는 없을 것이다. 대신에, 나는 정주의 형이상학이 어떻게 전개되어 왔는지를 추적하고자 인문지리학의 역사에서 중요한 지점들을 선별했다. 나는 강력한 모빌리티 사유 방식 하나가 어떻게 발전해 왔는지를 보여 주려는 것이지, 모든 지리학자들이 언제나 정주의 형이상학에 사로잡혀 왔다고 주장하려는 것은 아니며, 크로우가 호모 도미엔스를 들어 말하고자 한 바를 그대로 반복하

˙ Homo Dormiens: 직역하면 '잠자는 인간'이라는 뜻으로, 제자리에 머무는 인간을 뜻한다. 지리학자 크로우는 1938년 《스코틀랜드 지리학지Scottish Geographical Magazine》에 발표한 〈지리학에서의 진보에 대하여On progress in geography〉에서, 지리학자들은 호모 도미엔스로서의 인간 인식을 뛰어넘어야 하며, 지역은 빈 공간이 아니라 인간이 이동하고 활동하는 곳이라고 주장하였다. 그는 이 글에서 지역지리학reginal geography의 문제의식을 선취하였고, 모빌리티의 중요성을 어느 정도 인식하는 모습도 보여 주었다.

고자 하는 것도 아니다. 모빌리티는 지리학의 지대한 관심을 받을 때 조차도 고정성fixity 개념을 통해 재단되었다는 것이 나의 주장이다. 이를 밝히고자 공간 상호작용 이론과 인본주의 지리학에 초점을 맞출 것이다.

공간학spatial science, 수량화, 논리실증주의에 대한 일반적인 비판은 널리 알려져 있으므로 여기서 굳이 반복할 필요가 없을 것이다.[5] 우리가 초점을 맞춰야 할 것은 인간 이동의 이론화라는 구체적인 문제이다. 하겟이 쓴《인문지리학에서의 위치 분석》의 첫 장 제목은 '이동 movement'이다. 이 책은 공간학의 발전에서 아주 중요한 역할을 했다. 교통지리학Transport geography이나 이주 이론migration theory 같은 인문지리학의 다른 분야들과는 달리, 인간의 움직임은 공간학의 핵심 주제였다.[6] 공간학의 중심 원칙이나 이론 중 상당수는 모빌리티와 관련되어 있으며, 공간 상호작용 이론도 그중 하나이다. 로우Lowe와 모리아 다스Moryadas의《이동의 지리학The Geography of Movement》은 지리학 서적으로는 드물게도 이동의 일반적 이해를 목표로 삼은 책이다. 이 책은 '이성적인 이동하는 인간'의 보편적 합리성을 주장한다.

이동은 사람들이 상품, 용역, 정보, 경험에 대한 욕구를 지금의 장소가 아닌 다른 장소에서 해결할 능력을 얼마나 갖고 있는가, 그리고 그 장소가 얼마나 그러한 욕구를 충족시켜 줄 수 있느냐에 따라 일어난다.[7]

현재 가장 널리 쓰이는 교과서 중 하나인 에블러Abler, 애덤스

Adams, 굴드Gould의 《공간 구성: 지리학자가 세계를 보는 방식Spatial Organization: The Geographer's View of the World》에서도 모빌리티는 중심적인 분석 대상이다. 이 책에서도 이동하는 인간은 지나치리만큼 합리적이다.

이주자는 현재의 위치에 어떤 가치를 부여하고 그가 갈 수 있는 다른 장소에는 또 다른 가치를 부여한다. 자신의 현재 위상과 다른 곳의 잠재적 위상을 비교한 후, 거리나 위험성에 따른 여러 대안들을 검토한다. 마지막으로 이주자는 자신이 최선이라고 보는 전략을 선택한다.[8]

가상에 가까운 이 합리적 모빌리티는 모빌리티 내의 차이들을 지운다. 공간적 상호작용Spatial interaction은 사람들이 움직이거나 움직이지 않기 위해 취하는 여러 방식들을 고려하지 않는다. 사실, 법칙을 찾는 작업은 노골적으로 차이를 없애려고 할 때가 많다. 예를 들어, 로우와 모리아다스는 인간의 움직임을 이해하려면 일반화가 꼭 필요하다고 주장한다. "치료를 위해서 이동하는 것이라면, 마녀에게 가는지 병원에 가는지는 전혀 중요한 문제가 아니다."[9] 인간의 이동이 갖는 차이가 '전혀 중요하지 않다'는 이해 방식은 법칙 찾기의 귀결이다. 애블러, 애덤스, 굴드가 이른바 '전형적인 이동'을 규정할 때도 이같은 시각이 반복된다. '전형적인 이동'들 간의 차이는, 면에서 선으로, 면에서 면으로, 면에서 부피로 이어지는 패턴의 차이일 뿐이다. 이 전형들 속에서 차이는 뭉뚱그려진다. 그러므로 지붕에서 홈통으로 떨어지는 빗물과, 교외에서 고속도로로 나서는 통근자들은 모두 다 면에서 선으로 이동하는 존재들이다. 인간의 이동은 각자 갖는 차이를 잃고, 나아가 자연의 움직임과도 동일시된다.

비바람이 불어와 물이 지붕에서 흘러내려 홈통으로 들어가는 것, 동물들이 물을 마시러 숲에서 강으로 나오는 것, 통근자들이 차를 몰아 차고에서 거리로 나오는 것, 토양이 도랑, 개울, 강바닥으로 가라앉는 것 등은 모두 같은 차원에서 일어나는 이동이다. 이 모든 경우, 어떤 것이든 최소한의 수고만으로 면에서 선으로 이동한다.[10]

여기서 핵심은 '**최소한의 수고**least net effort'라는 법칙이다.[11] 물리학에서 차용한 이 법칙은 기본적으로 (사람을 포함한) 사물은 가능한 한 움직이려고 하지 않는다고 가정하고, 이동을 일종의 기능장애로 치부한다. 이상적인 세계에서라면, 공간 구조가 이동의 필요성을 최소화하는 방식으로 조직되어야 하기 때문이다.

이 논리에 따르면, 공간 배치나 특정 위치의 측정 가능한 특질은 언제나 이동에 우선한다. 공간 배치는 이동을 없애기 위해 존재하며, 이동 거리를 계속 줄여야 할 필요 때문에 만들어진다. 고전적인 이주 이론에서 이동을 설명해 주는 것은 떠나거나 도착할 장소들이다. 사람들은 정량적인 방법으로 계산한 후, 어떤 곳이 다른 곳보다 더 낫다는 이성적인 결정에 도달했기 때문에 움직인다. A와 B, 그리고 이 둘이 지닌 서로 밀고 당기는 요인들이 A와 B를 연결하는 선을 설명해 준다.

공간학은 몇 가지 확고한 (그러나 보편적이라고는 할 수 없는) 가정들에 기반하여 인간 이동을 바라본다. 이동은 합리성의 산물이며, 차이를 고려하지 않는 보편적인 용어로 설명할 수 있고, 본질적으로 기능장애이며, 공간의 배치와 위치의 특징이 갖는 2차적인 성격이라는 것이다. 이 가정들에서 우리는 정주의 형이상학을 엿볼 수 있다. 특히 기능장애로 이동을 정의할 때 그러한 면이 두드러진다. 훌륭하다고 간주되는 기능들의 반대편에 모빌리티가 있다고 규정하기 때문이다.

공간학이 모두 정교하지 못한 방식으로 모빌리티에 접근하는 것은 아니다. 《인문지리학에서의 위치 분석》에서 하겟은 많은 요소들을 고려하면서 모빌리티를 해석하였다. 포러Forer의 '플라스틱 공간plastic space' 개념은 교통기술이 어떻게 시간과 공간을 가변적인 것으로 만들었는지를 강조했다.[12] 헤거스트란트Hägerstrand와 그가 스웨덴의 룬트대학교에서 가르친 제자들, 그리고 이후 프레드Pred는 크고 작은 모든 스케일에 걸쳐 이주와 모빌리티를 분석했다. 이들은 이동을 축소 해석하는 논리를 되풀이하지 않으면서 사람들의 일상에 나타나는 모빌리티 패턴의 정치성에 점차 주목하기 시작했다.[13] 그러나 로즈Rose 가 지적했듯이, 시간지리학time geography은 사람들의 시공간 경로를 지나치게 추상화하므로 구체적인 모빌리티 경험과는 멀어진다.[14] 그 한계에도 불구하고, 이런 모빌리티 모형들이 공간학의 중심이었다는 점은 분명하다.

공간학은 모빌리티가 가진 가치와 의미에 대한 어떤 감각을 확실히 결여하고 있다. 의도한 바는 아니겠지만, 공간학은 모빌리티를 기능장애라고 부르면서 특정한 의미를 부여하였다. 모빌리티 경험 내의 차이가 고려된다 해도, 그것은 비용이나 편익이라는 용어로 정리될 수 있는 것에 지나지 않았다.

인본주의 지리학

인본주의 지리학humanistic geography은 비용과 편익의 합리성에서 벗어나 인간의 경험이라는 측면에서 모빌리티에 진지하게 접근하였다. 그러나 주류 인본주의 지리학은 장소를 중시하면서 모빌리티를 부차적인 것으로 보았고, 모빌리티를 또다시 위험이나 기능장애로 치부하였다. 인본주의 지리학에서 이상적인 장소는 대체로 사람들에게 도덕적 세계, 진정한 존재를 보증해 주는 곳, 의미의 중심이라고 받아들여진다.[15] 반면에 모빌리티는 근원적이고 도덕적이고 진정한 존재인 장소를 위협한다고 여겨질 때가 많다. 인본주의 지리학에서 모빌리티를 직접적인 주제로 다루는 경우는 거의 없기 때문에 우리는 주로 추측에 기대어 그 역할을 파악해야 한다. 모빌리티는 대부분 함축과 암시로 등장한다. 그러나 (주류에서 비켜나 있지만 인본주의 지리학의 발전에서 매우 중요한 인물인) 잭슨J. B. Jackson과 데이비드 시먼David Seamon은 모빌리티를 문화지리학의 근본적인 지리적 요소로 보는 의미 있는 연구들을 남겼다. 날카로운 통찰력을 보여 주는 잭슨의 글들은 미국 고유의 경관을 인식하고 구성하면서 모빌리티의 가치를 긍정적으로 받아들인다. 신체 모빌리티에 주목해 생활세계를 현상학적으로 파악하려 한 시먼의 저작은 추상적 현대 이론의 선구자였다.[16] 그러나 잭슨이나 시먼 등의 작업에도 불구하고, 인본주의 지리학은 그 발전 과정에서 대부분 장소에 높은 가치를 두고 크로우가 말한 호모 도미엔스에 초점을 맞췄다.

인본주의 지리학자들은 지리학이 "인간의 고향으로서의 지구"에 대한 학문이라는 명제를 여러 방식으로 추구하였다.[17] 인본주의 지리학은 문학 · 예술 · 건축에서부터 심지어 어린이 침실 구석의 장식물에까지 이르는 모든 문화를 대상으로 삼아, 자연 속의 혼란을 극복하고 질서와 안정을 마련하기 위해 사람들이 기울인 노력을 강조한다. 인본주의 지리학자들은 자연을 고향으로 만들어 문화로 바꾸는 방식을 이해하려면 장소 개념이 필수적이라고 주장한다. 따스하고 포근한 고향이라는 일반적인 관념은 지리학적 장소 인식에도 영향을 미친다. 에드워드 렐프Edward Relph는 "인간이 되려면 의미 있는 장소들로 가득 찬 세상에 살아야 한다. 인간이 되려면 자신의 장소를 갖고 자신의 장소를 알고 있어야 한다"고 했다.[18] 그렇다면 장소는 지리학의 현상학적 출발점이다. 장소, 고향, 뿌리는 인간의 기본 욕구다. "어떤 장소에 뿌리를 두고 있다는 것은 세상을 조망하는 안전한 지점을 확보하고, 사물의 질서 속에 제자리를 단단하게 잡는 것이며, 특히 어떤 곳에 정신적 · 심리적으로 중요한 애착을 품는 것이다."[19] 장소는 의미와 보살핌의 중심이다.

이렇게 중요한 영역에서 모빌리티가 하는 역할은 무엇일까? 이 질문에 대한 답은 양면적이다. 이 푸 투안Yi-Fu Tuan은 장소를 "의미가 조직화된 세계"라고 본다. "장소는 본질적으로 정적인 개념이다. 만약 우리가 세상을 끊임없이 변화가 일어나는 과정으로 본다면, 장소 감각은 발달하지 못할 것이다."[20] 투안에 따르면 유목민의 세계에도 강력한 장소 감각이 있다. 그들의 이동은 대부분 제한된 지역 내에서 이루어지기 때문이다. 하지만 "현대인은 너무나 유동적이어서 뿌리를 내리지 못한다. 현대인의 장소 경험은 거의가 너무나 피상적이다."[21] 장소는 본질적으로 도덕적인 개념[22]이기 때문에, 애착과 헌신을 갉아먹는 모빌리티와 이동은 도덕적 세계의 반대편에 놓인다. 모빌리티는 수많은 결여를 안고 있는 것처럼 보인다. 헌신과 애착과 관계가 부재하고, 중대한 의미도 지니고 있지 않다. 모빌리티가 넘쳐나는 장소는 장소성을 잃어버린다. 예컨대, 렐프는 현대의 관광과 고속도로가 장소를 파괴하는 역할을 한다고 보았다. 고속도로가 생기기 전에는 철도가 진정한 장소 감각을 파괴하는 주범이었다. 이제 다음 차례는 공항이다.

대부분의 인본주의 지리학에서 모빌리티는 또다시 기능장애로 취급된다. 여기서의 모빌리티는 공간학에서처럼 이상적이지 않은 공간 배치의 증거라기보다는, 장소가 갖는 명백한 도덕적 특성을 지우려는 위협이기 때문에 의혹의 대상이다. 인문지리학에서의 모빌리티는 다시 정주의 형이상학과 깊숙한 연관성을 보인다. 공간학과 인본주의 지리학은 모빌리티를 존재론적으로, 인식론적으로, 규범적으로 소외시키는 아주 강력한 도덕적 지리학이다. 도덕적 지리학은 지리학의 철학적 바탕에서 중요하고 지배적인 역할을 하면서 공간학과 인본주의처럼 서로 다른 접근 방식들이 함께 보조를 맞추게 해 주었다.

정주주의와 문화

정주의 형이상학은 근대 사상에 깊숙이 스며들어 있다. 우리는 장소, 뿌리, 질서라는 도덕적 가치가 고취한 상상력이 어떻게 지리적 사유의 중요한 기초를 이루는지를 앞서 살펴보았다. 예전의 문화 이론들에서 발견되는 이 상상력은 보수적인 전통에서도, 또 문화연구cultural studies의 초기 형태에서도 나타난다. 여기에서는 T. S. 엘리엇T. S. Eliot, 리처드 호거트Richard Hoggart, 레이먼드 윌리엄스Raymond Williams가 사용한 모빌리티의 메타포를 살펴본다.

매튜 아놀드Matthew Arnold, F. R. 레비스F. R. Leavis의 저작들도 그렇지만, T. S. 엘리엇의 《문화의 정의를 향한 노트Notes Towards the Definition of Culture》는 보수적 문화사회 전통에 핵심적인 텍스트이다.[23] 엘리엇은 계급이 유지되고 장소와 지역에 대한 강력한 애착이 남아 있어야 대문자 문화Culture가 보존될 수 있다는 주장을 폈다. 사회의 뼈대가 주는 안정성이 없다면 혼란과 무정부상태가 만연하리라는 것이다. 엘리엇은 보통교육의 도입이 불러올 위험을 경고했다.

우리는 모든 사람들을 교육하겠다고 덤벼들면서 우리의 기준을 낮춰 잡고 있고, 교육으로 전수될 수 있는 우리 문화의 정수를 탐구하는 일을 그만두고 있으며, 미래의 야만스러운 유목민들이 기계화된 캐러밴을 몰고 올 땅을 내어주려고 고대로부터 내려온 우리의 유산을 파괴

하고 있다.[24]

"기계화된 캐러밴"을 몰고 올 "야만스러운 유목민"이라는 이미지
는 모빌리티를 혼란으로 비유한다. 유목민 메타포는 확실히 경멸적
인 의미를 띠고 있다. 여기서 유목민은 긍정적이고 안정적이며 기원
이 분명한 유산들과 대조된다. 계급이 무너지고 지역을 향한 충성심
이 약화되면서 나타난 혼란을 의미하는 존재가 바로 유목민들이다.
사람들은 더 이상 사회적으로나 지리적으로 자신들의 위치를 알지
못한다. '현대인'은 너무 이동적이어서 뿌리를 내리지 못하며, 결국
현대인의 장소 경험은 완전히 피상적일 것이라는 이 푸 투안의 시각
과도 공명하는 대목이다.[25] 엘리엇처럼 보수적인 지식인에게 이 같은
상황은 문화의 종말, 즉 기원과 전통으로서의 문화가 끝났음을 알리
는 신호일 것이다. 엘리엇은 이 주장을 좀 더 직접적으로 표현했다.

> 자신이 태어나지 않은 곳에, 조상으로 거슬러 올라가는 연결 고리가
> 없는 공동체에 어떤 사람이 온몸 바쳐 헌신할 수도 있다. 그러나 나는, 강
> 한 지역적 유대감으로 뭉친 공동체에서 외지 출신자들이 어딘가 인위적
> 이고 어딘가 지나치게 의식적으로 행동한다는 사실에 대부분 동의하리
> 라고 생각한다. … 대체로, 대다수의 사람들은 태어난 곳에서 계속 살
> 아가는 것이 최선이다. 가족, 계급, 애향심은 모두 서로를 지탱해 준다.
> 이 중에서 하나가 무너지면, 다른 쪽에도 문제가 일어날 것이다.[26]

엘리엇의 유목민 메타포는 금방 직설적으로 바뀐다. 엘리엇 본인도 미국에서 태어나 영국으로 귀화한 이동 지식인이었지만(그렇지만 나는 유목민이 아니다!), 문화는 지역과 단단하게 결부되어 있다고 보았다. 그에게 문화는 고정성, 안정성, 기원, 연속성과 관계 깊은 것이었으므로, 이동하는 사람들은 골치 아픈 존재였다. 이동을 추구하는 사람들은 문제를 야기한다.

식민지의 여러 문제들은 이주가 만든 것이다. 선사시대나 그 이후에 아시아와 유럽을 가로질러 이주한 사람들은 하나의 부족이거나, 적어도 그 부족을 대표했다. 따라서 문화 전체가 함께 이동했다. 근대의 이주자들은 이미 고도로 문명화된 나라들에서 건너왔다. … 이주한 사람들은 제 나라의 문화 전체를 대표한 적이 없거나, 아주 일부만을 가져왔다. 그들은 어떤 사회적·종교적·경제적·정치적 결정에 따라, 혹은 이 요소들의 특별한 조합으로 인해 이주했다. … 고국에 남아 있는 사람들이 있었으니, 이주자들은 전체 문화의 일부분만 지니고 왔던 것이다.[27]

엘리엇에게 문화와 (특정 지역으로 규정되는) 고향은 다른 것이 아니었으므로 사람들의 이동은 문화적 개별성을 위협하는 걸림돌로 보였다. 그러므로 엘리엇이 보통교육과 문화를 논하면서 언급한 '기계화된 유목민들'은 단순한 은유가 아니라 모빌리티와 장소에 대한 신념과 연결된 것이었다.

정주의 형이상학은 레이먼드 윌리엄스의 저작에서도 나타난다. 엘리엇 같은 이들의 주장을 좌파적 시각에서 비판하고, 문화를 바라보는 진보적이고 포용적인 관점을 옹호했던 그의 이력을 고려할 때 이는 의외의 반응으로 보인다. 그러나 장소와 모빌리티의 도덕적 기호화는 이념적 차이보다 더 뿌리깊다. 도덕적 지리관은 정치적·이론적 대립마저 뛰어넘으며 작동하는 매우 일관된 가정들의 기반이다. 1985년, 윌리엄스는 광부들의 파업을 다룬 글에서 다음과 같이 썼다.

이 무자비한 사회질서 논리는 지금 강력한 힘을 발휘한다. 실제 장소와 실제로 존재하는 사람들을 착취하고 제멋대로 다른 곳으로 옮겨가는 새로운 유목자본주의의 논리다. 새로운 유목자본주의의 대변자들은 인간 존재의 실상에서 점점 더 멀어져 갈 뿐만 아니라, 점점 더 플라스틱 유목민들처럼 바라보고 발언한다. 이들은 안정적인 노동 및 생산적인 활동과는 거리가 먼 돈을 무엇보다 우선시한다. … 그 그늘 아래에서, 도시의 가난한 지역이나 버려진 광산 마을에 사는 진짜 사람들은 서류와 돈이 만들어 낸 너무나 강력해 보이는 외부 질서에 맞서고 있다. 광부, 여성, 노인 등 이 저항적 공동체의 모든 사람들은 오랜 영예를 지키기 위해 그 권력에 도전해 왔다.[28]

계속해서 윌리엄스는 뿌리 없는 자본주의를 비판한다. "우리는 플라스틱 유목민들 때문에 걱정할 필요가 없다." 그들은 도착하자마자 떠날 수밖에 없을 것이고, '우리'는 장소의 특수성에 기반한 새로운 경제질서를 구축하고자 여기에 머무를 것이며 "여기에 남아 있어야만 한다." 엘리엇의 유목민들이 그가 이상으로 삼은 기원이 분명하고 계층화된 문화Culture를 위협하는 대중문화에 해당된다면, 20세기 산업자본주의의 유목민들인 윌리엄스의 유목민들은 빼앗은 뒤 아무것도 돌려주지 않으며 폭리를 취하는 자들이다. 대개는 윌리엄스의 생각에 공감하기가 쉽겠지만, 두 사람의 글에서 유목민 메타포가 지닌 함축은 놀라울 정도로 비슷하다. 윌리엄스와 엘리엇은 장소와 공동체의 연속성을 문화와 결부시켜서 문화를 정주하는 것으로 파악한다. 앞의 인용에서 윌리엄스의 도덕적 지리관은 광산 마을이나 도시 지역의 실제 장소에 거주하는 실제 사람들을 바탕으로 한다. 이들은 왔다가 가 버리는 플라스틱 유목민들과 맞서는 사람들이다. 여기에서 장소는 이동하는 자들이 지닌 위험성을 이해하게 해 주는 일관된 기준이다. 윌리엄스의 '전투적 특수주의militant particularism*'가 잘 드러나는 대목이다.[29]

장소와 모빌리티에 대한 윌리엄스의 도덕적 지리관은 초기 문화연구의 주요 저서들 중 하나인 리처드 호가트의《교양의 효용The Uses of Literacy》에서도 비슷하게 전개된다. 호가트는 영국 노동자계급 문화

---

* 과격 특수주의, 호전적 배타성, 적대적 당파성 등으로 번역되기도 한다. 레이먼드 윌리엄스는 정서 구조structures of feeling를 공유하는 특정 지역에 기반한 전투적 특수주의야말로 사회주의의 보편적 투쟁에 현실적인 동력을 제공한다고 보았다. 데이비드 하비는 전투적 특수주의가 연대와 확장으로 보편에 이를 가능성을 인정하면서도, 편협한 지역주의에 갇힐 위험을 지니고 있다고 지적한 바 있다. (데이비드 하비, 《데이비드 하비의 세계를 보는 눈》, 최병두 옮김, 창비, 2017 참고)

가 포근하고 아늑하며 확실한 정주주의를 지니고 있다고 묘사한다. "노동자계급 문화를 더 깊숙하게 관찰하면, 그 핵심은 개인적이고 구체적이고 지역적인 것에 대한 감각이라는 사실이 확연하게 드러난다."[30] 윌리엄스처럼 호거트는 가까운 이웃들을 중요시한다. 따뜻한 벽난로와 그 위 선반에 잔뜩 얹힌 잡동사니들이 있는 편안한 가족 거실은 노동자계급 문화의 좋은 면을 압축해서 보여 준다. 모든 사람이 서로를 알고, 가게 주인들은 상냥하고, 어려움이 닥치면 서로를 돕는 이곳의 좌우명은 가족, 공동체, 장소, 전통이다.

공영주택에 입주하지 않는다면, 노동자계급의 남자는 흔히 자기가 살던 지역에서, 결혼할 때 얻은 집에서 계속 살아간다. 보통의 노동자라면 이주할 필요는 없을 것이다. 더욱이 기술이 있다면 가까운 여러 곳에서 빈자리가 날 때마다 쓰임새가 있다. 이사하기보다는 직장을 옮길 때가 많을 것이다. 그는 단순한 일자리 하나가 아니라 그 구역 전체에 속해 있다.[31]

호가트의 눈에 비친 노동자계급의 삶은 아주 고집스러울 만큼이나 지역에 묶여 있다. 이동은 아주 짧은 거리에서만 일어나고 집, 직장, 펍 사이를 오가는 식으로 반복될 뿐이다. 지난 30여 년 동안 이들은 살던 곳에 그대로 머물러 있었고, 그동안 "이들의 움직이는 속도나 정도"도 거의 달라지지 않았다는 호가트의 말에는 T. S. 엘리엇도 동의할 것이다. "자동차는 이들의 거리를 줄여 주지 않았다. 이들에게는 기차도 70~80여 년 동안 더 빨라지지 않았다." 쉽게 말해, 노동자계급에 속한 사람은 "1~2마일 이내 말고는 거의 이동하지 않았다."[32] 호가트는 가정과 장소를 중심에 놓고 영국 북부의 노동자계급 문화를 향수 어린 시각으로 조명한다. 노동자계급은 장례식이나 결혼식에 참석하거나 바닷가로 여행갈 때에만 가끔 이동했다. "이 이상한 나라에서, 야만인들을 가득 실은 마차는 단순히 전진해야 한다는 이유로 앞으로 달려나간다."[33]

그의 비유적인 표현 밑바탕에는 새로운 '대중문화'의 유행에 대한 혐오감이 자리했다. 멋진 장식품들을 걸어 놓은 아늑한 거실이 대표하는 노동계급 문화의 정반대편에는 대중음악, 잡지, 싸구려 소설들의 야하고 천박한 유혹이 존재한다. 유서 깊은 노동계급 문화의 상징은 편안한 대중술집인 펍이지만, 새로운 유행을 대변하는 것은 "겉만 번지르르하고", "끓인 우유 냄새가 나는" 미국식 거리식당인 밀크 바 milk bar다. 여기서 고객들은 뒤로 빗어넘긴 헤어스타일을 하고 밀크셰이크를 마시며 미국인인 체하는 "신화의 세계"에 산다. 그렇지만 호가트는 노동계급 문화가 온전하고도 풍요롭게 지속되리라는 희망을 놓치 않는다. 진보주의와 과학은 전통을 위협하며 돌진하고 있지만, 그 "강박적인 속도"는 우리를 멀미 나게 할 것이다.[34] 호가트가 보기에 '진보'는 고향과 이웃 세계를 위협하는 모든 요소를 압축시킨 단어이다. 진보는 동네의 펍 대신에 미국식 밀크 바가 들어서게 만든다.

호가트가 높은 가치를 두며 찬양하는 노동계급 문화는 규모가 작고 친밀성을 중시하며 가족에 기반한다. 이 문화는 안정적인 데다가

웬만해서는 바뀌지 않는다. 호가트는 외국(대체로 미국)의 영향 아래에서 정신없이 바뀌고 장소에 애착을 갖지 않는 대중오락의 위험성을 경고한다. 진보는 이동을 의미하며, 호가트는 속도가 주는 위험을 경고하고자 진보주의를 거부한다. 노동계급의 삶은 움직이지 않는 지속성의 일부다. 이를 위협하는 것들은 이동 및 속도와 결부되어 상징적으로 묘사된다. 여기서 펼쳐지는 것은 본질적으로 안정성과 모빌리티 간의 도덕적 대결이다. 대중오락이 요란하게 밀려들어 오는 야만인들(문명 질서를 계속 위협하는 유목민들)로 가득한, 얄팍하게 반짝거리는 미국식 "솜사탕 세계"를 열지 못하도록 막아야만 한다. "1실링 8펜스를 내고 5백만 달러짜리 영화를 보기 위해 50마력짜리 버스를 타면서 3펜스를 내는 쾌락주의적이면서도 수동적인 야만인은 우리 사회의 단순한 괴짜가 아니다. 그는 어떤 징후이다."[35]

정치적 성향과 철학은 상당히 다르지만, 엘리엇·호거트·윌리엄스는 뿌리를 존중한다는 점에서, 또 이에 대한 위협을 암시하기 위해 모빌리티 메타포를 사용한다는 점에서 서로 일치한다. 보통교육, 대중오락, 산업자본은 모두 유목민이나 이방인으로 묘사되고, 문화의 미덕을 드러내는 친밀한 지역과 마을과 이웃의 온전성을 위협한다. 이들이 동원한 유목민 이미지는 도덕적 가치를 좌우하는 가치 체계의 구획을 어지럽히는 일시성의 상징이다. 도덕적 지리학은 문화 이론에만 등장하는 것이 아니다. 주류 인문지리학에서도, 또 앞으로 언급할 이동하는 사람들에 대한 국가의 대응에서도 마찬가지로 등장한다.

사회적 질병으로서의 모빌리티

20세기 초 분과 학문으로 등장한 사회학은 이동이 점점 늘어나는 도시 세계를 집중적으로 파고들었다. 시골은 휴식과 근원의 장소, 즉 공동체의 장소로, 도시는 이동과 소외의 공간, 즉 '사회'의 공간으로 이론화되었다.[36] 이 같은 시각은 미국 최초로 사회학과가 만들어진 시카고대학교에서 발달하였다. 예를 들어 어니스트 버지스Ernest Burgess는 모빌리티를 도시형태론의 중심으로 삼았다. 모빌리티는 개인과 도시의 성장에서 핵심 요소였지만, 사회에서 유리된다면 병리학적 현상을 낳을 수도 있다. "현대 도시의 타락한 구역처럼 모빌리티가 왕성한 곳, 그래서 통제가 불가능한 곳에서는 문란과 난잡과 악덕이 불어난다."[37] 버지스가 보기에 모빌리티가 자주 발생하는 곳은 매춘, 갱단, 범죄, 폭력의 영역이었다. 그의 제자인 넬스 앤더슨Nels Anderson도 모빌리티가 장소를 어지럽히고 혼란을 일으킨다고 보았다. "도시의 모빌리티는 도시인을 자기 자리에서 멀어지게" 만들며, "자립시켜 주기도 하지만 충실성을 잃게 한다." 도시 거주자들은 충실성을 상실하면서 자유를 얻지만, "자신의 장소를 잃어버리는" 대가도 치러야 한다.[38]

시카고학파로 불리는 버지스, 로버트 파크Robert Park, 넬스 앤더슨 등의 연구에서 모빌리티는 중요한 역할을 한다. 모빌리티가 만드는 무질서는 그 무엇보다도 시카고학파 사회관의 핵심이다. 모빌리티가 다 나쁘지는 않다. 결국 도시와 시골을 가르는 기준은 모빌리티다. 모빌리티는 일탈과 빈곤 못지않게 문명, 진보, 자유와도 밀접하다.

그러나 이들은 장소에 기반한 도덕적 지리관으로 모빌리티를 바라본다. 여기서 장소는 끊임없이 위협받는다. 로버트 파크는 "사회는 독립적이고 움직이는 개인들로 이루어져 있다. 사회의 본질은 바로 이동이라는 사실로 규정된다. 그러나 사회에 어떤 영속성과 진보가 존재하려면, 개인들은 반드시 어떤 위치에 있어야 한다"고 했다.[39]

모빌리티가 사회를 위협하는 질병이라고 보는 시각은 미국의 사회 연구에서 지속적으로 유지되었다. 1970년대에 큰 인기를 얻은 사회학자 앨빈 토플러Alvin Toffler는 베스트셀러 《미래의 충격Future Shock》에서 세계의 시민들이 모빌리티가 폭주하는 미래 세계를 살아갈 준비를 해야 한다고 주장했다.[40] 과학, 기술, 문화 등 세계의 모든 것이 점점 더 빠르게 움직일 것이라는 전망이었다. 여러 면에서 이 주장은 백여 년 전의 조지 비어드와 유사하다. 토플러는 20세기 후반의 신경쇠약을 숨가쁘게 그려 낸다. "지금, 모든 오래된 뿌리는 점차 거세지는 허리케인에 휘말려 흔들리고 있"으며, '일시성transience'을 이해해야만 이에 대처할 수 있다.[41] 이 진단은 점차 속도를 높이며 늘어나는 모빌리티와 장소 간의 관계를 다룬다. 토플러는 세상 사람들 모두가 "새로운 유목민"이라고 힘주어 말한다. 세계인들이 처한 이 난관에 대한 그의 설명은 종말론에 가까웠다.

역사상 이렇게 거리가 줄어든 적은 없다. 장소와 인간의 관계가 이렇게 다양해지고 약해지고 일시적인 적도 없다. 선진 기술사회 전반에 걸쳐서, 특히 내가 '미래인'이라고 칭한 사람들에게 출퇴근, 여행, 주기적인 가족 이사는 제2의 천성이 되었다. 비유하자면, 우리는 장소를 '사용'하고 화장지나 맥주캔을 처리할 때처럼 버린다. 우리는 인간의 삶에서 장소의 중요성이 줄어드는 역사적 현장을 목도하는 중이다. 우리는 새로운 유목민들을 길러 내고 있으며, 이들의 이주는 의심할 여지 없이 거대하고 광범위하고 중차대하다.[42]

유목민 형상은 토플러에게 현대인의 완벽한 은유였다. 유목민들은 "한곳에 머무는 사람들과는 같은 부류가 아니다."[43] 유목민들은 지리적 모빌리티를 제약으로부터의 자유로 보고, 수동적인 것이 아니라 긍정적 가치를 지니는 것으로 받아들인다. 토플러는 어디에서나 이런 모습이 나타난다고 주장한다. 너무 자주 이사하는 미국인들, 자동차를 사랑하는 현상, 평화봉사단 활동가들의 이상주의 등이 그 예이다. 그는 인간의 삶에 정주주의Sedentarism가 깊이 영향을 끼치고 있다는 인식을 보여 준다. "헌신은 여러 형태로 나타나지만 가장 중요한 것은 장소에 품는 애착이다", "고정된 장소가 전통적 인간의 심리 구조에서 갖는 중심성을 먼저 인식해야만 모빌리티의 중요성을 이해할 수가 있다."[44]

토플러는 움직이는 세계에 대한 종말론적 비전을 제시한다. 여러 면에서 마르크 오제Marc Augé나 폴 비릴리오Paul Virilio의 논의를 예견했다고 할 수 있는 그의 책은, 장소에 가해지는 위협을 우려한 1970~80년대 인본주의 지리학자들의 저술과 분명히 상통하는 바가 있다.[45] 이 새로운 이동의 세계는 토플러를 흥분시켰다. 그는 새로운 유목민

들이 보여 주는 모빌리티의 빈도와 속도에 대한 수많은 사례들을 제
공했는데, 그 목적은 현대인이 재빨리 반응하지 않으면 안 될 방향
감각 상실과 과부하를, 즉 미래의 충격이라는 병리적 현상을 진단하
는 것이다. 현대의 삶에서 모빌리티가 우세해진 현상은 토플러에게
가장 큰 문제였다. 그런 의미에서 토플러의 불안은 시카고학파의 사
회학적 연구와 그 궤를 같이한다. 실제로, 윌리엄 와이트William Whyte
의《조직인The Organization Man》이나 로버트 린드Robert Lynd와 헬렌 린드
Helen Lynd의《미들타운Middletown》같은 20세기의 여러 사회학 연구들
은 모빌리티 그 자체를 문제 삼았다.[46]

정주주의의 실천

정주의 형이상학이 지리학자, 사회학자, 문화 이론가들의 생각에서
끝났다면 별다른 문제를 일으키지 않았다고 볼 수 있을 것이다. 그러
나 도덕과 이념 차원에서 모빌리티를 부정적으로 파악하는 세계관은
상아탑에 머물지 않고 사회문화적 생활의 여러 영역에서 사상과 실
천 속에 스며든다. 사실, 모빌리티를 위협과 기능장애로 보는 사회과
학적 시각은 더 넓은 세계의 반영이다.

　말키는 사람들이 특정한 장소, 특히 국가라는 '고향'에 속해 있다는
가정에 기반한 사례들을 연구했다. 여기서 난민은 불안을 낳는 도덕
적 위협으로 작용했다. 다음에서는 유목민, 집시, 그리고 국가 내 이
주자처럼 여러 종류의 이동하는 사람들에 대한 정치적 반응이 어떠

했는지, 국가는 이들에게 어떻게 대응했는지를 살펴본다.

유목민, 집시, 이주자

물론 국가가 이동하는 자들에게 보이는 반응은 다양하다. 그러나 서로 관련 없는 다양한 사례에서 비슷한 대처가 나타난다는 점은 매우 흥미롭다. 제임스 스콧은 모더니티 속에서 이동하는 사람들이 국가의 적으로 간주되어 왔다는 사실에 주목한 바 있다. 확실히 어떤 이동 집단들에게는 그러했다. 파시즘 시기 이탈리아의 지배를 받던 리비아의 베두인족이 좋은 예다. 데이비드 앳킨슨David Atkinson은 1923년, 2천여 명의 사누시 교단 전사들이 이탈리아 식민지 군대와 어떻게 싸웠는지를 이야기해 준다. 이탈리아인들은 이 유목민들을 어떻게 다스려야 할지 몰랐다. 게릴라전의 승패는 영토보다 모빌리티에 달렸다는 점이 문제였다. 사누시 군은 기습한 뒤에 사막 속으로 사라졌다. 영국 인류학자 에반스 프리처드Evans-Pritchard의 말대로 "사누시 전사들은 자기 나라에서 싸우고 있었고 이탈리아인들은 일반적인 군사 교리가 통하지 않는 전투에 적응해야 했다. 익숙한 곳을 마음대로 돌아다니고, 주민들의 지지를 얻고 있는 데다가 '급습, 맹공, 신속한 후퇴'라는 게릴라전 3대 원칙을 따르는 적에게 보통의 전술은 아무 소용이 없었다."[47]

사누시 반군에게는 어떤 특정 장소에 속해야 한다는 개념이 없었고, 따라서 방어해야 할 고정된 공간도 없었다. 게다가 이들은 언제 어디서든 나타났다. 이탈리아 그라치아니 장군의 말처럼, "(베두인족

| 그림 2. 1 | 엘 아바이르에 만들어졌던 강제수용소 (Rodolfo Graziani, Pace Romana in Libia, Milano: A. Mondadori, 1937, pp. 272-273.)

은) 우리의 상식을 철저하게 배반했다. 광대한 사막을 떠돌면서, 대담하고 손쉽게 움직이고, 독립을 열망하며, 항상 싸울 준비가 되어 있다. 유목민들은 언제나 모든 정부에 저항해 왔다."[48]

이탈리아는 정주주의 방식으로 반격했다. 사막을 가로지르는 엄청나게 긴 철조망을 설치해 사누시 전사들의 모빌리티를 제한한 것이다. 또한, 합리적 공간계획의 완벽한 본보기라 해도 좋을 강제수용소에 유목민들을 가두었다. 1930년부터 유목 혹은 반半유목 집단들의 수용이 시작되었다. 감시하기 쉽도록 1제곱킬로미터 크기의 구역마다 격자 모양으로 줄지어 텐트들이 늘어섰다(그림 2.1 참조). 앳킨슨의 표현대로, "수용소와 그 주위를 두른 철조망들은 국경으로 나뉜 유럽식 영토 개념을 구체화했다. 집단으로 야영하고 땅 위를 자유롭게 오가는 전통을 지닌 베두인족에게, 이탈리아인들은 규율 속에서 통제받으며 고정된 공간 안에서 살도록 강요했다."[49]

이 강제수용소는 이탈리아군의 안전보장 기능을 수행하는 감옥에 가까웠다. 1930년대 루스벨트의 뉴딜정책 시기, 미국 농업안정국FSA: The Farm Security Administration의 후원으로 캘리포니아에 건설된 이주 캠프의 성격은 조금 다르다. 미국 남부 및 중서부 지역의 과잉농업과 기계화는 텍사스, 아칸소, 오클라호마 등지에서 토양을 대규모로 유실시켰고, 가난한 소작농들은 생계를 꾸리기 위해 쫓겨나듯 이주할 수밖에 없었다. 많은 사람들이 캘리포니아는 '젖과 꿀이 흐르는 땅'이라는 소문에 이끌려 서부로 향했다. 하지만 서부에서 그들을 기다리는 것은 전 세계의 이동하는 사람들이 겪어야 했던 혐오와 학대였다. 미국식 기준으로 보면, 농업안정국은 빈농들을 구제하려고 노력한 자유주의 기구였다. 농업안정국은 도로시아 랭Dorothea Lange을 비롯한 여러 사진작가를 현장에 파견하여 이민자들의 곤경을 포착하게 했다. 미국인들에게 현 상황을 알리고 동정심을 불러일으키려는 의도였다. 도로시아 랭은 벌판 한가운데에서 살림살이를 잔뜩 실은 차가 고장 나 옴짝달싹하지 못하게 된 이주자들의 모습을 사진으로 남겼다. 농업안정국의 사진단을 이끈 로이 스트라이커Roy Stryker의 지시로, 랭은 공중에서 캠프를 촬영했다.[50] 캘리포니아 샤프터 캠프를 찍은 사진(1938)은 넓은 길들이 교차되면서 격자 형태로 나누어진 깔끔한 직사각형 구획들을 보여 준다(그림 2.2). 생활 공간의 개별 블록 안에는 세탁실, 화장실, 청소 시설이 있었다. 엉망진창인 수용소 바깥

| 그림 2. 2 | 도로시아 랭, 캘리포니아 샤프터, 1938년 6월. 농민 이주자들을 위한 농업안정국 캠프 (Library of Congress, Washington, DC, Prints and Photographs Division, U.S. Farm Security Administration Collection)

이주민들의 상황과 극명한 대조를 이루는 깨끗하고 합리적인 공간의 이미지다. 이 이미지는 사누시 사람들을 가둔 이탈리아 캠프와 놀랄 만큼 닮아 있다.[51]

　도로시아 랭이나 농업안정국이 이주민들의 상태를 개선하고 싶어 했다는 것은 분명한 사실이다. 이들이 지닌 이념은 무솔리니의 전체 주의적 파시즘과 거리가 멀었지만, 양자 모두에게 모빌리티는 문제 적이었다. 농업안정국의 사진들은 정착이 가져다주는 혜택을 홍보하고자 촬영되었다. 적절하고 질서 잡혀 있으며 정주적인 삶이라는 이상은 캠프가 보여 주는 질서에서 실현된다. 랭의 사진들 중 하나에는 이런 설명이 붙어 있다. "1936년 2월, 캘리포니아 산타모니카 근방에서 101번 국도를 따라 이동하는 가난한 이주자들. 끊임없는 이동은 민주주의가 적절하게 기능하게 해 줄 시민들과 공동체, 고용자와 고용주 사이의 정상적인 관계가 발전하는 데 보탬이 되지 않는다."[52] 실제로 랭과 그녀의 남편인 경제학자 폴 테일러Paul Taylor의 시각은 장소에 근거하여 농지 소유를 중시하는 제퍼슨식 민주주의에 가까웠고, 이주민들의 곤경은 이 이상에 부합하지 않았다. 따라서 두 사람의 책에서 이주자들을 묘사할 때 '풍화erosion'라는 은유를 주로 사용한 것도 놀라운 일은 아니다. 평야 위로 불어오는 먼지 바람이 자연 풍화인 것처럼, 이주민들도 '인간 풍화'이다. "이 우연들은 묘하게도 상징적이다. 오클라호마는 미국에서도 가장 바람이 많이 부는 곳이다. 새로 개척된 붉은 평원은 풍화가 가장 심하게 일어난 곳들 중 하나다. 여기서 농사짓는 이들은 가장 땅에 뿌리내리지 못한 사람들이다."[53]

랭의 사진은 분명히 정주의 형이상학에서 영향을 받았고, 이주 캠프 계획도 이주를 선택해야만 했던 사람들의 삶을 공간 속에서 포착하고 바로잡으려 한 시도라고 볼 수 있다. 집시들은 떠돌아 다니는 삶을 선택한 사람들이다. 집시들은 그들의 모빌리티 때문에 수세기에 걸쳐 계속 괴롭힘과 차별의 역사를 겪어 왔다.[54]

나치 독일에서는 수백만 명에 달하는 집시, 유대인, 동성애자들이 살해되었다. 대량학살 뒤에는 잘 다듬어진 정주주의 이데올로기가 자리 잡고 있었다.[55] 홀로코스트를 합리화하기 위해 집시, 유대인, 동성애자들은 뿌리 없는 자들로 취급되었다. 나치 치하에서 학자들과 작가들은 땅, 숲, 뿌리를 바탕으로 독일 신화를 구축했다. 이 신화에 따르면 독일의 특성은 나무들이 깊은 뿌리를 내리며 우거진 흑림에서 가장 잘 나타났다. 특히 마르틴 하이데거는, 본래적 실존authentic existence을 누릴 수 있는 곳인 숲속 오두막을 바탕으로 훌륭한 삶이 무엇인지를 논했다.[56] 독일 문화의 깊은 뿌리가 강조되면서, 다른 문화들은 도시와 사막에 배당되었다. 유대인은 독일이라는 나무의 뿌리를 휘감는 사막의 뱀이었다. 유대인과 동성애자들은 도시와 연관되었다. 지멜과 시카고학파의 글에서처럼 도시는 근본 없고 유동적인 근대 공간이었다. 나치의 신화학에서는 사막과 마찬가지로 도시 역시 뿌리내리기가 불가능한, 흙이 없는 공간이다. 나치 독일에서 가장 뿌리 없는 집단으로 여겨진 집시들은 유대인이나 동성애자처럼 가스실로 보내졌다.

데이비드 시블리David Sibley는 영국의 집시 관리에 주목했다. 중세 이래로, 집시처럼 떠도는 이들은 장소 중심인 봉건주의 질서를 뒤흔들 가능성이 있는, 불온한 '장소 없는 자'로 간주되었기 때문에 강한 반감을 불러일으켰다. 근래 들어 지역 도시계획자들은 주거 중심 사회에서 혼란스럽고 질서 없는 삶으로 보이는 부분을 선명하게 만들기 위해 노력했다. 집시들은 별다른 간섭을 받지 않으면 가운데에 공동 공간을 두고 원형으로 차량들을 배치한 상태에서 캠핑할 때가 많다. 그런데 도시계획자들은 집시들에게 부지를 제공할 때 이 관습을 완전히 무시하고 자신들에게 익숙한 스타일인 주택단지 모양의 캠프를 내놓는다. 울타리를 쳐서 별도의 업무 구역과 '위생 시설'을 분리하고, 격자 형태의 기하학적 구획으로 나누는 것이다.[57]

이탈리아 통치 하의 식민지 리비아, 대공황 시기의 캘리포니아, 전후의 영국 등 아주 광범위하고 다양한 사례들을 살펴보면, 이동하는 사람들은 놀랄 만큼 유사한 대접을 받았다. 이들의 모빌리티는 위협이었고, 이들을 처리하는 사고방식은 가독성과 질서를 강조했다. 이들에게 주어진 물리적 장소는 사실상 질서, 위생, 정주라는 가치의 구현이었다.

유목적 형이상학

앞에서는 현대사회에서 모빌리티를 격하하면서, 장소와 근원에 부여한 도덕적 가치가 삶의 방식을 이해하고 관리하는 강력한 이데올로기로 작용한 사례들을 살펴보았다. 20세기 내내, 이동하는 사람들을 판단하는 방식에 정주의 형이상학은 강력한 영향을 끼쳤다. 그러나 모빌리티가 항상 부정적으로 취급되었던 것은 아니다. 모빌리티가 진보와 자유와 변화를 가져온다고 보는 긍정적인 시각도 정주의 형이상학 못지않게 오랜 역사를 가지고 있다. 최근 들어 고정성과 애착 대신 모빌리티와 유동성을 강조하는 경우가 늘어났다. 세계적으로 이동이 증가하면서 세계를 이해하는 방식이 유목민적 사유에 가까워졌다. 이 장의 나머지 부분에서는 사회문화 이론과 건축 분야에서 유목민적 사유가 어떻게 발전해 왔는지를 알아본다. 앞에서와 마찬가지로, 그저 지금 유행하는 논의를 따라가려는 것은 아니다. 언뜻 보기에 토대 중심적이지 않은 형이상학의 토대로서 모빌리티가 수행하는 역할을 따져 보는 것이 이 부분의 목표다.

유목적 사유의 등장

오늘날의 사회과학은 모빌리티를 진지하게 고려할 때 기존 학문이 어떻게 변화하는지를 보여 줄 좋은 사례다. 사회학자들은 전통적인 연구 대상인 사회를 재구성해야만 하는 처지에 놓였다. 이동이 더욱 잦아진 세계 속에서, 사회라고 불리는 확실한 대상을 놓고 편안하게 논의하기가 불가능해진 것이다. 사회학은 전 세계의 여러 스케일에 걸친 모빌리티들을 연구해야 한다는 요구에 직면했다. 이제 사회학은 "안정, 구조, 사회적 질서보다는 이동, 모빌리티, 우연적 질서"에 초점을 맞추면서, "인간의 신체적·상상적·가상적 모빌리티",[58] 사람과 사물의 상호작용, 사회에 내재하는 것이 아니라 여행travel을 거치며 구성되는 사회적 정체성, 그리고 탈국가적trans-national이고 국제적인 통치 형태의 중요성 등에 주목한다. 모빌리티의 증가로 변화한 세계에서는, 사회학의 핵심으로 여겨졌던 거의 모든 것이 우리 시대에 맞지 않게 된 것이다.

제임스 클리포드James Clifford, 마르크 오제Marc Augé 등은 인류학에도 이와 유사한 변화가 일어나야 한다는 주장을 오래전부터 해 왔다.[59] 사회학자들은 모빌리티를 그들에게 친숙한 범주인 사회와 구분해 왔지만, 인류학자들은 문화와 정체성을 탐구하기 위해 여행travel이라는 용어를 사용한다. 문화culture라는 말은 농업agriculture과 같은 어원에서 나왔다. 무엇보다도 이 둘은 근원rootedness이라는 개념을 공유한다.

여행이라는 관점에서 문화를 다시 생각해 본다면, 문화를 우리가 자라나고 살아가고 죽는 근원적 토대로 여기는 것, 그래서 문화를 유기적이고 자연적인 것으로 보는 편견은 더 이상 당연하게 느껴지지 않을 것이다. 구성된, 혹은 논란이 되는 역사적 사건들도, 그리고 전치·간섭·상호작용의 장소들도 더욱 뚜렷하게 보이게 될 것이다.[60]

인류학을 여행과 번역이라는 관점에서 보면, 인류학 연구의 초점은 경계가 있고 기원을 지닌 문화(사회학이라면 고정되고 제한된 사회)가 아니라 경로routes에 맞춰진다. 모빌리티를 통해, 더 정확히 말하면 여행을 통해 정체성이 나타나고 작동하는 방식을 탐구하는 것이다. 이런 여행이 늘어나면 문화는 더 이상 어딘가에 위치한다고 말할 수 없게 된다. 전통적으로 "온전한 땅의 영속성 속에서 오랜 옛날부터 존재해 온 사회"[61]가 장소라는 환상이 존재해 왔지만, 그러한 의미의 장소들은 점차 중요성을 잃고 그 대신에 순간적이고 일시적이며 임시적인 '비장소non-place*'가 나타났다.[62] 자동차도로, 공항, 슈퍼마켓처

---

* 인류학자 마르크 오제는 전통적인 의미의 '장소'와 달리 역사와 관계, 정체성이 부재하는 공항, 대형마트, 전철역, 고속도로 같은 공간을 '비장소non-place'라고 명명한다. 비장소는 역사적 배경도, 타자와의 관계 맺음도 없는 순간적이고 일시적인 익명적 정체성들이 오가는

럼 역사와 전통이 없다고 간주되는 곳인 비장소는 모빌리티와 여행
이라는 특징을 갖는 뿌리 없는 장소다. 비장소는 본질적으로 여행자
의 공간이다. 클리포드와 오제 등의 인류학 연구는 문화 이론가들이
자기 분야의 이론과 방법을 재검토하게 만든다. 장소와 뿌리라는 관
습적인 개념은 경계와 전통이라는 가정을 포함하지만, 비장소와 경
로는 이동을 중시하는 새로운 사고방식을 요구한다.

　문화와 문학 연구도 이동하는 세계를 더 깊숙하게 파악하기 위해
변화하였다. 모빌리티와 이주는 우리 시대의 표지가 되었다. 망명자,
이주자, 난민들의 살아 있는 경험은 유목적 사유를 요구한다. 이동하
는 삶이 새로운 의미를 창출하려면 유목적 사유를 필요로 한다. 이런
모빌리티는 위반적인 것으로 묘사될 때가 많다. 에드워드 사이드에
따르면,

　　확실히 우리 시대의 가장 불행한 특징 중 하나는 역사상 그 어느 때
　보다 많은 난민, 이주자, 실향민, 망명자들이다. 이들 중 대부분은 제국
　주의에 맞서는 반식민지 투쟁의 여파로 생겨났다. 독립 투쟁이 새로운
　나라와 새로운 국경을 낳으면서, 비타협적이고 완강한 반항심 때문에
　기성 질서에서 거부당하고, 새로운 제도 권력에 동화되지 않아 고향을
　잃고 떠도는 자들, 유랑민, 부랑자들이 출현했다.[63]

공간이며 초근대성super-modernity의 상징적 공간이다.

(강제로 혹은 자의로) 행해진 대규모 이주와 함께, 포스트모던 세계에서는 지금껏 경험해 보지 못한 규모와 속도로 통신과 교통이 발달했다. 바로 데이비드 하비David Harvey가 '시공간 압축'이라고 부른 현상이다.[64] 이 새로운 세계에서는, 한때 장소성이 부재한다는 이유로 폄하되었던 공항 라운지가 현대의 유동성과 역동성과 모빌리티를 상징하는 곳으로 등장한다. 문화 이론가 이아인 체임버스Iain Chambers는 국제공항이야말로 포스트모던 세계를 대표하는 곳이라고 본다.

쇼핑몰, 레스토랑, 은행, 우체국, 전화기, 바, 비디오게임, TV 시청용의자, 경비원이 있는 이곳은 일종의 미니어처 도시다. 이 모형 도시는 현대 유목민 공동체의 거주지다. 여행의 기쁨을 목적지에 도착하는 일에서만 찾는 것이 아니라, 어느 특정한 장소에 속하지 않는다는 점에서도 발견하는 코스모폴리탄들의 메타포인 것이다.[65]

우리가 살아가는 이 시대를 진지하게 다루려면, 문화 이론은 모빌리티 문제를 파고들어야 한다. 문화를 고정된 시각으로 간단하게 규정할 수 있다는 생각은 현실과 전혀 맞지 않다. 이제 사람들이 '여기'나 '저기'에서 왔다고 단정하기란 불가능하다. 사이드의 말처럼,

오늘날 순수한 하나의 존재인 사람은 아무도 없다. 인도인, 여성, 무슬림, 미국인이라는 지칭도 출발점 그 이상은 아니다. 어느 한순간 실제 경험이었던 것도 금방 뒤로 물러난다. … 전통, 관습, 민족 언어, 문

화 지형이 오랫동안 지속된다는 사실을 부정할 사람은 아무도 없겠으나, 그 분리와 차별을 유지하기 위한 공포와 편견마저 살아남아야 할 이유는 전혀 없어 보인다.[66]

더 유동적인 세계가 나타났을 뿐만 아니라, 우리가 세계를 인식하는 방식도 더 유동적으로 변했다. '약한 사고weak thought'*나 '유목민적 사유'는 학문들 간의 경계, 고급문화와 대중문화를 나누는 경계, 상아탑 밖 일상 세계와 학계를 분리하는 경계를 거리낌 없이 넘나든다. 이런 새로운 사유 방식들은 포스트모더니티의 징후다. 사회와 문화를 분석할 때 유목민이나 리좀 같은 모빌리티의 메타포들을 기꺼이 받아들여 활용하면서, 앎의 방식 전체는 반토대주의적antifoundational이고 '약한' 사유 아래에 속하게 된다. "그렇다면 사회적이고 문화적인 의미란 목표가 아니라 담론이다. 종결이 아니라 끝없는 길 위에서의 추적이다. 이 추적에서는 일시적인 포착만을 바랄 수밖에 없다. 세계의 다양한 가능성들에 가로놓인 한계를 자의식적으로 묘사하기만을 기대할 수밖에 없는 것이다."[67]

사회학, 인류학, 문화연구가 그러했듯이, 지리학은 모빌리티가 세계를 어떻게 바꾸어 놓았는지, 또 세계를 인식하는 방식을 어떻게 변화시켰는지에 큰 관심을 갖기 시작했다. 물론 완전히 새로운 현상은

---

* 이탈리아 철학자 잔니 바티모Gianni Vattimo가 내세운 개념. 보편성과 절대성에 입각한 주장과 주의를 맹종하지 않고, 탈근대적 맥락 속에서 다원주의적 관점으로 사유하고 해석하는 태도를 의미한다.

아니다. 예를 들어 지리학자들은 장소를 움직이지 않는 근원이 아니라 거주가 이룩한 성취로, 다시 말해 '**장소-발레**place-ballets'를 수행하는 사람들의 복잡하고 반복적이며 습관적인 움직임이 축조해 낸 것으로 보아 왔다. '장소-발레'는 공간에서 움직이는 개별 신체들의 집단적 효과를 일컫는 말이다.[68] 구조화 이론structuration theory과 시간지리학에서도 비슷한 주장들이 중요한 자리를 차지해 왔다.[69] 모리스 메를로 퐁티Maurice Merleau-Ponty의 지각의 현상학, 들뢰즈와 가타리의 리좀이나 유목주의 등 탈구조적이고 비재현적인 철학들이 내놓은 모빌리티의 메타포들은 아마도 가장 널리 쉽게 받아들여진 논의들일 것이다.[70] 역설적이게도 모빌리티는 반본질주의, 반토대주의, 반재현주의의 토대가 되었다. 장소, 영토, 경관은 모두 어느 정도의 영속성과 유연성을 지닌 개념들이지만, 모빌리티는 정주의 형이상학과 급진적으로 단절할 가능성을 제공하는 것으로 보인다.

지금 한창 떠오르고 있는 유목적 형이상학의 중심 주제는 모빌리티를 서발턴 권력 형태와 연결짓는 방정식이다. 이른바 현대 탈구조주의의 중요한 이론적 형상들 중에는 위반과 저항의 중심축에 모빌리티를 두는 경우가 많다. 미셸 드 세르토의 도시 보행자, 에드워드 사이드의 이주자와 망명자, 들뢰즈·가타리·브라이도티Braidotti의 유목민, 바흐친의 카니발리스크 민속문화, 바우만의 부랑자 등이 그 예이다.[71] 이 유목민 형상들 외에도 혼종적인 국경지대와 글로벌 시티, 공항 라운지 등의 모빌리티 공간이 주목 받았다.[72]

나이젤 스리프트Nigel Thrift는 지리학에서의 이동적 존재론과 인식론을 가장 설득력 있게 전개하였다. 그는 특히 모빌리티의 (탈)근대적 감정 구조에 주목했다.[73] 스리프트가 보기에, 모더니티와 함께 나타난 감정 구조인 모빌리티는 21세기에 접어들면서 새로운 특성을 지니게 되었다. 역마차에서 시작한 기술과 '복잡한 기계장치'의 발전은 인터넷에까지 이르렀다. 20세기 말에는 속도, 빛, 힘의 발전이 인간과 결합하고 융합하여 일종의 사이보그를 만들어 낼 정도에 달하면서 모든 것을 바꾸어 놓았다. 스리프트는 감정 구조의 변화가 인문지리학에 어떤 영향을 끼쳤는지를 정리하는데, 그중 하나가 장소 문제이다.

'사이in-between'에 있는 이 세계에서 장소란 무엇일까? 간단하게 말하자면, 장소는 훼손된다. 즉, 그 장소를 가리키는 말들 사이에서 선언의 상태로 영구히 유예된다. 장소는 '강렬도의 단계들'이다. 이동과 속도와 순환의 흔적들이다. 우리는 '거의 장소에 가깝다'는 말이, 보드리야르처럼 시뮬라크르의 세 번째 질서가 지배하는 세계를 뜻한다고 볼 수도 있다.＊ 여기에서는 유사-장소들이 장소 전체를 없애고 잠식한다. 비릴리오처럼 장소를 전략적 장치로 보는 것도 가능하다. 트래픽을 포착하는 고정된 어드레스라는 것이다. 혹은, 공간과 시간과 속도의 다양한 실천을 위한 틀로 볼 수도 있다.[74]

＊ 보드리야르는 《시뮬라시옹》에서 시뮬라크르의 질서 변화를 산업혁명 이전, 이후, 그리고 현대의 정보통신사회로 나누어 설명한다. 이 세 번째 단계에서 사회는 시뮬라크르가 사회 전반을 지배하는 시뮬라시옹 사회로 진입하게 된다.

진정성과 충실함을 따지던 암묵적인 도덕적 판단은 사라졌다. 정주의 형이상학은 더 이상 설 자리가 없다. 스리프트의 입장은 아무리 낮춰 잡아도 모빌리티와 장소를 중립적으로 바라보는 것이며, 최대한으로 해석하면 이동의 세계를 긍정적으로 환영하는 태도다. 그는 모빌리티를 저항적인 서발턴의 세계와 동일시하지 않는다. 오히려 그에게 모빌리티는 점점 더 속도를 높여 가는 세계에서 살아가는 모든 사람들의 특징이다. 이제 현대 세계에 대한 연구는 속도와 벡터에 대한 연구다. 모빌리티와 장소의 비교라기보다는, 모빌리티들 간의 관계에 따른 모빌리티 배치다.

생성으로서의 모빌리티

유목적 형이상학에서 모빌리티는 실천, 반본질주의, 반토대주의, 기존의 질서와 규율에 대한 저항과 연관되어 있다. 모빌리티는 반재현적이거나 재현에 저항한다는 말도 있다. 아마도 이 모든 것을 연결하는 것은 모빌리티, 유동성, 흐름, 역동성에 집중하면 기존의 안정성과 고정성을 희생시키면서 생성Becoming의 중요성을 강조할 수 있다는 생각일 것이다. 이 연결 고리는 모빌리티를, 혹은 모빌리티의 형상을 지적 · 정치적 의제의 핵심에 배치한 이론가들의 작업에서 어떤 식으로든 분명히 존재한다. 미셸 드 세르토Michel de Certeau, 미하일 바흐친 Mikhail Bakhtin, 질 들뢰즈Gilles Deleuze와 펠릭스 가타리Felix Guattari를 차례대로 살펴보자.

《일상생활의 실천The Practice of Everyday Life》에서 미셸 드 세르토는

유목민 비유를 즐겨 쓴다. '적절한 장소'를 보증해 주는 권력은 영토 및 경계와 관계 깊다. 강자는 분류·계획·설계·분할하는 전략을 무기로 삼고, 지도의 확실성에 의지한다. 반면에 약자들은 도시 공간의 영토화에 대항하는 은밀한 움직임을 보인다. 유목민의 교묘한 움직임을 따라 보행자들은 지름길을 택하고 그 길에 얽힌 이야기를 만든다. 권력자의 깔끔한 구분과 분류를 거부하는 이 전술은, 지배의 공간화에 대한 비판이기도 하다. 따라서 도시에서 걷는 일처럼 일상생활에서의 일상적인 활동은 일상에서 저항하는 영웅적 행위가 된다. 여기서 유목민은 영웅이다.

보행자의 전술은 "장소의 법칙을 따르지 않는다. 왜냐하면 전술은 장소에 의해 정의되거나 식별되지 않기 때문이다."[75] 전술은 제 정체성이나 권력을 위해 어떤 장소를 만들어 내거나 그곳에 의존하지 않는다. 전술은 권력자의 공간을 교묘한 방식으로 이용할 뿐이다. 약자의 전술은 '적절한 장소'를 생산하는 것이 아니라 항상 다른 이들이 생산한 장소를 사용하고 조작하는, 일종의 소비 형태를 띤다. 따라서 생산의 세계는 "완전히 다른 종류의 생산"인 '소비'와 맞닥뜨린다. '계략', '파편화', '침범' 그리고 '유사-비가시성'이 그 특징이다. 이 소비는 "자체의 생산이 아니라, 자신에게 부과된 것을 사용하는 기술에서 스스로를 드러낸다."[76] 전술은 약자, 다시 말해 권력의 합리적 공간을 떠돌며 이동하는 자들을 위한 계략이다. 이 전술은 유목의 기술이다. "기성 질서의 바위와 골짜기 사이로 밀려들어 오는 바다의 하얀 파도처럼, 주어진 지형을 빙빙 돌고, 돌아오며, 넘쳐 나고, 떠도는" 기술인 것이다.[77] 세르토의 영웅은 본질적으로 도시적인 존재다. 도시의 거리에 나타난 은밀한 유목민 형상은 **근대적 산책자**flâneur의 후예다.

　고정성을 동반하는 권력에 대항하려고 모빌리티 형태를 동원한 세르토의 시도는, 모빌리티에 전복적인 의미를 부여하는 더 큰 맥락의 일부라고 할 수 있다. 미하일 바흐친의《프랑수아 라블레의 작품과 중세 및 르네상스의 민중문화Rabelais and His World》를 떠올려 보자. 라블레의 작품에 대한 섬세한 해석 속에 스탈린주의 비판을 치밀하게 숨겨 놓은 것으로 유명한 책이다. 바흐친에 따르면, 정기적으로 열리는 의례와 축일들로 잘 질서 잡힌 '공식' 문화는 시장, 장터, 카니발의 세계와 대립한다. 기념물, 사순절 기간의 엄숙함, (반듯하고 완벽하고 완성된) 고전적인 몸이 공식 문화를 상징한다면, 기념물이 없고 일시적이고 경박한 데다가 (살찌고 볼품 없고 완성되지 않은) 그로테스크한 몸이 대표하는 것이 카니발 문화다.[78] 바흐친이 드러내 놓고 모빌리티를 이야기하지는 않지만, 모빌리티는 암묵적으로 중요한 역할을 한다. 공식 문화는 기념되어야 하는 것이고 '이미 확립된 진실'이며 완전하고 영원하지만, 카니발적인 것은 순간적이고 유동적이며 불완전하다. 고전적인 육체는 (고전적인 대리석 조각상처럼) 말끔하지만, 그로테스크한 육체는 (배변, 섹스, 배뇨, 소화처럼) 세계와 유동적인 관계를 맺고 있다. 그로테스크한 육체의 유동성은 역시 끊임없이 움직이는 카니발 문화, 시장 문화와 결부된다. "도그마도, 권위주의도, 편협한 진지함도 라블레의 이미지들과는 공존할 수 없다. 완성되고 다듬어진 모든 것, 거만한 모든 것, 이미 완료된 모든 전망과 대립하는 이미지들이다."[79] 공식적인 축일 기간 동안 "진실의 승리는 이미 정해져 있었고, 영원하고 논쟁의 여지 없는 지배적인 진리가 벌써 내세워져 있었다."[80] 반면에 카니발적인 것은 "준비되고 완성된 모든 것, 불변한다고 가정된 모든 것에 반대했고, 역동적인 표현을 추구했다. 끊임없이 변화하고, 장난기가 넘쳤으며, 정해지지 않은 형식을 요구했다."[81] 공식 문화는 영원하고 고정된 것에 뿌리를 두고 있다. 그러나 카니발적인 것은 역동적이고 변화무쌍하다. 이는 세르토가 말하는 전략(경계, 고정성, 적절성)과 전술(순간성, 이동성, 일상성)의 구분과 유사하다. 지리학에서나 다른 학문 분야에서는 일 년에 한 번 벌어지는 카니발을 시간적·공간적 한계를 지닌 아주 제한적인 것으로 이해하는 경우가 많았으나, 바흐친의 '카니발적인 것'이라는 개념은 카니발의 순간을 뛰어넘어 언제나 사람들의 일상생활에서 발견된다.[82]

유목민이 현대사회 이론의 핵심 형상으로 자리 잡은 것은 들뢰즈와 가타리의 복잡한 이론화 덕분이다.[83] 이들은 질서정연하고 계층화된 국가(왕립 과학)와 '전쟁 기계war machine'(유목 과학/기술)를 구별한다. 이 구별은 고딕양식의 성당 건축에 관여하는 유목적 노동자들인 장인들(동업조합)의 사례로 설명된다. 유목민들은 '모호한 본질'의 전달자이다(여기서 모호하다는 말은 부랑자와 연결된다). 유럽 전역에서 성당 건설에 참여하는 이동노동자들은 "국가가 손쉽게 이용하기 어려운, 적극적이면서 수동적인 권력(모빌리티와 파업)에 의지하여 여러 건설 현장으로 흩어진다."[84] 이에 대응하여 국가는 성당 건립을 관리하고, 정신노동과 육체노동, 이론적 노동과 실제 노동을 분리하면서 유목민 통치에 나섰다.

우리는 장인조합, 동업조합, 그리고 석공, 목수, 대장장이 등이 만든 유목민이나 떠돌이들의 조직이 항상 국가에 문젯거리였다는 것을 알고 있다. 노동력이 정착하고 정주하게 만들고, 노동의 이동과 흐름을 조절하고, 경로와 통로를 마련하고, 유기체적인 법인을 형성하며, 일손이 부족하면 현장에서 마련(강제 노역)하거나 가난한 사람들(구빈원)을 동원하는 것—이 모두는 항상 국가의 주요 업무였다. 국가는 부랑자 무리와 유목주의적인 집단들을 정복하는 일에 착수했다.[85]

들뢰즈와 가타리가 보기에, 유목민은 지점이나 교차로가 아닌 탈주선lines of flight의 산물이다. 이주자는 머물 곳을 찾아 이곳에서 저곳으로 가지만, 유목민은 길을 찾기 위해 지점과 장소를 활용한다. 정주자들은 "닫힌 공간들을 구분하기 위해" 길을 내지만,[86] 유목민은 "열린 공간으로 퍼져 나가기 위해" 길을 따라 이동한다.[87] 유목민들은 도착지의 질서에 순응하는 이주민과 달리, 결코 재영토화되지 않는다. 유목민의 은유적인 공간은 사막이다. 사막은 평평하고 매끄럽고 기묘하게도 방향성이 없는 공간이라고 상상되는 곳이다. 유목민들은 이 촉각적인 공간을 가로질러 이동하며 상황을 최대한 활용한다.

반면에 이 촉각적 공간을 차지하고 에워싸며 경계를 만드는 국가는 유목민의 은유적인 적이다. 국가는 모빌리티를 반대하는 것이 아니라 흐름을 통제하기를 원한다. 즉, 주어진 통로로 움직이게 하려고 한다. 국가는 유도하는 대로 움직임이 이루어질 고정적인 길을 원한다. 들뢰즈와 가타리는 유목민을 국가 규율의 요새에 저항하는 모든 세력, 규율에 따르지 않는 자들, 폭동, 혁명, 게릴라전을 가리키는 메타포로 사용한다. "유목민적인 삶은 창조성과 생성의 실험이며, 반전통적이고 반순응적이다. 포스트모던 유목민들은 모든 뿌리, 유대, 정체성에서 벗어나려 시도하고, 따라서 국가와 모든 일반화하는 권력에 저항한다."[88]

세르토와 마찬가지로 들뢰즈와 가타리도 도시 공간에 유목민들을 위치시킨다(나치 이데올로기가 어떻게 사막과 도시에 유대인들을 위치시켰는지 떠올려 보라). 이들의 용어를 빌리면, 도시 공간은 "매끄러운 공간"과 "홈이 패인 공간"이 끊임없는 변증법적 긴장 속에서 서로 맞붙는 공간이다. "특히 도시는 홈이 패인 매끄러운 공간이다. … 또한 도시는 매끄러운 공간을 만드는, 홈을 파는 힘이다."[89] 매끄러운 공간은 유목민의 공간이다. 즉, 권력의 수직적인 홈 패임에 저항하고 이를 위협하는 수평적인 공간이다. 이 매끄러운 공간은 "돈, 일, 거주의 홈패임과는 더 이상 관련이 없는 유목민, 동굴에 사는 사람들, 고철과 직물, 누더기로 가득한 일시적이고 변하기 쉬운 빈민가로 퍼져 나간다."[90] 돈과 세력이 좌우하는 홈이 패인 공간에서 권력이 실현되는 동안에도 유목민은 매끄러운 공간 위를 옮겨 다닌다. 두 충동이 계속 긴장 상태에 있는 도시에서, 유목민들은 권력의 홈이 패인 공간에 완전히 편입되지 않는다.

들뢰즈와 가타리의 또 다른 핵심 메타포는 리좀rhizome이다. 리좀은 영토 권력으로부터의 탈주선을 제공하는 자유롭고 역동적인 실체다. 모든 것이 제자리에 놓여 있는 잘 가꾼 정원은 들뢰즈와 가타리를 기쁘게 하지 못할 것이다. 이들은 잡초/리좀의 끝없이 다양한 증식과 관리불가능성을 환영한다. 고전적인 식물(예를 들어 나무)은 뿌리를 내리며 고정되어 있다는 점에서 이해하기 쉽지만, 리좀은 증식과 차이화의 평면에 존재한다. 리좀은 의미의 발생 원리에 의존할 수 없다.

> 땅밑 줄기인 리좀은 뿌리와 완전히 다르다. 구근이나 덩이줄기는 리좀이다. … 심지어 동물들도 쥐처럼 무리 지어 산다면 리좀에 가깝다. … 리좀은 그 자체로 아주 다양한 형태를 지닌다. 지면에서 모든 방향으로 갈라지며 자라나거나 구근과 덩이줄기가 되기도 한다. 쥐들은 서로 겹치면서 미끄러질 때도 있다. 리좀에는 감자, 잡초, 바랭이처럼 가장 좋은 것과 가장 나쁜 것이 있다.[91]

위협적 형상인 유목민을 저항의 형상으로 변모시켰던 들뢰즈와 가타리는, 보잘것없는 잡초에서 새로운 사유 방식을 이끌어 낸다. 전치 Displacement는 이제 위협이 아니라 미덕이 된다(위협이 미덕으로 변했다고 말할 수도 있다).

유목적 건축

유목적 형이상학이 도처에 나타나고 있다. 철학적으로나 이론적으로 모빌리티를 가장 크게 찬양하는 분야는 현대 건축 이론과 그 실천이다. 흔히 건축은 공간, 경계, 애착의 감각, 맥락적 의미를 만들어 낸다고들 하지만, 건축가 로버트 벤투리Robert Venturi와 공저자들은《라스베이거스의 교훈Learning from Las Vegas》에서 그런 공식을 벗어난다. 라스베이거스의 경관은 거리를 걷는 고전적인 주체의 시각에서 만들어진 것이 아니라, 시속 30마일로 움직이는 자동차에서의 시점을 바탕으로 공간을 구성하는 새로운 방식을 도입한 결과라는 것이다. 기념물이 크고 높은 공간이어야 한다는 개념은 커다란 간판을 내건 낮은 공간(쇼핑몰)에 밀려난다. 이 공간은 아주 뛰어난 모빌리티 건축물이다. 간판과 기호들은, 중세의 시장에 물건을 사러 나온 사람이나 고전적인 의미의 도시 시민들을 위해서 커진 것이 아니다. 빠른 속도로 달리는 운전자가 인식할 수 있도록 변화한 것이다. 이 새로운 경관은 새로운 질서를 지닌다. 바로 움직임의 질서다.[92]

모빌리티 건축의 가장 대표적인 주창자는 베르나르 츄미Bernard Tschumi다. 그는 건축의 우선순위를 새롭게 규정했다. "나에게 건축은 모빌리티 개념에서 출발한다. 모빌리티 없이는 건축도 없다. 사람들은 건축이 멈춰 있는 것이라고 한다. 하부구조, 기초, 피난처, 안전에 관한 것이라는 말이다. 진실은 정확히 그 반대다. 건축은 항상 건축물을 지나가는 신체의 움직임과 마주한다."[93] 츄미는 건축을 안무에 비유한다. 건물의 20~30퍼센트는 이동을 위한 공간이며, 이 공간이 건물을 '만들어' 낸다. 흔히 건물의 중심으로 여겨지는 건물의 앞면, 파사드façade보다 더 근본적인 것은 움직임이다. 휴머니즘적인 어투로, 츄미는 생물학을 빌려 와 우리 몸에서 기원하는 움직임이야말로 그 무엇보다 앞선다고 주장한다. 배아가 처음으로 인식하는 것은 엄마의 걸음걸이와 심장박동의 움직임이다. "건축에 앞서, 공간에는 몸의 움직임이 존재한다."[94]

따라서 츄미는, 건축이란 주어진 체계를 따르거나 뿌리 깊은 역사적 맥락을 발전시키는 것이 아니라 벡터의 생산이라고 보았다. 그의 건축은 사람들이 움직이고 만나는 조건을 제공하는 데 중점을 둔다. 데리다의 해체 개념에서 영감을 얻어 파리의 라빌레트 공원을 설계하면서, 츄미는 모빌리티와 흐름의 논리를 따르는 점과 선의 체계를 바탕으로 삼았다. 이 공원은 오르내릴 수 있는 머리 위의 기다란 쉼터와 산책로로 가득 차 있다. 무엇을 하라고 말해 주는 공간이 아니라, 움직일 기회를 제공하여 어떤 사건이 발생하도록 하는 공간이다. 츄미는 주어진 장소를 극복하게 할 격자 형태를 만들기 위해 점과 선의 체계를 이용했다. 이 공간의 기능은 들뢰즈와 가타리가 말하는 유목민들의 '매끄러운 공간'을 연상시킨다.

우리 설계 팀은 격자 형태를 두고 활발한 의견 대립을 이어 갔다. 공원을 설계해야 한다 : 격자망은 반자연적이다. 많은 기능을 담아야 한다 : 격자는 반기능적이다. 우리는 현실적이어야 한다 : 격자는 추상적이다. 지역적 맥락을 존중해야만 한다 : 격자는 맥락에 반한다. 우리는 주어진 부지의 경계를 고려해야 한다 : 격자는 무한하다. 우리는 정치적·경제적 불확실성을 고려해야 한다 : 격자 형태는 확정적이다. 우리는 공원 설계의 예전 관습을 인정해야만 한다 : 격자는 근원이 없으며, 이전의 이미지와 기호를 끊임없이 호출한다.[95]

츄미는 뉴욕 컬럼비아대학의 러너 홀을 설계하면서, 역시 모빌리티를 공간 조직 원리로 강조했다. 원래의 기본 설계가 19세기 신고전주의 스타일이었으므로 그는 자신의 아이디어를 여기에 맞춰야 했다. 때문에 건물의 양 끝은 벽돌로 지어야 했지만, 그 사이의 공간에서는 자유롭게 자신의 미학을 펼칠 수 있었다. 그는 두 벽돌 날개 사이에 여러 경사로들을 연결했다. 바로 이 경사로들 주위가 여러 행사들이 열릴 공간이었다. 경사로들은 유리벽으로 둘러싸여 있어서 외부에서도 경사로를 오르내리는 신체의 움직임을 볼 수 있다. 강당 아래로는 나이트클럽과 서점, 그리고 학생 클럽들이 배치되었다. 이 건물에서도 공간 구성 방식의 중심은 이동에 있었다.[96]

츄미는 흐름을 강조하는 자신의 건축이 상징주의적이고 맥락을 중시하는 예전 건축과는 단절되어 있다고 여긴다. 맥락주의 건축Contextualist architecture은 물려받은 형태론에 민감한 건축, 즉 기존의 장소 의식을 발전시키려고 하는 건축이다. 이 건축은 결국 역사와 애착에 관한 것이며, 정주주의를 지향한다. 상징주의 건축The architecture of symbolism은 재현의 건축이다. 무엇인가를 의미하도록 설계하는 것이다. 그러나 츄미가 지향한 벡터의 건축architecture of vector은 움직임, 사건, 생성을 위한 가능성의 조건을 강조했다. 혁신적인 이론 프로젝트인《맨해튼 트랜스스크립트The Manhattan Transcripts》에서, 츄미는 공간의 통제 불가능한 주체인 움직이는 신체의 중요성을 강조한다. "건축의 통제된 질서 속, 신체의 불가피한 침입이 … 이동이다." 전통적인 외관을 어느 정도 따르는 건물들은 "정확하게 질서 잡힌 기하학"을 제시하지만, 움직이는 신체는 "유동적이고 불규칙한 움직임으로 예상치 못한 공간을 창출한다." 그러므로 츄미에게, 건축은 "사용자들과의 지속적인 교류에 수동적으로 참여하는 유기체"이며 이 사용자들의 "신체는 신중하게 만들어진 건축적 사유의 규칙들을 부수며 돌진한다."[97]

명확한 계획을 따르거나 단면도와 투시도법이라는 건축적 표기 방식을 이용하기보다는, 츄미는 신체의 움직임에서 출발하는 건축을 선호한다. 그는 공간 구성의 기본 패턴을 보여 주기 위해 정교한 안무 표기법을 사용한다. "운동 표기의 논리는 진정한 복도 공간을 보여 준다. 무용수가 '무정형의 본질을 조각해 나가는' 것과도 유사하다. 반대로, 계속 동작이 쌓여 나가면 움직임 전체가 영구적이고 거대한 벡터로 굳어지고 응결된다."[98] 이렇게 츄미는 정지 상태보다는 운동에 중점을 두면서 바라보고, 알고, 존재하는 방식인 유목적 형이상학을 실현시킨다. 츄미의 글들은 상당히 반이데올로기적이다. 과거(맥락과 상징의 시대)는 이념의 시대인 반면, 현재(적어도 츄미의 현재)는 이념에서 자유롭다. 츄미에게, 움직임Movement은 맥락context과는 달리 이데올로기적인 것이 아니다.

유목적 사유에 대한 비판

유목민 형상은 정주의 형이상학에서도, 여기서 다루고 있는 유목적 형이상학에서도 모두 그 핵심에 자리한다. 그러나 포스트모던 유목민은 너무나 비사회적인 존재다. 계급, 젠더, 민족, 섹슈얼리티, 지리학상의 특징으로는 포착되지 않는다. 이 움직이는 군중들은 인구조사 항목과 지도상의 점으로나 등장하며, 그래서 추상적이고 탈역사적이며 차별성이 없다.

얼마 전 출간된 포스트모던한 책 《뉴욕: 유목적 디자인New York: Nomadic Design》은 유목민들에 대한 공허한 일반화를 보여 주는 적절한 예시일 것이다.[99] 반들반들한 사진들을 배경으로 하는 서문에서 편집자들은, 수평적 유목 세계가 권력과 돈의 수직적 고층빌딩 세계를 두고 다투는 곳, 유목적 도시가 뉴욕이라고 주장한다. 뉴욕에서는 "모든 것이 뒤섞인다." 뉴욕의 디자인에 초점을 맞춘 이 책은 두 부류의 사진들을 병치한다. 게릴라 아티스트의 작품, 도시 그라피티 운동, 노숙자 반대 시위 등을 다루는 한편, 투자은행 파트너십, 클리어리, 고틀립, 스틴, 해밀턴 법률사무소, 아일랜드 레코드사 사무실처럼 디자이너들이 만든 공간들도 실려 있다. 편집자들이 보기에, 이 모두는 유목민적 욕망의 표현이라는 점에서 서로 연결되어 있다. 이 아름다운 책은 집을 잃고 노숙하는 것조차도 미학적인 유혹으로 느끼게 만든다. 그러나 뉴욕 특권층들의 화려한 백만 달러짜리 인테리어 옆에 노숙자 시위를 배치하는 것은 그들 사이의 차이를 지우는 철학적·미학적 기만 행위다. 부유층의 거대한 사유 공간과 노숙자들의 여러 시위 사이의 그리 유쾌하지 못한 관계를 지적하지 않기 때문이다. 유목민 메타포를 동원한 다른 사례들처럼, 이 책도 근본적으로 서로 다른 특수한 형태의 움직임들을 낳는 역사적 조건에는 별다른 주의를 기울이지 않는다.

자넷 울프Janet Wolff는 포스트모던 담론의 움직이는 주체가 어떤 맥락 속에 있는지를 밝히려고 했다. 이 메타포들은 사실 젠더화되어 있지만, 사람들은 이를 잘 인식하지 못한다. 여성을 배제하는 실제의 이동 관행들이 이론적 모빌리티의 남성중심적 경향에 반영된다는 주장이다.

'유목민nomad', '지도maps', '여행travel' 같은 용어들은 어떤 위치를 지정하지 않으며, (의도적으로) 근거 없고 경계 없는 이동을 제안한다는 점에서 문제가 있다. 이 용어들은 자기 자신/관찰자/주체에 저항하는 것을 목적으로 삼는다. 그러나 그 결과로 요청되는 자유롭고 평등한 모빌리티란 그 자체로 속임수이다. 왜냐하면 우리 모두가 함께 그 길에 들어설 수는 없기 때문이다.[100]

또한, 유목민 형상은 실제 유목민을 소거하는 방식으로 '인종화'될 때가 많다. 유목민 메타포는 비서구 타자를 서구적으로 낭만화하는 일을 수세기 동안 되풀이해 왔다. 동시에 이는 비재현성이라는 위장막 아래에서 식민주의의 재현 전략을 재생산한다. 이 전략은 "비평가에게 조작과 재현이라는 의심스러운 영역 밖에 서도록 허용하고, 일종의 면책특권을 부여한다."[101] 나아가, 들뢰즈와 가타리는 여기에 기대어 "결국에는 무어라고 대꾸해 올, 실제 유목민들을 재현하는 윤리적 부담"을 모면한다.[102] 유목민들은 이 텍스트 속에서도, 비서구 지역을 다루는 인류학자들의 작업에서도 제 목소리를 내지 못한다. 들뢰즈와 가타리의 관점은 완전히 유럽중심적이며, 아프리카 등지의 유목민들에 관한 매우 의심스러운 식민주의적 설명들에 기초하고 있다.

들뢰즈와 가타리의 유목주의가 사실은 '수목형'이라면, 만약 지독하게 재현적이고 식민주의적인 민족지학에 뿌리를 내리고 있고 이를 실천하고 있다면, 그런데도 동시에 반식민주의적이고 반인류학적이며 반재현적이라고 주장한다면, 이는 저자들이 그토록 혐오하는 '유사–다양체pseudomultiplicities'적인 것이라고 보아야 할 것이다.[103]

유목론nomadology이 식민주의 인류학의 재현을 활용하여 유목민 개념을 사용한다는 비판을 우리가 인정한다면, 유목론은 정주하지 않는 비서구인들을 제 욕망과 낭만을 위해 이용하는 오리엔탈리즘 담론에 지나지 않는다. 그래서 유목적 형이상학은 모빌리티에 지나치게 추상적이고 보편적인 의미를 더한다는 비판 외에도, 애당초 그런 이미지를 생산한 식민 권력관계를 간과했다는 의심을 받고 있다. 실제로, 유목민이라는 용어는 신식민주의적인 상상의 일부로 쓰일 때가 많다.[104]

결론: 장소 대 모빌리티

이 장의 목적은 모빌리티와 장소를 사유하는 대표적인 두 가지 방식을 상세하게 설명하는 것이다. 정주와 유목의 형이상학은 사상, 실천, 물질문화에 영향을 미친다. 우리가 세계 속에서 모빌리티를 만나고 경험하는 방식 속에는 이 두 형이상학의 정치적 · 이념적 함의가 담겨 있다. 이러한 사유와 행동 방식들은 뒤에서 다룰 모빌리티 문제들을 관통한다. 모빌리티의 메타-서사인 두 형이상학은 사진부터 건축, 법률, 교통계획에까지 이르는 다양한 영역에서 모빌리티에 대해 더 구체적이거나, 더 지역적이거나, 더 맥락을 중시하는 태도를 취하게 한다.

이 책의 중심 논지는, 어떠한 접근 방식도 모빌리티에 부여되는 의미의 이념성을 민감하게 의식하지 못하고 있다는 것이다. 이 형이상학들은 정치, 권력, 이데올로기와 같은 용어들을 사용하지 않는다. 모빌리티가 의미를 지닌다는 사실이 당연시될 뿐, 그 의미를 부여하는 자신들의 역할은 알지 못한다. 정주의 형이상학은 모빌리티를 의심하고 위협이나 골칫거리로 보는 사유 및 행동 방식이다. 타자들의 모빌리티는 현대사회에서 눈에 잘 들어오도록 포착되고 분류되며 위치를 부여 받는다. 모빌리티는 시대착오anachronism의 공간적 등가물인 공간착오anachorism로 경험된다. 시대착오가 그 시대에 맞지 않는 것을 가리키는 논리적 범주라면, 공간착오는 그 장소와 어긋나거나 아예 장소를 갖지 않는 것을 가리키는 사회적 · 문화적 범주다.[105] 장소에 도덕적인 의미가 부여되는 한, 장소착오인 모빌리티는 도덕적 세계를 위협한다. 따라서 엘리엇, 호거트, 윌리엄스는 유목민들이 안정성과 뿌리를 위협한다고 의심한다. 반대로, 유목적 형이상학은 전통적인 '장소'를 신경 쓸 새가 없다. 여기서 세계는 모빌리티, 흐름, 생성, 변화의 렌즈로 포착된다. 들뢰즈, 가타리, 미셸 드 세르토, 베르나르 츄미에게 모빌리티는 대체로 긍정적인 것이다. 장소는 불필요하고 고답적인 데다가 과거에 속한 것이며, 흐름과 속도의 특이한 조합이 가져온 논리적 결과에 지나지 않는다. 예컨대, 정주주의자라면 어떤 건물을 완전한 전체로, 하나의 체계로, 시공간 안에서 어느 정도 영속적인 것으로 보겠지만, 유목론자는 듀스베리J. D. Dewsbury처럼 생각할 것이다. "당신이 어떤 건물 속으로 걸어 들어갔을 때, 건물이 유지되고 있는 흐름의 속도는 어느 정도일까? 영구적인 것으로 보이더라도, 그 건물은 덧없는 존재다. 당신이 그곳에 있는 동안 건물은 무너지고 있다. (다행히도) 아주 느리게 진행되고 있을 뿐이다."[106]

유목적 형이상학의 렌즈로 보면, 모든 것은 움직이며 안정이란 환상이다. 그러나 정주주의자의 시점에 정치성이 숨겨져 있듯이 유목론도 그러하다. 들뢰즈와 가타리에 대한 비판들이 보여 주듯이, 모빌리티는 사회적으로 차별화된다. 이를테면 유목민의 낭만화는 오리엔탈리즘에 감염된다. 이는 모빌리티를 진보적인 힘, 상대적인 자유의 형태, 예전의 폐쇄적인 시공간과의 단절이라고 여기는, 역사적으로 뿌리 깊은 사고방식들이 가져온 결과물이기도 하다. 모빌리티 메타포를 동원하기 위해서는 권력에 기반한 관념들이 먼저 존재해야 했다. 이 책에서는 그 관념들에 주목한다.

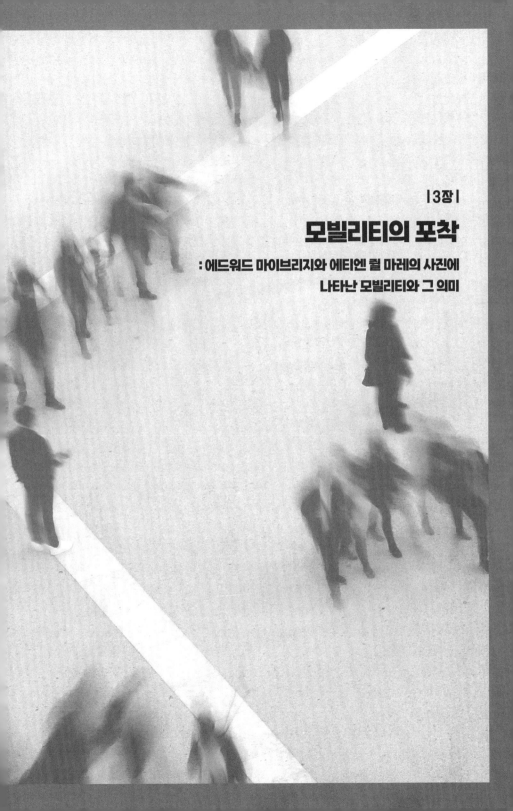

| 3장 |

모빌리티의 포착

: 에드워드 마이브리지와 에티엔 쥘 마레의 사진에
나타난 모빌리티와 그 의미

움직이는 몸이 매혹적인 것은 우리가 파악하는 순간 사라지기 때문만은
아니다(혹은 그 현재성의 특별한 순간 때문인 것만도 아니다).
… 움직임을 인지하는 행위는 그 자체의 전치displacement를 낳는다.
'무엇인가를 다른 장소에 옮겨 놓는' 움직임에는 몸의 전치가 있다.
따라서 움직임을 해석하는 행위는, 전치의 전치다. _하이디 길핀Heidi Gilpin[1]

장소, 경관, 영토, 그리고 물질문화의 모든 사물들은 우리를 안심시키
는 확실성을 지닌다. 예를 들어 장소에 대한 논의가 아무리 추상적이
고 공중에 붕 떠 있는 것처럼 보일지라도, 우리는 언제나 마지막에는,
지상으로 돌아가 무언가를 가리키며 "내가 말하고 있는 게 바로 이거
야."라고 말할 수 있다. 그러나 모빌리티는 그런 존재감이 없다. 우리
가 숙고하려고 하는 그 순간에 모빌리티는 부재한다. 모빌리티는 우
리 곁을 지나친다. 공항, 도로, 통로 같은 모빌리티 장소와 경관이 존
재하는 것은 사실이지만, 모빌리티 그 자체는 아니다. 어쩌면 우리가
모빌리티를 파악하는 방법이 이동을 충분히 고려하지 못하고 정주주
의에 갇혀 있을지도 모른다. 유동성의 미끄러운 비가시성보다는 명
백하고 확실한 경계와 뿌리에 집중하는 것이다.[2]

리사 말키는 정주의 형이상학 개념을 이동하는 사람들, 특히 난민
에게 적용하였다. 난민은 고정성과 장소 기반 정체성이 지배하는 세
계에서 위협으로 간주되었다. 3장에서는 고정성과 유동성을 사유해
보기 위해 이 개념을 더 작은 스케일에 적용해 보려고 한다. 바로 개
별 신체라는 스케일이다. 국가, 지역, 장소에서의 모빌리티만이 아니

라 모빌리티 그 자체를 인식하는 방식도, 분명한 공간적 틀 안에서 모빌리티를 파악하기 위해 고정 불가능한 것을 고정하려는 욕구의 영향을 받을 때가 많다. 그러나 이러한 모빌리티 인식은 흐름 대신 고정성을, 모빌리티 대신에 장소를 내세우는 것만이 아니라, 모빌리티 간의 대립을 만들어 내어 모빌리티를 정돈하고 길들이려고 한다. 어떤 모빌리티는 이데올로기적으로 건전하고 다른 모빌리티는 의심스럽다고 보는 것이다. 3장과 4, 5장은 신체 스케일의 모빌리티에 초점을 맞춘다. 모빌리티는 신체에서 출발하기 때문이다. 모빌리티는 몸으로 체험된다. 신체는 모빌리티의 처음이자 마지막이다. 3장은 19세기 후반에서 20세기 초반, 사진과 생리학의 재현 전략을 다룬다. 4장에서는 노동 현장에서의 모빌리티 관리를, 5장은 겉보기에 자유로워 보이는 춤을 주제로 삼는다.

모빌리티의 포착은 모더니티에서 너무나 중요한 문제였다. 역사적으로 그러한 시도는 수도 없이 많았다. 3장과 4, 5장은 그 역사적 장면들을 추적한다. 한편에는 실제 살아 있고 몸으로 구현되는 움직임이 있다. 이는 지나치거나 위협적인 것이 될 가능성을 언제나 지니고 있다. 또 한편에는 합리적이고 추상적인 모빌리티가 있다. 철학자, 도시계획가, 기술 관료 등이 모빌리티를 기능적이고 질서 잡힌, 그래서 인식할 수 있는 것으로 재현하면서 나타난 것이다. 나는 이 양자 간의 긴장을 드러내려고 한다. 이는 신체 스케일에서의 모빌리티 생산에 놓인 기본적인 갈등이다. 다시 말해, 모더니티의 핵심에 있는 모빌리티와 모더니티의 합리성을 위협하는 모빌리티 사이의 갈등이다.[3] 3장은 가장 잘 알려진 모빌리티 재현의 혁신가, 사진작가 에드워드 마이브리지와 생리학자 에티엔 쥘 마레에 관한 이야기다.

에드워드 마이브리지

1872년 봄, 한 남자가 말의 사진을 찍었다. 여기서 동작 연구가 시작되었다. 그는 몸을 갈망하는 사람들에게 몸을 되돌려 주었다. 이 몸은 일상에서 경험하는 몸, 중력과 피로와 힘과 쾌락이라는 감각으로서의 몸이 아니었다. 몸은 무게 없는 이미지가 되었다. 빛과 기계와 환상은 몸을 해부하고 재구성했다.[4]

움직이는 몸에 대한 현대적 인식의 발전에서 가장 중요한 순간은 캘리포니아에서 에드워드 마이브리지Eadweard Muybridge가 움직이는 말의 사진을 찍었을 때다. 전 캘리포니아 주지사 릴랜드 스탠포드는 1872년 봄에 영국 이민자인 마이브리지를 고용하여 말들의 사진을 찍게 했다. 미국에서 가장 훌륭한 경주마들을 갖고 싶어 한 스탠포드는 '과학적으로' 말을 이해하려고 했다. 말이 뛰어갈 때 네 발이 모두 땅에서 떨어지는지가 가장 중요한 문제였다. 이 의문은 1876~1877년, 마이브리지가 스탠포드의 말인 옥시던트의 움직임을 포착하고자 고안한 메커니즘 덕분에 풀렸다. 마이브리지는 더 빠른 필름과 셔터 등의 새로운 기술들을 실험하고 있었다. 옥시던트의 움직임을 연속적으로 포착한 유명한 이미지를 찍기 전에도, 마이브리지는 렌즈, 셔터, 필름의 성능을 시험하기 위해 초당 35피트의 속도로 달리는 옥시던트의 사진을 찍었다.

이 사진 찍기에 성공하려면 서터 속도 1000분의 1초 동안에 말이 4분의 1인치 이상 이동하지 않아야 했다. 이 사진은 1877년 8월 3일자 《알타 캘리포니아》에 실렸다.

마이브리지 씨는 우리에게 옥시던트의 순간포착 사진을 보내 주었다. 옥시던트는 초당 35피트, 즉 1마일을 2분 27초 만에 주파하는 속도로 달리고 있었다. 원판은 1000분의 1초보다 적게 빛에 노출되었다. 말이 4분의 1인치도 이동하지 못한 짧은 시간 동안이었다. 이 사진작가는 가장 감도 높고 가장 노출시간이 짧은 사진을 확보하기 위해 많은 실험을 해 왔고, 그에 따라 사진예술에서 가장 참신한 결과, 눈이 인식하지 못하는 속도를 묘사했다. … 이 사진은 인쇄되기 전에 원판을 살짝 매만진 것이지만, 우리는 큰 차이가 없다고 확신한다.[5]

옥시던트의 사진을 살짝 매만졌다는 말은 분명히 조금 절제된 표현이다. 사진 이미지는 막연한 실루엣에 지나지 않았기 때문에 마이브리지는 이미지의 윤곽만 가지고 있었다. 그는 화가에게 원판을 바탕으로 그림을 그리게 한 다음, 그 그림을 사진으로 찍었다. 마이브리지에게 중요한 것은 움직이는 말의 형상뿐이었다. 디테일은 필요하지 않았다. 그러나 그 때문에, 1877년 샌프란시스코에서 유포된 이 사진을 본 사람들은 사기라고 생각했다.

사람들은 이 의심스러운 이미지를 보고 별다른 느낌을 받지 못했다. 말을 그리는 당시까지의 관습에 비추어 볼 때 이 사진은 상당히 비논리적이었던 것이다.

의심을 풀지 않는 대중들을 설득하기 위해 마이브리지는 뛰어가는 말의 움직임에서 한순간 이상을 보여 주어야 했다. 마이브리지는 필름과 셔터 기술을 개발해 1000분의 1초로 사진을 반복 촬영했고, 이제는 그 사진들이 연속적으로 제시되도록 해야 했다. 이를 위해 그는 12대의 카메라를 일렬로 배열했고, 각각은 전기 작동 장치가 부착되어 있었으며, 이 장치들은 움직이는 물체들(말과 수레)이 선을 건드리면 작동되었다. 12대의 카메라에는 한 개의 슬릿을 갖는 두 개의 슬라이드로 이루어진 셔터가 달려 있었다. 슬라이드는 두 개의 고무줄과 연결되어서 위아래 방향으로 움직였다. 사진은 슬릿들이 렌즈 앞으로 오는 짧은 순간에 찍혔다. 이 정교한 기술은 팔로 알토에 있는 스탠포드의 마구간에 마련된 연구실에서 시연되었다. 흰색 벽에는 21인치 간격으로 검은색 수직선이 그어졌고, 선들마다 연속적으로 숫자가 표시되었다. 움직이는 물체의 배경이었다. 벽 맞은편에는 12대의 카메라가 벽을 직접 마주 보았다. 결과적으로 사진 속에서, 말은 이동을 보여 줄 숫자가 쓰인 거대한 자와 같은 배경을 뒤로 하고 그 윤곽을 드러낸다(그림 3.1). 이 장치는 1878년에 성공적으로 작동했고, 마이브리지는 순식간에 서부와 미국과 전 세계에서 화제의 인물로 떠올랐다.

여전히 이 사진들을 믿지 않는 사람도 많았다. 이때까지 움직이는

| 그림 3. 1 | 뛰어가는 옥시던트 (Eadweard Muybridge, The Library of Congress)

말을 그림으로 그릴 때는 앞다리와 뒷다리가 대칭으로 움직이는 것
처럼 표현해 왔다. 그런데 이 이미지들에서는 아무 곳에나 다리들이
있는 것 같았다. 웃기기도 하고 기괴해 보이기도 하는 이 이미지들은
분명히 아름답지 않아 보였다.

사람들은 마이브리지가 보여 준 첫 번째 사진을 믿지 않았다. 그의
실험에서 나타난 가장 특징적인 징후는 이 대목이 아닐까. 심지어 대
표적인 말 회화 작가인 메소니에Meissonier조차 말을 그리는 기존의 재
현 규칙에만 매달리면서, 한동안 마이브리지가 내놓은 사진들을 믿지
않았다고 한다. … 이 사진들이 비현실적이라고 본 사람들은 이 이미
지가 추하다고도 느끼지 않았을까?[6]

마이브리지의 사진들은 여러 면에서 주목할 만하다. 무엇보다, 이 사진들은 운동의 세계를 가시권에 들여놓았다. 오랫동안 사진은 세계의 움직임에서 정적을 뽑아내는 기술, 혹은 리베카 솔닛Rebecca Solnit이 말한 것처럼 세계에 정적을 강요하는 기술이었다.[7] 속도가 만드는 흐릿함은 카메라의 적이었다. 마이브리지의 사진들은 세계를 다시 움직이게 하는 과정의 출발이었다. 물체를 과정으로 돌려놓는 것이었다. "이 사진들의 주제는 그 이미지들 자체가 아니라 한 이미지에서 다른 이미지로의 변화였다. 느리게 진행되는 가두 행진이나 빌딩의 건설보다도, 시간과 움직임을 더 생생하고 긴급하게 보여 주는 변화였다. 사진의 본질에 대한, 그리고 재현될 수 있는 것이 무엇인지에 대한 근본적인 변화였다."[8]

리베카 솔닛은 19세기를 특징짓는 이동 감각의 일반적인 변화와 마이브리지의 획기적인 사진을 연결시킨다. 마이브리지가 1830년 9월에 태어났을 때는 철도가 처음으로 놓이기 6개월 전이었다. 모빌리티는 자연의 한계를 넘지 못했다. 말, 강물, 돛에 부는 바람의 속도가 모빌리티의 한계였다. 1904년, 마이브리지가 사망할 무렵에는 세계의 상당 부분이 철로로 연결되었고, 증기선이 정기적으로 대서양을 가로질렀으며, 그 반년 전에 라이트 형제는 성공적으로 동력 항공기를 띄웠다. 시공간 소멸은 근본적인 한계를 극복한 프로젝트였다.

마이브리지를 후원해 준 릴랜드 스탠포드는 센트럴퍼시픽 철도회사의 사장이기도 했다. 따라서 모빌리티 감각의 전환에 나름의 역할을 한 사람이다. 그는 1869년에 완공된 대륙횡단철도 건설을 뒷받침한 네 명의 주요 인물 중 하나였다. 그가 말에게 쓴 돈, 마이브리지를 고용하면서 지불한 돈은 모두 철도의 발전과 철도를 둘러싼 대지의 변화에서 마련되었다. 조나단 크라리Jonathan Crary는 철도 시스템의 발전과 마이브리지의 사진 사이에 논리적 연관이 있다고 주장한다.[9] 마이브리지는 재현 관습을 혁신하여 "새로운 형태의 가독성과 합리성"을 운동에 부여했다.[10] 철도에 투자한 스탠포드는 모빌리티에 드는 시간과 돈을, "이곳에서 저곳으로 이동하는 데 소비된 시간"을 감소시킨 중심 인물이었다.[11] 그는 19세기 말엽에 나타난 모빌리티 감각의 변화에, 말하자면 시간이 공간을 소멸시키는 과정에 깊이 개입한 사람이다.[12] 삶의 속도가 증가하면서 새로운 형태의 인식이 나타났다. 속도와 움직임이라는 차원에서 세계를 새롭게 이해하게 된 것이다. 크라리에 따르면, 마이브리지의 발명품은 "철도와 전기통신이 보여 주는 속도와 일시성이 가시성과 일치"하게 되리라는 것을 의미한다.[13]

격자의 인식론

대개들 무심코 넘기는 마이브리지 사진의 중요한 특징은, 벽에 그려진 거대한 자 모양이 배경을 동일한 크기의 공간으로 나누는 방식이다. 나중에 찍은 사진들에서 이 배경은 격자로 바뀐다. 이 이미지들은 '격자 인식론grid epistemology'의 발전을 보여 준다.[14] 격자 형태는 1787년 토머스 제퍼슨이 주도한 토지조사에서부터 뉴욕이나 샌프란시스코의 거리 배치에 이르기까지 미국 어디에나 존재했다. 격자는 회계사들의 장부에도 사회학자들의 도표에도 나타났다. 격자 모양은 합리성과 현대성, 다시 말해 계량화하고 대상을 파악하는 능력을 상징했다. 리베카 솔닛의 말마따나, "격자는 작업에 냉정함, 질서, 일관성이라는 과학적 아름다움을 부여해 준다."[15] 격자는 근대적인 질서의 미학도 보여 주지만 자본주의 하의 공간 생산을 은유하기도 한다. 격자망의 도입은 미국의 도시와 시골에서 거래 가능한 부동산이 더 쉽게 창출되도록 했다. 생태와 지형에서 추출된 공간은 표준화된 상품이 되었다.[16] 리처드 세넷Richard Sennett은 도시계획에 도입된 격자가, 인구를 지배하고 억누르며 '장소'의 가변성을 소거하기 위해 고안된 '중립 공간'을 낳았다고 본다.[17] 공간을 격자 모양으로 나누자 무질서한 세계가 해독 가능해졌듯이, 마이브리즈의 말 사진에 배경으로 등장한 격자는 모빌리티를 읽을 수 있게 해 주었다. 하지만 이때의 가독성은 과학적이라기보다 심미적인 것이었다. 존 풀츠John Pultz의 말처럼,

  움직이는 피사체 뒤, 개별 프레임 속의 격자는 사진에는 없는 과학적 확실성을 암시한다. 프레임과 프레임 사이의 시간과 공간의 관계는 명확하지도 구체적이지도 않기 때문이다.[18]

마이브리지의 격자는 존 램프리John Lamprey의 인류학 사진에서 영향을 받았을 가능성이 크다. 램프리가 1869년에 내놓은 말레이 남성들의 인체측정 연구는 당시에 널리 알려져 있었다. 램프리는 나무틀에 부

착한 명주실로 만든 격자를 측정 도구로 사용했다. 램프리의 실험 대상자들이 과학적인 자료처럼 보일 수 있었던 것은 이 격자 덕분이다. 객관적이고 보편적인 격자는 말레이인들을 일반적 유형으로 만들었다. 격자는 말레이인 남성과 다른 '유형'들을 비교하는 데 사용되었다. 헉슬리의 말대로 "대영제국에 속한 다양한 인종들을 체계적으로 정리할" 수 있게 된 것이다.[19] 이런 맥락에서 램프리는 1869년에 격자 사진 시스템을 개발했다. 격자는 단순한 기술이 아니라 19세기 이후 인구 관리를 위해 강화된 국가의 감시와 규제 무기로 자리 잡았다.[20]

마이브리지의 말 연구에서, 가로와 세로로 배치된 선들은 말이 놓여 있는 시공간 속의 안정적인 좌표로부터 말을 효과적으로 분리시킨다. 함께 지켜보는 관찰자들도 공간에서 유리된다. 예술가 솔 르윗 Sol LeWitt은 루시 리파드Lucy Lipard와의 인터뷰에서 이렇게 말했다. "공간을 동일한 부분으로 나누면 공간을 부정하게 된다. 모든 부분에 동일한 값이 주어지면서 공간이 극도로 체계화되면 공간의 중요성이 떨어진다. 결국에는 관성에 따른 연속적인 장면들만 중요해진다."[21] 크라리가 말했듯이, 어떤 의미에서 공간은 지워진다. "세계 시장의 매끄러운 표면과 그 새로운 교환 경로에 부합하는 비전이 여기에 나타난다."[22] 안정성은 과정이 된다. "수천 년 동안 인간 사회에서 첫 번째로 꼽는 이동 수단이었던 말은, 셀 수 있고 생명력이 없는 시간과 이동 단위로 해체된다."[23] 그러나 달리 보면, 공간과 시간은 말의 움직임 속으로 새롭게 재구성되기도 한다. 격자로 제시된 마이브리지의 사진은 일종의 서술 구조로 읽힌다. 왼쪽에서 오른쪽으로, 위에서 아래로 진행되는 레이아웃은 어떤 글이 적힌 페이지와 닮아 있다. 적어도 서구에서 이 사진을 보는 사람들은 페이지 공간에서의 시간 흐름과 유사한 짧고 간결한 이야기로 이 이미지를 이해한다. 따라서 마이브리지는 옥시던트를 '진짜' 공간에서 효과적으로 제거하는 동시에, 새로운 종류의 추상적인 공간, 즉 서술 가독성narrative legibility의 공간에 집어넣은 것이다.

움직이는 인간

1879년 8월, 마이브리지는 지역 올림픽클럽의 선수 선발이 진행되던 팔로 알토의 어느 장소를 방문했다. 그의 인간 모빌리티 탐사는 여기에서부터 시작되었다. 이 무렵 그는 두 배로 늘어난 24대의 카메라로 움직이는 대상이면 무엇이든 찍기 시작하던 참이었다. 그해 말에는 도끼를 휘두르거나 달리는 등의 여러 동작을 취하는 자신의 나체를 촬영했다. 얼마 지나지 않아 그는 달리기, 텀블링, 펜싱, 레슬링, 권투를 하는 남자들의 사진 수백 장을 찍었다. "근육의 움직임을 가능한 한 완전히 보여 주기 위해" 피사체들은 옷을 입지 않거나 꽉 끼는 트렁크를 착용해야 했다.[24] 동물이 아니라 사람에게 흥미를 쏟기 시작하자, 경주마에만 관심이 있던 후원자 스탠포드와의 관계도 끝났다. 1881년부터 마이브리지는 스탠포드와의 계약을 정리하고 자기 사진에 열광해 준 유럽으로 자주 여행했다. 1884년까지, 그는 필라델피아의 펜실베이니아대학 캠퍼스에 기반을 두고 활동하면서 인체의 움직임을 포착했다.

의학, 과학, 예술이 혼합되어 있는 마이브리지의 인간 동작 사진은 요즘 사람들에게 신기하게 보인다. 마이브리지의 말 이미지에서 얻은 정보를 그림에 적용한 화가 토머스 에이킨스Thomas Eakins는 마이브리지를 초청하여 대학에 장비를 설치하게 해 주었다.[25] 에이킨스의 그림에는 운동 표현에 어려움을 겪던 당시의 당혹감이 드러난다. 깨끗하게 잘 초점을 맞춘 고속카메라로 찍은 것처럼 말의 다리를 완벽하게 재현하는가 하면, 말이 끄는 마차 바퀴의 스포크는 흐릿하게 그려졌다. 에이킨스는 과학의 도움을 받으면서 창작 활동을 하기 위해 마이브리지를 필라델피아로 초청했다.

에이킨스도 모델들을 섭외해 놓긴 했지만, 마이브리지는 직접 모델들을 수소문했다. 필라델피아에서 찍은 781개의 운동 연구 중에서 562개는 사람을 찍은 것이다. 마이브리지는 일상적인 활동을 하는 모델들을 주로 카메라에 담았다. 두 명의 대장장이가 모루를 때리는 사진이 대표적이다(그림 3.2). 당시의 도덕적 풍토에 비춰 볼 때 놀라운 일이지만, 마이브리지는 성기만 겨우 가리고도 기꺼이 모델이 되어 줄 실제 대장장이들을 섭외하는 데 성공했다. 그는 모델들이 거의 알몸인 상태에서도 자연스럽게 행동하기를 원했다.[26] '순수한' 예술사진 작가였다면 대상자들의 옷을 벗기기는 불가능했을 것이다. 그러나 그는 '과학자'였다. 언제나 그 자리에 있는 격자는 실험실을 상징한다. 이 맥락 속에서 마이브리지는 일종의 특별면허를 부여 받았다.

그가 '자연스럽다'고 여긴 남녀의 모빌리티는 모빌리티의 정치성을 분명하게 보여 준다. 남자들은 여러 야외 활동을 한다. 창던지기, 레

| 그림 3. 2 | 움직임, 남성, 대장장이, 두 명의 모델, 모루에 망치 내리치기 (Eadweard Muybridge, the Collections of the University of Pennsylvania Archives, plate 374)

슬링, 복싱, 달리기, 그리고 육체노동이다. 하지만 여성들은 집 안에서 하는 활동에 한정된다. 항아리에 물을 채우고, 목욕하고, 차를 따르거나 춤을 춘다. 이 사진들 속의 움직임은 분명히 젠더화되어 있다. 일부는 마이브리지의 생각이, 또 일부는 당대의 일반적인 인식이 여기에 반영되어 있을 것이다. 단순한 움직임도 큰 의미를 지닌다. 마이브리지의 말처럼 그의 사진들은 "일상생활 속 남녀들의 여러 행동을 보여 준다. 우리는 농부를 따라 밭으로, 대장장이를 따라 모루 앞으로, 운동선수를 따라 운동장으로, 아이를 따라 유치원으로, 주부를 따라 거실로, 그리고 세탁부를 따라서 세탁소로 갔다."[27] 대부분의

사진들에서 모델들은 옷을 입고 있지 않다. 마이브리지는 옷을 벗은 여성들의 사진도 찍었다. 어떤 사진에서는, 벌거벗은 여성이 프레임 속에는 보이지 않는 어떤 위협으로부터 몸을 돌리면서 얼굴과 성기를 가리고 도망가는 모습을 보인다(그림 3.3). 이 이미지들에서 과학적 근거를 찾기는 어려우나, 격자무늬 배경은 이곳이 실험실임을 알려 준다. 이 동작은 서사를 이루고, 여성 몸의 자세는 예술적 관습을 떠올리게 한다. 추상적이기는 하지만 마이브리지는 이데올로기로서의 모빌리티를 제시한다. 남성과 여성이 어떻게, 왜, 어디로 움직이는지에 대한 기성 권력의 가정들을 반영하는, 모빌리티에 관한 일련의 의미들을 보여 주고 있는 것이다.

어떤 이미지들에는 한 개 이상의 몸이 등장한다. 남성들은 대개 격투나 펜싱을 한다(그림 3.4). 그러나 여성들은, 남성들의 포르노 판타지인 하렘을 떠올리게 하는 흥미로운 상호작용을 보여 준다. 배경에 항상 있는 격자는 여성을 더 대상으로 느끼게 만든다. 어떤 사진에서는 한 여성이 다른 여성이 따라 주는 술을 무릎을 꿇고 받아 마신다. 다른 사진에서는 한 여자가 다른 여자를 기절시킨다. 마이브리지의 노트에는 이 이미지의 제목이 '노예 검사하기'였다. 그림 3.5에서는, 한 벌거벗은 여성이 다른 여성의 머리 위로 물을 붓는다.

이런 벌거벗은 여성들의 모습이 운동 연구라는 원래의 목적에 들어맞아 보이지는 않는다. 권투나 펜싱을 하는 남자들은 특정 동작의 전문가나 숙련자로 묘사되는 편이다. 그러므로 남자들의 동작은《동물의 움직임Animal Locomotion》에 동물들의 사진과 나란히 실려 있어도

130 온 더 무브

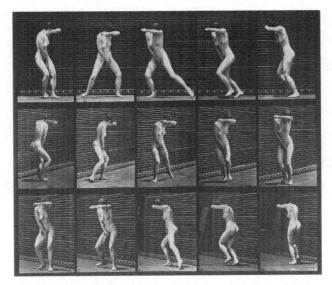

| 그림 3. 3 | 놀라 몸을 돌려 달아나는 모습 (Eadweard Muybridge, courtesy of the Kingston Museum, plate 73)

| 그림 3. 4 | 움직임, 남자, 펜싱 (Eadweard Muybridge, the Collections of the University of Pennsylvania Archives, Plate 350)

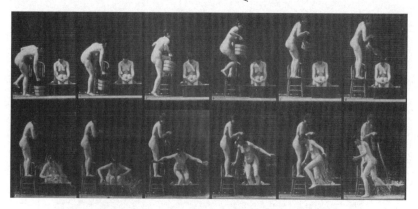

| 그림 3. 5 | **다른 여자에게 물을 붓는 여자** (Eadweard Muybridge, Animal Locomotion, 1887, self published, plate 408)

꽤 어울린다. 경주마와 돼지들이 그 종의 이상적인 모습을 포착하기 위해 찍힌 것처럼, 대학의 운동 프로그램에서 뽑힌 전문가에 가까운 남성들은 여러 종에 걸친 보편적 동작 이론을 추론하게 할 선명한 예시였다. 따라서, 이 사진들이 동물의 움직임을 다루는 책에 실린 것은 적절해 보인다. 그러나 여성들은 예술이나 미학과 연관된 동작을 취한 데다가, 해당 동작의 전문가나 숙련자도 아니었다.

여성 모델들은 사회 모든 계층을 아울렀다. 모델 1번은 과부, 35세, 다소 마르고 중키 이상. 3번은 기혼자, 건장한 체격. 4번부터 13번, 15번부터 19번까지는 17세부터 24세인 미혼. 이 중 11번은 말랐고, 다른 이들은 중키에 통통한 편. 14, 16, 93번은 기혼. 20번은 미혼, 몸무게는 340파운드 ….

일상생활에서의 움직임이 (약간 우아하거나 더 완벽한 방식으로) 어떻게 수행되는지를 잘 보여 줄 수 있는 모델을 선정하기 위해 나는 모든 노력을 다했다.[28]

여기서 여성은 결혼 여부(남성들의 사진에는 전혀 언급되지 않는), 체형, 우아함 등의 기준으로 묘사된다. 남자들처럼 자기 동작의 주인이 아니라 일상적 모빌리티를 재현할 뿐이다. 여성들이, 그중에서도 운동선수가 아닌 모델이나 예술 전공 학생들이 어떤 동작을 하도록 요구 받는지를 생각해 본다면 이 사진들의 사례는 아주 흥미롭다. 아이리스 매리언 영Iris Marion Young은 '계집애처럼 던진다Throwing Like a Girl'는 말에 주목하여, 여성 신체 모빌리티가 남성들의 움직임과 얼마나 다른 방식으로 만들어지는지를 논했다. 남성은 세상 앞에서 주저없이 몸 전체를 쓰지만, 여성은 신체 일부만을 방어적으로 사용한다. 그래서 여자아이들은 공을 던질 때 팔만 쓰고, 남자아이들은 온몸을 사용하도록 권장 받는다. 여자아이들은 방어적으로 책을 가슴에 대고 움직이지만, 남자아이들은 책을 든 양손을 흔들면서 걷는다. 이런 차이는 그저 자연스러운 것이 아니라 오랫동안 조건 지어진 모빌리티 생산의 산물이라는 것이 영의 주장이다. 소년과 성인 남성의 신체 모빌리티는 거침없이 드러나는 반면, 소녀와 성인 여성은 소극성에서 벗어나지 못한다. 몸을 그 주변으로 향하는 행위, 곧 움직임은 신체 바깥의 영역으로 넘어간다는 보편적인 행위 이상의 의미를 담고 있다. 여성의 신체 모빌리티는 억제되며, 따라서 이동하는 여성의 몸은 (모리스 메를로 퐁티의 용어를 빌리자면) 신체-주체bodysubject보다는 신체-객체object-subject에 더 가깝다.[29] 마이브리지의 사진들은 여성들이 모빌리티의 전문가나 숙련자라기보다는 기혼, 마른 체형, 중키처럼 신체-객체로서의 위상을 지녔음을 보여 준다.

병리학적 모빌리티

우리가 보아 온 대로, 마이브리지는 자신이 일상적이고 평범하다고 생각하는 바를 재현하고 싶어 했다. 그렇지만 펜실베이니아대학에서 작업을 했기 때문에 희귀하고 특이한 사진을 찍을 기회도 생겼다. 마이브리지의 실험실은 병원과 가까웠다. 일부 의료진은 대학에서 마이브리지의 전문성을 더 많이 활용해야 한다고 생각했다. 그가 환자들을 찍어서 병리학적 자료들을 남겨 두면, 학생들이 실제 살아 있는 대상을 구할 수 없을 때 어떤 질병의 징후를 보이는 모빌리티를 연구할 수 있다는 생각이었다.

프랜시스 X. 더컴Francis X. Dercum 박사는 의대 당국을 설득하여 환자들을 선별해 마이브리지의 실험실로 데려갔다. 마이브리지는 36대의 카메라를 동원해 세 가지 각도로 이들의 움직임을 촬영했다. 어떤 경우에는 더컴이 건강한 모델에게 최면을 걸어 인위적으로 경련을 유도했다.

그 결과, 피실험자들(이 경우 환자들)의 움직임보다는 그들 자체가 주목 받게 되었다. 사진들은 환자의 정체성을 그대로 담았다. 이 벌거벗고

기형적인 존재들의 얼굴에는 지금 겪는 고통이 그대로 드러났다.[30]

여기서도 격자 배경은 이 사진들이 과학의 일부임을 나타낸다. 그러나 이 사진들은 무엇보다 램프리의 인체측정 이미지를 떠올리게한다. 마이브리지의 인간 동작 사진은 운동선수들을 많이 찍었지만 누구나 그 대상이 될 수 있었고, 실제로 일상적이고 평범한 것을 재현하려고 했다. 그러나 병들었거나 장애가 있는 이 '병리학적' 사진의 대상자들은 말레이인 남성들처럼 분명하게 기호화되어 있다. 램프리의 작업에서 엿보이듯이, 이 이미지들은 "'경험론적 수식화數式化'라는 실증주의적 시도의 왜곡된 표현이자, 그래프와 마찬가지로 이미지가 텍스트 없이도 작동하며 통제된 어휘론적 공간이 될 수 있다는 관념의 왜곡된 표현"이다.[31]

이 사진들에서 대부분의 사람들은 걷고 있다. 팔다리를 잃었거나 척추만곡 같은 병을 앓는 사람들이다. 다른 사진들에서처럼 이들도 알몸일 때가 많다. 의료진은 마이브리지가 찍은 사진들이 주프락시스코프zoopraxiscope에 담기기를 원했다. 주프락시스코프는 움직이는 피사체가 찍힌 사진들을 영상처럼 볼 수 있도록, 원판에 사진들을 배열한 후 회전시키는 방식을 채택한 마이브리지의 발명품이다. 그 덕에 학생들은 다양한 '병리적인' 모빌리티들을 관찰할 수 있게 되었다. 운동선수와 일상생활을 하는 사람들을 찍은 사진들의 모빌리티는 고전적인 데다가 심지어 예술적이기도 했다. 그러나 병리적 모빌리티는 예전의 사진들이 담은 고전적 완벽함과는 확실히 다른 이미지들이었다. 마이브리지는 340파운드의 여성이 나체로 땅에서 천천히 일어나는 모습을 촬영했다.[32] 투창을 던지는 근육질의 남성, 예스러운 항아리를 머리에 이고 있는 나체의 여성을 찍은 사진들 틈에서 이 이미지는 아주 기괴해 보였을 것이다.

　더컴과 함께 일했던 의사들 중에서는 조지 비어드의 유명한 책인 《미국의 신경과민》에서 강한 영향을 받은 이들이 많았다.[33] 비어드는 '신경쇠약'이라는 진단명을 발전시켰다. 비어드가 보기에는 모더니티에 진입하며 발생한 일상생활에서의 모빌리티 증가가 그 무엇보다도 큰 원인이었다. 여행(철도), 시간 엄수의 압박, 통신(전신), 그리고 빨라진 현대 생활 때문에 미국 시민들이 신경쇠약에 걸릴 위험이 높아졌다는 것이다. 비어드는 철도가 특정한 불안을 낳는다고 보았다. "철도 여행이 직접적으로 신경질환을 낳는지 아닌지에 많은 관심이 쏠리고 있다. 특별한 증거는 없지만 추론해 보면, 장거리 여행이나 기차에서 일하는 생활이 분자 단위에서 어떤 장애를 일으켜 신경 시스템에 좋지 않은 영향을 미치는 것이 아닌가 한다."[34] 모빌리티는 다시 한 번 주목 받았다. 이 대목에서 또 한 번, 모빌리티를 포착하려는 마이브리지의 시도와 철도의 역사가 만난다. 더컴의 동료인 사일러스 위어 미첼Silas Weir Mitchell은 신경쇠약의 진단과 치료 분야에서 최고의 전문가였다. 그는 환자들에게 휴식을 처방했지만, 남성과 여성을 다르게 취급했다. 남성들은 운동을 하라면서 시골로 보냈지만, 여성들은 집에 틀어박혀 침대에 누워 있으라고 했다. 반은 야외로, 반은 실내로 내보내는 것이 요란하게 질주하는 이 세계에서 벗어나는 방법이었다. 그의 치료법이 마이브리지의 움직이는 남녀 이미지에서 얼마나 영향을 받았는지는 흥미로운 주제다. 실제로 마이브리지가 필라델피아에서 찍은 사진들은 신경쇠약 치료법을 장면화했다는 의견도 있다.[35]

마이브리지의 모빌리티 이미지는 모빌리티와 모더니티의 역사에서 아주 중요한 순간이다. 모빌리티를 불안하게 여기는 세계 속에서, 그의 사진들은 움직임을 포착하려는 재현 전략의 혁신을 낳았다. 그는 대륙횡단철도의 발달과 철도가 만드는 신경쇠약에 대한 불안감을 연결시킨다. 그의 사진들에서 예술은 과학과 뒤섞이고, 그래서 기괴하거나 불안해 보이기도 한다. 사진에 항상 등장하는 격자는 추상성과 객관성을 얻기 위한 시도이기도 하나, 거기에 담긴 움직임 자체는 예술적 관습, 사적인 환상, 문화적 기대의 혼합이다. 마이브리지 사진들의 특징은 추상화한 동작과, 문화적으로 과잉결정된 모빌리티 사이의 긴장이다.

이 이미지들은 사람들이 짐작하는 이동의 세계와 기존 재현 관습 간의 관계를 깨뜨렸기 때문에 미학적으로 괴상해 보였다. 사진술은 '있는 그대로' 세계를 포착하려고 하면서도 세계의 대부분을 차지하는 움직임을 배제해 왔다. 사진사들은 사진이 흐릿해지지 않게 하려고 애를 썼다. 화가는 사실 사진사보다 동작을 더 잘 그려 낼 수 있다. 마이브리지는 다른 것에 신경 쓰지 않고 오로지 움직임에만 주목했다. 장소와 풍경의 아름다움은 새로운 종류의 아름다움으로, 즉 격자를 배경으로 움직이는 형상의 아름다움, 추상성의 아름다움으로 대체되었다. 사람의 눈은 복잡한 움직임을 포착하지 못한다. 눈으로는 말이 뛸 때 발 네 개가 모두 땅에서 떨어지는지를 판별할 수 없지만, 마이브리지와 그의 카메라는 해낼 수 있었다. 사진은 이제 눈에 보이는 것을 잡아내는 데 그치지 않고, 보이지 않는 움직임의 세계를 포착하는 새로운 영역을 개척했다. 그러나 모빌리티 역사에 일어난 이 혁명적 변화가 오로지 마이브리지 덕분만은 아니다. 프랑스의 에티엔 쥘 마레의 작업은 더 큰 영향을 끼쳤다.

에티엔 쥘 마레와 움직이는 몸

> 모든 움직임은 두 가지 요소, 시간과 공간의 산물이다.
> 몸의 움직임을 아는 것은 순간의 연속을 겪으며
> 몸이 공간 안에서 점유하는 위치들을 아는 것이다. _에티엔 쥘 마레 [36]

> 움직임을 이해한다는 것은 이중의 인식을 의미한다.
> 공간에 대한 인식과 시간에 대한 인식이다. _에티엔 쥘 마레 [37]

마이브리지는 사진 속의 움직임 포착에 몰두했지만, 움직임과 모빌리티 그 자체에 대해서는 거의 이야기하지 않았다. 생리학자 에티엔 쥘 마레Étienne-Jules Marey는 프랑스에서 움직임을 연구한 사람이다. 그는 마이브리지와 달리 계속 운동의 본질에 대한 글을 썼고, 움직임은 만물의 본질적 질서가 담긴 생리학적이고 철학적인 난제라고 여겼다. 마레는 인체의 생리에 접근하고자 열역학법칙을 이용하려고 했다.[38]

19세기 중반, 세계는 매우 유동적인 곳이었다. 단순히 예전보다 더 많은 사람들이 이동하고 새로운 교통수단이 빠르게 발전해 나가고 있어서가 아니라(릴랜드 스탠포드도 여기에 한몫했다), 관념의 세계가 존재에게 주어진 경계를 근본적으로 불안정하게 만들었기 때문이다. 새로 나타난 대량생산 기계들의 생산량을 증가시키고 싶어 한 기업 가들은 에너지 및 운동 연구에 많은 투자를 했다. 효율이 높은 기계 는 더 많은 생산과 이익을 가져다주었다. 효율적이라는 말은 에너지 를 최대한 적게 써서 생산성을 극대화한다는 뜻이다. 기업가들은 최 대한의 효율을 발휘해 열을 운동으로 전환시킬 영구운동 기계를 손 에 넣고 싶어 했다. 이 기계가 개발된다면, 열이 일로 전환된 후 일이 다시 열을 발생시키는 영구적인 순환이 가능해질 것이다. 하지만 그 런 기계는 발명되지 못했고, 그 불가능을 증명하는 이론도 등장했다. 열역학 제1법칙은 에너지가 생성되거나 파괴될 수 없다고 명시한다. 따라서 우주에서 질량과 에너지의 합은 일정하다. 영구운동의 가능 성을 부정하는 것은 제2법칙이다. 과학자들은 아무리 열을 일로 완벽 하게 변환하려고 해도 어느 정도의 열이 항상 주변으로 빠져나가서 손실이 생긴다는 사실을 발견했다. 에너지 시스템의 '장애'인 이 손실 은 '엔트로피'라고 불렸다. 제2법칙에 따르면, 어떤 에너지 교환이든 시스템에 에너지가 공급되지 않는다면 그 상태의 잠재적 에너지는 언제나 애초의 상태보다 적다. 쉽게 말해, 휘발유가 다 떨어진 자동 차는 연료(잠재 에너지)를 탱크에 더 넣어야만 움직인다.

열역학법칙은 산업자본이 효율적인 기계 제작에 관심을 쏟는 와

중에 발견된 것이지만, 곧 다른 영역들로 확대 적용되었다. 운동학 Kinematics(운동을 연구하는 과학)이 탄생했고 과학자들은 물체의 운동을 연구하는 일에 뛰어들었다. 원자에서 천체에 이르는 온 우주는 역동성과 변화라는 차원에서 조명되었다. 우주는 물체들 사이에서 에너지와 운동과 변화가 일어나는 거대한 기계로 보였다. 이제 존재는 움직이는 존재였다. 운동과 에너지에 관심이 쏠리면서, 기계로서의 신체에 집중하는 사람들도 생겨났다. 몸이 더 생산적으로 움직이게 할 방법, 즉 인간 기계의 엔트로피를 감소시킬 방법을 찾으려 한 것이다. 이렇게 인간의 동작 탐구에 열중한 사람들 중 하나가 에티엔 쥘 마레다. 열역학법칙은 우리의 몸도 실증주의적인 법칙을 따르는 역동적인 에너지의 장소로 이해해야 한다는 시각을 뒷받침해 주었다.

마레는 무엇보다 몸 내부의 모빌리티에 흥미를 느꼈다. 그는 그래픽으로 몸의 움직임을 정확하게 표현하는 방식을 만들어 내고 싶었다. 그에게 몸은 다른 기계들처럼 메커니즘의 법칙을 따르는 살아 있는 기계였다. 마레의 여러 발명품들은 논리실증주의에 기반한다.[39] 눈에 보이는 것이라면 측정되거나 인식되어야 하며, 따라서 어떤 법칙을 따라야 한다. 그러므로 예전에는 시각적으로 재현되기만 했던 눈에 보이지 않는 동작들도 법칙과의 관련성이 밝혀져야 했다. 마레가 처음으로 내놓은 발명품은 맥박의 리듬을 검게 칠한 원통 위 선으로 표현해 주는 그래프 기록 장치였다. 분석을 위해서 움직임을 잘게 쪼개면서, 이 장치의 그래프는 시간과 공간에 기반한 새로운 재현 방식으로 움직임을 번역해 준다. 이 새로운 모빌리티 언어는 현대적인 심박동 계측법의 기초가 되었다. 최초로, 마레는 인간의 감각 범위 너머에 있는 인체 내부의 움직임을 연속적 형식으로 표현했다. 심장박동 그래프는 움직임을 이해하게 만드는 새로운 방식의 문자였다 (그림 3.6).

시간과 공간이 합쳐진 결과, 인간 심장의 기록은 시간 속의 한순간을 포착하는 것이 아니라 그래프에 연속적인 선으로 그려지는 사건이 되었다. 프랑스의 의료기관이 이 맥박측정계sphygmograph(1859)를 재빨리 선점한 덕분에, 마레는 그 저작권료를 받아 파리에 개인 연구실을 마련했다. 그리고 얼마 지나지 않아 새로운 신체 리듬 측정 방식만이 아니라 동맥의 탄성에 관한 논문으로 인정을 받았다. 1868년에는 유기체 자연사 박물관의 교수가 되었고, 보아스 드 불로뉴에 있

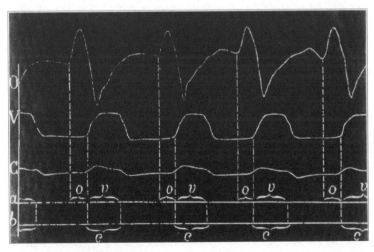

| 그림 3.6 | 세 번째 심박동 곡선 (published by Marey and Chauveau in 1863. Bulletin de l'Académie de Médecine, 26)

는 생리학 실험실에서 1882년까지 연구를 계속했다.

한편, 프랑스 생리학계는 엄청난 변화를 맞이했다. 생리학은 1821년까지 따로 전문 저널이 없었고 1823년까지도 해부학의 한 분야로 여겨졌다. 실험실이라는 과학적 공간의 등장이 생리학의 발흥에 핵심적인 역할을 했다. 그 어느 곳보다 프랑스에 많이 만들어진 해부, 화학, 생물학 실험실에서 새로운 지식들이 탄생했다. 19세기 중반까지 생리학은 치열한 논쟁의 장이었다. 한편에서는 육체도 어디서나 적용되는 법칙(특히 열역학법칙)을 따른다고 보았고, 다른 한편에서는 생명체는 그 자체의 특별한 생명력을 지닌다고 믿었다. 마레는 생리학에 확실한 변화가 일어나기를 원했다. '생명 기계'의 본질은 운동이며, 운동을 고려하지 않는 연구는 오류라는 생각이었다. 생리학은 신체의 역동성을 그래픽으로 재현해야 했다. 그래픽이 없으면, 생리학은 '지도 없는 지리학'과 마찬가지였다.[40] 그에게 운동은 재현해 내야 하는 도전 과제 이상의 의미였다. 운동은 존재의 본질이었다.

《운동Le Mouvement》(1895)에서 마레는 운동 측정 방식이 어떻게 발전해 왔는지를 서술한다. 처음에는 두 개의 축이 있는 그래프에 일정한 속도로 움직이는 대상을 표시하는 간단한 방식이었다. 한 축은 시간의 경과를, 다른 한 축은 거리의 이동을 가리켰다. 19세기 프랑스 기술자 이브리Ibry는 이 방법을 사용해 기차 시간표를 만들었다(그림 3.7). 이렇게 하면 기차 회사들은 언제든, 기차가 어디에 있든, 선로를 따라 양방향으로 운행하는 기차들의 움직임을 도표화할 수 있었다. Y축에는 철도 노선에 있는 역의 이름들을 쓰되, 역과 역 사이를 실제

거리만큼의 비율로 떨어뜨려 놓는다. X축에는 10분 단위로 시간이 표시되었다. 따라서 열차의 속도는 두 축 사이에 그려지는 선의 각도를 통해 알 수 있으며, 정차 중인 열차는 시간 축을 차지하지만 거리는 나타내지 않기 때문에 수평선으로 그려진다. 선이 진행되는 쪽이 열차가 이동하는 방향이었다.

이브리의 도표는 기차의 이론적인 움직임만을 기록했다. 움직이는 물체가 자기의 움직임을 스스로 기록하는 방법을 찾아내는 것이 다

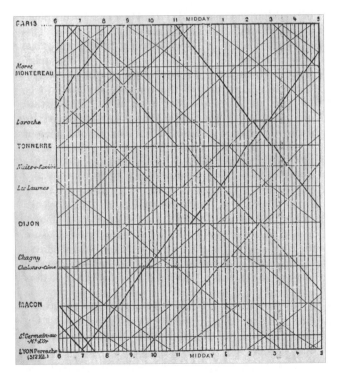

| 그림 3. 7 | 열차와 그 속도를 표시한 이브리의 도표 (Etienne–Jules Marey and Eric Pritchard, Movement, New York: D. Appleton and Company, 1895, 26)

음 과제였다. 프랑스 수학자 모랭Morin과 퐁슬레Poncelet는 물레바퀴의 효율을 향상시키는 연구를 하면서 그런 장치를 개발했다. 일정한 속도로 돌아가는 원통에 종이를 감아 놓는다. 낙하하는 물체에는 그 움직임을 기록하기 위해 바늘을 단다. 바늘은 물체와 함께 떨어지면서 종이에 표시를 남긴다. 결과적으로 낙하하는 물체를 그래픽으로 표현한 포물선이 생긴다. 이 장치의 문제는 실제의 낙하 움직임과 같은 크기의 기록이 생긴다는 것이다. 리옹에서 파리로 가는 기차나 인간의 미약한 맥박처럼 너무 작거나 큰 대상을 다루기 어려웠다. 마레가 발명한 맥박측정계는 바늘이 달린 레버를 이용하여 인간의 맥박을 포착했다. 아주 큰 규모의 움직임은 지금의 주행표시기odometer의 직계 조상이라고 할 주행기록계odograph에서처럼 휠의 기계적인 배치로 측정했다.

마레는 물체의 운동에너지를 빌리지 않고도 움직임을 기록하는 것이 그 다음 과제라고 했다. 해답은 사진이었다.

앞서 살펴보았듯이 사진은 어떤 공간에서 움직이는 물체의 궤적을 재현할 수 있다. 그러나 연속적인 위치 변화를 포착하는 것만으로는 움직임을 정의할 수 없다. 이를 위해서는 이동 거리와 소요된 시간 사이에 존재하는 관계를 이해해야 한다. … 시간과 공간이라는 두 관념이 사진 이미지에 결합된다면, 파악하고자 하는 어떤 움직임 속의 모든 요소들을 설명해 주는 시간적 촬영 방식을 마련할 수 있을 것이다.[41]

이 주장을 증명하기 위해 마레는 카메라를 개조해 검은 스크린을 배경으로 떨어지는 공의 이미지를 찍었다(그림 3.8). 이 사진은 각각 다른 노출로 공의 위치를 드러낸다. "이렇게 하면, '운동의 법칙'을 찾는 데 필요한 모든 요소를 획득한다."[42] 공 사이의 거리가 시간을 의미하므로 이 사진은 분석하기 쉽다. 표준적인 그래프에 공의 거리와 시간을 기입하고, 속도와 가속도도 추론할 수 있다. 마레는 의기양양한 어조로 이렇게 썼다. "시간을 찍은 이 사진에는 운동 이해에 필요한 두 가지 요소, 즉 공간과 시간 개념이 모두 들어가 있다."[43]

마레는 생명 없는 기계와 살아 있는 신체가 본질적으로 같다는 신념을 품고 있었다. 에너지의 보편적인 힘은 만물을 이해하는 기초를 제공한다고 보았기 때문이다. 에너지는 만물을 연결한다. "이론의 가치는 얼마나 많은 사실을 설명할 수 있느냐에 달려 있다. 물리적인 힘은 모든 것을 흡수해 통합한다. 눈에 보이지 않는 원자에서 우주의 천체에 이르기까지, 모든 것은 움직임에 달려 있다."[44] 마레는 이 과학적 인식론에

그림 3.8 떨어지는 공 (Etienne-Jules Marey and Eric Pritchard, Movement, New York: D. Appleton and Company, 1895, 51)

바탕하여 맥박측정계를 개발했고, 그리니치평균시의 제정(1884)에 비견될 만한 생리학적 시간의 새로운 표준을 내놓았다. 마르타 브라운 Marta Braun이 말했듯이, 마레가 스스로에게 부여한 임무는 폄하되어선 안 될 중요한 문제였다.

공간적 관계(공간의 한 지점에서 다른 지점으로 변화하는 궤적을 추적하는 것), 시간적 관계(운동의 지속 시간, 속도, 일관성, 변화), 운동을 만드는 힘(이동하는 물체의 질량, 속도, 매체에 따라 달라진다). 움직임을 파악하기 위해서는 이 모든 측면이 분명하게 밝혀져야 했다.[45]

마레의 과업은 비가시적이고 일시적이며 복잡한 움직임의 세계를 가시화하는 것이었다. 기술적으로는 매우 어려웠지만, 철학적으로는 단순했다. 운동은 신체의 본질이므로 연구되어야 했다. 실증적인 방식으로 연구하려면 우리의 감각에 포착되어야 했다. 맥박측정계는 이 논리의 구현이었지만, 움직임 연구에서는 첫걸음에 지나지 않았다.

다음 차례는 새의 날개가 어떻게 움직이는지를 추적하는 일이었다. 인간의 몸속에서 순환하는 혈액의 움직임처럼, 새의 날갯짓도 육안으로는 보이지 않는다. 마레는 새의 비행을 완전히 이해하면 사람도 창공을 가르는 법을 알게 될 것이라고 생각했다. 이때쯤, 마레는 옥시던트를 찍은 에드워드 마이브리지의 놀라운 사진들을 보았다. 마이브리지의 후원자였던 릴랜드 스탠포드는 실제로 1874년에 출판된 마레의 책《동물의 메커니즘Animal Mechanism》을 읽은 적이 있었다.

동물들의 다양한 이동 방식을 다룬 이 책에는 말들이 움직이는 사진도 들어 있었다. 이 책이 나온 지 5년 뒤에, 스탠포드는 마이브리지에게 자기 말들의 사진을 찍어 달라고 부탁하게 된다.

《네이처》에 실린 옥시던트의 사진들을 본 마레는 곧장 편집자에게 편지를 보내 찬탄을 아끼지 않으면서, 비행 중인 새를 포착하는 시도를 해 보면 어떻겠느냐고 마이브리지에게 제안했다. 마이브리지와 마레는 편지를 교환했고, 프랑스를 방문한 마이브리지는 순회강연을 다니면서 유명 인사가 되었다.

마이브리지는 날아가는 새를 찍었지만 마레가 만족할 만한 결과물은 나오지 않았다. 마레는 직접 장치를 제작하기로 했다. 마레가 보기엔, 마이브리지가 한 대의 카메라가 아니라 12대의 카메라를 사용한 것이 문제였다. 마이브리지의 사진들은 움직임 그 자체에 대한 기록이라기보다는 정지된 몸의 사진들을 늘어놓은 것에 가까웠다. 우리의 마음이 그 사진들이 움직인다고 인식했을 뿐이다. 사진들 사이에 있었을 여러 순간들은 사실상 사라져 버렸다. 마레가 만든 맥박측정계의 그래프가 특정 시간 속의 움직임을 완벽하게 기록한 것과는 달랐다. 마레는 사진과 그래프를 결합시켜 움직임의 시간과 공간 모두를 정확하게 포착하는 기록을 원했다. 이 목표를 이루기 위해 그는 일종의 사진 총을 고안했다. 초당 12개의 이미지를 찍을 수 있는 회전식 필름판이 달린 총 모양의 사진기였다. 마레는 이 사진총으로 감지할 수 없는 움직임의 세계를 가시적이고 영구적인 기록으로 번역하고자 했다.

그러나 초당 12개의 이미지라고 해도 배열된 이미지들 사이에는 여전히 기록되지 않은 공백이 있었다. 마레는 움직임을 포착하는 프레임 하나에 이미지 하나만이 있기를 원했다. 그렇게 하려면 필름의 같은 부분에 다중노출이 이루어져야 했다. 이 문제를 해결하기 위해 그는 '크로노포토그라피chronophotography'(시간 기록 촬영기)라고 이름 붙인 새로운 장치를 내놓았다. 카메라의 렌즈와 필름판 사이에는 회전식 디스크가 달렸다. 디스크에는 슬롯들이 있어서 디스크가 회전하면 슬롯은 렌즈를 차례로 통과하여 피사체 움직임의 한 단계를 순간적으로 잡아낸다. 슬롯이 렌즈 위를 지날 때마다 새로운 움직임 단계가 이전 단계 바로 옆에 포착된다. "그는 연속적인 움직임의 여러 국면을 포착하여, 이것들이 서로 겹치면서 물결 모양을 이루도록 사진판 위에 펼쳐 놓았다. … 마레의 사진들은 현재의 한순간을 눈에 보이도록 확장하면서, 사실상 시간의 흐름을 표현해 주었다."[46]

한 프레임 안에 대상을 찍은 연속 사진들은 1882년《사이언티픽 아메리칸Scientific American》에 실렸다. 하나의 프레임이 공간과 시간의 통일성을 표현해 준다는 르네상스 이래의 통념을 산산조각 내는 사진들이었다.

마레의 사진들은 시공간의 통일성을 깨뜨렸다. 한 줄로 움직이는 여러 명의 사람들을 보는 것이 아니라 공간에서 연속적으로 위치를 차지해 나가는 한 사람을 보고 있다는 사실을 파악하려면 사진 속의 연속성을 이해해야 했다. 시공간을 가로질러 움직이는 한 형상의 여러 이미지를 독해해야 했던 것이다. 그 결과, 우리의 시야를 뛰어넘

는 이 광경은 새로운 현실이 되었다.[47]

추상화 과정

마레와 마이브리지의 활동은 모두 실증주의 철학의 관점에서 살펴볼 필요가 있다. 특히 마레는 관찰 능력을 발전시켜서 규칙성을, 나아가 법칙을 발견하고 싶어 했다. 따라서 그가 내놓은 사진들은 점점 추상성이 강화되는 과정을 밟아 간다. 마레는 사진을 설명할 때 이미지 뒤에 숨겨진 기술적이고 과학적인 혁신을 강조했고, 상대적으로 이미지 자체는 거의 언급하지 않았다. 초기에 찍은 사진들은 하얀색 옷을 입은 사람들이 걷고 달리고 뛰는 모습을 보여 준다. 〈데메니 걷기〉(1883)은 마레의 조수 데메니가 검은 배경 속에서 왼쪽에서 오른쪽으로 움직이는 모습을 하나의 프레임에 담은 사진이다(그림 3.9a). 움직이는 피사체에서 주의를 분산시킬 수도 있는 불필요한 세부 사항들을 모두 걸러 내야 했기 때문에 검은 배경이 중요했다. 데메니는 조명을 많이 받아 선명하게 보이도록 하얀 옷을 입었다. 그런데 마레의 사진 기술이 발전하면서 움직이는 몸의 세부 사항들이 눈에 더 잘 들어오게 되었다. 개별 노출 사이의 간격이 너무 좁아지면, 사진이 온통 허옇게 흐려지고 (미적으로 흥미로울지는 모르겠지만) 기능적으로 쓸모없어진다는 문제도 있었다.

한 사람이 걷는 모습을 연속적으로 찍는다면, 가장 복잡한 문제는 공간 배치다. 머리, 팔, 다리의 다양한 위치를 관찰하려면 각각의 이미지들이 상당히 넓은 영역에 펼쳐져야 한다. 이미지들이 차지하는 공간이 커진다면, 이번에는 중첩이나 혼동을 피하도록 이미지들의 숫자를 제한해야 한다.[48]

사진에 너무 많은 세부 사항이 드러나고, 그래서 움직임 파악을 방해한다는 점이 문제였다.

실제 몸이 가지는 세부 사항들이 혼란을 야기하지 못하도록 움직임을 추상화하기 위해, 마레는 신체에 손을 대서 움직임의 이미지가 더 추상적으로 보이게 만드는 작업에 착수했다. 첫 번째 시도는 데메니 몸의 절반 정도를 검은 천으로 가려서 카메라에 잡히지 않게 하는 것이었다. 한결 깔끔한 이미지가 나왔다. 마레는 카메라가 가져다준 혜택, 즉 보이는 것을 상세하게 기록하는 장점을 거꾸로 억누르려고 했다(그림 3.9b). 눈에 보이는 것을 보이지 않게 만든 결과, 역설적으로 보이지 않는 것이 더 선명하게 나타났다. 다음 시도는 피사체에게 검은색 옷을 입히고 옷 바깥에 일종의 외부 골격을 달아 주는 것이었다. 금속 띠로 만들어진 외부 골격의 관절 부위에는 반짝이는 단추가 달려 있었다. 몸이 효과적으로 사라지자 움직임의 추상적인 재현이 이루어졌다(그림 3.9c). 마레는 기뻐했다. 초당 노출 횟수를 10회에서 100회로 늘려도 무리가 없게 된 것이다.

이렇게 얻어 낸 기하학적 사진들에서는 수많은 이미지들 덕분에 각

단계의 불연속성이 거의 사라지고, 신체 각 부위의 실제 경로는 연속적인 곡선에 가깝게 표현된다. 역학적 관점에서 움직임을 연구할 때 가장 유용할 이 지표들은 신체 질량의 속도만이 아니라 가속도까지 측정하게 해 준다.[49]

마침내 신체 없이 움직이는, 기하학적으로 아름다운 이미지를 만나게 되었다.

모빌리티를 추상화한 마레의 작업은 실제 움직이는 신체의 복잡다단한 외관에서 모빌리티의 본질만을 추출하려 한 시도라고 할 수 있다.

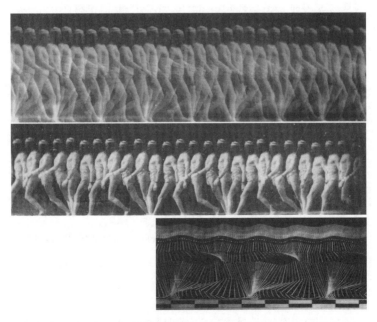

| 그림 3. 9 | a. 데메니 걷기, b. 몸의 반을 가린 데메니, c. 빛만 강조된 사진 (all © Collège de France)

그렇지만 이렇게 등장한 걷고 뛰고 이미지는 곧 비가시성의 재현 그 이상의 의미를 얻는다. 어떤 전형을 창출해 낸 것이다. 마레는 자신이 찍은 걷는 모습이 다른 종류의 걷는 모습, 즉 병리학적 모빌리티와 비교 가능한 전형이라고 보았다. 1886년, 마레는 파리의 병원들에서 운동장애가 있는 환자들의 기하학적 크로노포토그라피를 찍기 시작했다. 그는 한 단계 더 기술을 발전시켜 환자의 관절에 작은 전구를 달아 그 움직이는 빛을 사진으로 찍었다(그림 3.10).[50] 공간적 형태를 지니는 이 움직이는 빛은 사고, 노령, 질병이 가져온 결과를 밝혀냈다.

이 독창적인 실험은 2년 이상 지속되었고 물리치료와 보철기기 제작에 활용되었다. 이때 찍은 사진들은 필라델피아에서 마이브리지가 찍은 운동장애 환자들의 이미지와는 거리가 멀다. 마이브리지는 있는 힘껏 움직이는 벌거벗은 사람들을 남겼지만, 마레는 몸을 지우고 움직임만을 골라냈다. 마이브리지의 이미지에서는 프레임 사이의 동작을 읽어 내기가 힘들지만, 마레의 사진에서는 그렇지 않다. 마레는 크로노포토그라피를 이용하여 이른바 '병리학적 움직임'이 "파악하기 힘들지만, 그럼에도 정상 상태의 범주 안에 존재하는 움직임에 지나지 않는다"는 관찰을 이끌어 냈다.[51] 마레의 판단은 실증주의 철학자 콩테에게 큰 영향을 준 생리학자 조제프 빅토르 브루세Joseph Victor Broussais의 입장과 일치한다. 브루세와 콩테는, 뒤르켐의 생각과는 정반대로, 병리학적인 대상도 정상의 극단적인 면모에 불과하다고 보았다.[52]

앞서 이야기했듯이, 열역학 제2법칙에 따르면 모든 에너지 변환은

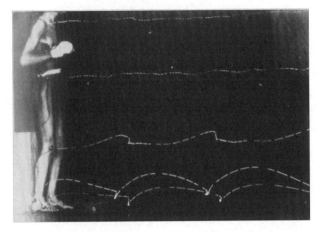

| 그림 3. 10 | 보행 운동장애 (1887. © Collège de France)

외부로의 에너지 손실, 즉 엔트로피를 수반한다. 인간이라는 기계의 엔트로피는 피로일 것이다. 피곤함이라는 문제, 다시 말해 에너지의 손실 문제는 유럽과 북아메리카에서 일종의 강박관념으로 작용했다. 예를 들어, 마레의 사진들에서 모델 역할을 했던 프랑스의 조르주 데 메니(1850~1918)는 1870년 프러시아와의 전쟁에서 프랑스가 당한 충격적인 패배의 원인을 곱씹어 보고는 프랑스 군대가 너무 피로했다고 결론짓고, 전투 기계가 활력을 되찾게 할 방법으로 신체적 훈련을 제안했다. 그가 동원한 위기 극복 방법은 일탈과 타락에 대한 의학적 처방이었고, 그 진단명은 신경쇠약(신경의 탈진 상태)이었다. 새로이 대두한 대도시에서 삶이 산산조각 나면서 생긴, 끔찍한 피로감이 신경쇠약의 원인이었다. 조지 M. 비어드는《미국의 신경과민》(1881)에서 신경쇠약이 현대적 삶의 과도한 모빌리티 때문에 생긴다고 이야

기한 바 있다. 철도, 전신, 증기기관 같은 발명품들은 현대 도시 생활에서 더 많은 상업 활동을 촉진한 데다가 대머리, 충치에 이어 신경쇠약까지 일으켰다.[53] 매춘, 흡연, 술, 범죄, 광기처럼 일탈에 해당하는 행위들은 엄청난 피로를 초래했다. 광범위한 도덕적 타락에 대응하려면 피로를 줄여야 했다. 데메니는 마레가 개발한 기술을 이용해서 군인들의 움직임을 조사했다. 그들이 필요한 에너지보다 더 많은 에너지를 사용한다는 것을 보여 주기 위해 군인들에게 전등을 단 검은 옷을 입히고 그 움직임을 촬영한 것이다. 데메니는 새로운 프랑스군이 행진하고 달리고 뛰어오르고 휴식할 때 필요한 이상적인 방식을 제안하기에 이르렀다.

이 사례는 모빌리티에 대한 새로운 이해를 이용하는 방식의 변화를 보여 준다. 데메니는 그저 모빌리티를 재현하려고 한 것이 아니라, 그 재현으로 만들어진 모델을 이용했다. 새로운 방식으로 인간 신체를 움직이게 하기 위해, 다시 말해 이상적인 이동을 실천하는 방식을 만들어 내기 위해서다. 재현과 실천 사이의 이 연결 고리가 핵심이다. 재현과 실천은 이론이나 분석에서는 분리되어 있을 때가 있지만, 실제로는 서로 긴밀하게 얽혀 있다. 예컨대 마이브리지의 말 사진은 단순히 말이 달릴 때 네 발이 땅에서 떨어지느냐 아니냐를 두고 벌인 내기에서 이기기 위해 촬영된 것이 아니라, 순종 경주마들을 훈련시킬 때 활용된 도구였다. 모빌리티 개념의 영향을 받은 재현 전략들은 이동에 관련된 실천들, 즉 새로운 움직이는 방식들의 생산과 떼려야 뗄 수 없는 관계였다.

결론

움직임을 해석하는 행위 안에 전치의 전치가 있다면, 지금 우리가 살펴본 것은 그러한 전치 과정에 대한 기록이다. 3장은, 그리고 이 책의 나머지 부분도 모더니티 속에서 모빌리티가 어떻게 생산되는지를 밝히려는 시도의 일환이다. 몸은 이 책에서 다루는 여러 스케일들 중 하나이지만, 이 스케일에서도 다른 스케일들에서처럼 모빌리티에 대한 중요한 이론적 설명의 기초를 이루는 몇 가지 주제들을 발견할 수 있다. 추상화 과정도 그러한 주제들 중 하나다. 실제로 작동하고 경험되고, 구체적인 모빌리티에서 출발해 거기에서 추상적인 움직임에 대한 설명을 추출해 내는 과정이다. 추상화된 동작과 구체적인 모빌리티 사이의 긴장이 그 핵심이다. 여기에는 질서를 위협하는 과잉으로서의 모빌리티와, 모더니티 속에서 삶의 주요한 연결 역할을 하는 모빌리티 사이의 긴장이 놓여 있다. "견고한 모든 것이 공기 속에 녹아내린다."

모더니티는 이동적이다. 모빌리티의 위협을 해소하는 해법은, 모빌리티를 흡수해 추상화하는 과정을 통해 규제하는 것이었다. 모빌리티는 단순히 고정성에 반하는 것이 아니다. 고정성을 질서로 보고 모빌리티는 혼란으로 보는 것은 옳지 않다. 모빌리티는 그 자체로 긴장을 품고 있으며 내적인 차이를 지닌다.

마이브리지와 마레의 사진들은 분명히 모빌리티를, 순간적이고 보이지 않는 것을 포착하려는 시도였다. 그러나 더 주목해야 할 대목은 따로 있다. 이동이 증가하는 세계라는 더 넓은 맥락 속에서 이들의 사진이 이용된 다양한 방식들이다. 마이브리지의 사진들은 말의 세계와 기차의 세계를 연결한다. 이 사진들은 시간이 공간을 소멸시키는 현상의 산물인 동시에, 탈영토화의 형식을 만들어 낸다. 마레의 사진들은 혈류에서 인간의 뜀박질에 이르는 모빌리티를 지각하게 하주는 새로운 방식을 마련했다. 동시에 이 사진들은 움직이는 이미지를 개발하게 했고, 인간 비행의 가능성을 엿보게 했으며, 군대의 행진 방식을 합리화하기도 했다. 이동성이 증가하는 세계의 삽화들이다. 그러나 일단 어떤 것이 움직이게 되면 탄력이 붙는다. 다음 장에서 보겠지만, 마이브리지와 마레의 생각과 실천은 또 다른 영향을 끼쳤다.

4장

직장과 가정에서의
모빌리티 생산

20세기 초반, 미국의 철도회사들은 자주 법정에 불려 나갔다. 승승장구하던 미국 자본주의 체제에서 철도회사만큼 미움 받는 존재는 흔치 않았다. 대중들은 철도회사들이 불합리하게 모빌리티를 독점하면서 승객과 화물에 과도한 요금을 부과한다고 여겼다.

1910년, 동부의 철도회사들이 합병되면서 철도 요금이 크게 올랐다. 나중에 대법원 판사가 된 '민중의 변호사' 루이스 브랜다이스Louis Brandeis는 주간교통위원회Interstate Commerce Commission에 철도회사들을 제소했다. 이 사건은 '동부 철도 요금 사건'으로 알려진다. 브랜다이스는 철도회사가 비효율적인 운영 때문에 요금을 올렸다고 주장했다. '과학적 관리'를 도입해 실제로 비용이 얼마나 드는지를 측정한다면 하루에 수백만 달러를 절약할 수 있다. 철도회사들은 요금 인상이 아니라 과학과 효율이 필요하다는 주장이었다. 이 소송에서 브랜다이스는 여러 명의 전문가를 증인으로 요청했다. 그중 한 명이었던 프랭크 길브레스Frank Gilbreth는 과학적으로 기업을 평가할 필요가 있다고 진술했다. 그의 증언은 프레드릭 테일러Frederick Taylor의 연구를 기반으로 했다. 테일러의 연구는 몇 년 전부터 기업들에게 잘 알려져 있었지만 그의 이름을 아는 사람은 드물었다. 동부 철도 요금 소송은 전국적인 뉴스였고, 이 사건으로 프레드릭 테일러는 미국 전역에서 주목 받게 되었다. 사회정의를 추구하는 것으로 유명한 변호사가 테일러의 논리에 바탕하여 기업을 운영하라고 촉구한 것은 굉장히 모순적이다. 브랜다이스는 특정 형태의 모빌리티가 정의롭지 못하다고 주장하기 위해, 그가 지키고 싶어 한 '보통 사람들'의 모빌리티에 엄격한 수직적 규율을 적용해야 한다는 테일러의 주장을 논거로 삼았다. 철도 대기업들이 모빌리티의 자유를 제약했다면, 브랜다이스의 전문가 증인들은 노동자의 움직이는 신체가 지녔던 자유를 다른 식으로 제한하려고 애쓰고 있었다. 브랜다이스는 특정한 작업을 완료하는 데 필요한 시간과 자원을 정확하게 측정하는 방식을 지칭하는 '과학적 관리법'이라는 용어를 만들어 냈다. 그는 과학적 관리법이 소비자의 불필요한 지출을 줄여 줄 것이라고 믿었다. 동부 철도 소송은 과도한 철도 요금의 종말을 의미했다. 그러나 이보다 더 중요한 결과는 '테일러리즘Taylorism'의 출현이었다.

이번 장은 프레드릭 테일러와 프랭크 길브레스, 릴리언 길브레스의 연구가 추동한 새로운 신체 모빌리티 생산에 주목한다. 동작 연구 motion study는 움직이는 신체를 통제하는 전략들의 중추를 구성했다. 개별 신체들이 갖는 의미를 확립하고 그에 따른 실천을 규정할 수많은 전략들의 기반을 다진 것이다. 테일러 등은 일터를 합리적이고 과학적으로 분석하면 생산효율이 끝없이 증가하는 계획을 세울 수 있다고 믿었다. 과학적 관리법은 프레드릭 테일러에게서 비롯된 테일러리즘이라는 이름으로 잘 알려져 있다.[1] 학습된 버릇, 몸에 익힌 습관인 모빌리티를 과학적으로 철저하게 추상화된 인간 동작으로 바꾸는 것이 이 프로그램의 핵심이었다. 레닌마저 테일러를 높이 평가했다. "다른 자본주의적 진보와 마찬가지로, 테일러 시스템은 부르주아적 착취의 교묘한 잔인성과 훌륭한 과학적 성취의 결합이다. 기계적 노동 동작 분석, 불필요하고 어색한 움직임의 제거, 올바른 작업 방식 제시, 뛰어난 회계와 통제 시스템의 도입 등이 그러한 성취에 해당한다."[2] 여기서 "불필요하고 어색한 움직임의 제거"는 이번 장과 이 책의 나머지 부분에서 중요하게 다룰 주제다. 현대 서구 세계에서는 테일러주의의 목표를 달성하고자 많은 노력을 기울였다.

테일러주의의 핵심 원칙은 인간 신체의 기계화, 그리고 무자비하게 효율적인 새로운 모빌리티의 생산이었다. 여기서 말하는 새로운 모빌리티는 또 다른 모빌리티, 즉 자본주의적 생산 현장에서 비효율적이고 기능장애라고 여겨졌던 모빌리티와 관련지어 이해해야 한다. 나중에는 가정으로도 확대된 직장에서의 동작 연구는 특정한 모빌리티만을 허용한다. 현대 생활의 다른 많은 영역들에서처럼 불필요하고 어색한 동작은 제거되어야 했다. 마레와 마이브리지처럼, 테일러와 길브레스의 연구는 재현 전략의 수렴과 이상적인 모빌리티 모델 생산으로 이어진다. 재현은 실천과 긴밀하게 얽혀든다.

프레드릭 테일러와 시간 연구

프레드릭 테일러의 과학적 관리법은 모빌리티를 기록하고 재배치하는 것이 핵심이었다. 마이브리지나 마레처럼, 테일러도 인체의 동작을 정확하게 기록하려고 했다. 그가 선호한 기술은 사진보다는 상대적으로 덜 세련되어 보이는 초시계였다. 초시계에만 의존하고 진일보한 사진 기술을 등한시했기 때문에 그의 제자 격인 프랭크 길브레스와는 사이가 나빠졌다. 그렇지만 테일러는 어떤 면에서는 마이브리지나 마레보다 한 걸음 더 전진했다. 그는 인간의 움직임 재현에 만족하지 않았다. 대상자들이 새롭고 이상적인 동작을 몸에 익힌 존재로 다시 태어나기를 원했다. 이런 점에서 과학적 관리법은 프랑스 육군에 활기를 다시 불어넣으려고 한 데메니의 노력과도 상통한다.

'테일러 시스템Taylor system'으로 알려진 모빌리티 관리는 단순한 시간 관리 이상이었다. 이 관리 계획 원칙은 ① 중앙집중식 계획과 분류, ② 시간 연구를 통한 모든 행위의 체계적인 분석, ③ 상세한 지침과 노동자의 감독, ④ 목표를 달성한 사람에 대한 인센티브 제도 등의 네 가지 주요 특징을 지닌다. 객관적 견해를 제시하면 이론의 여지가 없는 사실이 수용되어 자본과 노동 사이의 갈등이 완화될 것이라는 과학적 이념이 이 같은 관리 방식을 이끌어 냈다. 이 시스템은 육체노동과 정신노동의 분리를 낳았다. 테일러는 공장마다 기획 부서를 따로 두었고, 각자 특정한 일을 관리하는 감독자 체제를 고안했다. 브레이버만Braverman이 주장했듯이, 테일러는 노동과정을 노동자들이 몸으로 익힌 기술과 분리하려고 했다. "관리자들은 과거에 노동자들이 소유했던 모든 전통적 지식을 한데 모은 후, 이를 분류하고 도표화하여 규칙과 규정으로 바꾸었다."[3] 작업자의 신체와 공간에서 제거된 정신노동은 계획하고 배치하는 일을 하는 사무실의 몫이 된다.

각각의 일에는 정해진 시간이 배정된다. 거기에 맞춰 적절한 속도로 일하는 자들은 보상을, 그렇게 하지 못한 자는 처벌을 받는 것이 이 시스템의 핵심이었다. 관리자는 특정 업무를 감독했고, 기획 부서는 관리자의 보고를 받았으므로 작업에 대한 관리와 통제가 강화되었다. 테일러는 육체만이 알던 지식을 빼내서 과학적 법칙으로 재현했다. 노동자들을 관찰하고 그들의 일거수일투족을 초시계로 재면서, 테일러는 이익 창출에 적합한 동작과 휴식의 이상적인 배치를 찾아낼 수 있다고 믿었다. 마레처럼, 프레드릭 테일러의 추상화 과정도 몸을 지운 후 다시 나타나게 하는 것이었다. 테일러는 고전적인 책인 《과학적 관리의 원리The Principles of Scientific Management》의 첫머리에서, 노동자들이 생산량을 줄이기 위해 의도적으로 느리게 일할 때 부적절하게 움직이는 신체들을 목도하게 된다고 서술한다. "(각계각층의) 평균적인 사람들이 느릿느릿하게 어슬렁거리며 일하는 성향을 보인다는 것은 분명한 사실이다. 자기 일을 충분히 관찰하고 생각해 본 다음에야, 아니면 양심의 가책을 느끼거나 외부의 압력이 가해진 다음에야 사람들은 더 빠른 속도로 일한다."[4] 원래부터 굼뜨게 움직이는 게으른 몸은 테일러의 적이자 목표다. 이들은 다른 이들과 어울리며 작업 생산량을 떨어뜨린다. "농땡이 치는 태도가 너무나 널리 퍼져 있다. 하루종일 일하든, 몇 시간만 일하든, 계약직이든, 일반적인 환경에서 일하든지 간에, 유능한 노동자는 찾아볼 수가 없다. 느리게 움직이면서도 제 할 일을 다 하고 있다고 고용주를 속일 방법을 궁리하느라 시간을 다 써 버리는 사람들이다."[5]

속도를 내게 할 것은 '과학'이다. 몸에 익어 있는 모빌리티와는 다른, 더 효과적인 방식이 필요했다. 테일러는 《과학적 관리의 원리》에서 그 방식을 마련하기까지의 과정을 소개했다. 첫 번째 단계는 단순한 작업 절차에 따라 일하는 노동자 한 명을 골라내는 '과학적 선택'

이었다. 테일러와 그의 팀은 펜실베이니아의 베들레헴 제강소에서 나흘 동안 실제 노동자들을 주의 깊게 지켜본 뒤, 하루에 47톤 가량의 무쇠를 다루는 4명의 노동자에게 주목했다. "그 후 이들 각자를 세심하게 조사해 보았다. 우리는 가능한 한 옛날까지 그들의 행적을 알아보았고 각자의 성격, 습관, 의욕까지 철저하게 파악했다."[6] 마침내 테일러는 슈미트라는 가명을 붙인 한 사람을 골라냈다.

노동자 슈미트

슈미트는 개별적인 한 사람의 노동자다. 네덜란드계 펜실베이니아 사람이고, 1마일 이상의 거리에서 출퇴근하며, 자기가 번 돈을 소중히 여기고, 열심히 저축을 하며, 일하지 않는 시간에는 자기 집을 짓는 일에 몰두했다. 테일러는 슈미트를 따로 불러내어 하루에 47톤의 무쇠를 다루는 일을 기꺼이 해내도록 설득했다. 그가 받는 돈은 시간당 1.15달러에서 1.85달러로 오르겠지만, 그 대신에 상사가 말하는 대로 정확하게 따라야 한다.

내일 아침부터 밤까지 저 사람이 시키는 대로 하게. 무쇠 뭉치를 옮기라고 하면 옮기고, 앉아서 쉬라고 하면 앉게. 하루 종일 그렇게 하시오. 그리고 말대답도 금지요. … 이 사람이 걸으라고 하면 걷고, 앉으라고 하면 앉고, 말대꾸는 하지 않는 거요.[7]

테일러는 이 대화가 '조금 심했다'고 인정하면서도 꼭 필요한 대화였다고 변명한다. 테일러 자신처럼 중노동에 적합하지 않은 교육 받은 사람들에게는 그런 어투로 말하면 통하지 않겠지만, 슈미트는 '정신적으로 둔한 타입'이므로 적절한 대화였다는 것이다.

무쇠를 다루는 일이 직업인 사람에게 가장 먼저 필요한 조건은 어리석고 둔해서 그 정신 상태가 황소에 가까워야 한다는 것이다. 정신적으로 기민하고 똑똑한 사람은 이 같은 고되고 단조로운 일에는 어울리지 않는다. 무쇠를 다루는 일에 적합한 노동자는 이 일의 진정한 과학적인 면을 이해할 수가 없다. 그는 너무 멍청해서 '백분율' 같은 말의 의미도 알지 못한다. 결국 제 일을 해내려면, 그는 자기보다 더 현명한 사람에게 과학 법칙에 따라 일하는 습관이 들도록 교육 받아야 한다.[8]

이 지점에서, 슈미트의 몸과 마음은 아주 명확하게 규정되었다. 그는 활력이 넘치고 절약할 줄도 알지만 믿을 수 없을 정도로 어리석다. 일일 생산량을 12톤에서 47톤으로 끌어올리기 위해 자신의 몸에 적용되고 있는 과학을 이해할 수도 없는 사람이다. 생산량의 증가는 슈미트를 면밀히 관찰하고 그의 모든 동작을 초시계로 재야만 달성된다. 테일러 연구팀은 슈미트 같은 일급 노동자라면 하루 중 정확히 58퍼센트는 일을 할 수 있다는 결론에 도달했다. 연구자들은 슈미트의 노동하는 신체에서 제강소 노동 모델을 '과학적으로' 이끌어 냈으며, 이 모델은 다른 영역에도 적용 가능했다.

슈미트는 프레드릭 테일러의 운명이나 시간 및 동작 연구 분야에서 자신이 맡게 될 결정적인 역할을 짐작조차 하지 못했을 것이다. 1913년 워터타운 병기창이 테일러 시스템을 도입하려고 하자 의회가 개입했다. 상원의원들 중에는 테일러의 방식이 비인간적이라고 보는 사람들이 많았다. 슈미트의 몸은 다시 한 번 조사 대상이 되었다. 슈미트가 과로와 탈진으로 사망했다는 소문이 퍼졌다. 슈미트의 정체는 네덜란드 이민자인 헨리 크놀Henry Knolle(Knoll)이었다. 테일러는 그가 살아 있고 건강하다는 사실을 증명하고 싶었다. 1913년 10월 8일, 테일러는 미 육군 군수국장인 윌리엄 크로지에William Crozier 장군에게 보낸 편지에서 크놀은 아주 건강했다고 썼다.

물론 그 남자가 죽었을지도 모르지만, 저는 그 말을 믿지 않습니다. 그는 꽤 거친 사람이었고 제가 베들레헴 제강소에 머무는 동안 매우 건강했기 때문입니다. 제 기억에 그 사람의 이름은 헨리 크놀이었습니다. 만약 베들레헴 쪽에 있는 장군님 부서의 장교가 그를 찾아서 행방을 알려 준다면, 저는 직접 베들레헴에 찾아가거나 사람을 보내 크놀이 의사의 진찰을 받아 신체 상태를 증명하도록 설득하겠습니다.[9]

11월 26일 크로지에 장군은 회답을 보냈다. 크놀을 찾았고, 그는 마흔 두 살이며 건강해 보였다. 그는 제강소 일을 즐겼고, 새로운 제도 도입 후 하루에 3달러를 벌 수 있었다고 말했다. 술 문제 때문에 아내와는 헤어졌다.

나는 크놀이 죽었다는 소문에 대해서 의회에 나가 반박할 충분한 증거는 확보되었다고 생각합니다. 그러나 좀 더 확실하게 하려면, 의사에게 진찰 받게 하거나 무쇠를 나르다가 죽지 않았다는 사실을 분명히 하는 것이 더 나으리라고 봅니다.[10]

테일러는 크놀이 사망했다는 소문을 확실히 잠재우기 위해, "건강하다는 것을 확인"할 목적으로 의사가 크놀을 진찰하고 사진도 찍도록 주선했다.[11] 12월 말, 의사가 크놀을 방문했다. "박애주의자나 노동조합원들"은 크놀의 노동강도가 "스캔들에 가깝다"고 주장하면서 의회에 나가 크놀을 "묘지에서 발견했다"고 증언할 테세였다.[12] 테일러는 와들리Wadleigh를 고용해서 크놀의 상태를 조사, 평가하도록 했다.

와들리는 1914년 1월 3일, 크놀은 건강하며 테일러가 설정한 작업량에 아무런 문제가 없었다고 말했다는 보고서를 썼다. "크놀은 느릿하게 움직이며, 별다른 의욕이 없어 보였음. 술고래이며 여자를 좋아함." 이런 결점에도 불구하고, "크놀은 허우대가 멀쩡했고, 옷도 깔끔했으며, 만족스럽게 살고 있는 듯했음. 그는 자기가 한 제강소 작업이 사람을 병들게 할 수 있다는 주장을 듣고 어이없어 했음."[13] 이 보고서에는 베들레헴의 존스턴보Dr. C. L. Johnstonbaugh 박사가 작성한 건강증명서도 첨부되었다.

테일러는 이 보고서를 기쁘게 받아들고 몇 가지 수정 사항을 요구했다. 1월 5일자 편지에서 테일러는 와들리의 업무 처리를 칭찬하면서도, "내가 당신이라면 보고서에서 한 문장은 빼겠소. 2페이지의 끝,

'그가 속한 계급에서 그 정도 나이라면 대부분 노인 축에 든다'라는 부분이오. 사회주의자나 의회 의원들, 아니면 노동조합원들은 이 문장을 트집 잡아 과학적 관리법에 흠집을 내려고 할 게 뻔하오. 그자들은 과학적 관리가 44세의 남성을 노인으로 만들었다는 의미로 왜곡할 테니까." 테일러는 해당 문장을 생략한 보고서를 다시 작성해 보내라면서, 그동안의 노고를 치하하며 50달러를 동봉했다.

크놀의 신체가 보여 준 모빌리티(혹은 부동성)는 작업장에서의 모빌리티 역사에 큰 획을 그었다. 먼저 그는 모빌리티를 정밀하게 통제당하는 새로운 작업 방식의 모델이자 초인적인 '일급' 노동자로서 등장한다. 한참 후에 그는 자기도 모르게 야기한 과학적 관리 원리의 정당성 논쟁에 다시 중심 인물로 등장한다. 그의 몸은, 특히 그 신체가 어떤 식으로 움직였는지는 테일러, 와들리, 존스턴보 박사와 같은 '전문가'들과 미국 상원의원들의 조사 대상이 되었다. 그의 몸에 체화된 실천은 반복적으로 추출되어 어떤 다른 것을 지지하도록 가공되어야 했다. 두말할 나위 없이, 이 모든 일은 그의 통제 바깥에 있었다.

기계와 동물의 모빌리티

노동자의 모빌리티에 대한 테일러의 관점을 논할 때 등장하는 지배적인 메타포는 기계와 동물이다.[14] 안토니오 그람시Antonio Gramsci는 테일러와 포드의 성공 요인을 놀라우리 만치 긍정적으로 조명하면서, "산업의 역사는 인간의 '동물성'에 대항하는 지속적인 투쟁이었다."고

했다.[15] 그람시는 테일러주의가 동물을 기계로 변형시키는 과정이라고 주장한다. 사실 테일러는 자기의 방법론을 설명하고 정당화하고자 동물 메타포, 혹은 '동물 우화'를 입에 올릴 때가 많았다. 노동자 슈미트는 황소에 비유되었다. 정신적으로 뒤떨어진다는 뜻이었다.[16] 과학적 관리법이 하원 위원회에 회부된 뒤에도 테일러는 계속해서 노동자들을 여러 가축에 비유했다. 위원회에서 '일급 노동자'라는 말을 규정해 달라고 하자, 테일러는 이렇게 말했다.

석탄 마차를 일등급 말이 끌고 가는 것은 아주 당연한 일입니다. 크고 좋은 짐말이 석탄 마차를 끄는 '일급 말'이라는 주장에 우리 모두는 동의할 것이라고 생각합니다. … 하지만 만약에 우리가 작은 마을에 살고 말들이 많지 않다면, 석탄을 운반하기 위해 종종 식료품 마차와 식료품 마차를 끌던 말을 사용해야 할 겁니다. 그렇지만 우리 모두는 식료품 마차를 끌던 말이 석탄 마차를 끌 '일등급 말'이 아니라는 것을 압니다. 마찬가지로, 크고 좋은 짐말은 식료품 마차를 끄는 일에는 '일등급' 말이 아니고, 식료품 마차를 끌던 말은 소형 마차를 끌 때는 '일급'이 아닐 겁니다.[17]

노동자와 동물의 비교는 금방 우스꽝스러운 방향으로 흘렀다. 일급 노동자가 아닌 사람들에게는 어떤 일을 시켰냐는 질문을 받자, 테일러는 "과학적 관리법에는 노래하는 새들을 위한 자리는 없습니다. 그리고 노래하게 되지도 않을 겁니다."라고 답했다. 위원장은 "난 새들에 대해 말하고 있는 게 아닌데요."라고 대꾸했다. 마사 반타Martha Banta는 테일러가 순진해서 동물 은유를 사용한 것이 아니라고 본다. 동물 메타포는 테일러의 합리적인 세계관을 위협하는 비합리적인 과잉이 존재한다는 것을 암시한다. 이 은유들은 시간과 동작을 통제할 때, 그 속에 억지로 구겨 넣어야 했던 노동 현장의 혼란스러운 존재들을 담론적으로 억제하고자 배치된 것이다. 그리고 황소, 말, 새 이야기는 노동자가 기계라는 생각, 즉 완벽한 생산 단위라는 생각과 충돌한다. 동물의 모빌리티는 비합리적이고 위협적이지만, 기계의 폭력은 규칙적이고 리드미컬하며 스피디하다. 의회와 노동조합에 있던 테일러의 적들은 동물 메타포만큼이나 기계 메타포도 싫어했다. 예를 들어, 상원 청문회에서 뉴저지주의 마틴 의원은 "테일러 시스템은 사람을 단순한 인간 기계로 만드는 경향"이 있어 보인다며, 대부분의 노동자는 "정직하고 훌륭한 시민이며, 인류에게 이익이 되는 존재들"이고, "노동자를 인간으로 받아들여야" 하며, "노동자들은 단순한 기계가 아니"라고 발언했다. "초시계는 말들이 경주할 때나 쓰여야" 한다.[18] 동물에게나 적합한 방식은 인간에게 맞지 않는다는 말이었다.

브레이버만은 테일러리즘이란 탈숙련화의 정교한 형식이며, 여기서 노동과정은 노동자의 기술과 분리된다는 유명한 진단을 내놓았다. 관리자는 두뇌 역할을, 노동자는 단순한 몸 역할을 맡는다. "따라서 적대적인 사회적 관계들 속에서, 노동의 소외 속에서, 손과 뇌는 단순히 분리되는 것이 아니라 분열과 적대 관계가 되며, 손과 뇌가 합쳐진 인간이란 오히려 인간보다 못한 존재로 변한다."[19] '인간보다 못한' 노동자는 더 큰 기계의 부품이나 톱니바퀴다. 따라서 테일러리즘은 노동자를 주체에서 객체-기계로 변형시키는 것이다.

테일러의 시간 연구는 시간과 공간 속에서 몸을 재조직하여 노동자의 주체성을 통제하는 시스템을 만드는 것을 목표로 삼았다. 그는 노동자들이 몸에 익힌 버릇을 관찰한 후 법칙과 수학이라는 실증주의적 언어를 사용해 과학으로 다듬어 내려고 했다. 소외되지 않은 노동자의 육체는 부르주아적 관념인 품위와 합리성을 위협하는 무질서에 해당한다. 테일러는 신체를 다듬고 적절한 안무를 제공하여 노동자들의 몸을 새롭고 근대적인 모빌리티로 생산해 내고자 했다. 여기서 노동자들의 신체는 수동적인 대상, 자본의 이익에 봉사하는 기계로 재구성된다.

마크 바니쉬Mark Bahnisch는 테일러가 "노동할 때의 무질서를 줄이고, 서로 다른 몸을 지닌 노동자들의 다양한 신체 움직임을 표준화하고, 노동자들의 행동과 신체에 '절대적인 통일성'을 아로새겨 그들 간의 차이를 지우"고자 했다고 보았다.[20] 테일러는 벽돌 쌓기를 예로 든다. 벽돌 쌓기는 가장 오래된 산업 활동 중 하나이지만, 전래된 방식대로 행해져 왔고 과학적으로 연구된 바가 없다. 그러니 수백 년 동안 벽돌 쌓기에 큰 개선이 일어난 적도 없다. 테일러의 주장은 벽돌 쌓기를 분석한 프랭크 길브레스의 연구에 바탕을 두고 있다. "길브레스는 벽돌 쌓기의 모든 움직임을 분석하고 연구해서 아주 흥미로운 결과를 제시했다. 불필요한 움직임들을 하나씩 모두 제거하고 느린 동작을 빠른 동작으로 대체했다. 벽돌공들의 속도와 피로함에 영향을 미치는 매 순간의 모든 요소들을 고려에 넣었다."[21] 길브레스는 벽돌공들이 벽돌 더미 쪽으로 뒷걸음질쳤다가 지금 만들고 있는 벽으로 다시 다가서는 일이 잦다고 지적했다. 벽돌공들은 벽돌을 집으려 몸을 굽히고 벽돌을 올려놓으려 몸을 세우는 일을 반복하지만, 몸을 굽히지 않아도 될 정도의 높이로 벽돌들을 미리 옆에 쌓아 놓으면 불필요한 움직임을 줄이고 그 시간에 더 많은 벽돌을 쌓을 수 있다. 모르타르가 일정하게 발라졌는지를 확인하기 위해 벽돌 하나하나를 두드리는 데에도 많은 시간이 허비된다. 처음부터 모르타르를 주의 깊게 바른다면 불필요했을 동작이다. 결과적으로, "길브레스는 벽돌공의 움직임을 15개에서 5개로 줄였고, 어떤 경우에는 한 벽돌에 2개 정도의 동작이면 충분했다."[22] 테일러는 길브레스의 시간-동작 연구 사례를 일반화하여 어느 생산 현장에나 적용될 수 있는 다섯 가지 단계를 제시했다.

첫째, 분석해야 할 특정 업무를 능숙하게 수행하는 10~15명을 찾는다(가급적이면 전국의 여러 곳에서 물색하라).

둘째, 이들 각자가 사용하는 기초적인 기술이나 동작, 도구를 연구한다.

셋째, 기초적인 동작들을 취하는 데 필요한 시간을 스톱워치로 잰 다음, 가장 빨리 하는 방법을 선택한다.

넷째, 모든 가짜 동작, 느린 동작, 쓸모없는 동작을 제거한다.

다섯째, 불필요한 동작을 모두 없앤 후, 가장 빠르고 가장 좋은 동작들은 물론이고 가장 좋은 도구까지 하나로 엮어 낸다.[23]

길브레스와 테일러는 이렇게 개별 노동자들의 신체에서 모빌리티를 추상화하는 과정을 거쳐 "과학은 합리적이고 객관적인 근거에 바탕하여 작업을 개선할 수 있다. 과학은 노동이나 자본의 이해관계에 좌우되지 않으면서 신체 에너지의 최적 이용을 결정하고 육체적·정신적 노동의 생리학적 한계를 분석할 수 있다"는 결론에 도달했다.[24] '과학'의 방법론을 적용함으로써 테일러는 공장의 조립라인을 재구축했고, 그 결과 노동자들의 동작은 더 이상 그들 것이 아니라 초시계가 낳은 "관리 하에서 식민지화된 주체성"의 산물이 되었다.[25] 그가 개발한 시스템은 게으른 노동자의 문제적인 신체를 자본주의적 생산에 봉사하는 객체인 기계로 변화시켰다. 노동자의 몸은 공간 및 시간의 구축, 그리고 그 공간/시간 내 움직임의 분할을 통해 규율되었다.

　무질서하게 스스로 움직이던 노동자의 몸은 업무 흐름도에 기입되면서 규율의 대상이 된다. 그의 몸은 '파운드당 에너지'를 분석하는 방정식으로 표현된다. 관리자는 과학적 기준에 따라 무쇠를 옮기는 노동자들의 신체 움직임을 계산하는데, 하루를 45파운드의 무쇠를 들어 옮기는 58퍼센트의 시간과 휴식을 취하는 42퍼센트의 시간으로 나눈다. 노동자는 지시를 받으면 움직이고 또 지시 받은 대로 휴식한다.[26]

테일러의 목표는 노동자들 각자의 신체 동작이 갖는 차이를 부정하고 획일적인 움직임을 취하도록 만드는 것이었다. 다시 말해, 몸에 익힌 모빌리티를 추상적인 동작으로 대체하려고 한 것이다. 테일러는 노동자들이 자기 행동을 결정하지 못하게 해야 한다고 단호하게 주장했다. 노동자들은 여러 세대에 걸쳐 해 오던 방식을 그대로 따라 할 뿐이기 때문이다. 테일러는 자신의 전기를 쓰고 있던 프랭크 코플리Frank B. Copley에게 보낸 편지에서 이렇게 말했다.

노동자들이 아주 먼 옛날부터 자신들의 동작을 연구해 왔다고들 합니다. 물론 그건 사실입니다. 그러나 그런 연구를 과학적 발전이라고 말할 수는 없습니다. 과학적 발전이란 무엇에 대한 연구만이 아니라 다루어진 사실들에 대한 법칙이나 규칙의 형성을 뜻하기 때문입니다. 과거에 노동자들이 자기들의 움직임을 연구하고 그래서 아주 효과적이었다고 해도, 그들은 그 결과를 정식화하거나 글로 남기지 않으려 했습니다. 다른 노동자들이 이득을 얻을까 봐 두려워했기 때문입니다.[27]

테일러는 노동자의 자율규제를 배제하고, 특정 업무를 제한된 일련의 움직임으로 세분화했다. 이 과정에서 노동은 점점 추상적인 성격을 띠게 되었다. 각 동작에는 일정 시간이 할당되었다. 이는 구체적 추상concrete abstraction*이라고 볼 수 있다. 어떤 시간 단위인 한 동작은 시간이라는 기준에 따라 표현된 다른 동작과 비교 가능하다. 따라

---

* 마르크스에 따르면, 노동은 구체적 노동과 추상적 노동이라는 이중적 성격을 갖는다. 상품이 사용가치와 교환가치를 갖듯이, 이를 생산하는 노동도 특수한 노동과 이를 평균화, 일반화, 동질화한 노동이라는 두 가지 층위로 나누어 볼 수 있다. 그러나 이 같은 노동의 두 성격은 서로 다른 행위가 아니라 동일한 행위의 두 측면이다.

서 모든 동작은 서로 동등하고 다른 생산 형태도 공통의 기준으로 평가할 수 있다. 어떤 특정한 생산 형태, 이를테면 벽돌 쌓기와 용접은 그 실행에 일정한 시간이 걸린다는 것 말고는 비슷한 점이 거의 없다. 그러나 각각의 일들이 동작으로 나누어지고 또 시간으로 측정되면서, 노동은 점점 추상적인 것이 되어 갔다. 규율되고 추상화된 것은 비단 직접적인 생산과정에 사용된 동작들만이 아니다. 움직임은 공간과 시간의 결합을 수반하므로, 움직임의 여러 맥락도 규제되었다.

E. P. 톰슨E. P. Thompson과 데이비드 하비가 훌륭하게 보여 주었듯이, 자본주의 하에서 시간은 구체적 추상이 되었고 자본과 노동이 격렬하게 투쟁하는 대상이 되었다.[28] 노동시간은 몇 개의 단위로 나누었고, 종소리와 휘슬이 그 시작과 끝을 알렸다. 노동자들은 지각하면 벌금을 물었다. 동시에 공간에도 더 많은 구분이 생겼다. 공장에는 노동자들이 출근 체크를 하는 특정한 출입구가 생겼고, 경비와 출퇴근 관리자들이 이곳을 감시했다. 탈의실은 안과 밖을 구별해 주었다. 공간과 시간을 정의하는 이러한 과정은 작업장과 다른 장소들 사이의 이동을 억제하고 작업장 안에서의 동작을 규제하는 일과 밀접한 관계가 있었다. 노동자들은 언제 어디서 일하라는 지시를 받았고 자본의 요구에 어긋나는 움직임은 금지되었다. 노동자들이 방과 방 사이를 이동하는 것도 금지되었다. 화장실을 너무 오래 사용하면 벌금을 냈다. 도레이Doray에 따르면 "업무가 잘게 쪼개지면서, 그리고 일 하나의 처리에 걸리는 시간이 점점 짧아지면서 노동 행위는 점점 생산률에 종속되었다. 이는 노동과정을 더 지루하게 만들었고, 노동 행

위는 생산 요구에 훨씬 엄격하게 예속되었다."[29]

추상적 동작의 생산 속에서, 또 그러한 생산을 통해 진전된 노동의 추상화는 과학적이고 계량화된 노동 개념 생산에 기여했으며, 이때의 노동은 경험되는 것이 아니라 가상적인 노동에 가까웠다. 업무의 표준화는 원재료나 개별 노동자가 갖는 다양한 변화 가능성에 전혀 주의를 기울이지 않는다. 즉, 초시계로 측정할 수 없는 정신적 활동을 고려하지 못한다. 이렇게 가상적인 업무는 구체적인 노동 경험에서는 찾아볼 수 없는 경직성을 드러낸다. 그럼에도 시간과 동작 관리는 노동자들이 특정한 방식의 움직임을 내면화하게 만들었으며, 조직 규범으로 자리 잡았다.

길브레스 부부

프랭크 길브레스와 릴리언 길브레스는 테일러의 시간 연구에 동작 연구를 결합하여 더 주목할 만한 발전을 이루어 냈다.[30] 프랭크 길브레스는 원래 테일러의 제자이자 동료였으나, 점차 테일러가 제시하는 '과학적 사실'이 옳은지를 의심하게 되었다. 결국 이들은 결별한다. 동작의 본질을 다르게 파악한 탓이 컸다. 테일러는 동작을 시간적인 면으로만 파악해도 충분하다고 생각했다. 그러나 길브레스 부부는 시간과 공간 모두를 포함하는 것이 동작이므로, 동작 연구를 위해서는 공간적 재현 형식이 필요하다고 보았다. 길브레스 부부는 그 해답을 사진에서 찾았다.

1868년 메인주의 시골에서 태어난 프랭크 길브레스는 홀어머니 밑에서 자랐다. 우등생이었던 프랭크는 MIT(매사추세츠공과대학)에 합격했지만 집이 가난했기 때문에 대학에 가지 않고 벽돌공이 되기로 결심한다. 1895년부터는 자기 회사를 운영했는데, 짧은 기간에 많은 작업을 해내는 것으로 유명했다. 프랭크는 벽돌 작업에 몰두하면서 속도를 높이고 피로까지 줄이는 장치나 기술을 계속 개발해 냈다. 그의 발명품 중 하나인 높이 조절이 가능한 벽돌 적재 기구는 벽돌을 집느라 반복적으로 허리를 굽히면서 생기는 신체 스트레스를 줄여 주었다. 그는 테일러의 강의에 참석했고, 1908년에는 친구가 되었다.

그러나 길브레스는 단순히 테일러를 추종하는 사람이 아니었고, 기업의 이윤을 위해 훨씬 더 정교한 동작 포착 방식을 개발했다. 프랭크 길브레스 그리고 동작 연구를 함께한 그의 아내 릴리언은 노동을 평가하는 도구에 관해서도, 그 평가의 근본적인 차원에서도 테일러와 의견이 갈렸다. 테일러가 초시계를 사용하는 동안 길브레스는 정교한 사진장비를 계속 개발했다.

한동안 길브레스는 노동자들의 동작을 정확하게 측정하는 사진 기구를 사용하는 일이 왜 중요한지를 테일러에게 납득시키려고 애를 썼다. 1912년 4월, 길브레스는 들뜬 어조로 자기 작업의 진척 상황을 알리는 편지를 보냈다.

저는 지금 막 하루의 시간을 시간, 분, 1분의 10분의 1, 1분의 100분의 1까지도 촬영해 주는 시간 연구용 기계장치를 완성했습니다. 그러니까 이제 카메라에 노출된 1,000장의 사진은 각각 1분의 1000분의 1마다 찍혀 있으니까, 어떤 동작에 걸린 실제 시간은 연속적으로 찍힌 다른 사진들의 시간에서 그 동작이 찍힌 사진들의 시간을 빼면 산출할 수 있게 됩니다.

이 편지에는 길브레스의 흥분이 고스란히 담겨 있다. 그는 테일러에게 정중하게 권한다. "이 방법이 현재의 초시계 방식을 완전히 대체하리라고는 생각하지 않지만, 이렇게 만든 교육용 사진들을 전시하면 작업 과정의 특정 요소들을 가르칠 때 엄청난 도움이 될 것입니다." 길브레스는 이 사진 기구의 정밀도가 아주 높다는 점을 테일러에게 강조하려고 노력했다. "이런 과정은 1분의 1000분의 1까지 가능하게 해 주므로 시간 연구에서 인간적인 요소나 정신적인 반응의 차이로 인한 모든 오류를 제거할 뿐만 아니라, 동작을 삼차원으로 동시에 측정할 수 있게 해 줍니다."[31] 1912년 7월에는 테일러에게 이런 제안도 한다. "초시계와 사진을 동시에 활용하는 저의 방식은 당신의 위대한 업적인 시간 연구와 같은 곳을 지향합니다. 제가 이를 선물로 드릴 테니 그 소유권을 가지시거나, 아니면 우리의 대의를 위해 이 기계를 맡아서 마음껏 활용하신다면 저는 너무나 행복할 것입니다."[32] 그러나 그의 편지는 테일러를 곤혹스럽게 했다. 테일러는 길브레스의 제안을 거절했다. "난 사진에 대해 전혀 모르는 사람이오. 따라서 그 일을 제대로 해낼 수 없소. 그 장치는 적어도 사진의 기초를 알고 있는 사람의 손에 있어야 하오. 나는 그 목표를 달성하는 데 당신보다 나은 사람은 없다고 생각하오."[33]

이 편지들은 노동을 어떻게 가장 잘 측정할 것인가라는 근본적인 문제를 놓고 테일러와 길브레스가 겪은 갈등의 시작이었다. 테일러가 '시간'에 집중하는 동안, 길브레스는 시간과 공간이 함께 존재하는 '동작'에 초점을 맞췄다. 테일러는 평소에 자기가 하는 일을 시간 연구time-study라고 불렀고, 길브레스의 방법이 성공을 거두기 시작한 이후에야 시간–동작 연구time-motion studies라고 말하기 시작했다. 반면에 길브레스에게는 시간이라는 용어가 군더더기였다. '동작motion'이 시간과 공간 모두를 분명하게 포함했기 때문이다. 길브레스는 동작 연구를 자신이 창안했다고 보았으므로 동작 연구를 테일러와 연결시키는 세간의 평가에 분노했다. 코플리가 쓴 테일러의 전기를 읽으면서, 길브레스는 테일러가 동작 연구와 관련된 것처럼 묘사될 때마다 책 여백에 격렬한 감정을 토로하는 메모를 썼다. "테일러의 시간 연구는 불필요한 동작을 없앨 것"이라는 대목 옆에 길브레스는 "시간 연구는 불필요한 동작을 제거하지 못할 것이다. 테일러는 이미 1907년에 '동작'이 시간 연구의 올바른 방식을 찾는 기본 요소라는 것을 전혀 깨닫지 못했음을 인정했다."고 휘갈겼다.[34] 코플리가 20페이지 후에 자신의 주장을 되풀이하자, 길브레스는 다시 메모했다. "테일러는 1907년에, 자기는 노동자의 동작을 전혀 고려하지 않았으며, 그 운동에 대한 우리의 동작 연구가 그에게는 전적으로 새로운 발상이라고 했다. 그리고 나에게 이 문제에 대한 책을 함께 쓰자고 부탁했다."[35]

길브레스는 동부 철도 요금 사건을 계기로 만들어졌고, 그 자신도 설립을 도왔던 조직인 테일러협회 내부에서 테일러의 방법을 대놓고 비판했다. 1920년 12월 26일, 그는 테일러협회 뉴욕 지부에서 〈계획과 통제의 기본 요소로서의 시간 연구와 동작 연구〉라는 글을 발표했다.[36] 이 강연에서 그는 테일러 시스템의 기본 도구인 초시계가 "연구의 도구로 쓰인다면 전적으로 무가치할뿐더러 방향을 오도할 우려가 있다"고 선언했다. 더구나 초시계는 "임금 지급의 근거가 되면서도 계약에서 문서로 작성되지 않는 중심 문제를 명확히 규정하지 못하기 때문에 비윤리적이고, 앞서 행해진 최선의 동작을 보존하지 않기 때문에 비경제적이다."[37] 테일러는 어이없게도 초시계만 써서 평균 1분의 10,000분의 1 오차로 작업을 측정한다고 주장한다. 시간 연구는 노동자를 개입시키지 않고 숨어서 노동자를 관찰할 때가 많아 비윤리적이었지만, 동작 연구는 그렇지 않다. "여기서 뜻하는 동작 연구는 '시간 연구와 동일'하다거나 '시간 연구의 일부'라고 부주의하게 잘못 묘사되어 온 그런 종류의 동작 연구가 아니다. 여기서 뜻하는 동작 연구는 동작을 기록하는 과학을 의미하며, 그중 '시간'은 여러 변수 중 하나에 불과하다."[38] 그러면서도 길브레스는 지난 10년 동안 기승을 부린 반테일러주의 활동에 우려를 표했다. 이 상황에서 동작 연구가 성공하려면 '과학일 수 있느냐'가 중요했다.[39] 초시계처럼 부정확한 도구를 사용하여 노동자들 몰래 시간을 재는 행동은, 그가 보기엔 과학이 아니었다.

길브레스 부부의 방식

테일러와는 달리 길브레스 부부는 동작의 본질인 시간과 공간을 모두 고려했다. 시간만으로는 충분하지 않았다. 시간과 공간을 적절히 기록하기 위해, 길브레스 부부는 사진(나중에는 활동사진)과 특수하게 디자인된 시계를 함께 활용했다. 이러한 기술 혁신을 뒷받침한 것은 동작을, 또 피로를 파악하려는 열정이었다. 이들은 낭비되는 동작을 삶의 모든 영역에서 추방하려고 했다. 동작 연구를 주도한 프랭크와 릴리언 길브레스는 움직이는 새로운 방식을 제시해 새로운 존재 방식을 만들어 내려고 노력했다. 신체 움직임을 재구성하고, 나아가 공간을 재배열하며, 정신적 혁명까지도 일으키는 것이 그들의 목표였다. 릴리언은 1959년 공군의 군수 문제를 다룬 강연에서 이렇게 말했다.

제 남편 프랭크처럼 '동작 중심의 사고방식motion-minded'을 지닌 사람들을 길러 내고 싶습니다. 직장이든 어떤 상황에서든 이런 동작 중심의 사고방식을 발휘하는 사람들이 필요합니다. 우리 삶의 다섯 가지 영역에서 그런 변화가 있어야 합니다. ① 자신이 원해서 하는 일, ② 가정에서 가족과 함께 하는 일, ③ 시민으로서 하는 일, ④ 봉사활동으로 하는 일, ⑤ 직업으로 하는 일 등이 그 다섯 가지 영역입니다.[40]

길브레스 부부는 일시적이고 비물질적인 동작이 다른 물질적인 요소들만큼이나 국가경제에 중요하다고 사람들을 설득해야 했다. "불필요하고 잘못된 데다가 비효율적인 동작, 그리고 그 결과로 생기는 불필요한 피로. 세상에 이만 한 낭비는 없을 것이다. 그렇다면 불필요한 움직임의 제거, 잘못된 방향의 전환, 비효율적 동작의 교정보다 기업이 더 풍부한 수익을 올릴 기회는 흔치 않다."[41] 낭비를 없애 줄 운동 연구의 기본적인 전제는 간단했다. "운동 연구는 해당 작업을 가능한 한 가장 기초적인 요소들로 나누는 것으로 시작한다. 그 요소들을 따로 연구하고 서로 간의 관계도 살핀다. 그 후에는 이러한 연구 요소들에서 낭비가 거의 없는 방법들을 모은다."[42] 누가 봐도 단순한 이 방식을 길브레스 부부가 단순히 기능주의적인 입장에서 사용한 것은 아니었다. 테일러가 초시계를 들고 비밀스럽고 비윤리적인 연구를 진행한 것과 달리, 동작 연구는 '과학'의 이데올로기적인 중립성을 명확히 보여 주어야 했다. "우리의 기본 원칙은 누구에게나 열려 있는 과학 법칙의 정확성과 상응한다. … 여기에는 중세 기술자들의 관행인 숨겨진 것, 신비한 것, 비밀이 없다. 이는 정확한 기록과 정밀한 조사의 결과인 과학이다."[43] 동작이 삶에서 기본적이고 기초적인 것이라면 모든 영역에 적용될 수 있을 것이다. "여기서 발견된 법칙들은 보편적이다."[44] 따라서 불필요한 동작을 제거하려는 그들의 목표를 달성하려면, 동작들은 가시적이고 측정 가능해야 했다.

동작 연구를 시작했을 때 길브레스는 일하고 있는 사람들의 사진, 특히 벽돌공들의 사진을 많이 찍었다. 생각이 바뀌고 기술이 발전되면서는 활동사진과 더욱 발전된 사진 장치를 이용하기 시작했다. 그는 '시네마토그래프cinematograph'라고 이름 붙인 장치를 도입했다. 일정하게 나누어진 사각형의 격자들을 배경에 두고, 일하는 사람들의 활동사진을 찍은 것이다(그림 4.1). 잘 보이는 곳에는 시계를 둬서 시간의 흐름을 기록했다. 그가 보기엔 "활동사진보다도 훨씬 나은 동작

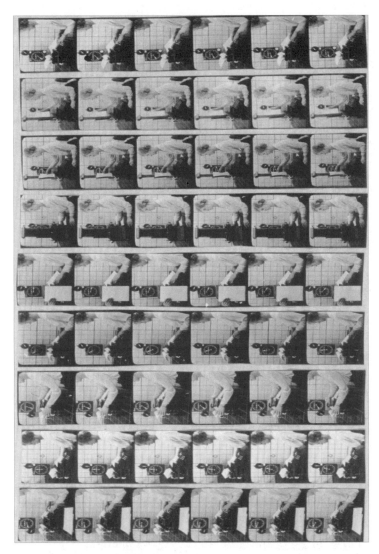

| 그림 4. 1 | 여성의 타자기 미세동작 (Purdue University Libraries, Archives and Special Collections, Frank Gilbreth Archives, NF Container 13 0031-24 NAFDR)

관찰 방식"이었다.[45]

필름 슬라이드나 '미세동작micromotion' 이미지에는 작업 중인 사람의 스틸사진들이 1초 단위로 묶여서 들어 있다. 전신을 찍을 때도 있었지만 특정한 부분, 보통은 손에 초점을 맞출 때가 많았다. 결과적으로 이 이미지들에는 시간과 공간이라는 추상적 관념들이 묘하게 합쳐져 있다. 마이브리지와 마레의 사진에서처럼, 그리드는 공간을 나누었고 특별하게 디자인된 시계는 시간을 측정했다. 그러나 시계와 그리드가 제공하는 명확성도 길브레스를 만족시키지 못했다. 그는 해당 작업과 관련된 동작들을 명확하게 포착하고 싶었다. 그래서 자신이 주목하는 부분에 전등을 단 뒤 어두운 방에서의 장시간 노출로 단일 프레임 이미지를 얻었다. 그는 이 장치를 '사이클로그래프cyclograph'라고 불렀다. 여기서는 빛의 경로만 보인다. 그래도 만족하지 못한 길브레스는 입체 장비를 사용해 움직임을 3차원으로 보는 이미지들을 만들었다. 그러나 동작의 방향이 선명하게 드러나지 않았다. 이 문제를 해결하고자 그는 반짝이는 전구를 사용했다. 빨리 켜지고 서서히 희미해지는 이 전구들은 연속적인 선이라기보다는 빛의 화살처럼 보인다. 전구가 점멸하는 간격은 시간이라는 차원을 알게 해 준다(그림 4.2). 일단 입체적으로 번쩍이는 사이클로그래프가 만들어지자, 길브레스는 조수들에게 철사로 그 움직임들의 모델을 만들게 했고, 흰색으로 칠하게 해 이미지의 섬광을 표현했다.

길브레스는 이런 기법들의 조합을 '미세동작 연구'라고 칭했다. 프랭크와 그의 전문가들은 조사에 들어갈 때 어떤 노동자들이 가장 효

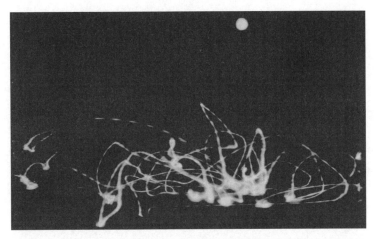

| 그림 4. 2 | 맥페일 양의 손이 손수건을 접는 모습을 촬영한 입체 플래시 사이클로그래프 (Purdue University Libraries, Archives and Special Collections, Frank Gilbreth Archives, NF 62 0412-6 NAPTMVK4)

율적이었는지를 밝히고자 회사 기록을 조사했다. 그들은 테이블, 선반, 기타 가구 배치를 바꾸고 주변 환경을 개선하여 불필요한 동작들이 생기지 않게 한 후에 이 노동자들이 일하는 모습을 지켜보았다. 다음에는 노동자 몇 명을 골라내어 그들이 일하는 모습을 빠르게 움직이는 시계와 함께 초당 16프레임으로 여러 각도로 촬영했다. 그 일을 어떻게 해야 하는지를 보여 주고 나서 다른 근로자들도 찍었다. 그리고 나서 전구를 활용한 크로노사이클로그래프chronocyclograph를 촬영했다. 길브레스는 몸의 모든 동작을 한꺼번에 포착하는 것은 불가능하다는 것을 깨닫고, '시모Simo(동시동작simultaneous motion) 차트'라는 또 다른 혁신을 시도했다.

길브레스 팀은 필름을 이용하여 노동자들의 눈 움직임까지 포함하는 신체 각 부분의 동작들을 메모한 다음, 이를 서류에 도표로 기록하였다(그림 4.3). 그런 다음 시모 차트를 벽에 걸어 놓고 여러 노동자들을 비교했다. 동작 운동 전문가는 여러 노동자들에게서 최고의 요소들을 선택하여 길브레스의 표현대로 '가장 훌륭한 한 가지 방법'을 확정했다. 이렇게 만들어진 이상적 동작 모델은 지침서와 지시문에 자

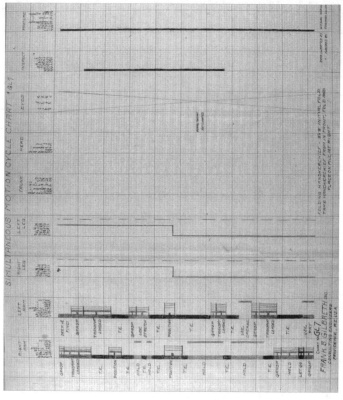

| 그림 4. 3 | 동시동작(시모) 차트 (Purdue University Libraries, Archives and Special Collections, Frank Gilbreth Archives, NF container 52 0297-5 NAPTMH)

세하게 설명되었다. 어떻게 작업을 수행하고 얼마큼의 속도를 내야
하는지를 알려 주는 것이다(그림 4.4).

길브레스는 이 혁신적인 시도들의 목표가 무엇인지를 분명하게 밝
혔다.

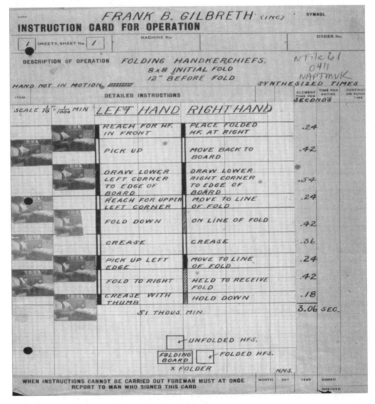

| 그림 4. 4 | 손수건 접기 지침 (Purdue University Libraries, Archives and Special Collections, Frank
Gilbreth Archives, NF 61 0411 NAPTMVK)

기업에서 활용할 '피로 측정'은 새로운 과학이다. 피로 측정은 활동 데이터를 연구하여 개발되고 있다. 동작 연구, 미세동작 연구, 사이클로그래프, 크로노사이클로그래프, 투시화면 등으로 활동을 측정한다. 여기서 도출된 데이터를 바탕으로 우리는 동작 경로, 동작 습관, 그리고 다른 모든 변수들을 표준화한다. 이제 우리는 노동과 노동자 모두를 시험·분류·선택·배치하여 불필요한 피로를 없앨 수 있다. 우리의 다양한 데이터들을 시간 요소 중심으로 비교하면, 마침내 노동시간과 휴식 시간을 표준화할 수 있는 결과에 도달한다.[46]

길브레스는 과학적 관리법의 중심을 시간에서 동작으로 옮겨 놓았다. 미세동작 연구에 쓰인 기술들은 테일러의 초시계보다 훨씬 정교하게 노동자의 신체를 파악하고 모형화할 수 있었다. 길브레스는 작업을 기본적인 동작들로 나누고, 이 기본 동작들을 '서블릭therbligs'(길브레스를 거꾸로 쓴 단어)이라고 이름 지었다. 길브레스가 발견한 총 17개의 서블릭은 노동자들이 직장에서 취하는 동작들 모두의 기본 단위였던 셈이다(그림 4.5). 미세동작 연구는 서블릭을 분리하고 재조합해 특정 업무를 수행할 '가장 훌륭한 한 가지 방법'을 제시하였다. 16개 혹은 17개의 기초 동작들은 길브레스의 활동에서 중심적인 역할을 했다. 서블릭은 동작 모두를 나타낼 수 있었으므로 그 바깥에 있는 동작은 없었다. 서블릭은 노동을 시간만으로 측정할 수 있다는 생각을 무너뜨렸다. 길브레스에 따르면,

개별 서블릭들이, 또 그 앞뒤로 나타나는 서블릭들과의 조합이, 그리고 몸의 다른 부분에서 동시에 나타나는 서블릭들까지 철저하게 연구된다면, 노동자의 행위에 대한 과학적 동작 연구가 초시계 같은 구식 도구로 가능하다든가, 시간 연구와 동작 연구가 비슷하거나 같다든

STANDARD COLORS FOR THERBLIGS

SYMBOL	NAME OF SYMBOL	SYMBOL COLOR	NAME OF COLOR	NAME AND NUMBER OF PENCIL
⊂⊃	SEARCH		BLACK	DIXON'S BLACK #331
⊂⊃	FIND		GRAY	GRAY # 352 ½
→	SELECT		LIGHT GRAY	# 352½ APPLIED LIGHTLY
∩	GRASP		LAKE RED	LAKE RED #321½
◡	TRANSPORT LOADED		GREEN	GREEN # 354
9	POSITION		BLUE	BLUE # 350
#	ASSEMBLE		VIOLET	VIOLET #323
U	USE		PURPLE	PURPLE #323½
#	DISASSEMBLE		LIGHT VIOLET	VIOLET #323 APPLIED LIGHTLY
( )	INSPECT		BURNT OCHRE	BURNT OCHRE #335½
⚲	PRE-POSITION		SKY BLUE	SKY BLUE #320
⌐	RELEASE LOAD		CARMINE RED	CARMINE RED #321
◡	TRANSPORT EMPTY		OLIVE GREEN	OLIVE GREEN # 325
⌇	REST FOR OVERCOMING FATIGUE		ORANGE	RUBEN'S CRAYOLA ORANGE DIXON ORANGE #324
⌒	UNAVOIDABLE DELAY		YELLOW OCHRE	YELLOW OCHRE #324½
⌣o	AVOIDABLE DELAY		LEMON YELLOW	LEMON YELLOW #353½
ß	PLAN		BROWN	BROWN #343

RP-263

| 그림 4. 5 | 서블릭 간의 **구분을 위한 표준 색상표** (Purdue University Libraries, Archives and Special Collections, Frank Gilbreth Archives, NF Container 45 0265-20 NAPTM)

가 하는 잘못된 생각들은 모두 사라질 것이다.[47]

 길브레스는 상당히 많은 노력을 기울여서 이 서블릭들의 본질을
명확하게 밝히려고 했다.[48] 각각의 서블릭들을 분명하게 정의하려
는 시도가 여러 차례 있었지만, 동작 연구 전문가들도 구분하기 쉽
지 않을 때가 많았다. "'잡기grasp'과 '유지hold still', '이동 보류hold during
transportation'는 비슷해 보일 때가 간혹 있다. 우리는 그 의미를 더 자세
히 규정했다. '잡기'는 손으로 잡는 모든 동작을 가리키며, '유지'는 잡
지만 움직이지 않을 때를 말한다. '이동' 중에 '잡기'가 나타나면 '이동
보류'이다. 다른 구별 방식도 가능하겠으나, 우리는 이 방식이 최선이
라는 결론에 도달했다."[49]
 동작 연구 전문가를 지망하는 이들을 위한 어느 강연에서, 프랭크
길브레스는 동작 측정의 어려움을 소상하게 설명했다. 고무도장을
종이에 찍는 동작도 그리 간단하지만은 않다.

 동작이 어디서 시작되고, 어디서 끝나는지를 결정하기가 어렵다는
사실을 깨달으셨습니까? 도장을 잡으려고 손을 뻗는 행위는 하나의 동
작일까요? 이 행위에는 도장을 인주에 찍는 동작, 도장을 종이에 찍는
동작, 도장을 제자리에 놓는 동작이 더 있습니다. 이렇게 총 4가지 동
작이 있다고 계산하는 것도 잘못은 아니겠지만 여기서 가장 좋은 방법
을 결정하는 일이 끝나지는 않습니다. 두뇌의 동작, 눈의 동작도 고려
하셨나요? 세 가지로 나눌 수 있는 눈의 동작은 큰 피로를 일으키기 때

문에 매우 중요합니다.[50]

길브레스는 당시 미국에서 천만 개 정도의 고무도장이 일주일에 일조 번 정도 찍혔을 것으로 추정했다. "도장 찍기에서 낭비되는 움직임을 3개월만 모아도 달에 닿는 길이가 된다."[51]

길브레스도 동작의 수를 세는 일이 어려움을 알고 있었다. 사실 동작에는 명확한 경계가 없다. "동작을 하나하나 계산한다는 것은 불가능하지는 않더라도 매우 어려운 일이다. 왜냐하면 동작은 시작과 끝이 명확하지 않을뿐더러 한 동작이 끝날 즈음에 다음 동작이 시작되기 때문이다."[52] 길브레스는 하루치 업무에서 출발해 시간과 공간을 더 작은 구성 요소들로 분해했다. 하루치 업무는 "서류를 다루기, 읽기, 고무도장 찍기"와 같은 "활동operation"들로 구성된다. 활동은 "한 묶음의 작업"이나 "활동의 전체나 부분"으로 구성된다. 예를 들어 "고무도장에 손을 뻗어, 잡고, 이동시키고, 사용 후 다시 제자리로 돌려놓는 움직임들을 고무도장 사용 동작의 한 묶음이라고 할 수 있다." 이 한 묶음의 동작들은 그 "자연적인 구분"인 세블릭들로 나눌 수 있다. 원래 길브레스는 세블릭이 16개라고 보았지만 나중에 '계획'을 17번째로 추가했다. 각 세블릭을 상징하는 기호를 정하여, 고무도장을 찍는 활동에서 눈과 손을 비롯한 신체의 여러 부분이 수행하는 한 묶음의 동작을 기록하는 것이 가능했다.[53] 또한 길브레스는 35개의 필수적인 '동작 경제 원칙'이 중요하다고 강조했다. 이를테면 원칙 11은 "결과를 내기 위해 가장 적게 움직일 것"이다. 원칙 16은 "활동에 리

듬과 자동성을 부여"하여 동작들을 배치할 필요성을 강조했다.[54]

습관으로서의 모빌리티

여기서 습관이라는 개념을 따져 볼 필요가 있겠다. 길브레스는 습관 개념을 중시했다. 습관적으로 몸에 익힌 움직임이 큰 힘을 발휘한다는 것을 그는 잘 알았다. 메를로 퐁티, 부르디외 등이 논의한 무반성 적이고 비표상적인 습관은 길브레스의 적이자 친구였다.[55] 노동자들에게 뿌리박힌 나쁜 습관—벽돌 쌓기와 마찬가지로 수백 년간 쌓아 온 경험의 결과일 때도 있는—을 없애고 좋은 습관으로 대체하는 것이 그의 확고한 목표였다. 달리 말해, 길브레스는 의식적 차원에서 습관을 포착한 뒤에 인간의 움직임을 새로 주조하고자 했다. 그러나 이 목표를 달성하려면 낡은 습관을 내치고 새로운 습관을 들이는 고통스러운 과정이 필요했다.

벽돌 쌓기로 돌아가 보자. 길브레스는 벽돌 쌓기가 "오랜 역사를 지니고 있으며, 야만적인 나라에서든 문명화된 국가들에서든 해 온" 일이기 때문에, "벽돌 쌓기야말로 동작 연구를 적용하여 혁신을 만들 어 낼 완벽한 대상"이라고 주장했다.[56] 벽돌을 쌓는 방법은 주먹구구 식으로 이곳에서 저곳으로, 이 사람에게서 저 사람에게로 전수되었다. 아는 사람이 모르는 사람에게 전하는 비밀스러운 기술이었던 것이다. 과학적 분석의 일종인 동작 연구는 벽돌을 쌓는 가장 좋은 방법을 찾아낼 것이다. 하지만 습관이라는 장애물이 그 앞에 버티고 있었다. "습관으로 굳어진 동작들도 문제지만, 벽돌공의 예전 경험도 불필요한 동작을 너무 많이 하게 하는 원인이다. 벽돌공은 서로 구분되는 일정한 수의 동작으로 작업하도록 엄격하게 교육 받은 적이 없다."[57]

길브레스는 벽돌공들의 움직임에서 불필요한 군더더기들을 찾아냈다. 어떤 사람들은 벽면이 고르지 않게 보이는 것을 막고자 벽돌을 손에 들고 제일 평평한 면을 찾으려 빙빙 돌렸다. 또 어떤 벽돌공은 모르타르 위에 벽돌을 올려놓을 때 한 번 치는 것이 아니라 가볍게 여러 번 툭툭 쳤다. 벽돌공들은 아깝다는 이유로 땅에 떨어진 모르타르를 집어 올리는 일이 많았다. 그렇게 할 만큼 모르타르가 가치 있는 것은 아니었다. 제일 큰 문제는, 이 모든 동작이 자동적이고 습관적으로 이루어진다는 것이었다.

거의 모든 반복 동작은 자동적이다. 세심한 관찰이 필요 없는 동작들에서는 더욱 그렇다. 동작의 자동성은 표준화된 동작을 하는 노동자의 훈련과 작업에 큰 도움이 된다. 따라서 견습생 교육은 시종일관 올바른 동작 교육이어야 한다.[58]

자동적인 동작과 습관은 길브레스 부부에게 끊임없는 매혹의 원천이었다. 프랭크 길브레스가 주장한 기본 원칙 중 하나는 노동자들이 처음 일을 배울 때, 그 일을 잘 해내는지보다는 얼마나 빨리 해내는지에 초점을 두고 가르쳐야 한다는 것이다. 품질을 향상시키기 위해 천천히 일하는 태도가 나쁜 습관을 낳는다. "습관이 들지 않았다면 피로도를 최대한 줄이면서 작업을 완료하는 것은 불가능하다. 작업에 필요한 속도와 다른 속도로 작업한다면 좋은 습관이 들 수 없다."⁵⁹ 이 말은, 적절한 모빌리티 습관을 발전시키려면 결국에는 내야 할 그 속도로 처음부터 시작해야 한다는 뜻이다. 습관의 중요성을 강조할 때면, 길브레스는 노동자에게 일부러 속도를 늦추며 일하라고 시켜 본 사례를 이야기하곤 했다. 손수건 공장에서 느리게 손수건을 접어 보라고 지시한 것이다. "'천천히 접어 보'라고 했더니, 그 여자는 쩔쩔매더군. 너무나 자동적인 동작이었으니까. 손가락에 보조 뇌가 달려 있었기 때문이야."⁶⁰

사이클로그래프 기술의 근본적인 목적 중 하나는 훌륭한 모빌리티 습관이 어떤 모습인지 규명하는 것이었다. "어떤 작업이든 숙련자들의 사이클로그래프는 부드러운 곡선을 그린다. 여기에는 잘 확립된 습관과, 편안함과, 완벽한 통제가 만든 우아함이 있다."⁶¹ 철사 모형은 노동자들에게 좋은 동작 습관을 심어 주는 보조 도구로 사용되었다. 길브레스는 과학의 이름으로 규제하기 위해 인간의 모빌리티를 재현해야 하는 익숙한 딜레마에 직면했다. 길브레스가 공장에 파견한 동작 전문가들 중 한 사람은 손으로 만져 볼 수 있는 철사 모형이 좋은 모빌리티 습관을 가르칠 때 중요한 역할을 한다고 보고했다.

저는 동작 연구를 배우는 젊은이에게 철사 모형을 만들어 보라고 권합니다. 동작에서 애매하거나 추상적인 부분을 없애고, 무엇에 주목해야 할지를 배우고, 동작의 기본은 그 결과물인 철이나 놋쇠처럼 구체

적인 개념과 대상이라는 것을 깨닫도록 말입니다.[62]

길브레스 부부는 연이은 성공에 고무되었다. 좋은 습관을 장려하려면 동작을 구체화하는 것이 중요하다는 내용의 동작 연구 논문도 썼다. "보통 사람들에게 형체가 없는 대상의 현실성이나 가치를, 특히 돈의 가치를 증명하기란 지극히 어려운 일이다. 동작 모형은 가치를 명확하게 인식시켜 준다. 시간은 돈이고, 불필요한 운동은 돌이킬 수 없는 손해라는 사실을 손으로 만져서 느끼게 한다."[63] 초보자는 동작 모형을 만지면서 나중에 익힐 표준 동작을 느껴 볼 수 있다. "동작 모형을 사용하면 무엇을 해야 하는지 깨닫고, 눈으로 배울 수 있으며, 손가락으로 철사를 따라가 보면서 앞으로 해야 할 일에 근육을 적응시킬 수 있다."[64]

습관에 주목한 길브레스의 입장은 최근의 포스트-현상학과 일치하는 바가 많다. 우리 몸의 움직임은, 아니 심지어는 우리 몸 일부의 움직임까지도 우리가 누구이며, 또 누구로 훈련 받았는지의 토대를 이룬다. 현상학자들은 우리의 움직임이 우리를 세계와 연결시키는 기본적인 방식이라고 주장했으나, 최근의 신체 이론가들은 움직임이 사회적 위치의 생산물이자 생산자임을 보여 주었다.[65] 체계적으로 비대칭적인 사회 · 권력관계의 맥락 속에서, 움직이는 몸은 의미화되는 동시에 의미를 만든다. 길브레스는 사람들이 몸에 지속적으로 존재하게 될 어떤 표준을 경험으로, 습관으로 익히도록 하여 몸의 모빌리티에 의미를 부여하려고 했다.

노동자의 움직임이 그 자신의 것이 아니라 초시계, 카메라, 경영진의 의도가 만들어 낸 것이 되도록 공장을 재편할 수 있다는 길브레스의 믿음은, 이렇게 개별 노동자들의 몸에서 모빌리티를 추출해 내는 과정 덕분에 강화될 수 있었다.[66] 프랭크와 릴리언이 만들어 낸 시스템은 위험한 게으른 노동자의 몸을 자본주의적 생산에 동원되는 객체로 변형시키려고 했다. 노동자의 몸은 공간과 시간의 구축, 그리고 그 시공간 속 움직임의 분할을 통해 규율되었다. 동작 연구의 목표는 노동자들의 신체 움직임이 갖는 차이를 부정하고 동작의 통일을 만들어 내는 것이었다. 달리 말하자면, 불필요한 모빌리티를 제외하는 편집 과정을 통해서 아직 소외되지 않은 모빌리티를 압축된 동작으로 교체하려고 한 것이다.

애런 관리하기

프랭크 길브레스의 메모나 글에는 확실히 슈미트처럼 대우 받는 인물은 등장하지 않는다. 전반적으로 길브레스는 테일러보다 공장노동자들을 더 존중했던 것처럼 보인다. 그는 노동자들을 기술 연구에 참여시키는 것을 좋아했고, 부드럽게 설득해서 일을 진행시켰다. 정기적으로 동작 연구 강의를 열었고, 노동자들이 등장하는 영화도 제작해 상연했다. 길브레스는 미세동작 장비들을 작업장과는 다른 소위 '개선실'에 설치했다. 실험에 참여한 이들은 따로 보너스를 받았다.[67] 길브레스 관련 문서들에서는 격자무늬 배경이 있는 방에서 빈둥거리면서 인상을 쓰거나 웃고 있는 노동자들의 사진을 쉽게 찾아볼 수 있다. 이 사진들은 동작 연구와 별다른 관련이 없어 보인다. 길브레스는 자기가 하는 일이 생산량을 늘려서가 아니라 피로를 줄여 주기 때문에 여러분에게 이득이 된다고 노동자들을 다독였다. 테일러와는 달리, 길브레스는 나쁜 모빌리티 습관을 좋은 습관으로 바꾸는 것이 노동자들에게 괴로운 일임을 잘 알고 있었다. 어느 동작 연구 강의에서 그는 분명하게 자기 입장을 밝혔다.

우리 앞에 놓인 상황은 끔찍합니다. 우리는 어떤 사람이 오랫동안 해 온 일을 새롭게 하도록 만들어야 합니다. 우리는 거기 있는 누구보다도 똑똑한 척하면서 공장에 들어섭니다. … 마지막 분석에서는 미숙련자가 해야 할 과제를 정하고, 더 많은 일을 하게 하고, 그래서 과제가 달성되면 거기에 걸리는 시간을 줄이게 만들어야 합니다. 우리는 그가 가진 기술을 뒤엎어 버려야 합니다.[68]

길브레스는 최소한의 동작으로 손수건을 접는 최선의 방법을 알아내고자 손수건 공장에 출입했던 경험도 예로 들었다.

하나는 큼지막한 손수건을 작은 상자에 들어가도록 접는 일입니다. 또 하나는 구석의 이니셜이 보이도록 접는 일입니다. 이 두 가지가 기본적으로 해야 하는 접기 작업입니다. 45명의 여성 노동자들 대부분이 이 두 작업을 합니다. 이 노동자들은 짧게는 3개월, 길게는 25년 동안 손수건을 접어 온 사람들이에요. 이 사람들한테 손수건을 접는 방법을 어떻게 설명할 건가요? 모든 사람이 저를 쳐다봅니다. 살면서 저는 손수건을 사 본 적이 없어요. 아내가 사다 줬습니다. 손수건을 어떻게 접어야 하는지 지금까지 관심을 가져 본 적이 없어요. 외부에서 온 사람이 이들에게 어떻게 손수건을 접어야 하는지 설명하는 것은 거의 불가능해 보입니다.[69]

길브레스는 자기의 한계도 어느 정도 인식했고 그래서 노동자들을 연구에 참여시키려고도 했지만, 그나 그의 동료들이 하는 일은 노동자들에게 괴상하고 고압적인 행동으로 비쳤을 것이다. 실제로 길브레스도 테일러처럼 많은 저항을 겪었다. 예컨대, 1919년에 피어스 애로우 자동차회사의 배달 사환들은 길브레스가 자기 시스템에 성공적으로 안착한 직원들을 승진시켜 준다는 약속을 지키지 않았다며 집단행동에 나섰다. 길브레스는 이들을 해산시켰다. 1924년 버팔로에 위치한 아메리칸 라디에이터 컴퍼니의 노동자들은 길브레스 조수들의 연구를 거부하면서 태업에 들어갔다. 회사는 길브레스와의 계약을 파기했다.[70]

노동자들이 그들의 모빌리티를 재구성하려는 시도에 저항한 사례들은 잘 알려져 있는 편이다. 그러나 길브레스의 조수들과 노동자들이 어떤 관계였는지는 그리 잘 알려져 있지 않다. 이제 애런에 관한 이야기를 해 볼 차례다. 우리는 애런을 잘 모른다. 그는 공식적인 역사에서 쉽게 누락되는 노동자들 중 하나다. 동작 관리자 S. 에드가 휘태커가 길브레스에게 보낸 보고서들에는 애런의 이름이 여러 번 등장한다. 휘태거는 테일러 시스템 구현을 위해 로드아일랜드의 뉴잉글랜드 버트 컴퍼니로 막 파견된 참이었다.

1912년 7월 4일, 휘태커는 길브레스에게 편지를 써서 화장실 관리 문제를 보고했다.

저는 화장실과 소변기가 꽤 지저분한 상태라는 것을 발견했습니다. 아무래도 주의를 적절하게 기울이지 않은 탓이 아닐까 싶습니다. 하루 종일 저는 힘든 초과노동 없이 화장실을 청소하는 효과적인 방식을 정하려고 고민한 후, 아래와 같은 행동 지침을 마련했습니다. 화장실 관리를 특정한 사람에게 맡긴다. 걸레를 사용해 매일 변기 안쪽을 한 번의 회전 동작으로 닦아 낸 후 물을 내린다. 일주일에 두 번 겉면을 젖은 걸레로 닦는다.[71]

이런 편지들은 길브레스의 동작 연구가 믿기 어려울 만큼 세세한 부분까지 관여했다는 사실을 알려 준다. 원칙적으로야 공장 전체를 비롯해 그 안에 있는 모든 사람들이 정밀 조사를 받아야 했겠으나 회사의 상층부에 동작 연구가 도입된 적은 없다. 길브레스가 시도해 보지 않은 것은 아니지만, 윗선에 있는 사람들의 동작 훈련은 허용되지 않았다. 잡일을 하는 사람들은 만만한 목표였다. 휘태커는 이들에게 자기 방법론을 마음껏 적용했다. 동작 연구는 효율적으로 화장실을 청소하는 방법을 산출해 낼 수 있을 것이다. 일주일도 지나지 않아 휘태커는 성과를 냈다. 7월 10일에 그는 다시 보고서를 보냈다. "앞서의 연구 결과에 따라, 한 사람에게 화장실 변기의 안팎을 세제로 닦는 작업을 배당했습니다. 매일 화장실을 점검하고 가능한 한 적은 수의 동작으로 매일 화장실을 점검 · 청소하는 업무 지침을 마련할 예정입니다."[72] 이 일이 끝나자 휘태커는 잡역부가 해야 할 더 일반적인 업무에 주목했다.

현재까지 조사한 바에 따르면, 쓰레기통을 맡은 직원(애런)은 큰 쓰레기통을 끌고 돌아다니며 그 안에 여러 쓰레기통들의 내용물을 비운 후, 지하실로 내려가 보일러 앞에 쌓인 석탄 위에 쓰레기를 버립니다. 서류들이 석탄 더미 위에 마구 흩어져 매우 지저분합니다. 종이들을 석탄과 함께 불에 밀어 넣는 작업은 보일러 담당자에게 정신적인 부담을 줍니다. 담당자는 종이들을 불에 밀어 넣기 위해 추가적인 삽질을 해야 합니다. 무엇보다도, 보일러 문을 자주 여는 불필요한 작업이 되풀이되어 보일러의 열이 낭비됩니다. … 따라서 새로운 지침을 마련했습니다. 애런은 마대 자루를 따로 휴대합니다. 마대 자루의 입구는 쓰레기통을 뒤집어 쓰레기를 비우기에 충분한 크기입니다. 애런은 보일러실로 이동하여 검은 글씨로 '종이'라고 표시된 통에 마대 자루를 비웁니다. … 이후 애런에게 더 확실한 시간표를 제시할 예정입니다.[73]

이 대목을 읽는 독자들은 애런이 불쌍하게 느껴졌을 것이다. 자료에는 이 사건들이 휘태커의 시각으로 기록되어 있지만, 애런 입장에서 어떤 일이 벌어졌을지를 짐작해 볼 수 있다. 그는 아마도 최근에 동유럽에서부터 대서양을 건너 온 이민자였을 것이다. 애런은 레이스, 자수 재료, 여타 직물들을 만드는 기계가 생산되는 공장에서 잡역부 일을 구했다. 노동자와 관리자들의 뒤치다꺼리를 맡고, 쓰레기통을 비우고, 화장실을 청소하는 일이 그의 업무였다. 아메리칸 드림하고는 거리가 멀었지만 임금이 나왔고 해야 할 일도 많았다. 어느날, 동작 전문가 휘태커 씨가 애런 앞에 나타난다. 화장실을 청소할 때 대걸레질은 한 지점당 딱 두 번만 하라고 한다. 초시계와 메모장을 든 이 짜증 나는 침입자는 몇 주 동안 뒤를 따라다닌다. 작은 움직임 하나하나를 다 기록하더니 시간표와 지시 카드를 내민다. 테일러가 슈미트를 대한 태도와 똑같지는 않았겠지만 애런도 그에 못지않은 압박감을 느꼈을 것이다. 휘태커는 철저하게 모든 것을 계속 보고했다. 애런은 7월 17일자 보고서에 다시 등장한다.

저는 오늘 아침 6시 40분부터 11시까지 공장에서 애런이 한 일의 종류와 그 작업 방식을 연구했습니다. 3층 사무실 청소에 세 시간이 걸린다는 사실은 매우 불합리합니다. 애런은 시간을 효율적으로 쓰지 못합니다. 다른 사람들이 해야 할 일까지 처리하는 경우도 많습니다. 한 번에 한 사무실에 있는 폐지를 모두 모으는 방식은 불필요한 움직임을 낳습니다. 에런은 1층에서 시작해 쓰레기통에 폐지를 넣고, 먼지를 털고 쓸어 낸 뒤, 200피트 정도 떨어져 있는 보일러실로 이동해 쓰레기통을 비우고, 얼음물 탱크를 채우고, 화장실과 변기들을 청소한 뒤, 2층으로 올라가 비슷한 과정을 거칩니다. 다음에는 제도실과 계획실로 이동합니다. 그러고 나면 9시가 됩니다.[74]

7월 19일에는 애런이 한 시간 동안 225개의 유리창을 닦는 기록을 세웠지만 그 정도로는 휘태커 씨의 기대를 만족시키지 못했다. 7월 30일자 보고서를 보자.

창문을 닦는 애런을 관찰해 보니, 만족스러운 조건에서 일하고 있지 않았습니다. 이를테면, 애런은 조립실 창문을 닦다 말고 창문을 쉽게 여닫으려고 목수가 해야 할 일을 했습니다. 대부분의 창들이 너무 뻑뻑했기 때문입니다. 이 장애 요인들을 최대한 제거할 방법을 마련할 예정입니다. 창문 세척 차트를 아래에 첨부합니다.[75]

애런은 한동안 그저 어리둥절한 채로 미심쩍어하면서 휘태커의 지시에 따랐겠지만, 끊임없이 새로운 지시를 하고 어디서든 뒤를 따라다니는 휘태커 씨가 점점 그의 신경을 긁기 시작했을 것이다. 휘태커의 보고서에는 말을 잘 듣지 않는 잡역부와의 갈등이 나타난다.

저는 오늘 아침 6시부터 애런을 종용하여 평소에는 9시 30분에 끝나던 청소 업무를 8시 15분까지 마치도록 했습니다. 애런은 외국인이라서 그런지 지시를 이해하는 속도가 굼뜰뿐더러, 자꾸만 문제를 제기하는 습성이 있습니다. 인내심이 강한 사람이라면 1시간 30분 안에 모든

일을 올바른 동작으로 처리하는 법을 배울 수 있을 것입니다.[76]

　가엾은 애런에 대한 기록은 여기서 끝난다. 10월 16일자 보고서에
는 "시플리 씨에게 유리창을 닦게 했다"는 불길한 진술이 담겨 있다.
"그는 표준 조건 하에서 시간당 450개를 닦게 될 것입니다." 아마 애
런은 자기가 하던 일을 못하게 되었을 것이고, 이전만큼 지루한 다른
일을 해야 했을 것이다. 우리에겐 애런에게 무슨 일이 일어났는지를
알 방법이 없다.

릴리언 길브레스와 가정의 모빌리티

프랭크 길브레스의 아내이자 동업자, 그리고 공저자인 릴리언 길브
레스는 남편보다 동작 연구에 기여한 바가 많았다. 표지에는 프랭크
의 이름만 올라 있는 책들도 대부분 공동 집필이었다. 책에 릴리언
이 언급될 때는 이니셜만 등장한다. 19세기에서 20세기로 접어드는
시기, 사업과 공학에서 여성의 지위가 어떠했는지를 보여 주는 사례
다.[77] 1924년 프랭크가 사망한 후 릴리언은 11명의 자녀들을 키우면
서 동작 연구를 계속하기로 결심한다. 릴리언은 1972년에 숨을 거두
기 직전까지 강연 활동을 계속했다. 그러나 프랭크가 죽은 직후에는
공장들에서의 동작 연구가 불가능했다. 길브레스 사에서 맺었던 계
약들은 죄다 취소되었다. L. M. 길브레스를 초청하여 연설을 들으려
던 두 공학협회는 연설자가 여자라는 것을 알고 초대를 철회했고, 미

국기계학회는 가입을 거절해서 그녀를 낙담하게 만들었다. 여전히 남성우월주의적이던 풍토에서 릴리언은 자기가 갖춘 전문성과 상관없이 환영 받지 못했다.

릴리언은 가정에 동작 연구를 적용하여 오히려 자기의 성별을 내세우는 방식으로 대응했다. 프랭크는 직장에서 제 움직임을 규율에 맞추는 신체들을 생산했다. 릴리언은 여성의 노동이라는 훨씬 모호한 공간에 뛰어들었다. 릴리언은 합리적 동작의 범주를 넓혀서 사무실의 타이프라이터에서부터 백화점이나 가정의 주방에까지 손을 댔다. 로렐 그레이엄Laurel Graham에 따르면,

이러한 확장은 여성의 노동 관행이야말로 규율을 필요로 하는 새로운 영토라는 주장에 기반했다. 20세기의 특수한 정치적·경제적 맥락 속에서 나타난 새로운 직종들은 여성의 신체, 도구, 공간, 사고를 재편했다. 릴리언의 시도는 여성들을 합리화된 사회와 통합시키는, 여성들 주위로 생성된 새로운 규율 네트워크의 첫 사례라고 보아야 할 것이다.[78]

가정공학은 미국의 가정생활에서 점점 더 중요한 역할을 맡고 있었다. 1920년대에는 이민 제한과 다른 취업 기회의 확대로 집에 하인을 두는 경우가 점차 줄어들었다. 중산층 여성들은 자기 집을 스스로 가꿔야 했다.[79] 처음으로 물, 전기, 가스가 값싸게 안정적으로 공급되면서 가정 공간이 크게 변화했다.[80] 온갖 제품들이 주부들의 시간과 에너지를 절약해 주겠다며 시장에 쏟아져 나왔다.[81] 역설적이지만,

루스 코완이 주장하듯이 이 제품들은 중산층 여성들이 집에서 더 많은 노동을 하게 만들었다.

테일러가 빈둥거리는 노동자의 몸을 적으로 간주한 것처럼, 가정과학이라는 새로운 세계는 전통적인 가사노동자의 신체를 표적으로 삼았다. 전통적인 주부는 계획성 없이 아무렇게나 움직이는 제멋대로이고 혼란스러운 존재로 표현되었다. 혼란에 빠져 있는 주부들을 구원할 해법은 과학과 기술이었다. 19세기 후반에는 가정을 절대시하는 시각이 만연했다. 가정 혹은 가정주부는 도덕성과 강하게 결부되었다.[82] 그러나 1920년대에 이르러 새로 나타난 가정과학은 그 결합을 부드럽게 해체하고 그 자리에 모더니티와 도덕성이라는 새로운 조합을 끼워 넣었다. 19세기의 가정주부는 20세기의 가정관리자로 변화하고 있었다.[83]

크리스틴 프레드릭Christine Frederick은 《새로운 가정관리The New Housekeeping》(1913)에서 집에 합리성과 효율성이 도입되어야 한다는 의견을 피력했다. 여성은 과학이 아니라 관습과 전통에 의존하는 비합리적인 가정 공간에서 일해 왔으므로 테일러의 과학적 관리법이 필요하다는 것이다. 1916년 초, 릴리언 길브레스는 주방에서의 동작들을 줄이는 방법을 고민했다.[84] 이미 릴리언과 프랭크는 집에 제도화된 과학적 관리법을 도입한 상태였다. 자녀 11명의 동작에 질서를 부여해야 했기 때문이다. 《한 다스라야 더 싸다Cheaper by the Dozen》는 이 가족의 삶을 담은 소설인데, 연극과 영화로도 나왔다. 1930년의 어느 강연에서 릴리언 길브레스는 이때를 이렇게 회상한다.

우리의 시간은 집에서의 실제 노동에 쓰기에는 너무 소중했다. 우리는 회사의 중역들이었다. 그래서 우리는 우리 집의 운영 계획을 세웠고, 공장에서 사용하는 차트와 유지 보수 시스템을 채택했다. 집안일은 아이들끼리 분담했다. 아이들 중 한 명이 목욕을 하거나 양치질을 하면 차트에 표시했다. 차트는 '해야 할 작업', '작업 중', '작업 완료'로 나누어져 있었다. 각 작업은 진행 상황에 따라 다른 쪽으로 옮겨졌다.[85]

프랭크와 릴리언의 시간이 가정에서 일하기에는 '너무 소중한' 시간이었다는 진술은 테일러 식의 공장 공간에 제도화된, 육체노동과 '정신노동' 사이의 이데올로기적 구분을 반영한다. 프랭크는 공장의 소유주와 경영자들에게 자기의 전문 지식을 팔았다. 이 사람들은 릴리언을 고용하지 않았으므로 그녀는 자기의 전문 지식을 구매할 새로운 고객을 찾아야 했다. 관리자이자 동시에 노동자인 주부들은 동작 연구를 도입해도 릴리언에게 대가를 지불하지 않을 것이다. 가사노동이 이윤을 창출하지 않으니 동작 연구에 돈을 쓰게 만들기는 어려웠다. 릴리언은 광고와 소비자 마케팅이라는 새로운 문화적 힘에 기대어 이 문제를 해결했다. 그녀는 《레이디 홈 저널》처럼 대중적인 잡지에 기고하기 시작했다. 그리고 자신의 전문 지식을 가사 관련 제품들을 제조하는 업체들에 팔았다. 릴리언의 일은 생산만큼이나 소비와 밀접했다. 이제 이상적인 소비자는 집에 있는 여성들이었다.[86]

프랭크가 사망한 지 2년이 지난 1926년, 릴리언은 침대 정리, 테이블 세팅 등의 활동에 대한 동작 연구 실험을 시작했다. 프랭크와 함께 공장 연구를 하면서 개발한 많은 기술과 재현 전략이 여기에 활용되었다. 설거지를 연구해 보니 가정주부들이 매년 설겆이를 하면서 걷는 거리를 26마일에서 9마일로 줄일 수 있다는 결과가 나왔다. 1920년대 후반부터 릴리언은 확실하게 주방에 집중한다.[87] 1930년 즈음엔 과학적 가정관리 영역을 선도하는 인물로 자리 잡았다. 브루클린 보로 가스 컴퍼니는 여성 기술 산업박람회에 전시할 주방 설계를 릴리언에게 맡겼다. '실용 주방the Kitchen Practical'이라는 이름이 붙은 이 설계는 뉴욕 헤럴드 트리뷴 연구소에서 출판한 과학적이고 효율적인 주방 계획 지침서의 모델이 되었다(그림 4.6). 전시된 주방 벽에는 주방 동작 연구가 얼마나 중요한지를 강조하는 릴리언의 시가 있었다.

마이 올-일렉트릭 키친

손가락만 까딱해도 움직이지
하고 싶을 때 일해
가장 짧은 동작, 공간과 시간
효율적이고 쉬워요
이 기술과 만족감
당신도 가질 수 있어요
신나는 생각, 바쁜 손
행복하게 노래하는 마음.[88]

| 그림 4. 6 | 브루클린 보로 가스 컴퍼니가 전시한 실용 주방 (Purdue University Libraries, Archives and Special Collections, Frank Gilbreth Archives)

가사 관리자는 운영자이자 노동자였으므로 행위와 관찰이 분리되기 어려웠다. 릴리언은 완벽한 주방을 만들기 위해 여성들이 자기 행동을 기록하는 방법도 알려 주었다. 그녀는 '실용 주방' 작업 노트에서 여성들이 1피트당 1.5인치 크기의 평면도를 그리고 여러 가사 제품들도 같은 스케일로 그려 넣으라고 주문했다. 자기 주방을 계획하는 사람은 손이 닿는 곳에 컴퍼스를 두고 작업할 수 있어야 한다. 계획자/노동자/관리자인 가정주부는 빵을 만들 때 자기가 할 행동의 절

차 차트를 만든다. 릴리언이 제빵을 예로 든 것은 "가족의 즐거움과 행복에 기여할 무언가를 만들고자 하는 주부들의 욕구"를 가장 잘 표현해 준다고 보았기 때문이다.[89]

릴리언은 작업의 '준비', '실행', '정리' 단계에 필요한 모든 작업을 올바른 순서로 나열하고, 번호를 매겨서 움직임을 나타내는 선과 연결시키라고 조언한다. 이렇게 만들어진 절차 차트는 아래의 사항들을 보여 줄 수 있다.

① 수행한 활동의 전체 개수.
② 이 활동들이 걷게 만든 거리.
③ 작업의 순조로운 진행이 이곳저곳으로 옮겨 다니는 동작 때문에 방해 받고 있는지의 여부.[90]

'실용 주방'의 다음 단계는 완성된 계획에 따른 진행 차트를 구성하는 것이다. 각 작업에 핀을 꽂고, 절차 차트의 번호 순서에 따라 끈으로 연결한다. 그 다음 끈을 제거하고 측정하면 완벽한 케이크를 준비하면서 걸었던 거리가 얼마만큼인지를 밝혀낼 수 있다. 주방 설계자는 이 방식으로 여러 계획들을 시험해 보고, 각각의 계획에 필요한 이동량을 눈으로 볼 수 있게끔 끈을 이용할 수 있었다. 릴리언은 예시로 몇 가지 레시피를 내놓았다. 커피케이크 레시피는 보통 주방에서 143피트였던 이동 거리를 24피트까지 줄인다. 좀 더 복잡한 과정이 필요한 레몬 머랭 파이의 경우에는 기존의 224피트를 92피트로 줄였다.[91]

릴리언의 '실용 주방'은 원형 동선 배치의 개발이라는 점에서도 특기할 만하다. 일하는 사람의 손이 닿는 범위 안에 주방의 핵심 기구들을 배치하는 것이다. 실용 주방 소개서는 릴리언의 원형 동선 배치를 활용하면 "불필요한 모든 움직임을 없앨 수 있을 것"이라고 제안한다.

조리 동작을 절반으로, 걸음 수도 6분의 1 이하로 줄인다는 것이 증명되었습니다. 우리 연구소는 여성이 가족을 위해 걷고 운동하는 일에 전혀 반대하지 않습니다! 하지만 야외에서 운동하는 편이 낫지 않을까요? 냉장고 앞에서 싱크대로, 싱크대에서 스토브로, 또다시 냉장고로 돌아다닐 필요는 없습니다.[92]

이 원형 동선이 현재 표준으로 자리 잡은 주방 삼각형 배치의 원형이다. 서구 대부분의 주방은 식품 저장(냉장고), 요리(조리대, 오븐), 청소(싱크대)라는 단순한 공간배열이 편리한 삼각형을 그리도록 설계된다. 그 상당 부분이 주방에서의 불필요한 동작을 줄인 릴리언 길브레스 덕분이다. 릴리언은 다른 일을 할 자유로운 시간도 벌어 주었다. 브루클린 보로 가스 컴퍼니의 한 팸플릿에는 이런 문구가 있다. "모든 가정주부님들은 지금 스토브가 어떻게 작동하는지 정확하게 알아야 합니다. 기다리는 그 시간 동안, 주부님들은 다른 일을 할 수 있습니다. 이 시간을 활용하세요."[93]

실용 주방의 잠재 고객들은 브루클린 보로 가스 컴퍼니의 광고와

제품들로 채워진 주방 모델에 들어가 곳곳을 걸어다니며 체험할 수
있었다. 광고지들은 길브레스의 독창적 연구가 달성한 효율적인 동
작을 강조한다. 음식을 조리하는 주부들의 걷기 패턴을 시각화한 그
림은 왼쪽에 "전형적으로 혼란스러운 주방"을, 오른쪽에는 실용 주방
을 제시했다(그림 4.7).

실용 주방에는 길브레스의 또 다른 발명품인 관리 데스크가 놓였
다. 계획을 짜는 장소인 책상은 길브레스 주방에서 중요한 부분이었

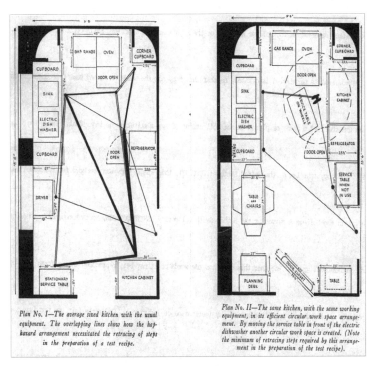

| 그림 4. 7 | 딸기쇼트케이크를 만드는 데 필요한 움직임들이 그려진 체계적인 주방과 비체계적인 주
방 (Lillian Moller Gilbreth Papers, Sophia Smith Collection, Smith College, Northampton, MA)

다. 테일러와 프랭크 길브레스가 '정신노동'을 하는 사무실을 공장 내에 따로 두게 했듯이, 집에도 길브레스 책상이 필요했다. 실제로 설명서에는 "새로운 길브레스 관리 데스크는 가사 관리자의 종합 사업 본부"라고 적혀 있다. "변함 없이 정확한 시간"을 보장하는 전기시계가 가장 큰 특징이었고, 가사 관리자가 책상 문을 열면 라디오, 타자기, 전화기, 유용한 정보를 제공하는 책들을 볼 수 있었다.

오른쪽과 왼쪽 칸에는 가계부와 음식, 쇼핑, 요리, 청소, 건강, 교육, 재정 및 기타 중요한 문제들에 대한 포괄적인 정보가 담긴 차트들이 있다. 양쪽 두 개의 서랍에는 완벽한 가사 기록 시스템 카드들이 들어 있다.[94]

이 놀라운 장치들과 공간 배치의 배후에는 도덕적 열정에 가까운 동작과 효율의 철학이 존재했다. "질서는 천국의 첫 번째 법칙이다." 광고 책자는 이렇게 선언한 뒤, 질서를 확립시켜 준 책상이 우리를 천국 가까이 보내 줄 것이라고 말한다. "불필요한 발걸음이 사라집니다. 불필요한 피로도 없어집니다." 길브레스 관리 데스크와 함께, "여러분은 확실한 항로를 따라 잔잔한 바다를 항해합니다. 체력과 돈을 아끼세요. 마음의 평화가 찾아옵니다."

'실용 주방'에서 모빌리티와 모빌리티의 합리화는 여러 모습으로 나타난다. 능률, 질서, 합리성을 핵심 원칙으로 삼은 실용 주방은 모더니티의 힘에 바탕한 현대적인 주방임이 분명하다. 예전의 주방 배치는 비합리적이고 무질서했다고 비난 받았다. 그러나 주방에서 생산된 근대적 모빌리티 역시 행복을 내세운다. 릴리언 길브레스의 발명품 중 하나는 '행복한 시간happiness minutes'이라는 개념이다. 동작을 줄여 나가서 절약한 시간이 '행복한 휴식 시간'을 만든다는 것이다. 또한, 새로운 모빌리티는 건강한 것으로 제시된다. 노동조합과 의회가 테일러주의의 비인간적인 면을 공격한 이후, 릴리언은 그런 비난을 깔끔하게 피할 수 있도록 오랫동안 프랭크와 함께 동작 연구를 피로 연구로 전환시키고자 노력했다. 생산을 증가시키기 위해서가 아니라, 피로와 질병에서 노동자와 가정주부를 구해 내기 위해 동작 개선을 요구한다는 논리였다. 가정에서 동작에 질서를 부여하는 것은 합리적이고 즐겁고 건강한 일이다. 모더니티, 모빌리티, 도덕성은 가정이라는 공간 속에서 하나로 합쳐졌다.[95]

결론

길브레스 부부는 낭비되는 동작을 줄이려고 했다. 표면적으로 보면 릴리언과 프랭크 길브레스의 이야기는, 또 프레드릭 테일러의 이야기까지도 모빌리티의 생산이 아니라 모빌리티의 제거에 관한 것이다. 철, 손수건, 레몬 머랭 파이의 생산에서 불필요한 것으로 간주된 모빌리티를 없애려고 했기 때문이다. 그러나 이들은 동작의 축소가 움직이는 새로운 방식의 탄생으로 연결되리라는 신념이 있었다. 이 새로운 움직임은 현대적이고 효율적인 데다가 도덕적이었다. 모빌리티의 새로운 **도덕지리학**은 공장만이 아니라 주방에서도 나타났다. 로렐 그레이엄이 날카롭게 지적했듯이, 주방에서 나타난 이상적인 모빌리티는 새로운 방식의 권력 순환을 노리는 더 큰 전략의 일부였다. 노동자들과 마찬가지로, 여성들은 단순히 권력에서 제외되는 것이 아니라 생산의 새로운 형태를 부여 받았다.[96]

시간과 동작의 규제는 테일러와 길브레스 부부의 기획에서 핵심적인 축이었다. 이들은 공장노동자의 신체를 새로운 방식으로 이해하게 하는 재현 전략을 세웠다. 일단 이해하게 되면, 습관이 되도록 다듬을 수 있었다. 앞에서 언급했듯이 길브레스의 목표는 '가장 훌륭한 한 가지 방법'을 만들어 내는 것이었다. 이를 위해 동작을 재배열하고 공간을 재구성하면 습관이 만들어진다. 이 습관의 차원에서 모더니티는 가장 역력하게 드러난다. 푸코의 용어를 빌리자면 우리는 이를 권위주의authoritarianism에서 등록enrollment으로의 이동으로 볼 수 있다. 그레이엄의 말처럼 여성은 권력 순환이 가능하도록 재편된 몸, 공간과 사물, 네트워크와 정신의 작용에 따라 새로운 소비사회에 등록되고 있었다. 릴리언 길브레스가, 새로운 주방 모델을 만들어 낸 회사가, 그리고 소비사회가 추동한 재배치는 가정 내의 물질, 실천, 신체 사이에 새로운 관련성을 만들어 냈다. 유용하고 효율적인 동작과 새로운 사고방식은 새로운 주방, 냉장고나 길브레스 책상처럼 새로운 물건, 새로운 종류의 공간(삼각형 작업 공간, 기획실)들을 서로 연결해 주었다.

여기서 현대적 효율성은 도덕적인 이상으로 자리 잡았다. 공간, 사물, 동작을 합리적으로 결합하려는 행위는 어떠한 개념이나 이데올로기의 반영일 것이다. 길브레스의 실용 주방은 동작의 물질적 실천을 행복, 만족, 건강 개념에 연결시켰다. 그 매개는 길브레스 본인, 뉴욕 헤럴드 트리뷴 연구소, 브루클린 보로 가스 컴퍼니, 그리고 주방을 채운 여러 제품들이다. 운 나쁜 슈미트 씨가 무쇠를 나르는 동안 뒤에서 몰래 그가 효율적으로 일하는지를 초시계로 재던 테일러의 연구 방식과 비교하면, 릴리언 길브레스의 동작 연구는 논리적인 진전을 보인다. 그러나 노동이 모빌리티를 규제하려는 충동으로 인해 변화한 삶의 유일한 영역은 아니다. 5장에서는 무용 분야에서 비슷한 시도가 어떻게 나타났는지를 살펴본다.

5장

"여기서 시미춤을 추면 안 돼요"

: 무도회장에서의 모빌리티 생산

1920년 5월 12일 수요일 오후, 불필요한 동작을 근절하려는 모더니티의 역사가 런던의 그라프톤 갤러리에서 다시 한 번 출현하였다. 영국 전역에서 출발한 200명의 무용 강사들이 볼룸댄스의 위기를 논하기 위해 모여들었다. 《댄싱 타임스》의 편집장 필립 리처드슨이 이 모임의 주최자였다. 그는 《볼룸댄스의 역사》에서 "《댄싱 타임스》의 편집장이었던 나는 이 모임이 꼭 필요하다고 생각했다. 상황이 악화되기 전에 이 괴상한 춤들의 중단을 요구해야 했다"고 회고한다.[1]

이번 장에서는 이 모임을 전후해 나타난 볼룸댄스의 표준화 과정을 다룬다. 언뜻 보기에 춤의 움직임은 노동의 움직임과는 다른 세계에 속한다. 노동은 자유를 제약 받는 영역에, 춤은 자유 · 즐거움 · 놀이의 영역에 위치하기 때문이다.[2] 춤은 주말이나 밤과 같은 여가 시간의 활동이다. 그러나 문제는 그리 단순하지 않다. 춤의 역사를 살펴보면, 노동의 역사와 마찬가지로 춤에도 규율 관행과 뿌리 깊은 모빌리티 이데올로기가 계속 작용해 왔다.

이제부터 적절한 모빌리티와 부적절한 모빌리티를 구별해야 한다는 신념이 볼룸댄스를 지배하게 된 과정을 살펴볼 것이다. 볼룸댄스는 아프리카나 라틴아메리카의 춤이라는 타자를 구성하면서 발전해 나갔다. 앞에서 보았던 바와 같이, 모빌리티는 장소나 부동성이 아니라 다른 나쁜 모빌리티 형태를 그 적으로 삼는다. 이번 장은 영국 및 영연방의 볼룸댄스가 영국과 아메리카 대륙의 클럽들에서 추던 춤들과의 관계 속에서 성립하게 된 과정을 따라가 본다. 이렇게 출현한 춤추는 몸은 분명히 즐거움을 경험하는 몸이기는 하지만, 배제와 타자화의 복잡한 과정을 구현하는 신체이기도 하다. 테일러와 길브레스의 사례에서처럼 이번 장도 올바른 움직임의 생산에 관한 이야기다.

　무도회장에서의 모빌리티 생산과정에는 여러 재현 관행이 개입한다. 우선, 어떤 동작은 특정한 규범적인 지리적 이해 방식에 따라 위치를 부여 받아 '퇴폐적'이라든가 '괴상하다'고 지목된다. 시미, 터키트롯 같은 스텝들은 아프리카나 라틴아메리카나 미국에서 왔고, 재즈나 흑인 문화와 관계 있는 클럽들이나 공간에서 유래한 것이라고 묘사된다. 특정 공간에 배치된 특정 움직임들은 의심스럽고 불명예스러운 것으로 코드화된다. 두 번째 재현 전략은 '올바른 사람들'에게 잘 맞는 보편적인 춤의 형태를 만들기 위한 분류 작업이 낳은 '적절'하고 '정확한' 움직임의 생산이다. '정확한 움직임'이 갖는 의미는 외국 문화로 간주되는 '괴상한 스텝들'과의 관계 속에서 생성되었다. 20세기 초 영국의 무용 강사들은 춤이란 이러해야 한다는 보편적 합의에 따라, 그 기원이 추잡한 스텝들을 제거한 춤을 내놓으려 했다. 그렇게 함으로써 그들은 이상적 모빌리티의 미학을 만들어 냈다.

춤과 모빌리티

다른 모빌리티들도 그러하듯, 춤은 모더니티에서도, 포스트모더니티에서도 투쟁의 장이었다. 위협적인 모빌리티를 받아들일 만한 것으로 바꾸려는 시도들이 계속 이어졌다. 볼룸댄스의 우아한 스텝도 예외는 아니다. 최근 들어 춤에 관한 연구들은 문화연구와 생산적인 관계를 맺고 있다.³ 글로 씌었거나 시각화된 텍스트를 독해하는 정교한 방식들이 개발되어 온 것처럼, 신체의 움직임에 관해서도 그래야 하지 않을까? 현대의 무용수나 안무가들은 움직임의 의미화에 결정적인 역할을 했다. 19세기 초 프랑수아 델사르트François Delsarte는 사람들이 움직이는 모습을 세심하게 관찰해 표현의 논리적 체계를 세우려고 했다. 심지어 큰 사고가 터진 광산 주변의 묘지를 찾아가 '유족들이 어떻게 슬픔을 표현하는지'를 관찰했고, 덤불 속에 숨어서 노는 아이들의 움직임을 지켜보기도 했다. "냉정한 과학적 관찰자로서, 그는 인간이 무의식적으로 드러내는 감정을 파악하고 기록했다."⁴ 델사르트는 몸을 머리, 몸통과 팔, 하반신과 다리의 세 부분으로 나눈 뒤 여기에 기반하여 몸짓의 9가지 법칙과 대립, 평행, 연속이라는 움직임의 세 요소를 규정했다. 마찬가지로 움직임의 보편적 요소를 찾아내려고 한 스위스 안무가 에밀 자크 달크로즈Émile Jaques-Dalcroze는 음악가나 무용가가 리듬감을 개발할 수 있게 도와주는 운동(유리드믹스 eurythmics)를 개발했다. 춤에서 움직임의 법칙을 찾아내려 한 시도들 중에서 가장 주목할 만한 업적을 남긴 사람은 아마도 루돌프 폰 라반 Rudolf von Laban일 것이다.

라반은 20세기 초중반의 신체 모빌리티 생산에서 가장 중요한 인물 중 하나다. 그는 무용수의 모빌리티를 재현하는 체계, 즉 모빌리티를 기록하는 법을 고안했다. '라바노테이션Labanotation'이라고 불린 이 무보舞譜는 춤을 기록하는 보편적인 방법으로 자리 잡았다. 라반은 1879년 슬로바키아의 브라티슬라바에서 태어났다. 어릴 때는 건축을 좋아했지만 곧 안무로 관심을 돌렸다. 그는 베를린 국립오페라단의 안무 감독을 역임했으나, 나치와 갈등을 겪으면서 영국으로 망명한다. 라반은 안무를 계속하는 한편, 제2차 세계대전 시기 영국의 작업 현장에서의 산업 생산량 증진을 위한 움직임 개선에 힘을 보탰다. 이때 그는 영국 기업가 F. C. 로렌스F. C. Lawrence와 함께 '라반-로렌스 산업 리듬the Laban-Lawrence Industrial Rhythm'을 창안한다. 마레나 길브레스처럼 그도 나름의 모빌리티 철학을 지닌 사람이었다.

로렌스와 함께한 라반의 작업은 미국의 길브레스와 통하는 바가 많다. 라반도 동작이 공장 생산의 핵심이라고 믿었고, 피로 문제에 천착하면서 모빌리티를 이론화했다. 라반과 로렌스도 영화 기술의 직장 도입을 주도했다. 라반이 신체 움직임에 접근한 방식은, 사람들의 움직임이 그 자신의 내면을 반영한다는 관찰에 토대를 둔다. "움직임과 춤의 표현 대부분은 움직이는 사람의 내면을 드러내고자 자유롭게 결합될 수 있는 요소들로 이루어져 있다."[5] 마레가 그러했듯, 라반 역시 움직임이야말로 해결해야 할 핵심적인 철학적 과제라고 믿었다. "움직임 자체가 우리의 가장 근본적인 열망을 표현하는 언어"인데도, 우리는 "이 언어를 너무 많이 잊어버렸다. 무슨 일을 하든지 간에, 움직임은 우리가 일하는 시간 내내 일어난다. 글을 쓰거나 말하는 일, 이른바 정신노동의 시각으로 보면 움직임은 중요하지 않은 일을 맡은 부하 직원처럼 보일 수 있다. 그러나 이 직원은 정말 다루기 까다로운 존재다."[6] 동작은 "세계 어디서나 나타나며 이를 응용하려는 모든 과학과 모든 실천에 스며들어 있어서, 동작의 연구에는 그 연구와 떼어 낼 수 없는 공동의 이익이 걸려 있다."[7] 움직임을 이해하려면 신체 움직임의 세계를 설명할 표기법 개발이 필요했다. 길브레스가 서블릭 체계를 고안했듯이, 라반은 음악의 악보처럼 동작을 기록해 줄 복잡한 기호 체계를 고안했다. 이 라바노테이션은 지금도 전 세계에서 춤을 가르칠 때 활용한다.

라반은 많은 움직임들이 드러내는 자동적이고 습관적인 성질에 호기심을 느꼈다. 제2차 세계대전 시기, 춤 전문가인 라반은 동작 연구에 참여하여 공장의 생산성 향상을 도왔다. 습관적인 움직임이 그의 주목을 끈 것은 공장에서 한 경험 때문이었다. "의식적인 결정에 따른 탐구와 지도 없이 많은 동작들이 행해지고 있다. 산업 현장에서 수많은 자동적인 동작들이 되풀이되지만, 노동자는 그 동기도, 심지어 그 동작의 효과도 생각하지 않은 채 그 일을 하기로 한 후 그저 올바른 순서로 수행해 나갈 뿐이다."[8] 라반도 운동의 보편성을 통찰하고는 노동의 세계와 춤의 세계를 따로 구분하지 않았지만, 노동 현장에서의 움직임을 다룰 때는 다른 사람들처럼 모빌리티 이데올로기에 사로잡혔다. 예컨대 다음 진술에서처럼 그는 노동 동작에 젠더적 본질이 있다고 했다.

보통 크기의 통나무에 구멍을 뚫는 기계의 작동은 힘을 쓸 일이 많지 않고 클램프와 스위치 몇 개만 누르면 되는 간단한 일이어서 여자도 할 수 있다고 생각했으나, 미처 생각해 보지 못한 문제가 있다. 이 일은 직선적이고 각이 진 동작을 요구한다. 따라서 여성의 본질인 민첩성이나 유연성과는 어울리지 않는다. 만약 남성적인 동작을 하는 여자를 구할 수 없다면, 이 일은 남자나 소년에게 더 알맞을 것이다.[9]

순수한 운동의 세계를 젠더와 모빌리티 정치라는 언어로 이해하는 분석 방식이다.

최근의 무용 이론은 바로 이 모빌리티의 정치, 다시 말해 움직이는 방식에 부여된 사회적인 의미를 연구 대상으로 삼는다. 제인 데스몬드Jane Desmond는 춤 동작에 대한 형식주의적인 독해가 우선 필요하다고 주장한다. "대부분의 학문 분야에서는 언어적 의사소통 형태를 읽고 이해하는 분석 기술 개발에 많은 시간을 투자했다. 그러나 우리 분야는 시각, 리듬, 몸짓 형태를 분석하는 능력을 개발하는 데 그만큼 노력한 사례가 드물다. 문화비평으로 나아가려면, 움직임을 독해할 줄 알아야 한다."[10]

데스몬드는 신체의 움직임이 주요한 사회적 텍스트로 진지하게 받아들여져야 한다고 강조한다. 사회에서 우리의 위치는 신체의 움직임을 통해 나타나기 때문이다. 춤추는 몸은 사회 속에서 젠더, 민족, 계급적인 위치를 드러낸다. 탱고의 역사가 좋은 예다. "탱고는 부에노스 아이레스의 부둣가 근처에서 생겨나 파리의 살롱까지 진출했다가 다시 귀환한 뒤로, 대서양 건너편에서부터 아르헨티나 상류층의 응접실에 이르기까지 어디서든 '존중 받아 마땅한' 것으로 다시 태어났다."[11] 탱고의 이주와 전유는 인종·젠더·계급의 사회적 구축에 대해 많은 것을 말해 준다. 탱고를 비롯한 여러 춤들은 주로 하층 노동계급에서 출발하지만, 사회적·공간적 위계의 상층부로 진출하면서 '우아한' 것으로 탈바꿈한다. 이 문명화 과정에서 중요한 대목은 노골적으로 성적인 요소가 삭제되거나 줄어드는 현상이다. 데스몬드는 백인 음악가들과 댄서들이 점차 특정 요소들을 삭제해 나간 역사를 추적했다. '골반을 들이미는' 동작, 깡총깡총 뛰는 동작, 타악기 비트가 줄어들었다. 또 남녀가 무릎을 굽히고 다리를 벌린 채 골반을 비비는 동작도 사라졌다. 데스몬드가 보기에는, 없어진 그 동작들은 "발의 스텝과 팔 동작 사이의 엇갈리는 리듬, 그리고 두드러지는 골반 관절 사용"이 특징인 서아프리카의 춤 동작과 매우 유사하다.[12] 흑인음악과 춤이 백인문화로 들어오면 스텝의 패턴은 유지된 반면, 골반을 내밀거나 돌리는 동작은 약해진다. 데스몬드는 이러한 동작 변화가 흑인음악과 춤이 더 일반적인 청년문화로 흡수될 때 나타나는 특징이라고 본다.

마크 프랑코Mark Franko의 주장처럼, 춤은 순수하거나 본능적인 것이라기보다는 사회적 관계의 그물망을 거쳐 매개되는 것이다.[13] 매개라는 성격은 춤의 경험을 무가치하게 만드는 것이 아니라 더 활기차게 한다. 즉발적이거나 무매개적인 것과는 거리가 먼 춤은 사회와 권력이라는 렌즈를 통해 굴절된다. 춤은 인종 문제도, 기존의 규범적인 젠더 관념도 매개한다.[14] 슈 포스터Sue Foster는 발레를 두고 이렇게 이야기한다.

그리고 이 두 육체는 뚜렷하게 구분되는 젠더적 행위를 보여 주면서 남성성과 여성성 사이의 특수한 관계를 춤으로 옮긴다. 둘의 춤은 기민하고 적극적이며 배려하는 남자다움과 친절하고 발랄하며 활기찬 여자다움의 상연에 그치지 않는다. 거듭되는 욕망의 소용돌이—수평적인 몸의 끌림, 수직적인 몸의 융합은 남녀 역할의 완벽한 결합을 구현하는 통일적인 전체의 형상화에 그치지 않는다. 그와 그녀는 그들이 함께 하는 안무에 공평하게 참여하지 않는다. 그녀와 그의 값은 다르다. 그녀는 계속하여 그의 숭배 대상으로 내세워진다. 그녀는 그를 향해 재촉할 뿐, 절대로 손을 뻗어 그를 붙잡지 않는다. 더 큰 힘이 그녀를 소유했음을 알리기 위해 등 뒤에서 팔들이 흘러내린다.[15]

적어도 몇몇 사례에서는 분명히, 신체의 움직임은 의미와 권력의 재생산과 깊숙하게 관련되어 있다.

이렇게 춤에 접근하는 방식은 다양한 형태의 권력이 작용하는 사회적·문화적 세계의 맥락 속에 신체의 움직임이 존재한다는 것을 암시한다. 무용학자인 헬렌 토머스Helen Thomas가 제안한 대로 춤은 문화적 지식의 한 형태로 다루어져야 하며, "사회문화적 탐구가 이루어지기에 적절한 영역이다. 그러나 단순히 춤의 코드를 읽어 내는 것이 아니라, 춤이 어떻게 의미화되는지를 질문할 수 있게끔 그 맥락을 이해해야 한다."[16] 실제로 춤에 관한 인류학 연구들 상당수가 맥락이 몸의 움직임을 어떻게 의미 있게 만드는지, 즉 창조적인 신체 동작을 낳는 조건을 춤의 사회정치적 맥락이 어떻게 마련해 주는지를 파악하는 데에 집중한다.[17] 다른 장들도 그러하지만 특히 이번 장은 관계적 해석의 틀 안에서 신체의 모빌리티를 탐구한다. 이 관계적 해석의 틀은 모빌리티 이해에서 필수적인 의미, 재현, 이데올로기 문제를 포함한다.[18] 이 목표는 최근의 어느 연구가 내세운 다음과 같은 목표와는 대조적이다. "나의 목표는 다양한 공간적 과정을 거치며 세계가 출현하는 방식을 탐구하는 것이다. 이 과정들의 힘은 사색을 통해 얻은 인식에 의존하지 않는다."[19] 이 책의 목적 중 하나는 신체 모빌리티를 더 큰 범주인 사회적 · 문화적 · 지리적 세계 안에서 이해하는 것이 중요하다는 점을 주장하는 것이다. 이 더 넓은 세계는 모빌리티에 의미를 부여하고 특정한 방식의 실천을 규정한다.

이제부터는 볼룸댄스의 역사에서 중요한 몇몇 장면을 포착할 것이다. 어떤 모빌리티 실천을 가능하게 하고 제약하기도 하는 의미 결정의 특정한 맥락 속에서, 모빌리티가 다른 모빌리티와의 관계를 통해 생산되는 방식을 살펴보기 위함이다. 볼룸댄스는 모빌리티를 지리학적으로 코드화하여 한편으로는 올바르고 적절한 모빌리티 유형을, 다른 한편으로는 위험하고 위협적인 모빌리티 유형을 만들어 냈다.

타락한 춤과 괴상한 스텝

1920년대 볼룸댄스의 사회문화적 맥락은 당시의 춤과 음악이라는 더욱 넓은 맥락에서 이해될 필요가 있다. 미국에서 건너와 영국을 휩쓴 댄스 열풍 덕택에 많은 학교와 기관들이 세워졌고 전문적인 댄스 강사들의 역할도 중요해졌다. 춤이 이보다 더 인기 있었던 적은 없다. 유명한 춤들은 꽤 복잡해서 강사의 역할이 컸다. 강사들은 춤의 엄청난 인기를 이용하는 동시에 춤을 '존중 받아 마땅한' 것으로 만들려고 노력했다.[20] 1920년 그라프톤 갤러리에 강사들이 모여든 것도 이런 맥락에서다.

사실 이 모임을 갖자는 아이디어는 리처드슨이 아니라 미국인 무용수 무슈 모리스가 냈다. 그해 초, 모리스는 《댄싱 타임스》에 편지 형식의 글을 투고했다.

친애하는 리처드슨 씨께

런던에 온 이후로 저는 뉴욕에서 제가 했던 것과 비슷한 일을 추진해 보는 것이 가능하지 않을까 하는 생각을 해 왔습니다.

저는 볼룸댄스를 어떤 식으로든 표준화하기를 열망하고 있습니다. 그렇게 되면 모든 훌륭한 춤추는 곳들과 무도회장에서 같은 기준이 적용되겠지요. 저는 뉴욕에서 최고의 댄스 강사들을 모아 회의를 열었습니다. 우리는 폭스트롯, 투스텝, 왈츠, 탱고를 올바르게 추는 방식을 합의했습니다. 이렇게 해서 공공장소와 사적인 자리를 가리지 않고 점차 퍼져 나가고 있는 우아하지 않고 품위 없는 춤 형식을 피할 수 있게 되었습니다.

비슷한 일을 여기에서도 추진할 수 있을까요?

모리스는 계속해서 대서양 양쪽의 댄스 플로어에 퍼져 나가는 "괴상하게 주저앉고 빙글 도는 별난 동작들"이 공포스럽다고 털어놓으면서 이런 동작들을 몰아내기 위해 다 같이 힘을 합쳐야 한다고 목소리를 높였다. 《댄싱 타임스》의 편집장인 당신께서, 런던의 일급 댄스 강사들을 불러모아 이 문제를 논의할 회의를 열 수 있지 않을까요?"[21] 리처드슨은 아주 좋은 의견이며 흥미가 있는 분들은 잡지사에 의견을 보내 달라는 답신을 달았다. 얼마 지나지 않아 그라프톤 갤러리에서 모임을 열기에 충분할 만큼의 호응이 일었다.

리처드슨이 이 회의를 주재했다. 그는 정도에서 어긋난 춤들이 점점 영국에 만연하고 있다는 감동적인 연설을 시작했다. 댄스 플로어에 자유주의가 득세하고 있다는 경고였다.

전제 군주에 대항하는 투쟁이 세계 곳곳에서 벌어졌듯이, 춤의 세계에서도 지나간 빅토리아 시대의 마지막 세대가 즐긴 형식적인 춤에 대한 반란이 일어났습니다. 불행하게도 자유를 향한 투쟁은 극단으로 치우쳐서 볼셰비즘을 낳았습니다. 무도회장에서도, 예술적 볼셰비즘을 지향하는 경향이 등장했습니다.[22]

다음 연사는 무슈 모리스였다. 그는 최근의 춤이 처한 암울한 상황을 비판했다. 그건 재즈 탓이고, '타락한 장소'에서나 추던 새로운 댄스 스텝 탓이다. 그런 음악과 춤은 아프리카계 미국인들의 클럽에서 비롯되었고, 따라서 필연적으로 호색적인 의미를 가진다. 재즈 음악은 삼류, 사류인 장소에서나 연주되는 음악이고, 멜로디와 리듬이 부족한 재즈는 나쁜 춤이 나타난 원인이다. 연설을 마친 뒤 무슈 모리스는 댄싱 파트너인 레오노라 휴즈 양과 함께 훌륭한 스텝이 무엇인지를 시연했다. 취재하러 온 《모닝 포스트》와 《데일리 메일》 기자들

| 그림 5. 1 | 댄스 강사들이 없애고 싶어 하는 스텝 (Daily Mail photo reproduced in the Dancing Times, June 1920)

이 참고하도록 나쁜 스텝이 무엇인지도 알려 주었다(그림 5.1). 두 사람이 피카딜리 호텔 공연차 떠난 후 많은 유명 댄서들과 춤 강사들이 열띤 토론을 벌였다. 춤에 관한 글로 잘 알려진 작가 에드워드 스콧은 재즈의 전신인 래그타임ragtime을 억제시켜야 한다고 호소했다.[23] 스콧은 첫 번째 결의안을 이끌어 냈다. "여기 참석한 선생님들은 괴상한 스텝을 근절하기로 합의한다. 특히 주저앉았다 일어나는 동작, 발을 높이 치켜드는 동작, 옆 사람들을 방해하는 사이드스텝과 정지 동작을 없애야 한다."[24]

결의안은 만장일치로 통과되었다. 두 번째 결의안은 각각의 춤에서 인정 받을 만한 스텝을 결정할 위원회를 구성하자는 것이었다. 10월에 리처드슨이 이끈 위원회가 논의 결과를 발표했다. 여기서 승인된 춤은 다음과 같았다.

One-Step	Pas marché	
	Chassé	
Foxtrot	Foxtrot Walk (one step to two beats)	
	Chassé	
	Three-step	
Tango	Paseo	Marche Argentina
	Corte	Carré
		Huit

규제해야 할 만큼 강한 거부감을 불러일으킨 움직임들은 여러 가지였다. 첫 번째 결의안에서는 주저앉기나 동작 정지처럼 괴상한 스텝들의 근절을 요구했는데, 참석자들은 폭스트롯의 업템포 버전인 시미shimmy를 가장 싫어했다. 시미는 엉덩이와 어깨를 심하게 떨면서 양옆으로 들썩이는 동작이 특징이었다.

《댄싱 타임스》에는 파리 사람들이 시미가 속치마chemise라는 단어에서 유래했다고 믿는다면서, "품위를 지키는 《댄싱 타임스》의 지면에서 그런 설명을 재차 진술할 수는 없다"고 부연하는 기사가 실렸다.[25] 미국의 배우이자 가수였던 길다 그레이Gilda Gray는 춤추며 노래할 때 어깨를 흔들면서 무대 복장의 일부인 속치마를 살짝 노출하곤 했다. '시미'라는 명칭의 유래를 여기에서 찾는 사람들이 많다. 1918년 즈음 누군가가 길다 그레이에게 당신이 추는 춤의 이름은 뭐냐고 묻자 "난 속치마를 흔들어요. 그게 내가 하는 일이에요."라고 답했다는 말도 있다.[26] 1918년에는 가수 매 웨스트Mae West가 〈Everybody Shimmies Now〉라는 노래를 부르며 시미 춤을 췄고, 지그펠트 폴리스Ziegfeld Follies처럼 인기 많은 브로드웨이 무대 공연에서도 시미 춤이 등장했다. 1919년에 나온 노래 제목은 〈여기서 시미 춤을 추면 안 돼요You Cannot Shake That Shimmie Here〉였다. 시미가 불러일으킨 파장을 엿볼 수 있다.

사람들 사이에서 유행하기 시작한 춤이 비지니스에 이용되려면 어느 정도 시간이 필요하므로, 1918년 훨씬 전에 시미가 출현했을 가능성이 높다. 실제로 Shimmy라는 단어는 1908년에 나온 노래인 〈The Bullfrog Hop〉의 가사에서도 나타난다. 혼종적인 음악과 춤의 기원을 추적하기란 어려운 일이다. 사람마다 춤이 어디에서 끝나고 어디에서 시작하는지를 다르게 판단하기 때문이다. 미국으로 끌려온 노예들이 추던 시카Shika라는 나이지리아 춤에서 시미가 유래했다는 설도, 아이티가 기원이라는 설도 있다. 어쨌든 이 춤이 아프리카계 미국인의 문화에서 유래되었다는 데에는 대부분이 동의한다. 그 기원이 무엇이든 20세기 중반에 이르자 시미라는 단어는 춤의 영역에서 벗어나, 바람직하지 않고 잠재적으로 위험한 움직임들을 통틀어 가리키는 말이 되었다. 특히 시미는 고속으로 주행하는 자동차 바퀴가 비정상적으로 흔들리는 것을 뜻하기도 한다. 어느 사전에는 시미가 동사일 때 "비정상적으로 진동하거나 흔들린다"라는 뜻이라고 풀이되어 있다.[27] 아프리카계 미국인들의 혼종문화에서 유래한 신체 움직임의 한 형태는, 이제 '비정상적인' 움직임을 의미하는 일반적인 용어가 되었다.

리처드슨은 1920년대 초반, 시미와 재즈가 춤에 끼친 영향을 이렇게 회고한다. "시미의 등장과 빨라진 템포, 정신없는 재즈음악이 서서히 발전해 온 부드러운 폭스트롯을 심각한 위험에 빠뜨렸다."[28] 1921년 6월《댄싱타임스》는 5월 8일 댄서들의 모임에서 시미를 두고 논의한 내용을 전했다.

> 팔다리와 어깨를 흔들어 대는 '시미'는 끔찍하고 불쾌하며 허용되어서는 안 된다. 하지만 만약 춤추는 사람이 폭스트롯의 발동작을 변형해 '시미'와 비슷한 스텝을 밟고 싶어 한다면 말릴 방도는 없다. 강사가우리는 그런 춤을 추지 않을 것이라고 말해도 소용이 없다. 대중이 원하면 알아서 하게 두어야 한다. 강사들은 머리를 맞대고 연구하여 무해한 변형을 만들어 내고, 이렇게 해 보라고 제시하는 식으로 더 유용한 도움을 주어야 할 것이다.[29]

파리에서도 비슷한 말이 나왔다.

> 콜리제 클럽의 매니저인 아샤르 씨는 시미가 탱고와 비슷한 길을 밟을 것이라고 믿는다. 빈민가에서 탄생해, 사람들의 분노를 샀지만, 점차 그 독특한 면을 잃어 갈 것이다. 머지 않아 원래의 방식대로 시미를 추는 댄서들은 호기심이나 경멸의 대상이 될 것이다. 아샤르 씨는 시미가 잘 다듬어지면 꽤 좋은 춤이 될 것이라고 생각한다.[30]

주목할 것은, 이런 접근 방식이 배제와 포함의 논리를 결합한다는 사실이다. 시미는 아예 금지된 것이 아니라 통합을 향해 부드럽게 이동했다. 시미만 특별 취급을 받은 것도 아니다. 찰스턴 춤은 빅터 실베스터가 동료들과 함께 '개량'하기 전에는 영국인들을 격분시켰다.

찰스턴의 단점은 그 활기찬 발차기가 귀찮은 문제들을 낳는다는 것이다. 사람들 다리에 계속 멍이 들었고 여자들 스타킹 수천 개의 올이 나갔다. 그래서 왕립무용교사협회에서는 플랫 찰스턴이라고 알려진 더 단순하고 우아한 버전을 만들었고, 이 버전은 곧 원래의 찰스턴을 대체했다.[31]

리처드슨은 허용 가능하다고 합의된 춤들 중에 예전에 '타락'으로 여겨진 춤들이 꽤 있다는 걸 알았다. 아메리카에서 파리를 거쳐 들어온 탱고는 춤의 '개량'을 보여 주는 전형적인 예다. 리처드슨은 1910년부터 1914년까지의 탱고 열풍을 이렇게 바라본다.

오늘날의 많은 춤들과 마찬가지로 탱고도 노예무역 이후, 흑인 민속 리듬이 라틴아메리카, 특히 쿠바에 들어오면서 발생했다. 시릴 라이스는 1931년에 이렇게 표현했다. "플랜테이션의 야만적이고 참신한 리듬이 크리올들의 음악적 전통과 합쳐지면서 아바나에서 이름을 따온, 쿠바 스타일의 아바네라를 낳았다."[32]

'흑인 민속 리듬'은 아바나에서 부에노스아이레스로 건너가 온갖 저속한 장소로 흘러들어갔다. "라 보카와 악명 높은 바리오 데 라스 라나스의 술집과 사창가에서는 선원과 빈민가의 가우초들이 인디언 혼혈 여자들을 꼬셔 내려고 애를 썼다. … 그들이 수도라고 부르는 그 항구에서 하바네라 리듬을 접하자마자, 그들은 덥썩 받아들여서 음흉한 탱고를 만들어 냈다."[33]

리처드슨의 설명에 따르면 탱고는 주변부 공간, 즉 어떤 행동을 해도 되는지 아닌지를 규정해 줄 일반적인 행동 규칙이 무력해지는 한계 지역에서 나타난 춤이다.[34] 영국인 댄스 강사의 관점에서 볼 때, 한계 지역은 서반구 전체, 라틴아메리카, 특정 항구들, 아바나와 부에노스아이레스의 사창가까지를 의미했다. 리처드슨은 심지어 아르헨티나에서도 탱고가 경멸의 대상이었다고 말한다. 탱고는 대서양 건너 파리에서 "모든 불쾌한 특징들이 없어지고 나서야" 부에노스아이레스의 무도회장에 진입할 수 있었다.[35] 1911년에 《댄싱 타임스》 기사에 처음 등장한 탱고는 1912년 런던의 웨스트엔드에서 공연된 뮤지컬 〈선샤인 걸Sunshine Girl〉에 진출한다.[36] 이때만 해도 런던의 신문들은 탱고의 성적인 암시를 두고 분노에 찬 기사를 쏟아 냈다. 따라서 1920년에 작성된 그다지 길지 않은 수용 가능한 춤 목록에 탱고가 들어 있다는 사실은 매우 의미심장하다.

춤에 관한 이 논쟁들의 중심에는 왕립무용교사협회ISTD: the Imperial Society of Teachers of Dancing가 있었다. 영국의 댄스 강사들을 대표하는 1920년대의 유일한 단체는 아니지만, 왕립협회는 확실히 가장 크고 영향력도 강했다. 이 협회에서는 주로 발레에 관한 문제를 많이 다루었지만, 사교댄스를 가르치는 회원들도 상당수가 가입되어 있었다. ISTD는 1904년 여름, 코벤트 가든에 있는 세실호텔의 메디치룸에서 200명의 무용 강사들이 연 회의의 결과로 창립되었다. 이 당시에는 누구나 춤을 가르칠 수 있었다. 이렇다 할 자격 요건도 없었다. 춤은 사교계 생활의 핵심 요소였고, 메디치룸에 모인 무용 강사들은 '적합한 배경'을 갖추지 않은 사람들이 이 업계에 들어오지 못하게 하려고 했다. 무용 교사들은 그들의 이익을 보호하고 표준을 정해 줄 조직이 필요하다는 데 의견을 모았다. 1904년 7월 25일 소호 출신의 볼룸댄스 강사 R. M. 크롬튼이 ISTD의 초대 회장으로 선출되었다. ISTD는 교수법의 통일과 강사의 고등교육 장려를 그 목적으로 내세웠다.

ISTD의 소식지인《댄스 저널》에는 춤의 퇴폐성을 성토하는 글이 넘쳐났다.

나쁜 습관은 우리의 가장 큰 적이다. 그리고 훈육과 성장을 위해 우리가 맡은 3년이나 10년은 우리의 전쟁을 치르기에는 너무 짧은 기간이다. 그래서 적들은 아이들을 찾아가고, 전투는 계속되며, 이 끈질긴 적을 섬멸하기 위해 삶의 상당 부분을 바쳐야 한다. 그러나 한 세대가 개인보다 길기 때문에 한 세대의 나쁜 습관은 개인의 나쁜 습관보다 더 강하고, 이를 근절하려면 더 긴 기간이 필요하다.[37]

ISTD의 설립 목적은 나쁜 습관을 없애고 나라 전체에서 공유할 표준적이고 우아한 스텝을 만드는 것이었다. 테일러와 길브레스의 연구에서와 마찬가지로, 볼룸댄스에서도 모빌리티 생산의 핵심에 있는 것은 습관이다. 그러나 댄스 강사들의 투쟁이 무색하게, 나쁜 습관은 곳곳에서 출현했다. 올바른 움직임의 수호자들이 보기에 춤은 타락하고 있었다. 《댄스 저널》에 기고한 어떤 이는 "춤은 이제 그저 여흥거리에 불과한 것으로 타락했다"고 한탄한다. "더는 예술이 아니라 통속적인 쾌락이다. … 모든 규범이 무너진 것은 제대로 훈련 받지 않은 강사들이 사람들의 지저분하고 거친 습관에 영합하는 방식으로 가르쳤기 때문이다. 춤을 배우는 사람들은 적절한 방식으로 춤을 배우는 수고를 피하려고만 하고, 비효율성과 무지를 감추는 동작과 매너리즘을 춤에 들여왔다."[38]

1908년부터 1920년에 열린 볼룸댄스 회의까지의 기간에는 위의 필자가 터뜨린 분노와 그리 다르지 않은 내용을 담은 여러 기사와 편지가 이 잡지에 실렸다. 새로 등장한 스텝들을 비판하면서 노골적으로 그 천박한 기원 탓을 하는 경우가 많았다. "지난 몇 년 동안, 무용 예술의 깨끗한 고결성을 회복하려는 노력은 거의 기울여진 바가 없다. 깜둥이들의 케이크워크처럼—다행히 지금은 거의 사라졌지만—설명 불가능한 유행은 제쳐 두고라도, 지금은 보스턴 춤이 응접실에서 점점 더 인기를 끌고 있다."[39] 괴상한 춤과 괴상한 스텝은 거의 항상 미국과, 구체적으로 아프리카계 미국인의 문화와 연결되었다. 영국의 완고한 댄스 강사들만이 이런 연결을 만들어 낸 것은 아니다. 《댄스 저널》은 괴상한 춤을 비난하는 일에 가담한 미국인 저술가 마거릿 추트Margaret Chute의 견해를 요란하게 보도했다. 추트는 후기 인상주

의, 데카당스 문학, "엉덩이가 갈색으로 그을린 예쁘장한 여자들", 그
리고 "정신이 비뚤어졌다는 여타 증거들"을 언급하면서 이 같은 폐해
가 춤에도 나타나고 있다고 주장했다.

"미국의 보스턴과 투스텝이 영국에 건너 온 이후," 미스 추트는 "우
리는 점점 더 괴상한 춤에 가까워지고 있다"고 썼다. "지금 이 순간 눈
에 보이는 춤은 온통 괴물 같은 캐리커처, 볼품없고 불쾌한 발명품들
뿐이다. 괴상한 춤이라고밖에는 말할 수가 없다. …
  대부분의 현대무용수들이 추는 일그러진 춤보다 더 조악하고, 어색
하고, 심지어 외설적인 것은 상상할 수조차 없을 정도다. 아름다운 품
위는 사라지고, 왈츠의 장중하고 활기찬 움직임은 죽었다. 대신에 우
리는 끔찍하게 깡충깡충 뛰는 모습과 이상한 음악과 괴상한 춤을 추는
댄서들만 목도한다."[40]

타락한 춤과 미국의 관계는 여러 번 반복해서 언급된다. 불쾌한 동
작은 '미국적'일 뿐만 아니라, 미국의 특정 공간에서 더 구체화된다.
다음 글은 미국을 런던의 상류층이 이용하는 댄스 장소와 연결시키
면서 모빌리티의 복잡하고 다층적인 도덕적 지리학을 제시한다.

현대 무도회장에서 지금 목격되고 있는 기이한 움직임들은, 오랫동
안 우아한 취미였던 춤이 속된 오락으로 급속히 타락했다는 주장과 논
란을 불러일으키고 있다. '원스텝One-steps'과 '글라이드glides', '버니허그

bunny-hugs'는 5실링을 내고 춤추는 곳에서만 등장하는 것이 아니라, 고상한 사교계의 응접실에서도 쉽게 볼 수 있는 여흥이 되었다.

의심할 여지 없이, 래그타임 멜로디의 엄청난 인기와, (미국인들 덕분인) '수작을 걸어 오는 듯한' 선정성 때문에 사람들은 쉽게 그런 춤들을 받아들였을 것이다. '원스텝'을 추기 위해 힘들게 교습을 받을 필요는 없다. '글라이드'는 팔다리를 쭉 뻗으면 그만이고, '버니허그'는 한쪽이 다른 쪽의 허리를 감으며 아주 가깝게 접촉하는 왈츠 동작의 확대판이다. 빅토리아 시대 초기, 존경할 만한 많은 사람들은 이 동작 때문에 왈츠를 금지했었다.[41]

미국 춤들은 댄스 강사들의 조언이 필요 없을 만큼 쉬운 데다가 밀접한 접촉을 강조하는 선정성이 있었다. '통속적인 쾌락'을 낳는 것이다.

1920년 댄스 강사 회의의 배경에는, '올바른 사람들'에게 적합하도록 오랫동안 정성스럽게 다듬어 낸 우아함을 위기로 몰아넣은, 타락하고 퇴폐적이며 기괴한 춤에 대한 10여 년 이상의 고민이 존재했다. 1924년에는 ISTD의 볼룸댄스 지부가 결성되었다.

왕립협회, 빅터 실베스터, 볼룸댄스의 체계화

볼룸댄스 지부의 결성은 리처드슨 덕분이었다. 1920년의 모임 이후, 많은 댄스 강사들이 점점 더 인기를 끌고 있는 댄스 경연대회의 판정 기준이나 허용 기준을 어떻게 정할지를 두고 그에게 의견을 구해 왔다. 리처드슨은 획일적인 기준에 대한 반감으로 댄스협회들이 난립하는 상황을 우려하여 ISTD에 볼룸댄스 지부를 만들어 달라고 요청했다. 리처드슨은 1921년의 《댄싱 타임스》 사설에 댄스의 표준화가 필요하다는 의견을 실었다. "왕립협회에서 볼룸댄스의 기술과 용어를 다듬어야 한다는 나의 제안이 받아들여졌다. 현재 협회 위원회에서는 처음에 생각했던 것보다 더 어렵고 중요한 이 문제를 해결하기 위해 고심하고 있다."[42] 나중에 협회 회장에 오른 빅터 실베스터Victor Silvester는 1924년의 볼룸댄스 지부 설립이 "프랑스 루이 14세가 세운 왕립 아카데미가 발레에 끼친 영향만큼이나 볼룸댄스 역사상 큰 사건"이라고 했다.[43] 실베스터도 ISTD 볼룸댄스 지부의 창립 멤버였으며, 1945년부터 1958년까지는 협회 회장을 역임했다.

볼룸댄스 지부는 설립되자마자 곧장 작업에 착수했다. 1년도 되지 않아 음악 지식, 조직 운영안, 네 가지 춤 형태 등을 포함하는 볼룸댄스 요강을 만들었고, 이를 《댄스 저널》에 실었다. ISTD는 영국과 웨일즈 전역에서 이 요강에 따라 가르치는 댄스 강사를 인증해 주었다. 실베스터는 자서전에서 지부가 설립된 1924년경의 혼란스러운 상황을 이렇게 기술한다.

어떤 사람들은 한 손으로 파트너 여성의 손끝을 잡고 다른 손은 허리춤 아래로 둘렀다. 여성의 등 뒤에 한 손을 대고 다른 손으로는 여성의 손을 잡아 한껏 뻗는 사람들도 있었다. 어떤 남자들은 춤은 거의 추지 않고 상대가 숨이 막히도록 끌어안았다. 파트너와 너무 멀리 떨어

져서 추는 사람들도 있었다.[44]

실베스터와 그의 동료들은 혼란을 돌파하기 위해 표준화라는 성배를 찾아 쉴 새 없이 일했다.

우리는 기본 원칙을 두고 몇 시간 동안이나 토론했다. 올바른 자세와 몸동작, 잘못된 움직임이나 발놀림 등을 논의한 후 모두 기록했다.

우리는 여러 리듬에 가장 적합한 박자를 정했고, 좋은 형태와 나쁜 형태를 나누었다.

볼룸댄스의 절차와 방식이 널리 알려지도록, 우리는 이를 지부에 가입하려는 사람들이 치러야 하는 시험에 포함시켰다.[45]

실베스터는 볼룸댄스의 표준화가 10년 정도 걸릴 것이라고 보았으나, '영국' 스타일이라고 불리게 될 확고한 내용과 용어의 정립에는 그보다도 좀 더 긴 시간이 걸렸다. 1936년에는 볼룸댄스의 기술적 용어들을 알파벳 순으로 정리한 목록이 발표되었다. 같은 해,《댄스 저널》은 실베스터가 만든 모든 승인된 춤들을 편리하게 살펴볼 수 있는 도표를 실었다(그림 5.2).

실베스터의 재능은 춤을 설명하는 데에만 국한되지 않았고, 그의 야망은 왕립협회의 한계를 훨씬 넘어섰다. 음악가이기도 했던 실베스터는 댄스 악단들의 연주에 불만이 많았다. 실베스터가 동료들과 함께 춤을 표준화하느라 애쓰고 있을 때, 악단의 리더들은 재즈를 도

Further copies of these novel, informative and concise dance charts, printed on stout paper, can be obtained from the Secretary, I.S.T.D. Please state whether Quickstep, Tango, Slow Foxtrot, or Waltz is desired.

Price 6*d*. per chart post free.

DANCE CHARTS

COPYRIGHTED BY

Victor Silvester

S. = A slow step (½ beat).
Q. = A quick step (¼ beat).
R.F. = Right foot.
L.F. = Left foot.
R. = Right. P.P. = Promenade position.
L. = Left. L.O.D. = Line of Dance.
C.B.M. = Contrary body movement.
C.B.M.P. = Contrary body movement position.

Supplement to the Dance Journal, June, 1936.

TANGO

NAME OF FIGURE.	NO. OF STEPS.	NO. OF BARS.	SLOWS AND QUICKS.	CONTRARY BODY MOVEMENT OR C.B.M.P.	BODY SWAYS.	RISE AND FALL.	AMOUNT OF TURN.	ALIGNMENT (GENTLEMAN—LADY CONTRA).	REMARKS.
WALK - -	1	½	S.	C.B.M.P. on L.F. forward and R.F. backward.	Nil.	Nil.	—	Begin facing diag. to centre.	The Walk should be curved inwards slightly.
PROGRESSIVE SIDE STEP.	3	1	Q.Q.S.	1.3.	Nil.	Nil.	Nil or a slight turn to L.	Begin and finish facing approx. diag. to centre.	2nd step to side but slightly back. Lady opposite.
BASIC REVERSE TURN	6	2	Q.Q.S.Q.Q.S.	1.4.	Nil.	Nil.	¾ of a turn to L. on 1.2.3. No turn or a ⅛ turn to L. on 4.5.6.	Begin facing diag. to centre. Take 4th step back into L.O.D. Finish with back to L.O.D. or facing wall.	The figure is not used in full—only in parts.
OPEN REVERSE TURN	6	2	Q.Q.S.Q.Q.S.	1.4. (If partner is outside on 3 and 6, then on 1.3.4.6.)	Nil.	Nil.	Approx. ¾ of a turn to L.	Begin facing diag. to centre. Take 4th step back into L.O.D. Finish facing diag. to wall.	Alternative ending—4.5.6. of Basic Reverse Turn.
PROGRESSIVE SIDE STEP REVERSE TURN	11	4	Q.Q.S.S.Q.Q.S.S.Q.Q.S.	1.3.8.9.11.	Nil.	Nil.	⅜ of a turn to L. on 1.2.3. No turn on 4.5.6.7. ⅜ of a turn to L. on 8.9.10.11.	Begin facing diag. to centre. Take 5th, 6th, 7th, 8th steps back into L.O.D. Finish facing diag. to wall or facing L.O.D.	Alternative ending after the Rock—4.5.6. of Basic Reverse Turn.
NATURAL TURN	6	2	S.Q.Q.S.Q.Q.	Man on 2. Lady 2 and 5.	Nil.	Nil.	If finished with a Promenade, 1 full turn to R. If finished with Back Corté approx. 1¼ turns to R.	Begin facing wall. 4th step back to L.O.D. Finish facing wall for Promenade. Finish back into L.O.D. for Back Corté.	On 5.6. man should twist on ball of R.F. and heel of L.F.
CLOSED PROMENADE	4	1½	S.Q.Q.S.	2.	Nil.	Nil.	Nil.	Face wall (approx.) throughout.	1 and 2 should be the longest steps, 3—short to side and slightly in advance. Lady opposite.
OPEN PROMENADE (Old version)	4	1½	S.Q.Q.S.	2.	Nil.	Nil.	Approx. ⅛ of a turn to L. on 3.	Begin facing (approx.) to wall. Finish facing diagonally to wall.	1 and 2 should be the longest steps.
OPEN PROMENADE (Finishing outside).	4	1½	S.Q.Q.S.	2.4.	Nil.	Nil.	Man—nil. Lady—approx. ¼ turn to L. on 2.	Face wall (approx.) throughout.	1, 2 and 4 should be the longest steps. 3 short.
BACK CORTÉ -	4	1½	S.Q.Q.S.	2.	Nil.	Nil.	⅛ or a ¼ turn to L. on 2.	Begin back into L.O.D. Finish with back diag. to centre or facing wall.	1 and 2 should be the longest steps. 3—short to side and slightly in advance. Lady opposite.
ROCK L.R.L. -	3	1	Q.Q.S.	Nil.	Nil.	Nil.	Nil.	Taken back into L.O.D.	
ROCK R.L.R. -	3	1	Q.Q.S.	Retained throughout on 1.2.3.	Nil.	Nil.	Nil.	Taken back into L.O.D.	—
ROCK TURN -	7	2½	S.Q.Q.S.Q.Q.S.	1.5. (very slight on 1.)	Nil.	Nil.	¼ turn to R. on 1.2.3.4. ⅜ of a turn to L. on 5.6.7.	Begin facing diag. to wall. Take 5th step back diag. to centre. Finish facing wall.	—
NATURAL PROMENADE TURN	4	1½	S.Q.Q.S.	2.4.	Nil.	Nil.	Best used on corners. ⅜ of a turn to R.	Begin facing (approx.) to wall. Finish facing (ap-	—

| 그림 5. 2 | 빅터 실베스터의 탱고 도표 (Dance Journal, 1936)

입하면서 음악적인 실험을 계속했다. 그라프톤 갤러리에서 운명적인 모임이 열린 지 얼마 지나지 않은 1920년 초, 《댄싱 타임스》에는 댄스음악에 표준 템포를 도입해야 한다는 글이 실렸다.

춤의 표준화와 관련해서, 저는 모든 춤의 템포를 확정하자고 요청합니다. 요즘에 폭스트롯과 원스텝을 추면 어떤 이들은 빠르게 진행하고, 어떤 사람들은 천천히 움직입니다. 상대가 잘 아는 사람이 아니라면 무척 혼란스럽습니다.

미뉴에트의 리듬과 정신과 템포를 모르는 사람은 없습니다. 미뉴에트에는 단 하나의 템포만 있습니다. 다른 모든 춤들도 그 춤만의 시간과 속도를 가져야만 합니다.[46]

이 탄원은 묵살되지 않았다. 왕립협회는 곧 댄스곡들의 템포 문제를 논의하느라 분주해졌다. 1929년 7월 14일 레스터 광장의 퀸즈호텔에서 열린 또 다른 강사 회의에서는, 춤의 표준화는 가능한 한 단순하게 이루어져야 하며 각각의 춤에 적합한 속도도 지정해야 한다는 합의안이 나왔다. 왕립협회 지부를 이끌던 실베스터는 표준화 과정의 중심에 있었다. "충분히 실험해 본 후, 이 춤들의 가장 적절한 연주 속도가 합의되었다. 모든 악단이 이 속도를 지켜서 댄서들에게 도움이 되기를 희망한다."[47]

어느 정도의 시험을 거친 후 다음과 같은 표준 템포가 결정되었다.

퀵스텝	분당 54~56 마디
왈츠	36~38
폭스트롯	38~42
탱고	30~32
예일 블루스	30~34

6년 후 실베스터가 《댄스 저널》에 쓴 글을 보면, 템포를 정하려는 왕립협회의 노력은 실패였다. 특히 라디오방송이 이 개혁을 망친 주범이었다.

몇 년 전까지만 해도 댄스 악단의 음악은 춤을 추기 위한 것이었고, 항상 춤이라는 목적에 맞는 정확한 템포로 연주되었다. 그러나 오늘날에는 그렇지 않다. 많은 춤 애호가들에게는 불행한 일이지만, 리드미컬한 음악에 맞춰 실제로 추는 춤이 가져다주는 육체적이고 정신적인 더 큰 혜택을 누리기보다는, 안락의자에 기대어 댄스음악을 즐기는 것을 좋아하는 청취자들이 더 많다.[48]

안락의자 청취자들이 우세를 차지하면서 밴드 리더들은 일반적인 폭스트롯 춤 형식에서 마음대로 벗어났고, 춤추기 어려운 "제멋대로의 속도"로 연주할 수 있게 되었다는 것이 실베스터의 주장이다. 실베스터는 이 문제에 대한 해결책을 내놓았다. '엄격한 템포strict-tempo'라고 이름 붙인 형식의 댄스 레코드를 취입하려고 한 것이다. 음반회사 사람들은 이 기획을 못마땅해했다. 춤에 초점을 맞춘 음반들은 듣기에 별로였으므로 판매량이 좋지 않다는 이유였다. 실베스터의 말을 빌리자면, "아무리 좋은 멜로디를 가진 훌륭한 연주음악도 여자 가수가 '오오~ 그대가 날 떠나갔네~!' 하고 읊조리지 않으면 팔리지 않는다"는 뜻이었다.[49]

다행히 음반회사 사람들의 판단은 틀렸다. 실베스터가 자신의 댄스 밴드와 함께 1935년부터 취입한 여러 '엄격한 템포' 레코드들은 7,500만 장 이상이 팔려 나갔다. 실베스터는 오케스트라와 함께 1937년 4월부터 BBC 라디오에 6,500회 이상 출연했다. 전쟁 기간의 130회도 여기에 포함된다. '빅터 실베스터 텔레비전 댄스 클럽'은 17년간 방송되었다. 실베스터의 성공은 왕립협회의 성공이었다. 춤을 표준화하고 체계화한 결과, 소위 영국식 스타일 혹은 대영제국 스타일의 춤을 세계에 퍼뜨릴 수 있었던 것이다.

실베스터의 엄격한 템포 음악은 재즈 음악과 극명한 대조를 보였다. ISTD의 볼룸댄스 체계화가 아프리카계 미국인들의 춤에 대한 대응이었던 것처럼, 엄격한 템포는 재즈의 반대편에 있었다. 여러 해 동안 《댄스 저널》은 시미와 케이크워크를 다룰 때처럼 재즈와 래그타임을 뉴욕 등지의 빈민가에 있는 천박한 장소들과 연결시키면서 엄청나게 혼란스럽고 원시적인 형태의 음악으로 치부했다. 무슈 모리스는 1920년 그라프톤 갤러리에 모인 댄스 강사들에게 "재즈 음악은 삼류, 사류에 해당하는 곳에서나 연주된다"고 주장했다. 리처드슨은 1918년에 쓴 글에서 당시 유명했던 댄서 버논 캐슬 부인의 말을 이렇게 인용했다. "재즈를 정의하기는 어렵다. 미국의 흑인 밴드는 음을 연달아 내고 당김음을 쓰면서 악기마다 복잡한 비트를 넣는다. 미국에서는 재즈 음악에 맞춰 춤을 추지만 정해진 스텝은 없다. 새로운 춤은 아프리카 해안에서 왔다. 아주 원시적인 상태로 뉴욕에 왔으니 무도회장에 들어서려면 부드러워질 필요가 있다."[50]

미국의 어느 볼룸댄스 잡지에서는 재즈가 "멜로디 없는 순전히 리듬뿐인 음악"이라고 묘사했다. "재즈 밴드는 인기 있는 곡조나 래그타임을 가져와서 그 생명을 빼앗아 재즈로 만든다. 연주자의 귀가 견딜 수 있을 때까지 비트가 계속 더해진다. 반음이 많고, 오래 끄는 떨림음도 많다. 재즈는 아프리카 정글의 괴이한 당김음을 재현하려고 한다."[51] 그러나 실베스터를 비롯한 여러 사람들이 '엄격한 리듬'으로 재즈를 연주하려고 한 시도가 난데없고 돌출적이었던 것은 아니다. 오히려 이 시도들은 더 넓은 맥락의 일부였다. 당시에 대중문화, 특히 음악은 개량되어야 할 필요가 있는 미국적인 것으로 인식되었다. 수입된 재즈 음악은 영국 곳곳에 만들어진 리듬 클럽Rhythm Club들의 주요 구성 요소였다. 리듬 클럽에서 주로 연주된 음악은 '핫' 재즈였고 이 클럽을 찾는 사람들은 주로 교외 중산층 지역에 거주하는 젊은 남성들이었다. 그러나 대다수의 영국 사람들, 특히 노동자 계층에서는 왕립협회가 미국식 춤을 고친 것처럼 재즈를 부드럽게 변형한 영국 상업음악을 선호했다. 잭 힐튼Jack Hylton은 1929년에 미국의 '핫' 뮤직이 "대중에게 그다지 잘 받아들여지지 않았다"고 썼다. "그 음악들이 여기서 연주되려면 영국인의 손으로 매만져야 한다. 미국인이나 다른 외국인들은 이해하지 못하는 부분이다. 나는 우리 나라에서 발전한 교향악적인 당김음Symphonic Syncopation이 자랑스럽다. 이는 그야말로 영국적인 것이다. 댄스홀에서나 축음기 음반을 들을 때나, 이 음악은 우리 영국인의 기질에 미묘하게 들어맞는 데가 있다."[52]

영국식 댄스음악은 즉흥적인 면이 덜하고 어느 정도 격식을 차린 오케스트라 편성이 특징이다. 이 음악은 더 부드럽고 차분했으며, 백인음악에 가까웠다. 왕립협회와 소위 퇴폐무용과의 관계는 단순하지 않았다. 당시의《댄스 저널》을 대충 훑어봐도, 아프리카계 미국인들의 저속한 댄스홀에서 유래한 기괴한 스텝을 혐오하는 단순한 시각들을 쉽게 접할 수 있다. 그러나 흔히 있는 일이지만, 혐오는 욕망의 다른 이름이다. 왈츠, 폭스트롯, 탱고는 사회가 받아들일 수 있는 춤이었지만, 한때는 위험하고 용인되어서는 안 될 춤이었다. 보스턴, 케이크워크, 폭스트롯, 지터버그, 시미도 비슷한 과정을 거쳤다.

왕립협회와 빅터 실베스터는 영국과 영국 바깥에까지 영향을 끼친 사교춤의 규범을 수십 년에 걸쳐 만들어 냈다. 올바른 스텝의 개발, 불필요한 스텝의 폐지, 적절한 용어집과 손쉽게 참고할 수 있는 댄스 도표의 제작 등이 이때 이루어졌다. 강사 요강을 제작하고 경연대회를 열어 금·은·동상을 수여하기도 했다. 1920년 그라프톤 갤러리에서 시작된 운동은 실베스터가 템포 규제에 나서고 '엄격한 템포' 레코드를 제작하면서 완수되었다. 이 모든 규제는 영국 전역에서, 이후에는 영연방 전체에서 작동되었다. 왕립협회 시험을 통과한 강사들이 운영하는 무용학원들이 전국에, 도시마다 퍼져 있었으니 규제가 지역적 층위까지 퍼져 나간 셈이다. 그러나 당연한 말이지만 모든 것을 규제할 수는 없다.

제임스 노트James Nott에 따르면, "춤을 따로 배우지 않은 사람들은 일부 댄서들과 댄스홀들이 갑자기 도입한 이 심각함을 싫어했다. 그 결과, 꽤 선명하게 구분되는 두 그룹의 댄서들이 존재하게 되었다. 1929년에《옥스퍼드 매거진》이 지적했듯이, '볼룸댄스는 굉장한 인기를 끌고 있다. 춤을 추는 사람들은 두 무리로 나뉜다. 춤을 배운 사람들과, 상당한 수에 이르는 따로 배우지 않은 사람들이다.'"[53] 왕립협회가 세부 사항들을 강조하자, 볼룸댄스를 출 '올바른 장소'에 수천 명이 들어가지 못하게 되었다. 기술적인 전문 지식이 부족한 사람들은 당황하고 어색해했다. 영국 전역에서 댄스홀을 순회하며 활동한 조직인 메카는 춤추는 사람들을 문명화하려는 고상한 야망 따위는 없었고 춤의 인기에 기대어 돈을 벌고자 했다. 메카는 왕립학회의 노력에 일부 호응하여, 1930년대에 람베스워크, 팔레 글라이드 등 쉬운 단체무용을 선보여서 사람들이 망설임 없이 춤출 수 있게 했다.

정확한 움직임의 미학

이번 장의 목적은 첫째, '올바르고 적절한' 움직임이 복잡한 재현 과정을 거치면서 어떻게 '부적절한' 움직임들과 관련을 맺으며 생성되는지를 보여 주고, 둘째, 이 과정에 작용한 규범적 지리학을 밝히는 것이었다.

볼룸댄스의 체계화와 규제 과정에서, 이른바 올바른 볼룸댄스는 두 가지 재현 원칙을 따라 나타났다. 하나는 특정한 도덕적 지형도 속에 기괴하거나 '타락한' 움직임들을 위치시키는 것이었고, 다른 하나는 댄스 요강과 '엄격한 템포'의 사례에서처럼 새로운 움직임을 만들어 내는 것이었다. 시미처럼 퇴폐적인 댄스 스텝은 여기 아닌 다른 곳에 존재했다. 아프리카, 중남미, 미국, 미국 남부, 뉴욕 등이 그러했고, 재즈 클럽처럼 삼류나 사류에 속하는 장소도 타자화된 장소였다. 따라서 특정한 움직임과 리듬, 달리 말하자면 신체 모빌리티의 미시지리학microgeography은 영국이 아닌 다른 곳에서 온 것으로 코드화되었다. 다음 주장에서 잘 나타나듯이, 움직임의 형태가 국가적 소속을 드러낸다는 생각은 이 당시 아주 확고한 것이었다.

이 책에서 나는 탱고를 외국 춤이라고 묘사하거나 암시했다. 왜냐하면, 탱고의 원래 동작은 영국의 전통과 완전히 상충되기 때문이다. 반대로, 왈츠에서 나타나는 손과 발의 동작이나 움직임은 본질적으로 영국적이다. 내 주장이 의심스럽다면 검무를 추는 스코틀랜드 하이랜드 댄서—하이랜드 원주민—의 동작을 가까이서 지켜보라. 칼끝과 칼자루 사이에서 무기끼리 맞부딪힐 때, 이 댄서가 왈츠 턴과 똑같은 움직임을 선보이고 있다는 것을 알게 될 것이다. 이 턴은 하이랜더들이 칼을 들고 다닌 이래로 2~3천 년 동안 해 온 동작이다.[54]

물론 특정한 움직임을 도덕적 어휘로 재단할 때 장소만 기준이 되었던 것은 아니다. 이와 관련된 대부분의 논의들은 장소에 대한 도덕경제moral economy와 함께 인종적 편견을 드러낸다. 시미, 케이크워크, 폭스트롯, 버니허그 등 수많은 춤들은 본질적으로 단순하고 원시적이고 야만적이며 괴상하고 정신없는 흑인댄스 형태로 묘사되었다.

ISTD는 보편적으로 적용될 만한 적절한 움직임을 체계화하는 방식으로 괴상한 스텝에 대응했다. 도표로 철저하게 춤을 분류하고, 템포를 엄격하게 계산하고, 용인될 수 있는 것이 무엇인지 정하는 이 행위는 확실히 **고도 모더니티**high modernity의 특징과 유사하다. 영국의, 혹은 대영제국의 볼룸댄스는 우아하고 위엄 있고 통일되어 있으며 명랑하다. 획일성과 보편성이라는 특징은 실베스터와 그의 동료들이 지닌 진정한 제국주의적 야망을 드러낸다. 이들은 춤 형식의 가변성을 인정할 수 없었다. '타락한 춤'에 대한 반발과 '정확한' 움직임의 체계화는 노동 모빌리티 미학과 매우 유사하다. 불쾌한 움직임은 과잉이거나, 구식이거나, 너무 빠르거나, 너무 육체적인 것으로 묘사되지만(예를 들어 땅에서 뛰어오르는 동작), ISTD가 제안한 움직임은 규칙적인 리듬을 따르고, 제한이 있으며, 부드럽고, 예측 가능하다.

이러한 의미화는 한쪽으로는 아메리카 대륙, 다른 쪽으로는 영국이라는 공간 속에서 설정된다. 춤의 규칙이 정해져 있고 체계화되었다는 사실과 국제적인 대회에서 영국 댄서들이 거둔 성공은 큰 관련이 있다고 이야기될 때가 많다. 예컨대 이런 진술이 전형적이다. "표준화의 결과로, 영국의 볼룸 댄서들은 다양한 이유로 국제대회에서 성공을 거두게 하는 잘 다듬어진 스타일을 배운다는 이점을 지니게 되었다. 이 스타일은 영국 스타일, 혹은 임페리얼 스타일(기술 분석과 혁신으로 기본 스텝을 정한 왕립학회의 이름을 딴)으로 알려지게 되었다."[55] 실베스터도 ISTD가 "볼룸댄스의 기술을 발레 기술처럼 정밀하게 만들었다"면서 비슷한 이야기를 한다. 그 때문에 "영국 스타일"이 전 세계적으로 유명해졌다는 것이다.[56]

리처드슨은 댄싱계에서 ISTD가 중심 역할을 했다는 주장을 더 확실하게 편다. "조잡한 스텝을 분석하고 혼돈 속에서 질서를 확립하여 세계의 절반 이상을 영국 스타일이 지배하도록 현대적인 기술을 발전시킨 사람들은 영국의 댄스 강사들이다."[57] 리처드슨이 자부심을 가지고 말했듯이, 실베스터의 노력 덕분에 영국 스타일은 덴마크나 독일 등으로 빠르게 퍼져 나갔다. 실베스터를 비롯한 영국 댄서들은 국제대회를 석권했다. 어느 정도는 '영국 스타일'의 보편적인 규칙들을 확립한 덕분이었다. 과거에 춤이라는 신체 모빌리티가 대서양을 가로질러 영국으로 건너갔듯이, 이번에는 영국이 다시 새롭게 체계화된 모빌리티를 세계로 내보냈다.

정확하고 적절한 모빌리티가 묘사되는 방식, 그리고 다른 춤들과의 대립 속에서 자기 정체성을 확립하는 방식은 이 책의 2장 및 3장의 주제와 밀접한 관련이 있다. 예를 들어, 길브레스는 노동자들을 찍은 크로노포토그래픽 이미지에다가 부드러운 리듬이라는 미학적 시각과 효율성을 결합시킨다. "모든 전문가들의 사이클로그래프는 매끄러운 곡선을 그린다. … 완벽한 통제에서 오는 잘 확립된 습관, 편안함, 그리고 우아함이 드러난다."[58] 길브레스는 수백 년 동안 아무도 주의를 기울이지 않은 습관이 벽돌공들의 움직임을 가지각색으로 만들었다고 보았다. 따라서 그는 '단 하나의 최고의 방식', 규칙적이고 예측 가능하며 전수 가능한 동작의 구성을 확립하려고 했다. 길브레스, 테일러, 마이브리지, 마레처럼 ISTD와 실베스터는 과학의 정확성과 규범적인 모빌리티 미학을 합쳤다. 변화가 많고 덜컹거리며 과잉인 데다가 불규칙한 것을 기능장애 혹은 바람직하지 않은 것으로 의미화하면서, 부드러움과 리듬을 최선의 방법으로 내세운 것이다.

이번 장에서는 20세기 초반 춤의 재현과 의미화를 다루었으나, 그 전략이 전적으로 성공했다고 보는 것도, 그 결과가 전적으로 부정적이었다고 주장하는 것도 아니다. 최근의 비재현 이론nonrepresentational theory에서 지적하듯이, 내가 전개한 설명을 넘어서는 세계가 존재한다. 즉, 권력이 개입할 수 없는 세계를 만들기 위해 재현과 실천이 모두 동원되는 효과의 세계다. 맥코믹McCormack의 말처럼 "수행적인 이동과 연결성의 스타일과 방식"이 "체계화된 규칙들"보다 더 중요한, 과정으로서 성립하는 세계 말이다.[59]

1920년대의 《댄스 저널》을 읽다 보면, 두 가지 사실이 명백해진다. 첫째, ISTD와 실베스터가 진행한 작업 따위는 아랑곳하지 않고 런던과 지방의 클럽들에서는 터무니없는 춤을 추는 사람들이 여전히 많았다. 춤을 배운 강사들은 이런 현상을 굉장히 혐오했다. 둘째, 적절한 움직임을 교육 받은 사람들조차도 여전히 의미 있고 지속적인 쾌감을 경험했다. 이런 쾌감을 줄이려고 드는 것은 무모한 짓이었다. 그러나 이때의 쾌락은 단순히 권력 너머의 세계에서 파생된 쾌락이 아니라, 어느 정도는 왕립협회의 재현 전략에 따른 결과물이기도 하다. 권력은 그저 무엇인가에 대한 거부가 만드는 통제와 규제에 관한 것이 아니라 쾌락의 생산 그 자체와 관련이 있다. 부르디외가 드러내고자 했던 것은, 확립된 규범에 대한 강한 집착을 생산하는, 우리 몸속에서 사회적인 것을 내면화하는 과정이었다. 이러한 집착은 즐거움으로 경험했을 때 가장 성공적이다.[60]

여기서 다룬 사건들은 부정과 억압으로서의 재현이나 순수한 놀이로서의 신체 움직임에 대한 단순한 이야기가 아니다. 왕립협회의 노력에서 비롯된 이 이야기는 재현 전략이 어떤 식으로 쾌락적인 신체의 움직임을 만들어 내는지, 그리고 신체 움직임이 어떻게 재현 권력의 일부가 되는지를 보여 준다. 그러므로 춤을 중심으로 또 춤을 통해 형성된 재현적 세계를 이해하고, 그러한 세계의 기초를 제공한 규범적 지리학을 설명하는 것은 중요한 일이다.

| 6장 |

미국의 모빌리티, 권리, 시민권

1865년, 네바다주의 크렌달 씨는 역마차를 몰아 주 경계선 너머로 승객들을 태워다 주었다. 1939년 프레드 에드워즈는 캘리포니아를 떠나 텍사스로 가서 실직 상태였던 처남 프랭크 던컨을 데려왔다. 1958년에는 화가이자 공산당 당원인 록웰 켄트는 헬싱키에서 열리는 세계평화회의에 참석하려 했고, 1964년 6명의 백인 남성들은 조지아주 아테네에 살고 있는 흑인들을 위협하여 집 밖으로 나서는 것조차 두려워하게 만들었다. 1966년, 19살의 비비안 샤피로는 코네티컷주의 하트포드에서 어머니와 함께 살고자 아이를 데리고 매사추세츠를 떠났다. 아무도 서로를 알지 못했지만, 이들의 모빌리티 실행(또는 모빌리티 시도)은 **권리로서의 모빌리티**에 대한 법적 판단 과정에서 서로 연결되었다.

법원은 판례를 검토하고 이전의 판단에 근거하여 결정을 내린다. 그러므로 크랜달의 이야기는 에드워즈의 이야기 속에, 에드워즈의 이야기는 켄트의 이야기 속에 등장하게 되었다. 앞에서는 사진, 동작 연구, 안무에서 추상화 과정을 거치며 모빌리티가 어떻게 생산되었는지를 살펴보았다. 이번 장에서는 법정에서 어떻게 모빌리티가 만들어지는지를 알아보기 위해 법률, 권리, 시민권이라는 다른 추상적 형식에 주목한다. 먼저, 던컨과 에드워즈의 이야기를 따라가 보자.

1941년 11월, 아홉 명이 둘러앉아 사람의 모빌리티가 오렌지의 모빌리티와 같은지를 두고 논쟁을 벌였다. 이들은 철학자가 아니라 미 대법원의 판사들이었다. 사건의 전말은 다음과 같았다. 1939년 12월 프레드 에드워즈는 캘리포니아주 매리스빌에 있는 집을 떠나 텍사스주의 스퍼스로 차를 몰고 갔다. 미국 시민이자 텍사스 주민인 처남 프랭크 던컨을 데려올 생각이었다. 그들은 새해 첫날 낡은 자동차를 타고 스퍼스를 떠나 1월 3일 캘리포니아로 들어왔고, 1월 5일 메리즈빌에 도착했다. 이후 던컨은 열흘 동안 실직 상태로 있다가 농업안정국의 구제를 받았다. 에드워즈와 던컨의 이동은 이례적인 사건이 아니었다. 텍사스, 아칸소, 오클라호마, 그리고 여타 동부 주들에서 캘리포니아로 이어진 이주민 행렬은 1920년대 후반부터 수많은 도덕적 공황 상태를 야기했다. 오키Okies나 아키Arcies로 불린 이주민들은 대초원의 먼지폭풍을 피해 먼 길을 이동하여 캘리포니아 계곡의 새로운 농업 중심지에서 일을 구했다. 던컨이 캘리포니아에 왔을 무렵, 상황이 약간 변하면서 이주민들은 대부분 방산업계에서 일자리를 찾았다. 던컨은 마침내 캘리포니아 피츠버그의 한 화학공장에 취직할 수 있었다. 던컨의 여행이 특별해진 것은 그와 처남의 이야기가 대법원의 심리 대상이 되었기 때문이다. 1940년 2월 17일, 프레드 에드워즈는 캘리포니아주의 복지제도법 2615조를 위반한 혐의로 유바 카운티 매리스빌 타운쉽 법원에서 유죄판결을 받았다. 해당 조문은 아래와 같았다.

캘리포니아주 거주자가 아닌 빈곤한 자를, 빈곤하다는 것을 알면서 캘리포니아주로 데려오거나 데려오는 데 도움을 준 모든 사람, 기업이나 법인, 관리자나 대리인의 행위는 경범죄에 해당한다.[1]

이 사건은 1940년 6월 26일 캘리포니아주 고등법원에서도 유죄로 판결되었다. 에드워즈는 미국 연방대법원에 항소했고, 미국시민자유연합의 새뮤얼 슬래프가 변호를 맡았다.

대법원에서의 구두변론은 1941년 4월 28일, 29일, 그리고 1941년 10월 21일에 진행되었다. 법원 판결은 11월 24일에 나왔다. 쟁점은 캘리포니아 복지제도법 2615조의 연방헌법 위반 여부였다. "법원은 경작지, 공장, 광산에서 생산된 생산물의 주 경계를 넘나드는 자유로운 이동을 보호하는 국가에서, 그 국가의 노동 가능한 시민이 상거래 조항이 보장하는 자유와 동일한 이동의 자유를 누리지 못하는지의 여부를 답변해 달라는 요청을 받았다."[2]

대법원은 캘리포니아의 법이 위헌이라고 판단했다. 위헌 결정 이유를 각각 달리 판단한 세 의견서가 제출되었는데, 이는 항상 차이를 낳는 모빌리티 정치의 좋은 예이기도 하다. 번스 판사는 이 법이 주 사이의 상거래 문제에 대한 헌법 위반이라고 주장했다. 그의 판단은 주 사이의 상거래를 규제하는 권한을 의회에 위임하는 헌법 제1조 8항에 근거했다. 주 경계를 넘는 사람들의 이동은 상거래를 구성한다. 따라서 주 사이의 상거래를 방해하는 캘리포니아 법은 위헌 소지가 있다. 던컨의 모빌리티는 상거래를 구성하는 다른 모빌리티와 유사하므로 보호되어야 한다는 것이 번스 대법관의 법적 판단이었다.

더글러스 판사는 이에 동의하면서도, 위헌의 범주를 더 넓히려 했다. "내 의견으로는, 자유롭게 다른 주로 이동할 수 있는 권리가 우리의 헌법 체계에서 소, 과일, 철강, 석탄의 이동보다 더 보호 받는 위치를 차지한다."[3] 이동의 권리는 상법이 아니라, 수정헌법 제14조의 특권 및 면책 조항으로 보호된다는 것이다. 더글러스 판사는 예전의 크랜달 대 네바다 주 사건(1865)을 인용하면서 주 사이를 자유롭게 이동할 권리는 국가 시민권 문제라고 보았다. 원하는 대로 아무 곳이든 이동할 수 있는 권리는 수정헌법 14조가 보호하는 개인의 자유에 속한다. 따라서 개인의 모빌리티를 저해하는 행위는 시민의 권리를 희석시키고 평등 원칙을 훼손하는 결과를 초래할 것이다.

세 번째 의견서를 쓴 잭슨 판사는 모빌리티 간의 차이를 더 잘 드러냈다. 그는 던컨의 모빌리티를 옹호하는 새로운 논리를 제시했고, 번스 판사가 주 사이의 상거래에 관한 법을 논거로 삼은 것 역시 옳지 않다고 보았다. 잭슨은 "이 재판에서 원고 측은 인간의 이주가 구매나 구입과 관계가 멀다고 주장했다"면서, "나의 판단으로도 이주는 무역과 동일하지 않다"고 했다. "이동하는 자의 권리를 상업에 관한 법 조항이라는 척도로 재단하는 것은 결국 상법을 왜곡하거나 인권을 훼손하는 결과를 초래할 가능성이 있다"는 것이다.[4] 그 대신에 잭슨 판사는 던컨의 미국 시민권에 주목했다. 국가는 모빌리티를 포함하는 그의 특권 및 면책 보장을 침해할 수 없다. 여기서 더 나아가, 잭슨은 더글러스 판사의 견해와 달리, 시민권의 일부인 모빌리티 권리가 사실상 제한되어 있다고 주장했다. 예컨대, 주정부는 처벌을 피해 도망가는 자들과 전염 가능성이 있는 자들의 이동을 막을 수 있다. 잭슨이 보기에 여기서 핵심은, 던컨이 빈곤하다는 것이 주 사이의 모빌리티를 제한할 법적 근거가 될 수 있는지의 여부다. 그의 결론은 다음과 같았다.

'빈곤' 그 자체는 권리의 원천도, 부정의 근거도 아니다. 돈이 없는 상태는 그저 중립적인 사실이며, 인종 · 신념 · 피부색과 마찬가지로 헌법상 규정된 권리의 판단과 무관하다.[5]

에드워드 대 캘리포니아 사건에서, 대법관들은 모빌리티 형태들 간의 차이와 유사성에 근거하여 결정을 내렸다. 법적인 용어로 작성된 세 가지 의견서에서 던컨과 에드워즈의 여행은 오렌지 수송, 승객들을 가득 태운 채 네바다를 떠나는 버스, 질병에 걸린 사람, 처벌을 피해 도망치는 자들과 비교되었다. 번스 판사는 상품 거래와 사람들의 이동이 유사하다는 논거를 들어서 캘리포니아주의 주장을 반박했지만, 다른 판사들은 그 결론에 동의하면서도 사람들의 모빌리티는 수정헌법 14조로 보호 받으며 무역과는 다르다고 주장했다. 빈곤은 범죄나 질병과 달리 모빌리티 제한의 근거로 사용될 수 있는 인간 특성이 아니라는 주장도 여기에 더해졌다.

에드워즈와 던컨의 이야기는 인간의 이동이 사회적 · 문화적 맥락에서 의미를 얻는다는 사실을 보여 준다. 이 경우에는 법정에서 그 의미 규정이 이루어졌다. 모빌리티 형태들 간의 인식된 차이 혹은 실제 차이가 지니는 결정적인 본질을 드러낸 것이다. 던컨은 자신의 모빌리티가 도망자의 모빌리티와는 다르고, 물품의 무역과는 동일하다고 주장해야 했다. 그의 모빌리티가 도망자의 모빌리티와 동일하다면, 이를 제한하는 것은 타당하다. 만약 던컨의 모빌리티가 오렌지의 모빌리티와 같거나 그를 한 사람의 시민으로 본다면, 캘리포니아주가 그의 이동을 제한하는 것은 불합리하다. 문화적 맥락에서 나타나는 모빌리티들의 차이는 중요한 결과를 낳으며, 더 많은 모빌리티가 생겨나는 지형까지도 만들어 낸다. 대법원은, 그리고 더 일반적으로 말해 법은, 사회문화적 자원으로서의 모빌리티가 생산되고 분배되는 장소다.

그렇다면 법은 모빌리티 의미 생성의 장소이자, 그러한 의미가 허용하거나 금지시키는 모빌리티 실천에도 영향을 끼치는 장소다. 법적 문서, 입법, 법원은 모두 모빌리티 생산과 밀접하게 관련되어 있다. 시민이나 도망자 등의 범주를 통해 모빌리티가 의미를 갖게 된다는 의미에서도, 실제 이동 능력이 입법과 강제력으로 뒷받침된다는 의미에서도 그러하다.

이번 장은 시민권으로서의 모빌리티 개념과, 이 권리가 미국의 법체계 내에서 생산되어 온 방식에 초점을 맞춘다. 미국에 초점을 맞추는 이유는 권리로서의 모빌리티, 즉 자유에 대한 지리적 지표로서의 모빌리티가 국민이나 시민이라는 개념, 즉 미국인이라는 개념과 아주 강력하게 얽혀 있기 때문이다. 장은 네 부분으로 나뉜다. 우선 에드워즈 사건 전후로 미국 연방대법원이 심리한 사건들을 살펴본다. 판사들이 시민권으로서의 모빌리티를 논하며, 시민권 개념에 신체 모빌리티를 포함시킴으로써 모빌리티에 의미를 부여한 방식을 파악하는 것이 이 부분의 목적이다. 다음으로는 시민과 결부된 모빌리티의 생산이 비시민을 동시에 생산한다는 것을 보여 주기 위해 시민권 개념을 더 상세하게 논의한다. 세 번째 부분은 권리 개념을 다룬다. 고전적 자유주의에서 시민은 권리를 갖는 사람이고 그 권리 중 하나가 이동의 권리인 만큼, 권리 개념은 더 많은 검토가 필요하다. 모빌리티 권리는 스스로 보편적이라고 주장하는 특정한 모빌리티 개념을 구축해 왔다. 따라서 이 세 번째 부분까지는 모빌리티에 대한 특정한 의미의 생산을 논하면서 시민권과 권리라는 복잡한 개념도 함께 다룬다고 정리할 수 있다.

마지막 부분에서는 조금 다른 영역에서 모빌리티와 이동의 의미 생산을 살펴본다. 로스앤젤레스의 대중교통 문제라는 도시정치 영역이 그 영역이다. 인간의 모빌리티는 의심할 여지 없이 차이가 두드러지는 경험적 현실이자 사회정의 개념과 밀접한데도, '모빌리티 전환' 이후의 여러 논쟁에서는 이상하리만치 이 문제가 잘 다루어지지 않았다. 데이비드 델라니David Delaney가 말했듯이, "정의와 불의는, 허용되거나 강요되거나 금지된 모빌리티를 통해 신체적 경험으로 구체화된다."[6] 로스앤젤레스 버스승객조합은 모빌리티 권리와 시민권을 수정하고 확장하는 활동을 벌였다.

대법원이 본 모빌리티, 권리, 시민권

모빌리티 권리는 마그나 카르타Magna Carta, 캐나다 인권자유헌장, 세계인권선언처럼 헌법에 해당하는 다양한 문서들에 담겨 있지만, 미국에서는 헌법상의 정식 권리가 아니다. 이동성을 강조하는 미국 특유의 이데올로기가 매우 강력하다는 사실에 비춰 보면 꽤 놀라운 일이다. 토크빌에서 보드리야드에 이르는 많은 사람들이 모빌리티가 미국의 문화·사회·경제가 보이는 특징이라고 말해 왔다.[7] 그렇다면 모빌리티 권리는 미국의 여러 맥락 속에서 어떤 식으로 협상되어 왔을까? 에드워즈 사건은 모빌리티 권리를 둘러싼 법적 논쟁들의 한 예에 불과하지만, 중요한 대법원 판결을 생산하고 앞뒤로 다른 사건들과 연결되면서 모빌리티에 관한 법적 논의들 간의 관계망을 형성하게 되었다. 앞서의 에드워즈 사건에서 더글러스 판사는 그로부터 76년 전의 크랜달 대 네바다 사건(1865)을 인용했다. 여기서부터 출발해 보자.

크랜달 대 네바다 사건(1865)

네바다주를 드나드는 역마차를 몰던 크랜달은 승객 수를 신고하지 않고, 주정부가 대중교통을 타고 네바다를 떠나는 모든 승객에게 1달러씩 부과하는 세금도 납부하지 않은 혐의로 1865년에 체포되었다. 크랜달은 이 법이 위헌이라고 주장하며 주정부를 법정에 세웠다. 지방법원은 그의 주장을 기각했고, 네바다주 대법원이 다시 합헌이라는 판결을 내린 뒤, 미국 대법원이 이 사건을 심리했다. 논쟁의 핵심은 사람들의 움직임을 '수출'이라고 볼 수 있는지 아닌지의 여부였다. 대법원에서 네바다주 변호사는 다음과 같이 주장했다.

해당 법률은 '의회의 동의 없이는 어떤 주정부도 수입이나 수출에 관한 관세나 세금을 부과할 수 없다'는 미국 헌법 조항과 상충되지 않는다. 주를 벗어나는 사람은 이 조항이 의미하는 '수출'이 아니다. 수출이란 '수출되는 사물'을 가리키며, 사람은 여기에 해당되지 않는다.[8]

미국 연방대법원의 클리포드 판사는 "어느 한 주의 입법부는 여러 주 사이의 상업 활동에 세금을 물릴 수 없다"는 단순한 이유로 이 세금이 위헌이라고 보았다.[9] 그러나 이 다수의견은 사람들의 이동을 '수출'이라고 볼 수 있는지 아닌지는 언급하지 않았다. 밀러 판사는 연방 정부와 미국 시민들이 특별한 관계를 맺고 있다고 주장했다. 시민이 시민이 되려면 전국을 여행할 수 있어야 한다. 이를테면 시민은 전시에 군복무를 위해 나라를 가로지를 수도 있다. 또한, 법 개정을 청원하고자 워싱턴으로 가야 할 때가 있을지도 모른다. 다시 말해, 법원은 시민이 시민이기 위해서는 여행할 능력, 이동이 가능한 능력을 가져야 한다고 판단했다.

켄트 대 덜레스 사건(1958)

1958년 4월 대법원은 영국을 방문한 후 헬싱키에서 열리는 '세계평화회의'에 참석하려고 한 유명 화가이자 미국 시민인 록웰 켄트의 사건을 심리했다. 켄트는 그가 공산주의자이며 공산당 노선을 고수하고 있다는 이유로 국무부가 여권 발급 요청을 거부했다는 통보를 받았다. 그가 이 문제를 다루는 심리에 참석하기 위해서는 과거 공산주의자였거나 현재 공산주의자인지를 밝히는 진술서에 서명해야 했다. 켄트는 자신이 미국 시민권자이므로 여행할 권리가 있고, 서명 요구를 하는 것은 위헌이라는 이유로 진술서에 서명하기를 거부했다. 법원은 행정부의 여권 담당 부서가 공산주의자로 의심되거나 공산주의 활동을 위해 해외여행을 하는 시민에게 여권 발급을 연기하거나 거부할 수 있는지를 판단해야 했다. 법원은 양도할 수 없는 시민권에 바탕하는 여행할 권리를 선언함으로써 켄트의 손을 들어 주었다. 더글러스 판사는 이렇게 진술했다.

여행의 권리는 수정헌법 제5조에 따라 적법 절차 없이는 시민에게서 박탈될 수 없는 '자유'의 일부다. 법무부에서도 상당 부분 인정한 사실이다. 앵글로색슨 법에서는 일찍부터, 적어도 마그나 카르타에서부터 이 권리가 인정되었다. 경계와 내부를 가로지르는 이동의 자유는 우리 유산의 일부다. 해외여행은 국내 여행과 마찬가지로 생계를 위해 필요할 수 있으며, 무엇을 먹거나 입거나 읽을 것인지를 선택하는 것만큼이나 개인에게 중요한 문제일 수 있다. 이동의 자유는 우리 가치 체계의 기본이다.[10]

더글러스는 법률사학자 제카리아 채피Zechariah Chafee의 글을 인용했다. "우리 나라는 이 원칙에 따라 번영을 이루었다. 명백하게 유해한 행위를 하는 것이 아니라면, 모든 미국인은 최선이라고 생각하는 대로 살아가고, 원하는 대로 하고, 원하는 곳으로 갈 수 있다."[11] 이어서 더글러스는 "여행의 자유는 시민의 자유에서 실로 중요한 측면이다. 우리가 시민의 자유를 어느 정도 제한해야 하는지를 결정할 수는 없다. 우리는 의회가 어느 정도 이 제한을 인정했다는 사실에 우려를 표한다."고 썼다.[12] 법원은 5대 4의 과반수로 국무부에게 여권 발급을 자의적으로 제한할 권한이 없다고 결정했다. 그 같은 행위는 모빌리티를 저해할 것이며, 모빌리티는 시민권의 중심적인 측면이기 때문이다. 클라크 대법관이 작성한 반대의견에서는 국무장관이 국가안보를 위협할 만한 자들에 대해 여권 발급을 거부할 수 있는 사실상의 권한을 가졌고, 공산당원들은 그러한 범주에 포함될 수 있다고 주장하며 루이 L. 자페Louis L. Jaffe의 글을 인용했다.

여기서의 판단 기준은 외부의 적으로부터 나라를 지키는 것이다. 전쟁 시기의 행동 방식들은 평화 시기와 맞지 않는다는 주장이 있으나, 외부의 적에 대한 방어가 무엇보다 우선이다. 우리 시민이 해외의 적들과 취하는 연락은 그 성격상 일반적인 형사절차로 처리하기가 불가능하다. 특정 사건에서 시민의 의도가 무엇인지는 추측할 수밖에 없다. 그러나 새가 날아가고 난 후에는 너무 늦다. 이제 의회와 행정부는 공산주의 인터내셔널이 외부의 적이자 국내의 적이라는 결론을 내렸다. 국내적인 차원은 형사절차로, 외부적인 차원은 출국 통제로 대응하는 것이 옳다. 만약 명백한 공산당원이 해외로 나간다면, 그는 당원들과 회합하고, 자금과 정보를 융통하며, '음모'를 꾸미기 위해 노력할 것이다.[13]

시민의 여행할 권리에는 한계가 있고, 그 한계는 여행의 목적에 따라 정해진다는 주장이다. 어느 시민이 공산주의자라면 음모를 꾸미는 일에 가담할 수 있으므로, 모빌리티의 권리는 제한될 수 있다.

미국 대 게스트(1966)

1964년 초 조지아주 아테네에서 6명의 백인 남성이 미국 흑인 시민들을 괴롭히려는 계획을 꾸몄다.

이들은 여러 가지 방법으로 그 계획을 실현시키려고 했다. ① 흑인을 총으로 쏜다. ② 흑인을 구타한다. ③ 흑인을 살해한다. ④ 흑인의 재산을 부수고 파괴한다. ⑤ 자동차로 뒤쫓아 가서 총으로 위협한다. ⑥ 전화를 걸거나 직접 흑인의 생명, 재산, 신체를 위협한다. ⑦ 고속도로와 다른 사람의 사유지에 정체를 숨기고 침입한다. ⑧ 흑인들이 범죄행위를 저질렀다는 헛소문을 퍼뜨려 당국이 흑인들을 체포하게 만든다. ⑨ 밤에 공공장소에서 십자가를 불태운다.[14]

조지아 지방법원에서 피고 측은 자신들이 미국 법률상의 범죄로 기소된 것이 아니므로, 법원은 이 사건을 심리할 권한이 없다고 주장했다. 지방법원은 이 청구를 받아들여 모든 피고인에 대한 기소를 기각했다.

미국 연방정부는 이들의 활동이 미국 헌법과 법률로 보장된 흑인의 많은 권리와 특권을 부정했다면서 대법원에 상고했다. 여기에는

"조지아주 내외로 자유롭게 왕래하며, 고속도로 시설을 이용하고, 조지아주 내에서 주 사이의 상업 활동에 필요한 여타 시설들을 자유롭게 사용할 권리"를 침해했다는 이유도 포함되었다.[15] 스튜어트 대법관이 판결 내용을 전달했다. 이 복잡한 결정문에서 스튜어트는 피고인들이 '조지아주 내외로 자유롭게 왕래하며, 고속도로 시설을 이용하고, 조지아주 내에서 주 사이의 상업 활동에 필요한 여타 시설들을 자유롭게 사용할 권리'를 자유롭게 행사하고 향유할 수 있는 미국 흑인 시민들을 위해하고, 억압하고, 위협하려는 음모를 꾸몄다고 적시했다.[16] 스튜어트는 크랜달 대 네바다 주 사건을 인용하여, "이 부분에 대한 기소를 기각한 것은 지방법원의 잘못"이라고 했다. "한 주에서 다른 주로 여행할 수 있는 헌법상의 권리는, 그리고 그렇게 하는 데 반드시 필요한 고속도로 및 여타 주 사이의 거래를 위해 쓰이는 시설들을 이용할 수 있는 권리는 우리의 연방정부 개념에서 기본에 속한다. 이 권리는 굳건하게 성립되어 있으며 계속해서 인정되고 있다."[17]

헌법에 명시적으로 여행할 권리가 표현되지는 않았으나, 그 이유는 "헌법에 기초하는 강력한 연방의 필수적인 조건으로서 처음부터 기본적인 권리로 간주되어 왔기 때문"이다. "어떤 경우든, 미국 어디든 여행할 수 있는 자유는 헌법상 기본권으로 인식되어 왔다."[18] 여행의 권리가 헌법에 명기되지 않았다는 점을 감안한다면, 이렇게 스튜어트 판사가 자신 있게 단언한 것은 조금 놀라운 일이다. 그 역시 여행할 권리가 어디에서 유래했는지는 불확실하다고 인정한다. "주 사이를 여행할 헌법적 권리의 근거가 무엇인지는 법원 내에서 계속 견해차가 있었으나, 이 차이를 더 이상 조사할 필요는 없다. 모두가 그러한 권리가 존재한다고 동의했다. 여행의 권리가 현재 미합중국법전 18편 241절에 의해 보호되고 있는 연방 권리 중 하나로 명시적으로 인정된 것은 적어도 1904년까지 거슬러 올라간다. 우리는 지금 이를 재확인한다."[19]

별개의 의견서에서, 할런 판사는 **여행할 권리**의 근거를 미국 법률사를 따라 추적해 보는 길고 의미 있는 논의를 전개했다. 그는 다수 결정이 근거한 미국 법전 제18편 1부 13장 241절(U.C. 241)에 주목했다. 이 법은 미국의 헌법과 법률로 보장되는 연방권의 행사를 저해하는 행위를 처벌하고자 제정되었다. 여행할 권리는 미국법전 241절에서도, 미국의 다른 법률에서도 찾아볼 수 없다. 할런은 크랜달 대 네바다 사건, 에드워즈 대 캘리포니아 사건 등의 판례가 정부의 간섭을 받지 않고 자유롭게 주 사이를 여행할 권리를 확립했다는 데 동의하지만, 사적인 간섭으로부터 사람들을 보호하는 법은 존재하지 않았다.

여행할 권리의 근거는 미국 법률사에서 세 가지로 나타난다. 첫째는 헌법의 특권 및 면책 조항이 보호하는 특정한 시민권으로서의 모빌리티 개념이다. 그는 시민의 특권 및 면책 조항 문제를 다룬 코필드 대 코리엘 사건(1825)으로 거슬러 올라간다. 이 사건에서 법원은 "어느 한 주의 시민이 무역, 농업, 직업상의 목적 또는 그 밖의 다른 목적으로 다른 주를 지나갈 수 있는 권리"를 포함하는 "특권 및 면책 보장은 본질적이고 기초적"이라고 밝혔다.[20] 앞서 보았듯이 이런 해석은 크랜달 대 네바다 사건에서 큰 힘을 발휘했다. 이 사건에서 시민권은 상업적 권리보다 앞섰다. 그러나 할런은 시민으로서의 여행할 권리는 특히 어떤 주의 간섭으로부터 보호 받을 권리였다고 지적한다. 크랜달 사건에서 보호된 여행할 권리는, "개별 주들의 지역주의를 타파하고, 진정한 연방연합의 창설을 촉진하는 방법"[21]으로 여겨졌다.

두 번째로 할런은 **이동의 권리**가 미국 헌법의 상거래 조항에 근거한다는 주장을 검토한다. 크랜달 사건과 에드워즈 사건을 모두 참고하면서, 할런은 법원이 "우리 연방의 신조"인 상업의 자유와 여행의 자유가 서로 얼마나 밀접한 연관성을 지니는지를 훌륭하게 피력했다고 본다.[22] 그러나 그는 다시 한 번, 이 판결들은 이동의 권리에 대한 사적인 간섭이 아니라 주정부의 간섭을 문제 삼은 것이라고 강조했다.

세 번째로, 할런은 켄트 대 덜레스 사건을 인용하면서 모빌리티의 권리는 적법한 절차라는 차원에서 이해할 수 있다고 본다. 이 사건에서 법원은 "여행할 권리는 수정헌법 제5조에 따른 적법한 절차 없이는 시민에게서 박탈될 수 없는 '자유'의 일부"라고 평결했다.[23] 할런은 제카리아 채피를 인용하면서, 모빌리티는 정당한 절차 없이 국가 정부에 의해 박탈될 수 있는 것이 아니라고 주장했다. "모빌리티에 대한 국가 정부의 불합리한 제약은 수정헌법 제5조의 적법 절차 조항으로 중단될 수 있다. ⋯ 따라서 적법한 절차 없이는 빼앗길 수 없는 모든 인간의 '자유'에는 발언, 언론, 집회, 종교, 그리고 모빌리티의 자유까지 포함된다."[24] 할런은 또다시 적법한 절차는 오로지 정부의 조치와 관련이 있으며, 따라서 미국 대 게스트 사건에는 적용되지 않는다고 지적한다. 다시 말하자면, 할런은 이 사건이 다른 사람들의 모빌리티를 방해하는 사적인 행동에 관한 사건이라고 보아 다수의견에 반대했다. 미국 대 게스트 사건은 여행할 권리가 사적인 간섭으로부터도 보호된다고 명시한, 할런 판사로서는 지지할 수 없었던 판례를 남겼다.

샤피로 대 톰슨 사건 (1969)

1966년 6월, 둘째 아이를 임신한 열아홉 살의 미혼모 비비안 마리 톰슨은 하트포드에 거주하는 어머니와 함께 살기 위해 매사추세츠주 도체스터에서 코네티컷주 하트포드로 이사했다. 8월에 톰슨은 아파트를 구해 이사했다. 임신 때문에 일을 하거나 직업훈련 프로그램에 들어갈 수 없었던 톰슨은 부양 자녀가 있는 가족 원조 프로그램에 지원했다. 8월에 접수한 원조 신청은 신청 접수 전 1년 동안 코네티컷주에 거주하지 않았다는 이유로 11월에 기각됐다. 코네티컷 복지부는 코네티컷 일반 법령 17-2d에 근거해 이런 판단을 내렸다. 비비안 톰슨은 지방법원에 복지부를 고소했고, 법관들은 2대 1로 이 법이 위헌이라고 판결했다. 거주 기간에 따른 제한은 "여행할 권리에 부정적인 영향을 미치기 때문에 위헌"이라는 것이 다수의견이었다.[25]

코네티컷주는 1969년 4월 21일 이 결정에 대해 대법원에 항소했으나, 대법원은 코네티컷 법원의 판결을 확정하였다. 다수의견에 속한 브레넌 판사는, 거주 기간에 따른 제한이 1년 이상 거주자와 1년 미만 거주자라는 점을 제외하면 서로 구별되지 않는 빈곤층을 두 부류로 나누고, 먹고 자는 기본적 욕구 충족의 차이까지 낳았다고 판시했다. 판결문은 이 제한은 가난한 사람들이 코네티컷에 들어가는 것을 막는 조항임을 분명히 했다.

그러나 가난한 사람들의 이주를 억제한다는 목적은 헌법상 허용되지 않는다. 오래전에 대법원은 우리 연방의 본질과 개인의 자유에 대한 헌법적 개념이 결합되어 모든 시민이 불합리한 부담이나 제한하는 법령, 규칙 또는 규정에 제한 받지 않고 어디든 우리 영토를 자유롭게 여행할 수 있다는 것을 인정했다. 스튜어트 대법관이 미국 대 게스트 사건, 383 U.S 745(1966)에서 말했듯이, "한 주에서 다른 주로 여행할 수 있는 헌법상의 권리는 우리 연방 개념에서 근본적 위치를 차지한다. 이 권리는 굳건하게 성립되어 있으며 계속해서 인정되고 있다."[26]

그러나 앞에서 보았듯이, 모빌리티 '권리'는 헌법에 명시적으로 언급되어 있지 않다. 브레넌 판사는 특권 및 면책 조항, 수정헌법 14조, 상업 조항 등 헌법의 여러 부분에 모빌리티 권리가 근거하고 있다고 본 예전 판례들을 인용한다. 크랜달 대 네바다 사건과 에드워즈 대 캘리포니아 사건의 다수의견도 인용되었다. 아무도 그의 긴 미국 대 게스트 사건 의견서에 관심을 보이지 않아 절망했을지도 모를 할런 판사는 반대의견에서, 모빌리티 권리는 기본권이 아니라고 주장했다. '나는 우리 대법원에서 특정한 인간 활동을 '근본적'이라고 규정하면서 여기에 추가적인 보호를 제공할 수 있을지가 불분명하다는 점을 다시 한 번 강조한다."[27] 스튜어트 판사는 다수의견에 동의하면서, 할런의 주장을 문제 삼는다. "확고한 헌법적 권리로 인정되기만 한다면, 그 권리는 헌법이 요구하는 것 못지않은 보호를 받아야 한다. 마치 결사의 권리처럼, 이는 우리 모두에게 헌법이 보장하는 사실상 무조건적인 인격권이다."[28]

1865년 크랜달 대 네바다 사건부터 1969년의 샤피로 대 톰슨 사건까지, 백 년이 조금 넘는 기간 동안 대법원 판례들은 꼬리에 꼬리를 무는 법적 논증을 만들어 냈다. 이 논증들보다 문학에서 말하는 상호텍스트성을 잘 보여 주는 예도 없을 것이다. 각각의 텍스트는 이전에 등장한 텍스트와의 관련 속에서만 이해 가능하다. 1969년 이후로 미국에서는 법을 통해 생산된 모빌리티가 지속되고 있으며, 크랜달의 교통세 회피와 에드워드가 캘리포니아로 '빈곤한 자'를 실어 나른 사건은 미국 내 모빌리티의 의미와 실행에 관한 헌법 해석에 계속 영향을 미치고 있다.[29]

마레와 마이브리지가 재현을 통해 모빌리티를 구성하고, 빅터 실베스터가 시미 춤에 반대하면서 댄스 교습을 체계화한 것처럼, 대법원 판사들도 모빌리티를 생산했다. 판결은 특정한 이동에 의미를 부여한다. 이때의 모빌리티는 시민의 모빌리티이다. 공산주의자, 도망자, 병든 사람들의 모빌리티는 제한될 수 있다. 의미의 생산자인 법정은 누구에게나 똑같은 결과를 내놓지는 않는다. 법원이 규정한 의미들은 고정되면서 실천을 물질적으로 통제하는 기초가 된다. 말 그대로 이는 사회적 생산이다.[30] 법은 기존의 사회적 지리학에 따라 행위하며 그 과정에서 지리학을 생산하기도 한다. 여기에는 모빌리티의 지리학도 포함된다.

모빌리티와 시민

앞서 다룬 사건들이 보여 주듯이, 미국의 법적 판결 속에서 모빌리티 개념은 자유나 시민권의 핵심적인 지리적 구성 요소로 받아들여졌다. 할런 판사 같은 예외도 있지만, 대개의 대법관들은 헌법에 공식적으로 선언되어 있지 않아도 모빌리티가 자유와 시민권의 '근본적'이거나 '사실상 무조건적인' 측면이라고 주장했다. 판사들은 또한 상황에 따라 모빌리티에 얼마든지 다른 의미가 부여될 수 있다는 해석을 여러 번 내놓았다. 도망자, 질병에 걸린 자, 공산주의자 등의 사례들은 시민권으로서의 모빌리티가 지닌 한계를 감지하게 해 준다.

　미국에서 모빌리티의 법적 생산은 주로 두 가지 모빌리티를 중심으로 이루어졌다. 시민권과 무역이다. 캘리포니아로 들어온 가난한 자를 오렌지와 비교하는 것이 정당한지에 대한 논쟁은 그 모빌리티가 무역의 형태인지, 시민권의 형태인지에 관한 다툼이었다. 두 가지 모빌리티 모두 합법적인 것으로 간주되었다. 마찬가지로 네바다주가 승객에게 부과한 세금은 그것이 주 사이의 무역을 제한하거나 네바다 시민들이 완전한 미국 시민으로서 행위하지 못하게 막는다면 위헌이다. 그러나 어떤 모빌리티의 실행이 시민권이나 무역과 거리가 멀다면, 그 모빌리티는 어떤 대접을 받게 될 것인가? 시민권을 정의

해 주는 것은 비시민권이다.

모빌리티와 시민권(혹은 무역)의 결합이 정당화해 주지 못하는 많은 이동들이 실제로 존재한다. 그 좋은 예가 중국 이민자(비시민)의 미국 이주를 금지한 1882년의 중국인 배제법(7장에서 이 문제를 자세히 다룰 것이다)과 1876년 이후 미국에 수없이 등장한 부랑자법이다.[31] 이 책에서 앞서 다룬 여러 모빌리티 사례들에서 보듯이, '훌륭'하고 '적절한' 모빌리티 형태는 기존의 공간 질서(국민, 이웃 등)를 위협하는 모빌리티를 적대시한다. 시민으로서의 모빌리티 실천은 올바른 행위로 받아들여진다. 할런 판사가 미국 대 게스트 사건에서 여행의 권리에 대해 말한 것처럼, 시민의 모빌리티는 역사적으로 볼 때 "개별 주들의 지역주의를 타파하고, 진정한 연방연합의 창설을 촉진하는 방법"이었다.[32]

여기서 작동하는 지리적 상상력은 국가라는 도덕적 공간을 가정하며, 시민의 모빌리티는 이 공간 속에 놓인다. 1882년 중국인 배제법 서문의 직설적인 진술과 비교해 보자. "미국 정부의 견해에 따르면, 중국 노동자들이 이 나라에 오는 것은 우리 영토 내 특정 지역들의 선량한 질서를 위태롭게 한다." 여기서 중국 이민자들의 모빌리티는 '선량한 질서'가 위협 받는 '특정 지역'을 상정하는 도덕적 지리학과 연결된다. 시민권은 이미 이동 능력을 필수로 하는 개인성의 범주에 속하므로 이민자들의 모빌리티에서 시민권을 분리해야 했다. 배제법의 말미에 이르면 이 분리가 명확하게 나타난다. "이후 미국의 어떤 법원에서도 중국인의 시민권을 인정하지 않을 것이며, 이 조치와 충돌하는 모든 법률은 폐지된다.”

코네티컷주의 부랑자법(1902)은 “여기저기 돌아다니고 구걸하면서 주거가 불확실한 모든 사람과 노동을 하지 않거나 명확한 지원 수단 없이 살아가며 법적 근거 없이 떠도는 자들은 부랑자로 간주된다”고 규정했다.[33] 비슷한 법들이 1876년 뉴저지주의 첫 번째 부랑자법 통과 이래로 미국 전역에서 제정되었다. 이 법들은 무엇보다도 부랑자를 이동하는 사회적 유형이라고 정의했고, (새로 건설된 국가철도 시스템이 낳은) 모빌리티야말로 지역 질서를 위협한다고 보았다. 예를 들어 코네티컷주 법률 1337조는 “이 주의 거주자가 아닌 자가 행하는 어떠한 구걸이나 부랑 행위도 그 사람이 부랑자라는 명백한 증거”라고 명시했다. 만약 부랑자로 취급된다면 그 결과는 심각했다. 일부 주에서는 부랑자들이 가장 높은 값을 부른 사람에게 팔려 나가 1년 동안 노동하거나 노예 생활을 해야 했다. 프랑스나 영국에서도 그러했지만, 미국의 법은 사실상 새로운 범죄자층을 만들어 냈다. 그들이 저지른 범죄의 죄목은 위협적인 모빌리티였다.[34] 중국인 이민자에 대한 법적 규제는 명시적으로 공식적 시민권과 관련되어 있었지만, 부랑자법에서는 그렇지 않았다. 그러나 최근의 시민권 연구들은 무엇이 시민권을 구성하는지를 확장하여 정의한다. 부랑자의 모빌리티를 제한한 조치는 특정한 종류의 모빌리티를 부정함으로써 실질적으로 ‘그림자 시민’으로 만든 집단에게서 공식적인 시민권을 확실하게 분리시켰다.

중국인 이민자와 부랑자 모두 모빌리티를 실행했지만, 그렇게 함으로써 이들은 시민권 바깥의 행위를 실천한 셈이 되었다. 외부와 내부의 모빌리티는 모두 도덕적(그리고 합법적) 가치가 부여된 특정한 공간의 선량한 질서를 위협하는 것으로 제시되었다. 따라서 시민권은 모빌리티 실행의 '올바른' 방법이었다. 모빌리티를 통해 시민권을 실천하는 이 형태는 시민권 바깥에 놓이는 모빌리티 형태와의 관계 속에서 파악되어야 한다. 어떠한 경우든, 시민권은 비시민들의 부재로 환기되며, 비시민은 시민들을 이치에 맞는 존재로 만들어 준다.[35] 시민권 문제를 탐구한 엥긴 이신Engin Isin은《정치적 존재Being Political》에서 정확하게 이 지점을 포착한다. 고대 그리스 도시국가의 시민권이 여성이나 노예 같은 집단을 배제했다는 지적은 상식에 속하지만, 이신은 여기서 작동 중인 요소가 배제라고 말할 수 없다고 주장한다.

배제의 논리는 여성, 노예, 농민, 외국인, 이민자, 난민, 예속민 등이 속하는 이방인과 외부인이라는 범주가 시민권 이전에 존재했으며, 시민권이 규정되는 순간, 이들이 배제되었다고 가정한다. 배제의 논리는 배제하는 자와 배제되는 자가 양립될 수 없다고 상정한다. 배제된 자는 완전한 부정으로서 정의되며, 그 자체의 속성을 가지는 것이 아니라 배제하는 자의 속성을 갖고 있지 않다는 것을 표현할 뿐이다. 배제된 자들의 본질적인 속성이란 그러한 것들에 지나지 않는다. 따라서 배제된 자의 속성은 괴상하고, 숨겨져 있고, 공포스럽고, 위협적인 것으로 경험된다. 배제하는 자들의 속성, 그러니까 배제 그 자체는 사회적으로 작동된다.[36]

배제의 논리는 타자화의 논리와 대조적이다. "시민권의 조건으로서의 타자성은 사실상 시민권과 그 타자성이 항상 동시에 대화적인 방식으로 서로를 구성하면서 나타난다고 가정한다." 따라서 "노예는 단순히 시민권에서 배제된 것이 아니라, 바로 그 공식화에 의해 시민권이 가능하도록 만든다."[37] 시민이 가능하려면 타자의 생산이 필요하며, 시민의 정의는 비시민이나 그림자 시민과 함께 구성된다.

그렇다면 이 논리는 시민 형상의 구축에서 모빌리티가 갖는 의미에 대해 무엇을 말해 주는가? 그 답의 일부는 모빌리티를 위한 비슷한 논리의 개발, 즉 이 책을 통해 내가 발전시키려고 한 논리의 개발에 있다. 모빌리티에 대한 긍정적인 가치 평가는 부정적인 것의 배제를 통해서가 아니라 관계적일 수밖에 없는 방식을 통해서 존재한다. 즉, '병리적인' 모빌리티가 어떠한 정체성의 중심이라고 규정되는 모빌리티들과 함께 만들어지거나 서로 밀접한 관계를 맺고 있다고 보는 타자화의 논리를 통해서 존재한다. 시민권 차원에서, 대법원은 이동하는 시민이라는 개념을 이상적인 유형으로 만들어 냈다. 자율적이고 개인적인 행위자의 움직임은 국가 자체의 생산을 돕는다. 그러나 여기서 언급되지 않는 '타자들', 이주민이나 부랑자들은 시민권의 모빌리티를 특별한 것으로 만든다. 또한 그림자 시민 정체성으로 사는 사람들의 수많은 모빌리티 형태들은 끊임없는 방해에 노출된다. 공항의 출입국관리소에서 차단된 아랍계 미국인들, 미국 농업 분야에서의 히스패닉계, 운전 중 경찰의 차별적 검문에 걸린 아프리카계. 이들은 미국 시민권자들이지만 겉으로 드러나지 않는 시민권 모델,

즉 백인, 남성, 부유층, 비장애인과 일치하지 않는다. 한 세기 이상 대법원에서 논의된 모빌리티 형태를 감싸고 있는 것은, 특수성이 감춰진 추상적 형상을 만들어 내기 위한 기본권 개념과 시민 개념이다.

권리 비판

이 장의 첫 번째 부분에서는 미국 법률에서 모빌리티와 시민 범주가 분명하게 연결되는 과정을 살펴보았고, 두 번째 부분에서는 시민권 문제를 비판적으로 따져 보았다. 이제는 시민들의 권리라는 고전적 개념을 탐구해 볼 차례다. 시민이 된다는 것은 무엇보다도 권리를 갖는 자가 된다는 것이다. 미국에서는 모빌리티의 권리도 그러한 권리들 중 하나다.

　권리는 공식적인 법적 범주다. 권리가 법에 존재한다면, 권리를 침해당했을 때 당연히 법적 구제가 뒤따라야 한다. 만약 권리가 법에 존재하지 않는다면, 당연하게 법적 구제도 불가능하다.[38] 그러나 더 넓은 권리 개념도 존재한다. 예를 들어, 시민권은 법에 의거한 것일 수도 있지만 순전히 도덕적인 관점에 기초하는 것일 수도 있다. 합법성도 권리의 한 측면이겠으나, 이 좁은 개념에만 기대는 것은 문제가 있다. 남아프리카공화국의 아파르트헤이트 정책 아래에서 흑인들도 기본적 인권을 누렸다는 주장을 가능하게 하기 때문이다. 실제로는 그렇지 않았고 그들은 권리를 박탈당한 상태였다. 여기서 우리는 법적으로 규정되는 권리 개념보다는 더 포괄적인 권리 개념을 사용할 것이다. 법적 권리와 인격체로서 사람들이 지니는 더 넓은 권리 개념 사이에는 불일치가 발생할 때가 많다. 이와 유사하게, 시민을 특정한 법적 영역 내에서 합법적 권리를 갖는 사람이라고 보는 것은 무엇이 시민을 구성하는지에 대한 이상적인 정의보다 훨씬 좁은 정의이다. 그러므로 모빌리티 권리를 더 넓은 범주의 권리로 보는 것은 더 확장된 시민권 개념과도 맥을 같이한다.

이주 이론이나 동작 연구처럼, 어떤 형태든지 간에 권리는 추상적이다. 권리는 보편성을 열망하며 특수성은 신경 쓰지 않는다. 이런 의미에서의 권리는 안무 도표나 저속촬영 사진처럼 모빌리티 재현의 또 다른 형태일 뿐이다. 그러나 자유민주주의의 형성에 중심적인 역할을 한다는 점에서, 권리는 여타 재현들과는 다르다. 모빌리티 권리는 (엄격하게 보아 합법에 속하지 않는 경우에도) 우리가 보아 온 바와 같이 기본권으로 간주되는 권리들의 중심에 놓인다. 제카리아 채피는 종교, 언론 자유, 집회와 발언의 권리와 함께 이동의 권리를 명시했다.[39] 이동의 권리는 유럽 권리헌장에서 첫 번째로 등장하는 기본권이며, 멕시코 · 캐나다 · 일본 · 독일 · 가나처럼 다양한 국가들의 헌법에도 나타난다. 국경 내에서의 이동과 입국 및 출국의 권리를 보장한 유엔 세계인권선언(1948) 제13조에서도 이동의 권리는 보편적 권리로 인정된다. 모빌리티는 기본적 권리로 인정 받은 유일한 지리적 권리다. 가만히 머물 권리나 거주지를 가질 수 있는 권리는 이만큼의 인정을 받지 못했다.

법적 대표성과 실천의 한 형태인 권리 개념은, 보편성을 내세우는 권리 개념이 문제적이라고 보는 좌파에게 비판 받았다. 기본적이고 자연적이며 보편적인 것으로서의 권리를 주장하는 것은 권리가 생성된 맥락을 숨긴다. 카를 마르크스는 〈유대인 문제에 대하여〉에서 역사적 유물론의 논리를 동원하여 권리와 시민권의 결합을 문제 삼았다. "정치적 해방은 확실히 위대한 진보다. 그러나 사실 이는 인간 해방의 최종 형태가 아니라, 지배 사회질서의 틀 안에서의 인간 해방이 보여 줄 수 있는 최종 형태다. 말할 필요도 없이, 여기서 우리는 진정한, 실질적인 해방을 논하고 있다."[40] 여기서 그는 정체된 봉건주의에서 확실히 벗어나고 있다는 점에서 자유주의적 관념으로서의 자유를 높이 평가한다. 그러나 당연하겠지만, 마르크스는 이 자유가 국민국가 내부의 자본주의라는 맥락에서 나왔다는 점에 주목한다. 권리를 부여하는 주체는 분명히 자연이 아니라 국가다. 이때 인간의 권리는 집단, 공동체, 인간이라는 종의 권리가 아니라 개인의 권리다. "이른바 인간의 권리들 중에서, 시민사회의 일원으로서의 그 자신, 이기적 인간을 넘어서는 것은 하나도 없다. 즉, 사회로부터 분리된 개인은 자기 자신 속으로 빠져들어, 전적으로 사익에만 몰두하고 사사로운 변덕에 따라 행동한다."[41]

법학자 던컨 케네디Duncan Kennedy는 마르크스의 비판 방식을 계승했다.

'권리 이야기rights talk'는 백인 남성 부르주아계급의 언어였다. 이들은 서유럽의 봉건적 중상주의적 질서를 '이성'의 이름으로 뜯어고치고 재구성했다. 사실/가치와 법/정치의 구분이라는 전제와, 권리의 보편적이며 사실적인 특성에 근거한 언어의 조정력은 거리의 바리케이드, 신문, 새로운 가족 모델과 함께 이 집단이 지닌 무기였다.[42]

'권리 이야기'에서 문제되는 지점은, 권리를 보편적이고 추상적이고 근본적인 것으로 재현하는 방식이다. 이 물화reification 과정은 아주 특수한 사건이나 실천을 권리가 대신하게 한다. 여러 인간 모빌리티들을 권리의 틀 속에 집어넣는 것은, 앞에서 논의했던 것처럼 특정한 방향성을 잃어버린 추상적 형식을 재생산한다. 예컨대, 수출과 인간을 동일시하면 프랭크 에드워즈가 캘리포니아와 텍사스를 오가며 겪었을 경험의 특수성은 드러나지 않는다. 미국 대 게스트 사건은 기묘한 측면을 지닌다. 6명의 백인 남성 여섯 명은 흑인들의 재산을 파괴하려고 한 데다가 흑인들을 위협하고, 때리고, 쏘고, 죽이려고 했다. 그러나 이들은 흑인들의 이동할 권리를 제약한 혐의로 기소되었다. 이 모든 고통과 공포는 하나의 공통점, 이동할 권리의 침해라는 문제로 축소되었다. 그들의 행위를 추상적 권리의 침해로만 보는 것은 진행 중인 행위의 성격을 제대로 파악하지 못한다. 법학자 마크 투슈넷 Mark Tushnet은 다른 사례를 이야기하고 있지만 이 점을 정확하게 지적한다.

미국의 중미 개입을 반대하는 집회에 참여했을 때, 나는 확실히 '권리를 행사'하고 있었다. 그러나 더 중요한 것은 친구들과 함께하는 것,

낯선 사람들과 어울리는 것, 그들 중에 몇몇은 나와 근본적으로 의견이 다르다는 것, 어색한 분위기, 군중 속의 외로움 같은 경험들이다. 이를 가리켜 '권리 행사'의 예라고만 칭하는 것은 소외나 물화에 가깝다. 그렇게 하면 경험은 말살된다. 우리는 경험들에서 일반적 권리를 추상화하기보다는 실제 경험을 보존해야 한다.[43]

'권리 이야기'로 모빌리티의 의미와 경험을 일반화하면 모든 모빌리티가 평등해진다. 글로벌 비즈니스맨의 여행은 호텔에서 서비스를 제공하는 직원들의 여행과 동일하다. 백인 통근자가 SUV를 몰고 출근한 경험은 제시간에 출근하기 위해 빈약한 대중교통 시스템을 보완해 달라고 요구하는 히스패닉 노동자계급의 경험과 같다. 이들은 모두 권리를 행사하고 있기 때문이다. 모빌리티의 권리를 상거래의 속성을 내세워 지키려고 하면, '빈곤한 자'의 이동은 수출품의 이동과 다를 바가 없어진다.

사물의 특수성은 '권리 이야기'가 물화의 한 형식이라는 것을 드러내며, 경험과 실천의 공간성spatiality은 이 같은 특수성의 한 측면이다. 권리는 분명히 공간적이며, 공간성은 권리의 이른바 보편적 성격을 훼손한다. 재산의 보호든, 사유와 공공의 분할이든, 그 규모를 둘러싼 협상이든, 모빌리티의 문제이든지 간에, 미국과 캐나다와 그 밖의 다른 곳에서의 권리는 분명한 공간성을 지닌다.[44] 니콜라스 블롬리 Nicholas Blomley와 제럴딘 프랫Geraldine Pratt은 자유주의가 "사회적·정치적 세계의 지도를 그리는 특정한 방식"을 만들어 낸다는 마이클 월처

Michael Waltzer의 주장에 동의한다.[45] 사적인 것과 공적인 것, 시민과 외부인 등의 이원론은 확실히 자유주의적 공간 구분의 산물이며, 권리와 동반하는 '자격'을 인정하거나 인정하지 않기 위해 작동한다. 그러나 이들 주장의 핵심은, '권리의 공간성'이 자유주의 사회의 기존 정의 개념에 진보적인 도전을 꾀하게 할 수 있다는 생각이다.

지리학은 권리 담론의 한계에 도전하고, '인간'으로 셈해지는 자의 재산과 시민권의 의미를 확대할 전략적인 지렛대를 제공할 수 있다. 따라서 우리는 권리의 정치가 열려 있고 새로운 시작 지점을 마련할 수 있으며, 이러한 시작(그리고 종결)은 공간과 시간을 통해, 또 그 안에서 구축된다고 주장한다.[46]

지리학은 사실상 특정한 지리학의 생산이지만 겉보기에는 보편적으로 보이는 권리 개념에 의문을 제기한다. 캐나다의 오드리 고바야시Audrey Kobayashi와 브라이언 레이Brian Ray는 위험이 불균등하게 배분된 상황과 "제도적으로 구축된 경관 안에 있는" 개인 및 집단의 상황을 고려하게 하는 것이 **공간 정의**spatial justice'라고 했다.[47] 린다 피크Linda Peake와 브라이언 레이Brian Ray는 "사람들이 출발한 곳, 즉 젠더, 섹슈얼리티, 인종과 같은 시작 지점"에 관한 인식과 "사람들이 현재 살아가는 곳, 즉 정의가 거의 관철되지 않는 지역사회"에 대한 인식을 모두 포함하는 것이 사회정의라고 주장한다.[48] 이런 권리 비판은 권력의 역사–지리적 관계에 눈 감는 자유주의를 비판하는 지리학적 시각에 바탕한다. 자유주의적 권리 개념은 보편성을 내세우면서도 "억압의 불균등한 지형도를 반영하지 못하는 공간적 분열"에 기반한다.[49] 억압의 불균등한 지형도는 사람들의 각기 다른 이동 능력에서도 뚜렷하게 드러난다.

서로 다른 모빌리티들의 물질적 생산이라는 현실은 보편주의적인 틀 안에서 모빌리티를 개념화하는 '권리 이야기'를 훼손한다. 권리, 모빌리티, 자유, 시민권이 자유주의 담론 속에서 서로를 지탱해 주는 방식은, 개별적이고 움직이며 정상적인 몸을 가진 주체의 소유물로서의 모빌리티를 자연화한다. 따라서 장애의 정치는 자유주의적인 권리 개념에 의문을 품지 않을 수 없다.[50] 베라 추이나드Vera Chouinard 는 '**그림자 시민권**shadow citizenship'이라는 개념을 도입했다. 그림자 시민권의 공간은 "담론적 재현으로서의 법과 실제 법이 근본적으로 충돌하는" 곳에서 형성되고, 장애인은 이 공간에 머물 될 때가 많다.[51] 한편으로 이 공간들은 보편성을 내세우는 자유주의에서 상징적인 중심이지만(여기서 보편성이란 실제 지리를 파악하지 못하면서 상상으로 만들어진 지리학적 권리들이다), 이와 동시에 장애라는 특정한 사회적 공간을 인식하지 못하는 권리 담론에 의해 주변화된다. 장애인의 모빌리티에 대한 태도는 서구 사회의 모빌리티에 대한 지배 담론 안에 위치한다. 구체적으로 말해, 장애인에 대한 태도는 "움직이는 신체를, 혹은 건강, 단련된 몸, 신체 움직임의 독립성이라는 사회적 규범을 우선시하는 사회문화적 가치와 실천"이라는 틀에 갇혀 있다. 그런 가치와 실천은 "장애인의 신체를 소외시키고 '이동하는 몸'의 움직임만을 우선시"하게 만든다.[52] 문제는, 모빌리티에 깊숙히 뿌리내린 가정들은 육체와는 분리된 보편적 시민 주체에 기반한다는 사실이다.

이반 일리치Ivan Illich는 삶의 속도가 증가하는 현상에 반대하면서 이렇게 주장했다. "인간들은 거의 똑같은 이동 능력을 지니고 태어난다. 타고난 이 능력은 각자가 가고 싶은 곳이라면 어디든 갈 수 있는 개인의 자유를 의미한다. 평등 개념에 기초하는 사회의 시민들은 어떤 제한이 가해져도 이 권리의 보호를 요구할 것이다."[53] "인간들은 거의 똑같은 이동 능력을 지니고 태어난다"는 일리치의 말은 물론 조금 터무니없게 들린다. 이를테면 막 태어난 아기들은 전혀 이동하지 못한다. 사람들이 태어날 때 거의 똑같이 이동하는 능력을 발휘하지 못한다는 점에 주목하면, 우리의 초점을 자율적인 움직이는 주체의 자연적이고 근본적인 권리로서의 모빌리티가 아니라, 체계적으로 비대칭적인 권력관계라는 조건 속에서 생산되는 사회적 구축으로서의 모빌리티로 옮길 수 있다. 모빌리티 권리라는 개념, 시민권의 한 속성으로서의 모빌리티는 자율적 신체의 속성으로서의 모빌리티가 아니라 모빌리티가 사회적으로 생산된다는 가정에서 출발하면 변화를 겪게 된다.

자유freedom/liberty로서의 모빌리티는 현대 세계에서 몇 가지 기본 이데올로기들의 핵심을 이룬다. 권리 개념, 특히 모빌리티 권리가 보편성을 갖는다는 주장은 자유, 시민권, 모빌리티가 자유주의의 틀 안에서 융합한다는 특수성을 감춘다. 거의 자연적 속성에 가까운 자유는 개인의 신체 속에 위치한다. 이 신체는 '정상적인' 신체들이다. 이반 일리치는 몸에서 출발해 적절한 이동 수단 개념을 발전시키는 대목에서 이 같은 생각을 드러낸다. "사람들은 자기 다리로 잘 이동한다. … 다리로 움직이는 사람들은 어느 정도 동등하다. 사람들은 오로지 자기 다리에 기대어, 순간적인 충동에 따라, 법적 · 신체적 제약이 없다면 한 시간에 3,4마일씩, 어떤 방향으로든, 어느 곳으로든 이동한다."[54]

권리 및 시민권과 가장 쉽게 동일시되는 모빌리티는 모빌리티를 가능하게 하거나 불가능하게 하는 제도 및 기술의 네트워크와도 단절되어 있다. 개별적인 이동하는 신체라는 개념은 장애인을 '그림자 시민'으로 만들기도 하지만, 모빌리티와 정체 상태의 더 넓은 물리적 환경이 낳은 모빌리티 생산의 차이들도 흐릿하게 만든다. 자유주의적 개인주의는 신체의 평등이라는 그릇된 기초에 근거하며, 이는 민주주의적 정의의 근간으로 받아들여진다. 이동하는 신체에 대한 대안적 사고방식은, 여러 보철물들의 도움으로 움직이는 신체라고 보는 것이다. 장애인이 활용하는 휠체어나 안내견은 물론이고, 공식적으로나 법적으로 장애인이 아닌 사람들이 이용하는 버스나 기차도 그런 보철물들이다. 이 기구들을 염두에 둔다면, 이제 시민들은 세계와 분리된 신체가 아니라 철저한 사회적 신체다. 시민들은 '보철적 시민prosthetic citizens'이다. 보편적인 이동하는 시민과 달리, 이러한 시민의 모빌리티 역량은 공공영역이 가하는 제약과 밀접하게 관련되어 있다. 사람과 사물이 밀접하게 상호 연결되어 있는 세계 속에서, 모빌리티는 분명히 개인적이고 양도할 수 없는 신체가 가진 속성들의 역량이 아니라, 인간과 환경 사이 수많은 접속 지점들의 산물, 지리학의 산물이다. 신체와 신체보다 더 넓은 세계 사이의 이러한 상호연결은 보철물적인 주체–시민의 도래를 알린다.[55]

셀레스트 랭건Celeste Langan은 "(사회적으로) 손상된 모빌리티들 중에서 (언제나 문제적인) '신체적 장애'라는 범주를 버리게 될지도 모를 어떤 모델, 말하자면 전략적 반본질주의"인 "권리의 옴니버스식 모델"을 제안했다.[56] 여기서 장애인 보행자는 부모님의 차에 의존하는 아이들과 다를 바가 없다. 대중교통 축소에 항의하는 도심 주민들도, 미국 시민에게만 주어지는 모빌리티를 향유하지 못하는, 멕시코 국경에서 긴 줄을 이룬 사람들도 여기에 합류한다.

모빌리티와 공간 정의 – 버스승객조합

이 장의 마지막 부분에서는 로스앤젤레스버스승객조합[57]이 공정한 대중교통 시스템을 확보하기 위해 벌인 운동에 주목하면서, 다시 한 번 모빌리티, 시민권, 권리처럼 문제적인 개념들을 다룰 것이다. 이 활동가들은 일반적이고 보편적인 모빌리티 개념에 의존하기를 거부하면서 모빌리티의 대안적 의미를 만들어 내려고 했으며, 모빌리티를 시민권과 권리처럼 추상적 개념들과 연결하는 방식에 도전했다. 이들은 LA의 공간적 차이와 불균등한 모빌리티 생산에 대한 인식을 바탕으로 특수한 모빌리티 권리를 확보하기 위한 성공적인 캠페인을 벌였다. 또한 이 운동은 "권리의 정치는 열려 있고 새로운 시작 지점을 마련할 수 있으며, 이러한 시작(그리고 종결)은 공간과 시간을 통

해, 또 그 안에서 구축된다"는 주장의 좋은 예이기도 하다.[58] LA 버스
승객조합은 추상적이고 보편적인 움직임보다는 철저한 사회적 모빌
리티를 핵심으로 삼는 더 '확장된' 시민권 개념을 지향했다.[59] 전통적
으로 공식적인 국가 공간만이 정치적 시민의 공간으로 인식되어 왔
으나, 최근의 시민권 이론에서는 시민권을 그 바깥의 다양한 공간에
서 행해지는 것으로 보아야 한다고 주장한다.[60] 여기서 나는 그러한
개념을 받아들여 사회적으로 생산된 모빌리티라는 개념이 이끌어 내
는 시민권의 재구성을 고민해 보고자 한다.

최근에도 모빌리티를 다루는 많은 글들은 정의에 관한 문제, 그리
고 시민권과 권리를 진보적으로 재구성하는 문제에서 '모빌리티 전
회'가 끼친 영향을 제대로 고려하지 못하고 있다. 그러나 로스앤젤레
스 대중교통 운동가 집단의 단호한 행동은 어느 정도 성공을 거두면
서 새로운 정치를 만들어 냈다. 여기서도 법원이 모빌리티에 법적으
로 개입했으나, 예전의 대법원 판례들과는 달리 모빌리티의 특수한
유형들이 판결에서 중요하게 작용했다. 이 판결은 권리와 책임의 공
간성을 인식하는 정의의 형태인 공간 정의Spatial Justice를 제도화한 것
으로 볼 수 있었다.[61]

1994년 로스앤젤레스 도시교통국MTA은 버스 요금을 1.10달러에서
1.35달러로 인상하고 월정액 승차권을 없애려고 했다. 가난한 소수
집단 버스 이용자들은 집과 직장을 오가기도, 긴요한 서비스를 이용
하기도, 학교와 상점과 좋아하는 장소로 가는 일도 어려워졌다.[62] 그
결과, 유색인종 발전을 위한 전국 협회NAACP의 '법적 방어 및 교육 편

드'는 노동/공동체 전략 센터, 버스승객조합BRU, 남부 기독교 지도자 회의, 남가주 한인 노동 상담소, 그리고 개별 버스 승객들을 대표해 소송을 제기했다. 이 소송은 35만 명에 달하는 가난한 소수집단 버스 이용자들을 위한 집단소송이었다.

MTA는 1964년에 제정된 민권법 위반으로 고소되었다. 이 법은 특히 연방정부의 자금 지원을 받는 정부 기관들이 인종차별적인 방식으로 자금을 사용하는 것을 금지하고 있다. MTA가 버스 노선에 대한 투자를 줄이면서도, 백인들이 주로 거주하는 부유한 지역의 주민들은 혜택을 입을 엄청난 공사비가 드는 경전철 시스템을 계획하여 불평등한 대중교통 시스템을 구축하려 했다는 것이 원고 측 주장이었다. MTA는 의도적으로 가난한 소수인종 버스 승객들을 차별했고, 그들의 행동이 가난한 유색인종들에게 차별적인 영향을 미쳤다는 것이다. 약 50만여 명의 라틴계, 흑인, 아시아계/태평양계 버스 승객들이 이 버스 시스템을 이용하고 있었다. 버스 탑승자의 81퍼센트가 유색인종으로 추정되었다. 원고 측 변호사는 이렇게 진술했다.

MTA의 서비스를 이용하는 사람들 중 94퍼센트가 버스 승객이고 그 중 80퍼센트가 유색인종임에도 불구하고, MTA는 예산의 30퍼센트만 버스에 투입한다. MTA의 자체 보고서에 따르면, 전형적인 MTA 승객은 가구 소득이 1만 5천 달러 미만이고 대중교통 대신에 이용할 수 있는 차가 없는 20대 여성이다. 그런데 MTA는 전체 승객의 6퍼센트만을 담당하는 철도에 예산의 70퍼센트를 투입하는 등 균형을 잃고 백인 중

심의 정책을 펴고 있다.[63]

기존 경전철의 운영 현황을 살펴보아도 확실한 차이가 드러난다.

전형적인 전철 승객은 가구 소득이 6만 5천 달러인 전문직 종사자다. 5개 통근 전철 노선 승차자의 69퍼센트가 백인이며, 로스앤젤레스 카운티 안에서만 운행되는 산타 클라리타 노선에서는 74퍼센트, 로스앤젤레스 카운티 내에서 대부분 운행되는 벤투라 노선에서는 80퍼센트가 백인이다.[64]

법정에 제출된 증거 요약에서, 이 사실들은 각 시스템에 투자된 자금과 비교되었다. 철도 노선은 일일 평균 1만 6,300~1만 8천 명의 승객이 이용했고, 20개 이상의 MTA 버스 노선들은 각각의 노선마다 매일 적어도 1만 8천 명의 승객들을 운송했지만, MTA는 철도 노선 통행권을 얻는 데 6억 달러를 썼다. 다른 운영비와 합쳐 볼 때, 철도 탑승자 한 명당 21달러 이상의 보조금이 지급된 반면, 버스의 경우에는 탑승자 한 명당 1.17달러의 보조금만 지급되었다. 1992년에 버스는 MTA 이용자의 94퍼센트를 실어 날랐지만, 26억 달러의 MTA 예산 중 20퍼센트도 배정 받지 못했다. 이용자의 6퍼센트만 탑승하는 철도에 예산의 71퍼센트가 배정되었다. 게다가, 보안 관련 비용도 열차에 훨씬 더 많이 지출되었다. 1993년 MTA는 이용자의 94퍼센트가 탑승하는 버스의 보안 비용으로 1,350만 달러를 지출했으나, 이용자의 2.4퍼센트에 해당하는 블루라인(전철) 하나에만 1,520만 달러를 썼다.

많은 사람들이 로스앤젤레스에서의 일상적 이동을 위해 직간접적으로 대중교통을 이용하지만, 여기에 가장 많이 의존하는 사람들은 의심할 여지 없이 상대적으로 가난한 사람들, 유색인종, 여성, 노인, 장애인들이다. 그러나 이 사실이 모빌리티의 질적 경험을 드러내는 것은 아니다. 라틴계이며 두 아이의 엄마인 26세의 카일이 매일같이 겪는 경험을 생각해 보자. 마약 예방 프로그램에서 일하는 카일은 오전 6시에 14세, 5세 자녀를 데리고 버스 정류장에 나가 있어야 한다. 아이 학교까지 가려면 두 대의 버스를 갈아타야 하고, 보모의 집에 가려면 또 다른 버스를 타야 하며, 아이를 데려다 준 뒤에는 30분 안에 직장에 도착해야 한다. 카일은 3시간 동안 6대의 버스를 탔다.[65] 로스앤젤레스에서 매일 반복되는 흔한 일이다.

제시된 불리한 증거들에 맞서 MTA는 지리적 접근법을 택했다. 이를테면 경전철 블루라인은 시내의 유니온 역과 남쪽의 롱비치 사이를 운행하는데, 그 사이는 주로 소수민족 집단들이 많이 사는 지역이다. 철도 노선은 와츠처럼 주로 소수집단들이 많이 사는 지역을 통과하므로 소수집단들에게도 서비스를 제공한다는 것이다. 이에 대해 BRU는 사실관계에 문제가 있다고 반박했다. 블루라인이 건설되기 전에 해당 지역은 버스 운행에 의존했고, 이 노선을 따라 운행한 버스들이 여러 정류장에 정차했다. 이때 승객의 95퍼센트가 소수집단이었다. 반면에 경전철 노선에는 승강장이 많지 않고 열차를 이용하는 소수집단 승객의 수도 비교적 적다(1995년 76퍼센트). 백인 승객들은 노선의 끝에서 끝까지 더 멀리 이동하는 경향이 있으므로 백인들의 실제 이용 거리는 32퍼센트였다. 증거 요약에서 MTA도 블루라인이 소수민족 지역사회에 서비스를 충실히 제공하지 못했다는 점에 동의했다. BRU는 여기에 더하여 블루라인이 지하나 고가로 건설되지 않고 평지에 건설되어 도시의 소수민족 지역사회에 사고가 늘고 사망자도 많이 발생했다고 지적했다. 결국 MTA의 주장은 법원에서 기각되었다. 열차가 지나가는 지역이 아니라 누가 타고 있는지가 중요하다고 본 것이다.

로스앤젤레스 연방지방법원의 테리 해터 판사는 요금 인상과 버스 승차권 제도의 축소를 금지하는 가처분 명령을 내렸다. 2차 심리에서 법원은 가처분 명령을 재확인하고 요금 인상과 월정액 버스 승차권 폐지를 금지하는 예비 명령을 내렸다. MTA의 요금 조정 계획은 "소수집단 버스 이용객들의 재산과 모빌리티에 상당한 손실을 끼쳐서 상당수가 고용과 주거, 의료 서비스에 대한 접근권, 식량 조달, 교육 기회, 그리고 여타 기본적 욕구 충족에 어려움을 겪게 될 것"이며, 또 "요금 변경이 원고(버스 이용자)에게 주는 악영향은, MTA가 추가 재원을 확보하지 못하는 결과보다 더 무겁게 받아들여야 한다."[66]

재판부는 버스 요금 개편으로 예상되는 효과와 경전철 사업에 투입되는 막대한 액수 사이에 큰 차이가 있다고 지적했다. MTA 운영위원회에 보고된 내부 보고서에는 이용 가능한 공적 자금의 부족으로 가난한 소수집단이 사는 도시 지역에 서비스가 불공평하게 제공되고 있다는 사실이 적시되어 있었다. 대중교통에 가장 많이 의존하는 이들이 바로 그 지역에 살고 있음에도 이런 일이 일어난 것이다. 재판부는 이 보고서를 통해 시내버스 노선이 수용 용량의 140퍼센트로 운영되어 심각한 초만원 상태였다는 사실도 확인했다.

1993년 8월, 노동/사회 전략센터는 소수민족이 아닌 승객들에게 주로 서비스를 제공하는 동시에 버스 요금 인상에도 영향을 미치는 철도 건설 계획을 중단하라고 MTA 이사회에 요청했다. MTA 이사회의 일원이던 빌라라고사가 버스 시스템 유지에 필요한 자금을 마련해야 하니 파사데나 철도에 5,900만 달러를 투입하는 계획을 중단하자고 이사회에 제안했지만, 이 제안은 무시되었고 패서디나 노선에 대한 자금 지원이 승인되었다.

1994년 1월, MTA의 CEO는 요금 인상이 가난한 소수민족 이용자들에게 불공평한 영향을 미칠 것이라는 보고를 받았다. 보고서에는 버스 이용자의 80퍼센트가 비백인이고 가난하다는 내용도 담겨 있었다. 6개월 후 MTA 이사회는 월 42달러에 무제한으로 버스를 이용할 수 있는 승차권을 폐지하고 요금을 인상하는 안을 승인했고, 며칠 후 패서디나 경전철 계획에 1억 2,300만 달러를 추가 지출하는 안을 승인했다. 1996년 11월 19일로 재판 일자가 잡혔고, 양측은 사건 심리에 들어가기 전인 11월 초에 법적 합의를 보았다.

합의안에서는 앞으로 10년 동안 MTA가 로스앤젤레스 버스 시스템 개선에 우선적으로 투자하도록 의무화했다. MTA는 요금 인하, 혼잡 개선, 빈곤층과 의료·고용·교육·서비스 센터를 연결하는 서비스 제공, 합의안 이행을 감시할 공동 실무단 설치에도 합의했다. MTA는 이 합의안에 대하여 제9 순회 항소법원에, 다음에는 미국 연방대법원에 이의를 제기했으나, MTA의 심리 요청은 기각되었고 지방법원의 판결은 유지되었다. MTA는 350대의 신규 버스를 구입하고, 디젤 버스를 공해 물질을 덜 배출하는 천연가스 버스로 변경하며, MTA 승객의 90퍼센트가 이용하는 78개 버스 노선의 혼잡도를 낮춰야 했다. MTA는 시내버스의 과밀 제한을 98퍼센트로 준수하겠다고 했으나, 버스승객조합은 이를 87퍼센트로 낮추게끔 했다. MTA는 법원이 부과한 기준에 맞춰 125대의 버스를 추가로 구입해야 했다.

그러나 MTA는 경전철에 상당한 자금을 투자하면서 버스 이용자들에 대한 책임을 계속 회피하고 있다. 버스승객조합은 버스 시스템이 정상 궤도에 오를 때까지 철도 개발을 전면 중단하라고 요구한다. 이들은 특히 부자들의 모빌리티를 돕는 파사데나 노선 연장을 반대하고 있다. 버스승객조합이 최근에 배포한 유인물을 보자. "파사데나 골드라인은 새로운 골드러시다. 원주민, 멕시코인, 흑인, 중국인의 몫을 훔치고 빼앗아 철도를 건설한다", "파사데나 골드라인은 13.7 마일이며, 8억 6900만 달러가 들고, 일일 수송객은 2만 8천 명이다. 버몬트 버스 노선은 매일 4만 5천 명이 이용하는데, 이용 횟수당 보조금은 1달러 미만이다. '교통 인종차별'이 아니라고 할 수 있을까?" 이 유인물은 한 지역 정치인이 골드라인의 여러 역 이름들을 마리아치 역처럼 '민족적' 색채를 띠도록 고치려 하는 아이러니한 상황에도 주목한다. "사파타, 패니 루, 엠마 테나유카는 이미 죽었으니 우리가 민족

테마 전철 역들을 가져도 된다는 말인가?"*

버스승객조합의 운동은 서로 다른 차이를 갖는 사람들이 다른 장소에서 다른 방식으로 모빌리티를 실행하거나 제약 받는다는 인식에 기초해 모빌리티의 정치를 추구했다는 점에서 주목할 만하다. 패서디나 노선은 결국 해당 서비스를 이용하는 사람들에게 모빌리티 기회를 제공할 것이다. 버스승객조합은 어떤 모빌리티의 희생이 다른 모빌리티를 생산하는 불평등을 지적하며 **공간 정의**를 내세웠다. 이 활동가들은 항상 인종을 염두에 두고 대중교통 모빌리티에 접근한다. 주로 백인들이 거주하는 로스앤젤레스 교외 지역은 모빌리티가 꾸준히 향상되는 반면에, 대부분 가난하고 백인이 아닌 사람들이 거주하는 도시 지역은 위축되었다. 백인 중산층 교외 거주자들의 모빌리티는 도시를 가로질러 일터로 출근하는 유색인종들의 모빌리티와 구조적으로 연결되어 있으며, 교외 거주자들의 집이 그 일터일 때도 많았다. 부르고스Burgos와 풀리도Pulido의 말처럼, "대중교통이 그렇게 중요한 이유는 인종과 계급이 합류하는 곳이기 때문이다. 심각한 공간적·사회적 소외 현상을 감안할 때, 유색인종 노동자들은 더 많은 노동 기회를 갖게 해 주는 양질의 교통수단이 절실하다."[67] 부르고스와 풀리도는 가난한 사람들이 사는 곳과 일하는 곳 사이의 '공간적 불

---

* 마리아치Mariachi는 멕시코의 민속음악 혹은 악단이다. 에밀리아노 사파타Emiliano Zapata(1879~1919)는 멕시코의 혁명가, 패니 루 해머Fannie Lou Hamer(1917~1977)는 미국의 민권운동가, 에마 테나유카Emma Tenayuca(1919~1999)는 노조운동가로, 이들은 소수민족 집단의 권익을 위해서 싸웠거나 그 상징 격인 인물들이다.

일치'에 주목했다. 또한 이들이 지적한 것은, 애초에 MTA가 세운 30년간의 교통계획이 이러한 상황을 만들어 내는 데 큰 역할을 했다는 점이다. 이 상황은 젠더적인 것이기도 하다.

노동과 이동의 지리학에는 가부장제, 구조적 인종차별, 노동 분업화의 공간성이 반영된다. 가사노동자가 대표적인 사례다. 산 페르난도 계곡이나 파키피 팰리세데스처럼 부유한 교외 지역으로 가는 버스 노선에서는 이민자 여성들로 가득한 버스들을 쉽게 만날 수 있다. MTA와 협상하던 중에 이런 일이 있었다. MTA의 한 직원이 시내에서 교외로 향하는 버스들의 과밀 현상에 놀라, "출근 시간에는 차들이 시내로 더 많이 가야 하지 않나요?"라고 한 것이다. 누군가가 이렇게 농담으로 응수했다. "당신네 가정부가 당신 집으로 가고 있네요."[68]

버스승객조합이 벌인 운동은 여러모로 중요하다. 로스앤젤레스 법원은 모빌리티 정치에 근거한 공간 정의를 제도화했다. 피크와 레이는 법원이 "사람들의 출발 지점—젠더, 섹슈얼리티, 인종"과 "사람들이 현재 거주하는, 정의가 거의 관철되지 않는 장소"를 모두 인정했다고 본다.[69] 버스승객조합은 이동의 계층화를 문제 삼으며 소송을 제기했는데, 여기서 개인들의 모빌리티는 '보철적 시민'으로서의 모빌리티이며, '보철적 시민'의 모빌리티 가능성은 개인적인 역량이 아니라 보철물 그 자체인 도시 환경에서 비롯된다. 에티엔 발리바르 étienne balibar가 이상적인 보편적 권리는 '다중적multiple' 성격을 갖는다고 말한 것을 떠올리게 하는 대목이다. 보편적 권리는 "무조건적이지 않고 타협적인, '상대적'이라는 의미에서가 아니라, 언제나 이미 어떠한 단순하거나 '절대적인' 총체를 넘어선다는 의미에서" 다중적이며, "그러므로 영원한 투쟁의 근원이다."[70] 모빌리티와 권리를 모두 '보편적'이라고 규정하는 입장은 아이리스 매리언 영Iris Marion Young이 말하는 '동화주의적assimilationist'인 태도의 한 예일지도 모른다.[71] 버스승객조합의 성공적인 활동은, 로스엔젤레스를 그려 내는 서로 다른 지형도들을 만들어 낸 물질적 요소들을 인식하는 차이의 정치를 지향했다. 차이의 정치란 행동을 요구하는 **차이의 지리학**이다.

버스승객조합의 활동은 모빌리티와 시민권 사이의 관계를 더 확장된 개념으로 바라보는 운동이기도 했다. BRU는 시민의 신체가 지닌 계급, 민족, 젠더, 장애, 섹슈얼리티를 무시하지 않았다. BRU는 민족, 계급, 젠더에 따라 불공평하게 구조화된 모빌리티에 주목했다. 장애인들도 대중교통을 이용할 수 있어야 하고, LA 버스 시스템은 공해를 줄여야 한다. 따로따로 문제를 제기한 것이 아니라 이 사안들은 서로 불가분의 관계라고 본 것이다. BRU는 오래된 디젤 버스를 청정연료 버스로 대체해 달라고 끈질기게 요구했다. 2000년 5월 26일, MTA는 디젤 버스 구입 시도를 포기하고 천연압축가스 버스 370대를 구입했다. BRU는 디젤 연료에 발암물질이 포함되어 있으며 천식을 일으킨다고 주장했다. 대중교통에 의존하는 시민들의 모빌리티 문제를 디젤 버스로 해결할 수는 없었다. "우리는 모빌리티와 건강 중에서 선택하기를 거부한다. '디젤은 바퀴 위의 죽음이다', '살인 버스 거

부', '발암물질 거부'"[72] 지리학자이며 활동가인 로라 풀리도Laura Pulido
는 MTA 이사회 앞에서, 환경오염이 특정한 취약 지역에 집중되고 있
으며 그 지역은 유색인종과 저임금을 노동자들이 주로 사는 곳일 때
가 많다고 주장했다.

　BRU가 벌인 정치적 행동의 핵심에 자리한 모빌리티 개념은 근본
적으로 확장된 모빌리티 개념으로, A에서 B로 이동하는 행위를 사
회적 차이의 정치 및 환경의 정치로 연결시켰다. 모빌리티는 더 넓
은 영역으로 확장된다. 예전에 MTA는 겉으로 보기에 단일한 존재처
럼 보이는 대중을 상정하고 대중교통을 계획했지만, 이제는 일반 대
중이 아니라 서로 다른 요구 사항들을 지닌 교통 이용 집단들을 고려
해 계획을 짜야 한다. 6장 첫머리에서 다룬 대법원 판례들은 모빌리
티를 텅 빈 추상적인 개념으로 만들었으나, BRU는 모빌리티 개념 속
에 사회적 내용을 채웠고, 그렇게 함으로써 **모빌리티 시민** 개념을 풍
부하게 했다. 보편적 시민은 철저히 지리적이다. BRU 운동에서 움직
이는 몸은 더 이상 개별적인 자율적 신체가 아니라, 차이를 갖는 몸이
다. 교통 의존성에 따라, 인간이 만든 사물 세계(버스, 도로, 기차 선로
등)와의 관계에 따라, 환경에 따라 차이를 갖는 신체이다. 이 같은 모
빌리티 접근 방식은 권리와 시민권이라는 추상적 개념에 의문을 제
기한다.

| 7장 |

이주 모빌리티의 생산

*개러스 호스킨스Gareth Hoskins와 함께 씀

1970년, 공원 관리자 알렉산더 와이스는 샌프란시스코만의 엔젤섬에서 오래된 건물들을 확인하러 바쁘게 돌아다니고 있었다. 이 섬에 피크닉을 하러 오는 지역 주민들이 점점 늘어나던 때였다. 캘리포니아 공원휴양관리부에서는 날씨가 좋을 때 주민들이 도시의 스카이라인을 감상할 수 있도록 위험하고 보기 흉한 건물들을 허무는 중이었다. 이미 건물 몇 채를 불도저로 밀어 버렸고 낡은 나무 부두도 철거한 상태였다. 와이스는 2층짜리 옛 수용소 막사를 살펴보다가 벽면에 새겨진 어떤 글자들을 발견했다. 입국심사 전에 여기 억류되었던 중국인 이주자들이 남긴 흔적처럼 보였다. 부서 상사들에게 알렸지만 그들은 와이스가 쓸데없는 일로 흥분한다고 여겼고 이 글들의 중요성도 이해하지 못했다. 와이스는 결국 샌프란시스코 주립대학의 조지 아라키 박사에게 전화를 걸었다. 아라키 박사는 사진작가를 대동하고 와서 건물 안 여기저기에 남겨진 만여 편에 달하는 시들을 기록했다.

1882년에 제정된 중국인 배제법에 따라 중국인 이주자들은 생각지도 못한 감금을 당해야 했다. 여러 사람들이 한문으로 쓴 이 시들에는 그들이 느낀 좌절과 혼란과 슬픔이 고스란히 담겨 있다. 그중 두 편을 소개한다.

굶주림을 피하려고 서둘렀지만
오자마자 감옥에 갇혔다
갇혀 버린 나는 우울하다
먹을 때도 내 마음은 괴롭다

이 누런 죽,

아무렇게나 취급당하는 우리들.

지친 몸이 견딜 수 없네,

비참한 내 신세여.[1]

기둥 세 개로 지탱하는 이 낮은 건물은

겨우 비바람만 면하게 한다

이 섬의 산비탈에 쌓여 가는

견딜 수 없는 이야기들.

기다린다, 내 소원을 이룰

그날이 올 때까지

이민국의 문이 무너질 그날까지

사랑을 말하지 않으리. [2]

그 문화적 중요성이 알려지면서 이 발견은 아시아계 미국인 지역
사회에 큰 반향을 일으켰다. 부지보존운동이 일어나 25만 달러가 모
금되었다. 이민 경험이 무엇인지를 알게 해 주는 이 시들은 이제 문
화 경관의 일부이자 중요한 국가 유산으로 여겨지고 있다.

1910년부터 1940년까지, 엔젤섬에서는 이민국과 억류 시설, 검역
소가 운영되었다. 미국에서 일자리와 거주지를 구하려고 온 17만 5
천 명의 중국인들이 이곳을 거쳐 갔다. 현재는 아시아계 미국 이민을
기념하는 문화유산센터와 박물관으로 탈바꿈되는 중이다. 조심스럽

게 보존되고 있는 벽에 새겨진 글들은 이 새로운 문화유산 공간의 중심이다.

이 시들은 중국 이민자 모빌리티의 사회지리적 구축 과정을 드러내는 물리적 증거다. 이번 장에서는 미국 이민 과정에서 발생한 특정한 모빌리티에 주목하여 앞 장의 논의를 이어 간다. 미국 역사라는 맥락 속에서 시민권과 이를 구성하는 타자들에 대한 논의를 계속 진행할 것이다. 특히 중국 시민들의 모빌리티와 관계 깊은 두 법을 중심으로 논의를 전개한다. 이 두 법의 제정은 모빌리티에 의미를 부여하는 과정에서 핵심적인 순간이었으며, 벽에 새겨진 가슴 아픈 시들의 역사에서도 중요한 역할을 했다. 하나는 1882년의 중국인 배제법 Chinese Exclusion Act이고, 다른 하나는 2001년의 미국 인구구성 연구법 the Peopling of America Theme Study Act이다.

중국인 배제법은 중국인의 모빌리티가 미국적인 것과 근본적으로 다른 것, 미국인의 정체성 구축 과정을 위협하는 것이라고 판단했다. 반대로, **미국 인구구성 연구법**은 중국인의 경험을 '미국으로의 이주'라는 단일한 이야기에 접목시키려고 했다. 그러나 미국인 인구구성 연구법은 애써 인식하려고 한 차이를 다시 부정하지 않을 수 없었다. 미국이 '역설적인 사회'임을 내세워 미국의 역사와 뿌리를 재규정하려고 한 이 법은 다원적 정체성을 강조하면서도, 동시에 경계가 분명하고 확고부동한 국가의 이미지를 보여 주고 납득시키려고 했기 때문이다.[3] 이번 장에서는 118년의 시간 차를 갖는 두 법이 미국으로 향한 중국인들의 모빌리티에 각각 다른 방식으로 부여한 의미들을 탐사해 볼 것이다. 여기서 우리는 중국인 모빌리티에 대한 인식의 변화 과정을 한눈에 파악하게 된다. 19세기 후반에 중국인들의 모빌리티가 유럽 문명의 경제·사회·신체·도덕적 질서를 위협하는 것으로 받아들여졌다면, 오늘날에는 전혀 다른 의미, 즉 관용, 차이의 인정, 모든 국민이 함께 나눠야 할 고난 극복의 경험을 대표하는 것이 되었다.

다른 장들과 마찬가지로 이번 장도 모빌리티와 이동하는 사람들이 어떻게 '지리적으로 구성되는가'에 초점을 맞춘다. 잠재적인 혹은 실제 중국인 이주자 모빌리티가 어떻게 코드화되었는지에 주목하면, 인간을 특정한 유형으로 구분하는 과정에서 지리적 상상이 하는 역할에 자연스레 눈을 돌리게 된다. 지리학이 여기서 중요한 이유는, 모빌리티와 장소에 대한 **도덕지리학**에 철저히 기반한 법이 만들어졌고, 그 법을 운용하기 위한 특수한 물리적 지형도도 나타났기 때문이다. 지리학은 모든 층위에 걸친 담론의 일부이다. 이안 해킹Ian Hacking이 말했듯이, 우리는 사실관계를 충실하게 파악하면서 담론의 구성 과정을 들여다보아야 한다. 중국인 이주자들은 결국 사회적 구성의 결과일 수밖에 없었다.[4] 더 흥미롭게 이야기를 풀어 가려면, 이민자들에게 덧씌워진 의미의 측면에서나, 그들 삶에서의 물질적 요소라는 측면에서나 담론의 구성이 어떻게 진행되었는지를 보여 주어야 할 것이다.

또 다른 중요한 논점은 모빌리티의 정치와 차이의 정치 사이의 복잡한 관계다. 모빌리티에 의미가 부여되는 방식, 또 모빌리티가 나타나는 방식은 동일성 및 차이 개념과 밀접한 관련이 있다.[5] 이제 이야기하겠지만, 중국인 배제법은 모빌리티 형태들 간에 본질적인 차이가 있다고 보는 개념에 기초한 반면, 미국 인구구성 연구법은 (양면적이긴 하지만) 결국에는 통합·총체성·동일성 개념, 즉 미국의 국가 정체성에 공통된 모빌리티 경험이 자리한다는 개념에 기반한다. 따라서 여기서의 모빌리티 설명 방식은 이 책의 또 다른 주제, 즉 타자의 모빌리티를 항상 위협적이고 위반적이며 저열한 것으로 규정한다는 사실을 숨기면서 추상적이고 보편적인 형태의 모빌리티를 생산하려는 일관된 시도와 관련이 깊다. 이 장에서는 문화적 자원으로서의 모빌리티가 어떻게 불균일하게 분배되는지, 움직임에 어떻게 의미가 주어지는지, 그리고 이러한 의미들이 모빌리티 실천에 어떻게 영향을 미치는지를 계속 탐구해 본다.

정치, 차이, 그리고 모빌리티

장 프랑수아 리오타르Jean-François Lyotard는 《포스트모던의 조건The Postmodern Condition》(1984)에서 포스트모던의 특징인 '거대서사metanarratives에 대한 불신'과 언어게임들의 이질성을 이야기했다.[6] "19세기와 20세기는 우리에게 엄청난 공포를 남겼다. 우리는 총체성과 동일자의 향수에 사로잡힌 대가를 충분히 지불했다." 따라서, 조금 수수께끼 같긴 하지만, 그는 우리에게 "총체성과의 전쟁을 치르라"고 요구한다.[7] 장 루 테보Jean-Loup Thébaud와의 토론이 담긴 《오로지 게임Just Gaming》에서 리오타르는 차이를 향한 윤리적이고 정치적인 참여를 논했다.

… 언어게임language games의 다수성이라는 관점이 가능하다면, 사회적 유대가 단일한 유형의 진술이나 담론이 아니라 여러 종류의 게임으로 이루어진다는 가설을 따른다면, 사회적 구성원들은 서로 다른 화용론들 속에 위치해 있다.[8]

리오타르는 우리가 단일하고 일관성 있는 '사회' 속에서 살고 있다는 가정을 포기해야 한다고 주장한다. 서로 충돌하면서 나란히 존재하는 다양한 '언어게임'들을 인식해야 하며, '통일성'이라는 정치적 개념을 버리고 다수성과 차이를 받아들여야 한다는 것이다.

이 관찰에서 드러나는 것은 통일성의 부재, 총체성의 부재다. 이 모든 것은 어떤 중심부를 구성하지 못한다. 오히려 그 반대다. 오늘날 정치적 문제를 결정하기 위해서 총체성, 통일성, 중심성이 필요하다고 볼 수는 없다. 다중성 혹은 다양성만이 그렇게 할 수 있다.[9]

리오타르는 이 새로운 정치가, 또 정의가 어떤 것이어야 하는지에 대한 답은 아직 불분명해 보인다는 것을 스스로 인정했다.

아이리스 매리언 영은 리오타르의 문제의식을 이어받아, 근대적 믿음인 권리와 평등의 헤게모니에 도전하기 위해 끊임없이 새로운 **'차이의 정치'**를 모색해 왔다.[10] 아이리스 영의 출발점은 절대적 차이라는 본질주의적인 관념에 기초한 차이의 정치가 항상 존재해 왔다는 인식이다. "카스트와 계급의 시대, 전통이 각 집단은 제자리를 가진다고 선언하던 때"에는 사회적 불평등이 타고난 계급적 차이에 기초했다.[11] 계몽의 기획은 본질적 차이의 정치를 (완벽하게 어디서나 해낸 것은 아니지만) 무너뜨렸다. 자유와 평등을 향한 수많은 투쟁의 중심에는 비합리적 편견에 맞서 싸우는 불편부당한 이성이 존재했다. 최근의 여권운동과 민권운동은 이 기획의 산물이다.

오늘날 우리는 우리 사회에 일부 남아 있는 편견과 차별의 흔적들을 지워 나가면서 계몽의 아버지들이 감히 내세웠던 꿈을 거의 실현했다. 국가와 법은 모두에게 평등하게 적용되는 보편적인 용어로만 권리를 표현해야 하며, 사람 간의 차이와 집단 간의 차이는 순전히 우연적이고 사적인 문제여야 한다. 우리는 인종, 성, 종교, 민족의 차이가 사람들의 권리와 기회의 차이로 연결되지 않는 사회를 추구한다.[12]

아이리스 영은 동일성을 향한 이 같은 계몽의 꿈을 가리켜, 정의 개념의 핵심이 평등한 대우라고 생각하는 '동화주의적 이상'이라고 부른다. 반대로 새로운 차이의 정치는 동화주의적인 것도, 본질적 차이를 믿는 예전의 입장도 거부하며, 대신에 집단 간의 차이를 자유롭게 스스로 규정하는 것, 즉 자연적인 차이가 아니라 사회적 과정에서 나타난 차이를 내세운다. 이 차이는 절대적이지 않고 관계적이다. 영은 차이를 이미 존재하는 중립적인 집단과 단순히 '타자'로 기능하는 집단 사이의 거리라고 보지 않는다. 예전에 특권 집단이 보편성을 점유했다면, 그리고 이 집단과 얼마나 차이 나느냐에 따라 타자로 구성되었다면, 이제 차이는 보편성을 약화시키는 사회적 과정을 통해 규정된 단순한 변화로 개념화되어야 한다. 그러므로 자유주의적이고 동화주의적인 입장은 모든 사람들이 동일한 규칙과 기준을 따라야 한다고 요구하는 반면, 차이의 정치는 이렇게 주장한다. "모든 집단의 참여와 포함이라는 의미에서의 평등은 때론, 억압 받는 소수자 집단을 달리 대우하라고 요구한다."[13] 이런 식으로 영은 총체성과 차이에 관한 논의를 철학의 영역이 아니라, 그러한 추상적 개념들이 사람들의 실제 삶에 어떤 영향을 미치는지를 보여 주는 정책과 입법 영역으로 옮겨 놓는다. 다중성multiplicity에 기반한 정치가 어떻게 가능할 것인지에 대한 답을 리오타르보다는 구체적으로 내놓은 것이다.

중국계 미국인 관련 법률 제정에 영향을 끼친 지리적 상상력에서 모빌리티가 어떤 역할을 했는지를 이야기하기 위해, 우리는 총체성에 도전한 리오타르와 영의 작업을 유용하게 활용해 볼 수 있다. 특히 여기서 주목하고자 하는 것은 중국인 이주 관련 입법에서 나타난, 동일성과 차이에 대한 지리적 개념들이다. 모빌리티가 (입법 등으로) 의미화되고 경험되는 서로 다른 여러 방식들을 따져 보는 것은 모빌리티 정치를 다시 숙고하게 하는 일이기도 하다.

중국인 모빌리티의 구성

미국 이주민들의 모빌리티와 미국 내에서의 모빌리티는 미국 문화 정체성의 일반적인 요소로 받아들여지면서 긍정적인 평가를 받을 때가 많았다.[14] 집단 정체성의 핵심을 이루는 보편적 경험으로 여겨진 이 모빌리티들은 사실 주로 백인 유럽 이주민들의 모빌리티들을 가리켰다. 총체성의 문제점은, 총체성을 생산하고 거기에 보편성까지 안겨 주는 지식의 장소성situatedness을 흐릿하게 만든다는 것이다.

모빌리티는 일반적인 것으로 재현되면서 미국 건국신화에서 중심적인 역할을 했지만, 실제 이주의 역사가 그렇게 단순했던 것은 아니다. 아일랜드인, 이탈리아인, 동유럽 유대인, 독일인의 이동은 모두 신체에 대한 위협이자 정체政體에 대한 위협으로 여겨졌다. 엘리스섬을 통과한 후 뉴욕 동쪽의 좁은 빈민가 지역에서 뒤엉켜 살아간 비앵글로색슨 이주민들은 게으르고 다혈질에 병을 옮기는 족속들로 취급 받았다.[15] 앵글로색슨 출신들의 모빌리티만이 정상으로 받아들여졌다. 그러나 시간이 흐르면서 백인 유럽인의 미국 이주는 기려야 할 일이 되었다. 엘리스섬에는 이민 기념관이 들어섰다. 반대로, 자기 삶이 격변하는 과정을 지켜보며 불안감에 사로잡혀 미국으로 들어온 중국인들의 모빌리티는 위험한 불안정성으로, 기존 미국 시민들의 도덕적·육체적 행복을 위협하는 요소로 인식되었다.

유럽에서 왔든 중국에서 왔든, 두 집단 모두 다른 곳으로 떠날 수밖에 없게 만든 가난과 궁핍을 겪었다. 유럽인들에게는 건국 이야기의 일부를 담당하는 긍정적인 의미가 덧씌워졌으나, 중국인들의 이주는 억압과 배제를 정당화시키는 위협으로 받아들여져 인종적 편견이 담긴 배제 법안을 만들어서라도 이들을 내쫓아야 했다. 1882년 제47대 의회는 중국인 배제법을 통과시켰다.

서문

미국 정부의 견해에 따르면, 중국인 노동자들이 이 나라에 들어오는 것은 우리 영토 내 특정 지역의 선량한 질서를 위태롭게 한다. 따라서 상하원은 이 법 통과 후 90일이 경과한 다음부터, 그리고 이 법 통과 후 10년이 경과할 때까지, 중국인 노동자들의 미국 입국을 유예한다. 이 유예 기간 동안 중국인 노동자의 입국은 적법하지 않다. 또한 중국인 노동자들이 법 통과 후 90일이 지난 뒤에 미국에 남아 있는 것도 적법하지 않다.

14절. 이후 미국의 어떤 주 법원이나 법원도 중국인의 시민권을 인정하지 않으며, 이 법과 충돌하는 모든 법률은 이에 의거해 폐지된다.[16]

1882년 중국인 배제법은 배제 대상을 불법 구직자로 규정하고자 폭넓은 경제적·구조적 관계를 한꺼번에 부정하면서 인종, 계급, 모빌리티를 하나로 뭉뚱그려 이해했다. 중국인 배제법의 다른 조항들은 계급과 직업에 따른 모빌리티의 차이를 더 강조한다. 인종에 따른 구분은 대부분 계급적 함축을 담고 있다. 6절의 내용은 다음과 같다.

이 법에서 언급된 조약 제1조와 제2조를 충실히 이행하기 위해서는, 해당 조약*과 이 법으로 자격이 인정된 노동자 이외에 미국으로 입

---

* 1880년의 엔젤조약Angell Treaty을 가리킨다. 1868년 미국은 중국과 벌링게임조약

국하려는 모든 중국인은 중국 정부에 의해 신원이 확인되어야만 하며, 그 신원은 중국 정부에 의해 영어로 작성된 증명서로 보증되어야 한다. … 그러한 증명서는 해당 서류에 명시된 내용에 대한 일차적 증거가 될 것이며, 이름이 기입된 자가 도착할 미국 지역 항구의 세관 담당자나 대리인에게 제출되어야 한다.[17]

13절에서는 중국 외교관이나 공무원들도 증명서를 대신할 신임장을 제시해야 한다고 분명히 밝히고 있다. 15절의 내용은 이렇다. "이 법안에서 '중국 노동자'라는 용어는 숙련노동자와 비숙련노동자, 광산에서 일하는 중국인 모두를 의미하는 것으로 해석되어야 한다." 중국인 배제법은 특정한 사람들의 특정한 모빌리티를 엄격하게 통제하기 위해 인종과 계급에 관한 여러 가정들을 동원했다. 모빌리티는 감시되어야만 했다. "성명, 직함, 직위, 나이, 키, 모든 신체적 특징, 이전과 현재의 직업" 등의 세부 사항이 필수적으로 포함되어야 하는 증명서를 관료주의적으로 관리하는 방식이 도입되었다(제6절). 증명서가 없는 사람들은 미국 입국이 금지되었다. 따라서 이 법은 여러 층위에서 모빌리티 정치를 행했다. 어떤 층위에서, 이 법은 중국인들이 "특정 지역의 선량한 질서"를 해하리라는 가정에 근거하여 중국인 모빌리티에 특정한 의미를 부여했다(제1절). 이와 연결된 또 다른 층위에

Burlingame Treaty을 체결해 공식적 우호관계를 수립하고, 중국에 최혜국 지위를 부여하였다. 이 조약은 중국으로부터의 이민을 장려하였으나, 1880년에는 이민을 규제하는 방향으로 개정되었다. 이 개정안이 엔젤조약이다.

서, 배제법은 배제를 감시하고 강제할 물질적·제도적 장치를 생산했다. 증명서는 물론이고, 사무실 같은 물리적 공간도 필요했다. 그런 물리적 공간 중 하나가 엔젤섬에 있는 수용소였다. 이 모든 것은 법 속에 정교하게 규정된 모빌리티에 바탕했다. 그러나 이것들은 난데없이 출현한 것이 아니라 중국인들에 대한 광범위한 재현 및 실천의 일부였다.

중국인들은 유의미한 규모로 미국에 건너온 최초의 자유이민 비백인 집단이었다. 캘리포니아에서 금이 발견된 직후인 1849년 즈음에 이주가 시작되었다. 천대 받은 중국인들은 백인 광부들이 버리고 간 광산을 다시 파고들어가는 일을 하거나, 센트럴퍼시픽 철도회사의 철로 부설 작업에 투입되어 시간당 12센트를 받았다.

캘리포니아와 네바다에 걸친 시에라산맥을 관통하는 길을 뚫는 작업은 대륙횡단철도 건설에서 가장 위험한 공사였다. 로저 대니얼스 Roger Daniels는 중국 노동자들이 다이너마이트로 암반을 파괴해 길을 터 준 덕분에 서부가 세계와 연결되었다고 이야기한다. 이렇게 완성된 철도는 이후 수십 년 동안 사람들이 모빌리티를 이해하는 방식에 큰 영향을 주었다.

유타주 프로몬토리 포인트에서 마침내 대륙철도 건설이 완료되었을 때, 만여 명에 달하는 중국 노동자들은 곧장 해고되었다. 이들 대부분은 샌프란시스코로 돌아갔다. 1860년대 말, 노동시장이 침체되어 있던 샌프란시스코에 이들이 나타나자 이미 맹렬하게 진행 중이던 반중국

인 운동이 더 격화되었다.[18]

19세기 후반에 만들어진 여러 법률, 그 집행과 감시, 그리고 이에 대한 반발은 중국인에 대한 지식이 어떤 식으로 구성되었는지를 잘 보여주는 귀중한 자료들이다. 외부인, 동화가 불가능한 자들, 미개한 족속, 부도덕하고 병을 옮기는 집단 등 중국인을 표현하는 말은 다양했다.[19] 1882년의 배제법 이전에도 중국인의 입국을 막는 정도가 아니라 합법적으로 거주 중인 중국인의 권리를 아예 빼앗으려는 시도들이 많았다. 1854년, '주정부 대 홀 사건'을 심리한 캘리포니아 대법원은 백인에 대한 중국인의 증언은 법정에서 인정되지 않는다고 판시했다. 중국인을 사회 바깥의 존재라고 규정하는 매우 상징적인 판결이었다. 1875년의 페이지 법은 추악한 성매매가 백인 남성들의 건강을 해칠 것이라고 우려한 나머지 중국 여성의 입국을 금지했다.[20]

중국인을 어떠한 존재라고 규정짓는 본질주의적 시각에 기초해 중국인을 박해한 것은 의회와 법원만이 아니었다. 지자체들은 중국인들이 광업에 뛰어들지 못하게 막았고, 중국인들이 운영하는 세탁소에는 더 높은 세금을 물렸다. 게다가, 1879년 캘리포니아주 헌법에는 중국인의 공공기관 취업을 금지하고 의회는 중국인이라는 존재가 야기하는 악행과 부담으로부터 국가를 보호해야 한다는 반중국인 조항이 삽입되었다. 19세기 말의 미국은 불황기였고, 백인들의 분노는 중국인들을 향했다. 수많은 폭력이 저질러졌다. 1885년 험볼트 카운티의 백인들은 데이비드 켄달 시의원이 중국계 미국인으로 추정되는 인물에게 총을 맞아 사망하자 모든 중국인을 쫓아내 버렸다. 1년 후 델 노르트 카운티도 모든 중국계 미국인을 샌프란시스코로 추방했다. 중국계 미국인들의 거주지에서는 원인을 알 수 없는 화재가 빈발했다. 1887년 5월, 산호세의 중국인 거주지가 화재로 파괴되었다. 의심스러운 정황들이 많았다. 신문들은 불이 세 곳에서 동시에 시작되었고, 하필 이때 물탱크가 비어 있었다고 보도했다.

이 사건들은 특수한 본질주의적 차이의 정치의 실례들이다. 여기서 중국인은 백인 미국인들을, 특히 백인 미국 노동자들을 위협하는 타자로 범주화되었다. 상세하게 차이를 규정하는 배제법의 서술 방식은 분명히 차이화 과정의 일부분인 동시에 사회적 구성 과정의 일부이기도 하다. 이안 해킹은 **사회적 구성**social construction이라는 용어가 평범하고 자명한 말처럼 쓰이는 경우가 너무 많다고 했다. 그는 우리에게 말 그대로 인간이 '만들어지는' 과정을 더 면밀하게 살펴보라고 요청한다. 담론이 그 대상에 작용하는 과정은 단순한 말 그 이상이다. 오히려 담론은 그 자체의 지리학, 즉 구성되고 있는 자들의 신체에 작용하는 잔인한 물질성을 가지고 있다. 중국인 배제법은 미국에 입국하는 중국인들이 증명서를 지녀야 한다고 규정했다. 그래서 증명서를 검토하고 중국인들의 신체 특징을 검사할 조사관이 필요했다. 조사관들은 차이화 과정을 진행시킬 책상이 있어야 했고, 따라서 사무실이 만들어졌다. 다음에는 중국인들이 줄을 서서 결정을 기다릴 공간도 필요했다. 법정은 이민 전문 변호사들이 해당 중국인이 노동자인지, 아니면 더 상층계급에 속하는 사람인지를 두고 치열한 논쟁을 하는 공간이 되었다. 이 물질적 공간들 덕분에 분류 작업이 가능했다.

합법적인 미국 방문 중국인들에게 발급된 귀환 예정 증명서는 미국 시민권자가 여권을 지니고 다니게 되기 이전에 등장했다. 증명서로 자기 신원을 증명하는 것, 특히 국경에서 그렇게 하는 것은 자기 정체를 문서와 연결짓는 제도의 시작을 의미했다. 중국인 배제법은 미국 역사상 처음으로, 강제로 소지하게 한 서류만으로 한 집단 전체를 배제했다. 이 서류들은 노동자로 분류되는 중국인 이민자들을 사업가나 외교관과 구분지었다.[21] 1882년 법에 따르면, 입국 금지 대상은 미국에 새로 도착한 중국인 노동자들뿐이었다. 배제법 시행 90일 이전에 입국한 사람은 국경에서 신분을 증명하면 마음대로 드나들 수 있었다. 사실 많은 2세대 이민자들은 미국 시민이었다. 미국에서 태어난 모든 사람은 시민으로 여겨졌기 때문이다.

미국은 이주자들이 고국의 해안을 떠나기도 전에 그들을 처리하는 '원격제어' 방식을 도입했다. 국제 이주를 통제하는 이 새로운 방식은 제1차 세계대전 이후 표준으로 자리 잡았고, 여권과 비자의 중요성도 이때부터 확립되었다.[22] 1892년 선거운동 기간에, 캘리포니아 하원의원 토머스 기어리는 미국에 있는 모든 중국인 거주자들을 사진이 첨부된 문서로 공식적인 등록을 시키겠다는 공약을 내걸었다. 그렇게 되면 등록을 하지 않는 사람들은 각자 알아서 자기 신분을 증명할 방법을 마련해야 할 것이다. 실제로 법이 만들어졌고 1년 동안 모든 중국인 거주자들이 신원확인 서류를 등록해야 했다. 공무원들이 중국인 거주 지역에 들어가 대규모 등록 작업을 실시했다. 1890년대 후반에 이르러 등록과 신원확인 절차가 완료되었다.

이 분류 과정에서 아무런 반발이 없었던 것은 아니다. 1882년의 중국인 배제법은 중국인을 노동자와 상인, 외교관으로 구분했다. 이 세 법적 형상 외의 범주에 속하는 중국인 이민자 집단은 존재 자체가 불가능했다. 어디에 속하느냐에 따라 그 결과는 판이하게 달랐다. 상인이나 외교관이라면 출입국이 허용되었다. 만약 노동자로 간주된다면, 엔젤섬에 억류되어 중국으로 송환될 수 있었다. 노동자와 상인의 구별은 여러 소송에서 쟁점으로 떠올랐다. 중국인 배제법 이후, 중국인 이민자의 구별 문제가 표면화된 사례 중 하나가 핑 위 팅 대 미국 사건Fing Yue Ting v. U.S.이다.

핑 위 팅은 1892년의 기어리 개정안이 요구하는 등록증이 없다는 이유로 체포되었다. 변호사는 등록제가 적법 절차 권리와 수정헌법 8조의 잔혹하고 이례적인 처벌 금지 등 의뢰인의 여러 권리를 침해했다고 주장했다. 의뢰인이 '권리'를 가진다고 주장하려면 그가 외부인이 아니라는 것부터 밝혀야 했다. 외부인은 시민의 권리가 없기 때문이다. 변호사들은 핑 위 팅이 데니즌denizen, 다시 말해 국가의 하위 차원인 영토에 그 정체성을 두고 있는 일종의 지역 시민이라고 주장했다. 대법원은 이 주장을 받아들이지 않았다. 핑 위 팅은 외부자이며 외부자에게는 권리가 없고, 따라서 헌법이 적용되지 않는다. 간단히 말해, 데니즌이란 존재하지 않았다. 그러나 대법관 중 세 명은 데니즌이라는 형상이 권리장전의 범위에 속하는 중요하고 실제적인 범주라고 보았다. 팅에게는 안된 일이지만 이 세 사람은 논쟁에서 패했고 결국 팅은 추방당했다.[23] 만약 팅이 시민이라고 결정되었다면, 그의 모빌리티는 그가 지닌 권리 중 하나로 인정되었을 것이다. 외부인으로 간주되었기 때문에 그의 모빌리티마저 불법이 되었다. 사실 펑위 팅은 두 가지 강제 모빌리티를 선고 받았다. 첫째가 노동 현장에서 치른 고역이었다면, 둘째는 강제 추방이었다.

1882년 이후 수십 년 동안 다양한 분류 문제가 제기되었다. 변호인들은 자기 의뢰인이 노동자에 속하지 않는다고 주장했다. 예를 들어, 중국인 배제법이 처음 제정되었을 때는 노동자도 아니고 상인도 아닌 여성과 아동이 어디에 해당하는지가 불분명했다. 1890년이 되어서야 대법원은 여성과 아동의 분류는 모두 남편/아버지를 따른다고 판결했다. 여행 세일즈맨, 어부, 행상인 같은 직업들도 분쟁의 대상이었다. 허점을 메우기 위해 배제법은 1882년 이후 여러 차례 개정되었다. '상인merchant'을 정의하기는 대단히 어려웠다. 1884년 개정안에서는 이렇게 처리하였다. "'상인'이라는 말에는 도붓장수, 행상인, 그리고 생선을 건조하고 운송하는 일에 종사하는 어부가 포함되지 않는다. 여행자의 증명서에는 목적지와 재정 상태가 명시되어야 한다. 중국 정부가 발행한 증명서는 사실과 일치하는지 검증되어야 하며, 입출국의 권리를 일차적으로 보증할 비자는 출발지 항구에서 미국 외교관이 발급한 것이어야 한다."[24] 이주를 원격통제하는 모습이 여기서도 나타난다.

이 정교하고 품이 많이 드는 등록 체계에는 서류가 필요했고, 이를 감시할 공무원들도 있어야 했으며, 아주 먼 곳에서 비자를 발급해 줄 행정력도 갖춰져야 했다. 이 모두는 존 토피John Torpey가 여권의 역사를 기술하면서 말한 '합법적 이동 수단을 국가가 독점'하는 현상의 일부였다.

여러 가지 상호 보완적인 측면들이 존재한다. 최소한 국제 시스템의 관점에서 모든 국가가 대체로 '국가national'(즉, 국민들로 구성된 '국민국가nation-state')로 규정되어야 했고, 법률적 체계화가 이루어져 국경 내부를 이동하거나 국경을 넘을 수 있는 사람의 유형을 정하고, 언제 어디서 어떻게 그런 일이 가능한지를 결정해야 했으며, 지구상의 모든 사람을 탄생부터 죽음까지 개별적으로 명확하게 식별할 기술이 전 세계적으로 발전되어야 했고, 이 식별 체계를 구현하고 사람들과 신원 확인 문서를 세밀히 조사할 관료제가 구축되어야 했다. 그리고 어떤 개인이 특정 공간과 영토에 진입하려고 할 때 그 주장을 판단할 법적 규범이 마련되어야 했다.[25]

여러 면에서 살펴볼 때, 1882년 중국인 배제법의 실행을 위해 만들어진 신분 증명 제도는 국제적인 규모의 모빌리티를 생산하거나 제한할 시스템을 개발하려고 한 세계 여러 곳의 시도들을 통틀어 보아도 그 첫머리에 자리한다.

분명한 것은, 중국인 배제법이 구성해 낸 중국인의 모빌리티는 중국인/미국인, 시민/외부인, 상인/노동자의 차이처럼 치밀하게 정의된 여러 가지 차이에 기반했다는 사실이다. 이 차이들과 여기에서 비롯된 모빌리티들을 감시하고 규정하고자 나타난 정교한 인프라는 암시적이면서도 명백한 도덕적 모빌리티 지형도에 기초하여 구축된 특수한 지리학을 탄생시켰다. 아마도 이 차이 담론에서 가장 명백한 물질적이고 지리적인 요소는, 수만 명의 중국인이 입국이냐 추방이냐를 가를 결정을 기다리며 갇혀 있어야 했던 엔젤섬 수용소일 것이다.

중국계 미국인의 (재)구성 – 미국 모빌리티

이 유감스러운 과거로 인해, 총체적 역사 서술에서 중국인들이 미국이라는 공간 바깥에 위치하게 되었다는 것도, 문화적 유산 속에서 우리가 소수집단의 경험을 인식하지 못하게 되었다는 것도 그리 놀랄 일은 아니다. 요즘 들어, 소외된 집단들에 정당성을 부여하고 그들의 대안적인 목소리를 귀담아 들으려고 하는 포스트모던 문화는 이 불균형을 바로잡아 역사와 뿌리를 새롭게 조명하려고 한다.

예전에 본질주의적으로 차이를 파악하는 관점이 중국인 배제법에 반영된 것처럼, 최근의 문화적 조류들도 입법에 반영된다. 2000년 7월 27일, 제106대 의회는 북아메리카의 사회사 전체를 재평가하고 재구성하는 전략을 담은 미국 인구구성 연구법The Peopling of America Theme Study Act, Bill S.2478을 통과시켰다.

내무부 장관은 미국의 이주, 이민, 정착과 관련된 장소를 확인, 해석,

보존할 수 있는 근거를 마련할 미국 인구구성 연구를 수행하여야 한다.[26]

법안은 아메리카 대륙 인구구성에서의 모빌리티를 조사하여 미국의 근원에 대한 지식을 새롭게 정립하는 것을 목표로 삼았다. 광범위한 의미를 갖는 용어인 미국의 인구구성The Peopling of America은 법의 제2절에 다음과 같이 정의되었다.

> i. 미국의 내외부 경계와 미국 영토를 가로지른 사람들의 집단이동
> ii. 이 집단들 간의, 또 이 집단들과 다른 집단들 간의 상호작용[27]

이 법안 상정은 하와이의 대니얼 아카카 상원의원이 주도했다. 그는 의회에 진출한 최초의 하와이 원주민이었다. 아카카 의원은 국가의 성장에서 아시아계 미국인이 수행한 역할을 알리기 위해 힘썼다. 이 새로운 법령으로, 미국의 성공과 그 뼈대를 이루는 정신적 · 지적 · 문화적 · 정치적 · 경제적 힘은 다양성을 포용하고 수용하는 다원주의 덕분임이 알려지게 될 것이다. 아카카 상원의원은 법안이 의회에 상정되기 전에 배포한 보도자료에서 이렇게 주장했다.

> 미국인들은 모두 다른 지역, 대륙, 섬에서 온 여행자들이다. 우리는 이 일관되고 통일된 미국적인 주제를 더 잘 이해해야 한다. 이는 우리 나라가 지닌 가장 큰 힘의 원천이다.
> 돌이켜 보면, 우리는 우리의 역사, 그리고 바로 우리의 국민적 특성

은 미국을 오간 사람들의 거대한 교차 과정에서 나왔다. 탐험, 개척, 노예무역, 전통적인 이민, 내부 이주는 미국인의 경험에 독특성을 부여하는 풍부한 상호작용을 낳았다.[28]

따라서 이 법안의 목적은 모빌리티에 대한 지식 체계를 개발한 후, 이를 국가의 역사, 특히 서부의 역사를 다시 쓰는 데 활용하며, 미국인 모두가 공유할 수 있는 새로운 포용적 정체성을 기르는 것이었다. 이는 더 넓은 시야로 다양한 주변부 집단이 기여한 긍정적인 면을 포착하여 미국이라는 국가가 가진 힘을 강조하는 것이기도 했다. 소수집단을 그 도구로 삼는 성공담인 셈이다. 한때 '미국 이야기'에서 제외되었던 소수집단들은 이제 미국의 힘을 과시하는 최전선에 섰다.

그러나 이 법안은 그리 간단하게 해석되지 않는다. 아마도 아카카의 모호한 입장이 반영되었기 때문일 것이다. 그는 아시아계 미국인 공동체의 대표이자 국가의 대리인이다. 이 법안과 법안에 대한 지지 발언들은 차이와 다양성에 대한 인식을 보여 주는 한편, 미국인의 이동적 정체성의 통합을 강조하는 식으로 계속 초점이 변화한다. 예를 들어, 위의 인용에서는 '탐험, 개척, 노예무역, 전통적인 이민, 또는 내부 이주'라는 분명히 서로 다른 모빌리티들이 언급된다. 그러나 '우리의 국민적 특성'이 그 앞에 등장하고, 모든 것을 통합하는 '미국인의 경험'이라는 말이 그 뒤에 배치된다. 이 법안에 따르면, 미국인들의 매우 예외적이고 독특한 특성은 모두가 국경을 넘나드는 모빌리티를 경험했고, 그래서 모빌리티 경험이 가져다주는 사회, 문화, 민족, 인종적으로 다양한 '긍정적인' 속성들을 지니게 되었다는 점에서 유래한다. 그러나, 미국 인구구성 연구법은 배제를 용인하지 않고 다양성을 기념하겠다는 의도에도 불구하고, 차이의 인정에서 보편 모빌리티를 고수하는 태도로 끊임없이 미끄러진다. 이 텍스트 속에서, 미국인들의 다양한 모빌리티는 통합적인 '미국적 경험'의 본질로 간주되는 단순한 이동 행위로 환원되면서 그 특수성을 박탈당한다.

스티븐 횔셔Steven Hoelscher의 지적처럼, 국가가 다양성을 인정하는 것은 일관성 있는 국가 정체성으로의 통합과 상충된다. 그가 보기에는 다양성과 문화적 다원주의를 보편적 주제나 통합적 내러티브에 담아내는 전략은 그다지 적절하지 않다. 다양성 속에서의 통합이 가능할까? 세속적 국민국가로의 통합을 추구하면서 다민족 문화를 제대로 인식할 수 있을까? 차이를 그저 상징적이거나 하찮은 것이라고 보게 되지는 않을까?[29]

이 법은 모든 이동 이야기에 보편적이고 국가적인 성공담이 담겨 있다고 주장하고자 자금을 마련하고, 문화유산을 보존하며, 교육을 진행하여 성공을 강조하고 기념하려고 한다. 인구구성 연구법은 이동에 큰 가치를 부여하고, 통합적 이동 경험을 중시하면서 중국인들의 경험과 다른 이민자 집단들의 경험이 갖는 큰 차이를 부차적인 것으로 만든다. 엘리스섬으로 들어온 집단과 엔젤섬으로 들어온 집단은 각각의 모빌리티에 따라 특정한 맥락을 지닌다. 여기서 우리는 이들 간의 모빌리티 유형과 의미가 얼마나 다른지를 확인할 수 있다. 엘리스섬으로 미국에 입국한 사람들의 경험을 주의 깊게 살펴보면,

(우리는 회고적으로 접근할 수밖에 없고, 이들을 멸시하는 시선도 존재했지만) 모빌리티를 긍정적으로 정의하는 의미 집합을 만나게 된다. 유럽의 농민들이 서쪽으로 떠나 자연에 대항하여 문명을 건설했고, 결국 미국을 낳았다는 것이다. 반대로, 중국인들의 입국을 긍정적으로 정의하는 일은 까다롭다. 이주의 이유도 달랐고, 그 모빌리티도 다르게 인식되었다. 반대편 해안에서 온 외부인이었던 것이다. 따라서 미국 역사의 메타 서사에 뒤늦게 기억을 추가하는 방식을 통해서만, 중국인들의 경험은 초기 유럽인 이주자들의 경험과 동일시될 수 있다.

보니 호닉Bonnie Honig은 《민주주의와 외부인Democracy and the Foreigner》에서, 타자로서의 외부인이 미국 민주주의 속에서 핵심적인 역할을 한다고 주장했다.[30] "이민자 국가로서의 미국이라는 신화는 국가의 보완물이자 국가적 환상의 대리인이다. 타락으로부터 체제를 구해내고 원칙으로 돌려 놓는 존재들인 것이다."[31] "스스로 자유롭게 이민을 선택한 사람은, 불만을 품은 시민들이 그 체제를 선택할 만한 가치가 있는 것으로 경험하도록, 여전히 매혹에 사로잡힌 신참자의 눈으로 체제를 바라보도록 해 준다. 다시 말해, 여기에 오기로 결정한 이민자의 선택은 시민들에게 자유주의의 원초적 장면을 균열이 없는 것으로 재인식하게 해 준다. 여기서 원초적 장면이란 강제되지 않은 동의로 이루어진 개인의 선택이라는 자유주의의 허구적 기초를 뜻한다."[32] 그러나 외부인의 모빌리티는 긍정적으로 받아들여지는 한편, 위협으로 느껴지는 측면도 갖고 있다. 호닉은 미국의 정치와 문화가 외부인 혐오와 외부인 애호를 동시에 보여 준다고 설명한다. 외부인은 국가 정체성이 통일되어 있다는 가정에 계속 의문을 제기하기 때문에 불안정한 존재다. 미국은 스스로를 외부인의 나라라고 규정하는 동시에 외부인들을 통제하고 길들이려는 시도를 계속한다. 알리 베다드Ali Behdad는 이 양면성을 가리켜 "시민권으로서의 국적 개념과 주권으로서의 국가 개념이 다시 표명되고 다시 확인되는 경쟁의 공간"이라고 했다.[33] 미국의 외부인 애호, 즉 미국이 이민자의 나라라는 생각은 감출 수 없는 실패와 차이를 더 도드라지게 할 뿐이다. 호닉은 '역경에 직면해서도 영웅적으로 그 상황을 돌파해 내는 시민'에 '슈퍼시민supercitizens'이라는 이름을 붙여 주면서도, 대부분의 슈퍼시민은 실패하기 마련이라고 본다. 따라서 그는 이렇게 질문한다. "국가적 이상을 대표하는 슈퍼시민을 이용하여 외부인을 내세우는 이들은 더 깊은 갈등을 낳는 것이 아닌가?"[34] 그는 (적절한 이동을 보여 주는) 슈퍼시민과 (위협적인 이동을 보여 주는) 타자의 관계를 다음과 같이 서술한다.

미국의 자유민주주의를 지탱해 주는 상징인 선량한 이민자—슈퍼시민—와 체제 위협의 상징인 나쁜 이민자는 우연히 한 쌍으로 묶인 것이 아니다. … 미국 정치문화에서 외부인 혐오와 외부인 애호가 공존하는 현상은 미국의 자유주의적 기초와 직결되어 있다. 자유주의는 규범적으로나 물질적으로 특권화된 규범적 시민권을 이상화된 이민자가 시민으로 받아들여지는 과정과 연결시킨다.[35]

외국인이 국가 시민권을 위해 동원되는 동시에 시민의 자유주의적 정의에 균열을 가한다는 호닉의 진단은 시민 개념 속에서 타자성이 작동한다는, 6장에서 언급한 엥긴 이신의 논의를 떠올리게 한다.[36] 시민으로서의 외부인은 위협으로서의 외부인과 함께 나타난다.

이민자의 위협적인 모빌리티는 시민의 구성에서 중요한 역할을 한다. 리사 로우Lisa Lowe에 따르면,

> 시민의 법적 정의와 정치적 개념이 국가 공공영역에 속하는 주체에게 권리를 부여하는 한, 추상적인 시민 개념(형식적으로 모두 동등하다는 개념)은 노동의 물질적 조건과 자산제도의 불평등을 부정하는 방식으로 규정된다. 미국에서는 계급뿐 아니라 역사적 침전물인 인종, 국민적 기원·지역성·전형이라는 특수성도 정치적 영역 내에서 눈에 잘 띄지 않는 상태로 잠재해 있다. 그런 의미에서 국가의 법률적·정치적 형식은 '미국'을 구성하는 서로 다른 사람들과 사회적 공간을 통합하는 국민문화를 요구해 왔으며, 광범위하면서도 유일성을 갖는 국민문화는 다양한 개인들이 국가적 기획과 자신을 동일시하도록 만든다.[37]

모빌리티는 미국 인구구성 연구법에서 통합하는 힘으로 제시된다. 중국인 배제법은 미세하게 조정된 차이의 생산에 근거하지만, 연구법은 차이의 부정에 토대를 둔다. 여기서 모빌리티는 국가 이야기가 된다. 리사 로우의 표현을 빌리자면, 다양한 개인들이 국가적 기획과 스스로를 동일시하도록 고무하는 이야기인 것이다. 중국인 배제법이

차이의 도덕지리학을 필요로 했듯이, 인구구성 연구법은 공통성의 도덕지리학을, 즉 가상의 통합적 모빌리티를 생산하는 지리학을 요구했다.

끝나지 않은 이야기

> 문화제국주의를 경험하는 집단들은 그들의 참여를 배제하는 지배문화가 외부에서 그들의 본질을 깎아내리는 방식으로 그들을 대상화하고 규정한다는 사실을 깨닫는다. 이 집단들이 차이에 긍정적인 의미를 부여하는 것은 해방적이다. 주어진 본질보다는 창조와 구성으로서 스스로를 정의하기 때문이다.
> _ 아이리스 매리언 영[38]

미국 인구구성 연구법에 따라, 내무부 장관은 역사적 장소들을 새롭게 확인하고 추천하는 한편으로 여타 장소들의 국가 사적지 지정도 장려해야 했다. 제4B절에 따르면,

인구구성 연구의 목적은 미국 국민에게 영향을 미치는 주요 사건이나 결정을 가장 잘 보여 주고 기념하게 하며, 미국의 문화와 사회를 형성한 미국 인구구성을 이해할 기초를 마련해 주는 지역, 구역, 지구, 유적, 지역사회, 부지, 건물, 구조물, 대상, 조직, 단체, 문화를 확인하는 것이어야 한다.[39]

그러므로 이 법에 따르면 이주 이야기에 도움을 주는 장소들은 보

존되어야 하고 또 그런 방향으로 해석되어야 한다. 예컨대 엔젤섬에서 육군 막사, 수용소, 전시 일본인 포로수용소, 이민 업무 처리소로 사용된 남북전쟁 캠프는 이제 미국인의 이야기를 전달하는 박물관으로 쓰인다. 엔젤섬 박물관에 대한 자금 지원에는 특정한 목적이 있다. 내무부 장관은 공원휴양관리부와 함께 구체적인 중국인 배척의 역사나 인종차별적 법률보다는 미국의 뿌리를 확인시켜 줄 국가 건설과 관련된 이주 이야기를 강조한다. 미국 인구구성 연구법에 따라 조성된 예산의 편성 목적에 따르면, 엔젤섬의 이야기는 중국인 배제라는 특수하고 한정적인 역사에서 벗어나 미국 역사라는 더 큰 그림 속으로 보편화되고 통합되어야 한다.

과연 그렇게 될 수 있을지는 속단하기 어렵다. 다만 이 섬은 모빌리티와 차이에 대한 아주 특수한 담론의 산물이고, 이 담론이 인종과 계급에 따라 정교하게 모빌리티를 구분했다는 점만은 분명하다. 이곳은 중국인 배제법의 구현이었다. 중국인 모빌리티를 차이로, 위협으로 구성하는 사회지리학에서 필수적인 물질적 영역이었던 것이다. 같은 장소에서 지금은 아주 다른 모빌리티 개념이 구현되고 있다. 모빌리티가 미국인의 중심적 · 통합적 경험이라고 보는 관념이 그것이다.

엔젤섬은 모든 미국인이 공유할 수 있는 이야기를 들려주는 장소가 되어 가고 있다. 차이와 통합의 미묘한 균형작용은 결국에는 차이보다 통합에 강조점을 두면서, 일반화된 모빌리티에 높은 가치를 부여하고 이를 상징하는 장소에는 의도적으로 추상적인 메시지를 담는다. 미국인들을 이동하는 존재로 보는 일련의 지식들이, 상원의 새로운 법안이 의도한 사회적 구성이 그 근저에 있으며, 이는 우리가 과거를 해석하고 평가하는 방식을 형성할 것이다. 여기에서 모빌리티에 대한 특수하고 역사적으로 뿌리 깊은 관점과 함께 동일성의 정치가 작동한다. 1882년에 배척법이 만들어지고, 1910년 엔젤섬 수용소가 생겼을 때와는 전혀 다른 관점이다.

1910년 엔젤섬에 도착한 중국인들은 그 즉시 외부자 혐오에 바탕하는 지식에 따라 분류되고 의미가 부여되었다. 이전부터 미국 사회에서 발전해 온 이 지식은 적절한 혹은 부적절한 모빌리티를 상정하는 이해 방식에 기초했다. 중국인의 도착은 약속된 땅의 풍요와 신화를 공유할 만한 새로운 일원인 방문자나 노동자의 등장이 아니라, 가정과 지역과 캘리포니아와 국가 전체의 건강과 경제적 안정을 위험에 빠뜨리는 위협, 외부자, 국외자의 침입이었다. 배제법에 나와 있듯이 "중국 노동자들이 이 나라에 오는 것은 특정 지역의 선량한 질서를 위태롭게" 했다. 한쪽의 **모빌리티 도덕지리학**은 총체화와 초유기체라는 진부한 상상력을 그 중심에 두었고, 또 다른 모빌리티 도덕지리학은 어떤 모빌리티가 다른 모빌리티와 신중하게 구별되어야 한다고 보는 본질적 차이 개념에 의존했다.

이 두 역사적 지점을 두고, 미국이 모빌리티를 상상하는 방식이 단순하게 선형적이고 진보적으로 변화했다고 이해하면 곤란하다. 1882년에 미국의 국가적 모빌리티 신화는 이미 '서부 개척'이나 '명백한 운명manifest destiny' 같은 개념에 잘 확립되어 있었다. 이 신화는 중국 이민자들이 중요한 역할을 했던 바로 그 대륙횡단철도 건설의 밑바탕이었다. 이제 엔젤섬의 미래를 보장하는 법이 생겼지만, 인종적이고 차별적인 모빌리티 개념은 여전히 현실 속에 남아 있다.

최근에 캘리포니아로 온 사람들이 발의안 제187호가 지른 빗장에 가로막혀 무료 공공보건과 공립학교 입학에서 제외된 상황을 떠올려 보자.

발의안 제1절. 결정 및 선언

캘리포니아 주민들은 아래와 같이 결정하고 선언한다.

주민들은 우리 주의 불법체류자들로 인해 경제적 어려움을 겪어 왔다. 주민들은 우리 주의 불법체류자들의 범죄행위로 인해 신체적 상해와 피해를 겪어 왔다. 주민들은 불법적으로 이 나라에 입국하는 사람들로부터 정부를 지킬 권리가 있다.

따라서 캘리포니아 주민은 연방정부와 주정부 및 지방정부 간의 협력을 허용하고, 미국 내 불법체류자들이 캘리포니아주 내에서 어떠한 혜택이나 공공서비스를 받지 못하게 하기 위해 그러한 기관들 간의 연락 체계를 확립할 의향이 있음을 선언한다.[40]

보다시피 19세기 말 미국 서부의 중국인이든 최근 라틴아메리카에서 캘리포니아주로 건너온 사람이든지 간에, 이들을 인식하고 대응하는 방식은 동일하다. 담론적 규정이라는 도구는 모빌리티들을 구별하는 방법으로 사용된다. 사회정치적 의미를 신체에 투영하고 외부인 혹은 시민을 행위의 기준으로 삼기 위함이다. 이 과정에서 국가는 개인의 움직임에 의미를 부여하여 합법화하거나 불법화한다. 그 의미들은 항상 정치적이며 건강, 계급, 인종, 젠더에 관한 편협한 지식에서 파생된다. 그 실행 과정은 대부분, 개인을 어떤 상상적인 집단과 연결시켜 특정한 속성을 부여하는 추상적 일반화를 거친다. 이때 개인은 헌법상의 권리와 도덕적 의무가 적용되지 않는 영역 속에서 다른 존재로, 이방인으로 이해되면서 하나의 신체로만 남겨진다. 존재가 부정된 자로 분류된 이 사람들은 일반적으로 인정되는 정의와 복지 바깥으로 추방된다.

포스트모던한 소설처럼, 이 이야기에는 여러 결말이 존재한다. 이번 장에서는 중국계 이주민의 사회지리학적 구성을 두 법률을 통해 살펴보았다. 두 법률 모두 이 장의 시작 지점인 엔젤섬으로 연결된다. 감옥을 박물관으로 바꾸려는 현재의 시도를 둘러싼 담론들은 매우 전략적이다. 감춰진 역사를 기념할 자금을 모으기 위해 고안된 이 담론들은 기금 마련과 보존의 근거를 만들고자 총체성 개념에 의존한다. 그 텍스트들은 여전히 더 많은 텍스트들과 공명한다. 중요한 의미를 갖는 '미국적인 것'의 중심에 모빌리티를 위치시키는 미국 역사학의 역사 전부와 공명하는 것이다. 결국 모빌리티는 미국이 내세우는 '명백한 운명'의 중심이었다. 게다가 미국 서부 개척에 대한 역사학적 설명의 핵심은 바로 서쪽으로 향하는 '문명화'의 모빌리티였다. 미국인들은 발전이 멈추고 타락한 유럽의 낡은 뿌리와 이념적으로 차별화되는, 끊임없이 움직이는 사람들로 묘사되어 왔다.[41] 모빌리티를 실천하는 미국인이라는 도상학은 잭 케루악, 존 스타인벡 등의 소설에서, 수많은 서부영화나 로드무비에서, 브루스 스프링스턴, 밥 딜런, 톰 웨이츠 등의 대중음악에서 계속 반복되었다. 모든 사람이 여행자라는 아카카 상원의원의 말은 이미 많은 사람들의 마음속에 국가신화의 일부로 확립되어 있었다. 비슷하게, 1882년의 중국인 배제법에서도 지역사회의 선량한 질서를 위협하는 중국인이라는 개념이 이미 존재하고 있었다.

그러나 엔젤섬이라는 공간에 모빌리티를 보편화하는 담론만이 존재하는 것은 아니다. 박물관은 그 보편화 과정을 폭로하는 공간이 될 수도 있다. 아이리스 영이 제안한 차이의 정치를 떠올려 본다면, 이 문화유산은 애초에 그 현장을 만들어 냈던 예전의 (본질적) 차이의 정치를 선명하게 드러내는 장소가 되지 않을까. 적어도, 엔젤섬에 억류되어 있었던 이름 모를 중국 이민자의 글은 누구나 볼 수 있도록 거기 남아 있을 것이며, 단순히 미국 모빌리티만을 기념하려는 태도에 의문을 품게 할 것이다. "이민국의 문이 무너질 그날까지 사랑을 말하지 않으리."

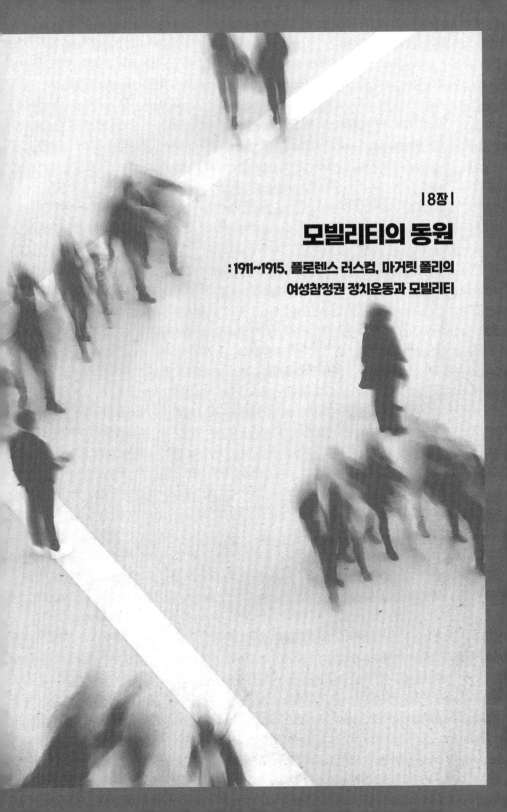

|8장|

모빌리티의 동원

: 1911~1915, 플로렌스 러스컴, 마거릿 폴리의
여성참정권 정치운동과 모빌리티

1911년 10월, 《보스턴 포스트》지에 한 만평이 실렸다(그림 8.1). 여성 참정권 운동가들suffragists이 탄 차와 프로딩햄 매사추세츠 주지사 후보가 탄 차가 레이스를 벌인다. 다음 장면에서는 음험해 보이는 정치인이 여성들이 탄 차 타이어에 구멍을 뚫으라며 지나가던 부랑자에게 돈을 건네고, 부랑자는 "그 여장남자들shemales이 여길 온단 말이죠?"라고 대꾸한다. 다음 장면에는 프로딩햄이 총각이니 운동가들 중 하나는 그와 함께 할 수 있을 것이라고도 적혀 있다. 마침내, 프로딩

| 그림 8. 1 | 1911년 10월 12일 《보스턴 포스트》에 실린 만평

햄은 뒤따르는 여자들을 앞지르려고 비행기를 타고 하늘로 날아오른다. 이 만평을 어떻게 해석하면 좋을까?

우선, 이 만평은 여러 여성참정권 운동가들이 참여한 '참정권 자동차 투어suffrage auto tour'를 다루고 있다. 이번 장의 중심인물들인 마거릿 폴리Margaret Foley와 플로렌스 러스컴Florence Luscomb도 여기에 가담하고 있었다. 이는 뉴잉글랜드에서 아직 시도되지 않은 참정권 운동 전술이었고, 주로 사적인 모임에 국한되던 참정권 운동을 공공영역으로 진출시키려 한 급진적 전술 변화의 일부였다. 둘째, 여성이 자동차를 운전하는 모습은 1911년의 미국에서 매우 드문 일이었다. 흔히 자동차를 운전하거나 고치는 일은 여자에게 너무 어려울 것이라고 생각했다. 자동차 제조사들은 여자들이 자동차 앞쪽의 크랭크 핸들을 힘겹게 돌리지 않아도 되는 느린 속도의 전기차도 내놓았다.[1] 자동차의 초기 역사는 특정한 남성성을 만들어 내고 지키는 일과 밀접하게 연결되어 있다. 자동차는 기계를 다루는 솜씨를 과시하고 공간을 지배하게 했으며, 성적인 정복이라는 관념을 자극했고 스스로의 운명을 지배할 때 느끼는 충족감까지 실현시켜 주었다. 자동차 소유자의 남녀 비율 통계는 이 점을 잘 드러낸다. 1915년 메릴랜드주의 자동차 소유자 중 여성은 9.1퍼센트에 불과했다.[2]

셋째, 이 만평은 당시의 지배적인 모빌리티 감각을 드러낸다. 이 감각은 뒤에서 자세히 다룰 여행의 배경을 이룬다. 주지사 후보가 자동차에서 갈아탄 비행기는 1910년대에 대단히 신기한 물건이었다. 라이트 형제의 첫 비행이 겨우 10여 년 전으로, 대부분의 사람들은 비행기를 본 적조차 없었다. 이 만화에는 당시 사람들에게 익숙했을 표현 방식인 자동차 추격 장면이 들어 있다. 이 시기 할리우드 영화산업은 맥 세넷과 키스톤 캅스의 슬랩스틱 코미디가 장악하고 있었다. 끝없는 자동차 추격전이 특징인 이들의 영화는 필름의 프레임을 줄여서 촬영한 후 정상 속도로 재생해 빠르게 움직이는 것처럼 보이게 하여 속도감을 높였다.[3] 다시 말해, 자동차 추격 장면은《보스턴 포스트》의 독자들이 쉽게 받아들일 만한 이미지였다. 이 만평의 요소들, 즉 비행기의 등장과 자동차 추격전은 모두 1911년에 새롭게 떠오른 모빌리티 감각의 요소들이기도 했다.

따라서 이 만평은 친숙한 대중문화의 요소들과 자동차를 운전하는 여성이라는 생소한 개념을 결합시켜 이 특정한 종류의 모빌리티들에 무엇인가 낯설고 흥미로운 지점이 존재한다는 암시를 던진다. 이 여성들이 여장남자이고, 그중 하나는 주지사 후보와 결혼하리라는 진술은 모빌리티의 젠더화를 강조한다. 여기서 특정한 모빌리티 형태들은 남성적인 것으로 코드화된다. 결혼을 언급하는 이유는 방황하는 여성들을 가정으로 데려와 정상적인 자리로 되돌려 놓아야 한다는 생각 때문이리라. 옆으로 걷는 시미 춤 스텝처럼, 차에 탄 여성들의 이동적 실천은 공간과 사람의 특정 배치에 도덕적·이데올로기적 가치가 있다고 보는 사람들의 불안감을 자극했다. 이 만평을 비롯한 당시의 여러 논평들이 이 모빌리티에 병적인 의미를 부여했다.

이번 장에서는 미국의 여성참정권 운동가 마거릿 폴리와 플로렌스 러스컴의 여행을 설명하면서 모빌리티 경험과 미국 여성참정권 정치

사이에 어떤 관계가 있는지를 고찰한다. 이들의 유럽 여행은 만평에 등장한 자동차 투어 전술 도입에 큰 영향을 끼쳤다. 이번 장과 다음 장에서는 모빌리티들이 서로 간의 관계 속에서 어떤 식으로 존재하는지를 살펴보고, 누가 움직이느냐에 따라, 또 그 움직임이 이루어지는 사회문화적 공간에 따라, 움직임의 방식들이 드러내는 아주 특수한 특징들에 주목해 볼 것이다.

참정권 운동과 모빌리티의 연결 지점들은 1920년대 런던에 등장한 춤추는 신체의 미시 모빌리티micro-mobility를 떠올리게 한다. 이 모빌리티는 아메리카 대륙의 춤이 대서양을 가로질러 건너온 더 큰 모빌리티의 결과였다. 모빌리티를 주의 깊게 독해하면 단순한 메타포를 피하고, 모빌리티를 그저 A에서 B로 이동하는 것이라고 보는 정치적 입장에 매몰되지 않을 수 있다. 두 장에 걸쳐 움직이는 신체와 이를 둘러싼 다양한 모빌리티 기술 간의 상호연관성을 더 날카롭게 파악해 보려고 한다. 앞서 6장에서는 LA 버스 이용자들의 모빌리티가 사람과 사물의 특수한 배치가 낳은 산물임을 논의하였다. 다음 장에서 보철적 주체 개념은 6장과 다른 방향을 향하기는 하지만, 버스승객조합에 대한 분석에서처럼 사람들의 실제 이동 관행과 그 움직임을 가능/불가능하게 만드는 환경에 초점을 맞출 것이다.

이 장에서 주장할 중심 내용은 러스컴과 폴리의 이동 행위가 보스턴 참정권 운동의 공간적 실천을 변화시켰고, 더 넓게는 20세기 초 젠더의 도덕지리학을 재구성하는 데에 기여했다는 것이다. 그들의 모빌리티들은 그것이 단순히 의도적인 인간 이동 행위가 아니라, 두 참정권 운동가 · 페미니즘 · 선박 · 자동차 · 책의 결합이었다는 점에서 중요하다. 러스컴과 폴리의 여행은 그들에게 새로운 공간의 가능성을 열어 주었다. 동시에, 이 여행은 당시 보스턴에서 여성의 경험이 지니는 공간성의 변화라는 더 넓은 맥락의 일부였다.

여성참정권 운동이 사적 공간에서 공적 공간으로 나아갔다는 사실은 잘 알려져 있다.[4] 그러나 그 변화에 얽혀 있는 수많은 모빌리티들은 제대로 조명 받지 못했다. 남성과 여성을 둘러싼 기대지평의 변화에서 모든 모빌리티는 중요한 역할을 한다. 최근의 페미니즘 연구들은 유목민 형이상학의 부상을 경계하자고 주장한다. 고정성의 형이상학, 정주주의 형이상학을 문제 삼고자 모빌리티에 주목하는 일반적인 경향을 따르기보다는, 모빌리티가 여성보다는 남성에게 유용한 젠더화된 행위라는 점에 눈길을 돌리는 것이다.[5] 실제로 여성은 이동할 때 남성과는 아주 다른 경험을 한다. 출근을 할 때도, 파리나 뉴욕의 거리를 걸어갈 때도 젠더적 차이가 드러난다. 탐험가나 여행자의 모험에서도, 미국의 부랑자들에게도 젠더적 역할은 존재한다.[6] 어떤 페미니스트들은 **정지의 정치**politics of staying still와 관련지어 모빌리티와 이동을 이해해야 한다고 말한다. 가만히 멈춰 있는 것을 남성적 움직임과 대조되는 수동성으로만 해석할 것이 아니라, 저항의 한 형태로 볼 수도 있다는 것이다.[7]

이제부터 젠더화된 신체의 움직임과, 역시 젠더화된 사물 및 사유를 연결 짓는 방식으로 **모빌리티의 젠더정치**를 살펴볼 것이다. 그 신체는 주로 러스컴과 폴리의 몸이고, 사상은 전투적인 참정권 전술과 관련되어 있으며, 사물은 증기선과 자동차, 책, 깃발 등이다. 나는 모빌리티가 사회적 산물이라고 주장해 왔다. 그러나 사회적으로 생산된다는 말을 이해하려면, 모빌리티가 사물과 사상을 통해 공동 생산되는 것임을 인식해야 한다. 사람들의 이동적 실천은 그들이 사회적 위계 속에서 어떤 위치에 있느냐에 따라 가능해지거나 가로막힌다. 러스컴과 폴리의 모빌리티를 단순히 자유의지에 따른 행위로만 바라볼 수는 없다. 20세기 초 모빌리티는 성별과 계급의 기대지평에 따라 구조화되어 있었기 때문이다. 이데올로기와 권력은 모빌리티를 대하는 태도와 그 실천에 깊숙이 개입한다. 두 사람의 여행 또한 모빌리티 기술들과의 관계 속에서 제약 받거나 가능해졌다.

존 어리John Urry는 21세기 모빌리티 연구가 '사회를 넘어선 사회학'의 일환으로서, 사람들의 모빌리티를 사상과 사물의 이동과 함께 이해해야 한다고 주장한다.[8] 현재에만 유효한 주장은 아니다. 러스컴과 폴리가 경험한 20세기의 새로운 모빌리티에도 같은 시각의 접근이 필요하다. 이들의 여행은 사상의 여행이었다. 그들의 모빌리티는 20세기 초 영국과 미국의 진보정치가 상호 교류해 나간 역사의 일부분이다.[9] 그 과정의 핵심에는 증기선, 자동차, 그리고 손쉬운 여행을 가능하게 한 관광용품 등 새로운 모빌리티 기술이 있었다. 이동하는 주체를 살펴본다는 것은 **보철적 주체**prosthetic subject를 살펴보는 일이기도 하다. 보철적 주체는 사람과 사물이 밀접하게 연결되어 있는 공공영역의 제약에 따라 모빌리티 능력이 좌우되는 주체를 일컫는다.[10]

러스컴과 폴리는 투표권을 쟁취하기 위해 싸웠다. 정치적 개인에 대한 최근의 복잡한 논의들과 일상에서 모호하게 나타나는 젠더, 계급, 민족성의 정치에 비추어 보면 훨씬 단순해 보이는 정치적 입장이다.[11] 따라서 여기서 여성참정권 운동을 다루는 것이 '여성의 역사'라는 오래되고 단순한 개념으로 후퇴하는 것으로 오해 받을 수 있으나, 이 운동에 복잡하게 얽혀 있는 모빌리티들을 살펴보면 정치적 실천이 우리 삶과 깊숙한 관계를 맺고 있음을 분명히 알 수 있다.

보스턴 여성참정권 운동의 배경

노동자계급의 발달, 반노예제 운동, 그리고 광범위한 혼성 정체성을 지닌 사람들의 등장처럼, 여성참정권 운동은 대서양을 사이에 두고 계속 영향을 주고 받았다.[12] 러스컴과 폴리가 바다와 육지로 여행한 해인 1911년은 영국의 에멀린 팽크허스트Emmeline Pankhurst와 그 동료들이 도입한 전투적인 전술이 미국의 여성참정권 운동에도 큰 영향을 끼치기 시작한 때이다. 미국 여성참정권 운동은 주로 사적인 공간이나 사람들의 집, 빌린 강당 등에서 이루어졌다. 1869년 이래로 두 개의 참정권 단체가 여성 인권 논쟁을 이끌었다. 수잔 B. 앤서니와 엘리자베스 스탠튼은 전국여성참정권협회NWSA를 결성했고, 루시 스톤, 헨리 블랙웰, 줄리아 워드 하우 등은 조금 보수적인 미국여성참정권협회AWSA를 설립했다. 전자는 여성에게만 회원 자격을 주고 여성의 투표권 획득을 위한 로비에 치중했고, 남성을 포함한 후자는 원래 아프리카계 미국인 남성들의 참정권을 위해 싸우던 조직이었다.

두 조직은 1890년에 전국여성참정권협회National American Women Suffrage Association로 합쳐졌다.[13] 여성참정권 운동은 인구가 적은 서부 주들인 와이오밍(1869), 유타(1870) 등에서 승리를 거두었다. 그러나 거의 모든 주에서 참정권 운동이 일어났고 지도자들인 앤서니와 스탠튼이 순회 연설을 활발하게 이어 갔지만, 20년여 년 후에도 상황은 그다지 달라지지 않았다. 1910년에 이르러서야 영국으로 건너가 팽크허스트의 전술을 배운 스탠튼의 딸 해리엇 스탠튼 블래치의 지도 아래, 미국 참정권 운동은 아주 전투적이면서 공공영역에 적극적으로 뛰어드는 정치 전술을 펼치게 되었다.

당시 보스턴에서는 운동의 공간을 사적인 영역에서 거리로 전환하는 일이 더디게 진행되었다.[14] 보스턴은 보수적인 페미니즘의 수도라고 부를 만했다. 미국 여성참정권 운동의 역사적 장면들은 급진적인 태도를 취한 전국여성참정권협회가 자리 잡은 뉴욕에서 전개될 때가 많았다.[15] 보스턴 여성들은 공식적인 경로를 통해 입법에 영향을 미치고자 했고, 주요 정치인들에게 자신들의 대의명분을 지지해 달라고 청원했다. 1879년, 참정권 운동가들은 큰 승리를 거두었다. 공화당이 지역 학교 위원회 선거에서 여성참정권 지지 선언을 내놓은 것이다. 공화당은 참정권 운동을 벌이는 이들이 주로 중산층 여성들이므로 이민자, 가톨릭 신자, 노동자들이 학교에서 목소리를 내지 못하게 할 것이라고 여겼다. 그러나 이후 공화당은 더 이상의 지원을 거부하면서 오리발을 내밀었고, 보스턴 참정권 운동가들은 또 다른 전략을 궁리하기 시작했다. 1900년 당시 보스턴의 주요 참정권 단체는 세 종류였다. 전술 변화를 꺼리는 중산층 엘리트들이 주도한 매사추세츠여성참정권협회MWSA, 대학평등참정권협회, 그리고 이 중에서 가장 역동적이었던 보스턴평등참정권협회였다. 여성에게 적절한 장소가 있다는 편견에 도전하는 것을 두려워하지 않는, 교육 수준이 높고 자신감에 찬 여성들이 보스턴평등참정권협회로 모여들었다. 공공정치에 적극적으로 뛰어들어야 한다는 주장이 점점 더 대세를 이루었다. 샤론 스트롬Sharon Strom의 말을 빌리면,

> 1907년이 되자, 참정권 운동을 재건하는 데 성공한 매사추세츠 여성들은 들썩였다. 참정권 운동은 일종의 한계 지점에 봉착했고, 변화가 필요하다는 확신이 생겨났다. 저명한 시민들, 노조 지도자들, 시민 단체의 지지를 얻어 내는 방식은 할 수 있는 최대치를 이미 달성한 것처럼 보였다.[16]

공공장소에서의 행동이 필요하다는 인식은 영국에서 건너왔다. 영국의 참정권 운동가들이 취한 급진적인 공공 전술을 참고하기 시작한 것이다. 에멀린 팽크허스트가 이끈 여성사회정치연맹은 정치 연설에 끼어들어 방해하고 중단시키는 전술을 오랫동안 시도해 왔다. 영국의 여성참정권 운동은 미국과 거의 같은 시기(1860년대)에 시작되었지만, 주요 정당들은 꿈쩍도 하지 않았다. 정당들은 하원에서 이 문제에 대해 토론하는 것조차 거부해 왔다. 운동가들은 의회에 청원서를 제출하고 의원 후보들에게 견해를 묻는 일을 끝없이 되풀이하

다가 지쳐 버렸다. 공식적인 정치 영역을 구성하는 '공공public'이라는 특수한 개념은 막다른 골목이었다. 1903년 팽크허스트는 여성사회정치연맹을 결성하고 새로운 방향으로 신속하게 운동을 전개하였다. 자유당 지도자 에드워드 그레이 경과의 만남에서 운동가 크리스타벨 팽크허스트와 애니 케니가 끌려나가면서 경찰이 공개적으로 과잉폭력을 휘두르자, 이제 여성사회정치연맹은 더 많은 관심을 끌기 위해 의도적으로 폭력적인 반응을 유도하려고 했다. 전투적인 참정권 전술은 이렇게 탄생했다.[17]

이 전술은 보스턴 참정권 운동가들에게 익숙했던, 사적인 공간에서 인내하며 대응하는 방식과는 거리가 멀었다. 이를테면 1908년, 보스턴 참정권 운동의 지도자들 중 하나인 메리 허치슨 페이지는 영국인 참정권 운동가들과 서신을 주고받으면서도 자칫 그런 방식이 운동을 일반 대중과 멀어지게 할까 봐 여전히 걱정했다. 1909년 봄과 여름에 매사추세츠여성참정권협회가 보스턴 주변 지역에서 야외 연설을 시도하기로 결정하면서 전술 상의 큰 변화가 일어났다. 따로 초대를 받아 참석한 사람들이 아닌 보통의 군중들에게 보스턴 참정권 운동가들이 연설한 적은 없었다. 첫 행사는 수백 명의 사람들이 모인 가운데 6월 12일 매사추세츠주 베드포드에서 열렸다. 신문들은 이 사건을 앞다투어 보도했다. 11월부터 MWSA의 회원들은 보스턴 커먼공원에서 참정권 운동을 홍보하는 신문을 팔기 시작했다.

물론 모두가 이 전술에 동의하지는 않았다. 참정권 운동 자체에 동의하는 여성들은 많았지만, 자기 삶을 바꾸면서까지 여기에 뛰어드는 여성은 많지 않았다. 당시의 여성들은 가정과 강하게 결부되어 있었고 공공장소에서 구경거리가 되고 싶어 하지 않았다.[18] 따라서 공공 전술을 택하려는 이들과 사적인 정치운동을 계속하고 싶어 하는 이들 사이에 분열이 일어났다. 폴리와 러스컴은 공공영역에 뛰어드는 쪽을 택했다.

마거릿 폴리와 플로렌스 러스컴

마거릿 폴리Margaret Foley는 1875년 매사추세츠주 도체스터에서 태어났다. 아일랜드계 노동자들이 많이 사는 록스버리에서 자랐고, 보스턴에 있는 여자고등학교를 나왔다. 모자 공장에서 일하다가 노동조합을 조직했고 여성노동조합연맹의 위원으로 뽑혔다. 1909년부터 1915년까지는 매사추세츠여성참정권협회의 활동가로 활약했다. 폴리는 특이한 존재였다. 개신교를 믿는 보스턴 중산층들의 응접실에서 주로 진행된 이 운동에서 폴리는 유일하게 아일랜드계 가톨릭 신자이자 노동계급에 속한 활동가였다. 170센티미터 이상의 키에 몸무게도 60킬로그램 이상이었던 폴리를 가리켜 지역 언론들은 겁 없는 전사라고 불렀다. 가수가 되려고 발성 훈련을 받은 적이 있는 폴리의 성량과 몸집은 노동자계층 정체성의 한 측면으로 부각되었다. 어느 지역신문에 실린 기사에 따르면, 폴리는 "키가 거의 2미터는 되어 보였다. 갈색 머리카락은 불타올랐고, 벽돌로 만들어진 괴물처럼 우뚝 서서 낭랑한 목소리로 확성기를 켠 것처럼 큰 소리로 외쳤다."[19] 1911

년 폴리는 스톡홀름에서 열린 국제여성참정권대회에 참석하기로 하고, 그전에 영국에 들러 영국 자매들의 정치적 전략을 배우기로 했다. 바로 이 여행과 그 직후 그녀가 가담한 자동차 투어가 이번 장의 중심 이야기다. 1914년에 폴리는 네바다로 가서 여성참정권 운동을 벌였다. 그녀는 두 달 동안 주 전체를 돌아다니면서 목장주, 카우보이들과 교제하고 2만 명이 넘는 남성들에게 연설했다.[20]

플로렌스 호프 러스컴Florence Hope Luscom은 폴리의 동지였다. 1887년 매사추세츠주 로웰에서 출생하여 1985년에 보스턴에서 사망했다. 어머니 한나 스키너 러스컴은 어머니(플로렌스의 외할머니)에게서 상당한 유산을 상속 받아 딸을 양육했고, 여성참정권 운동을 비롯한 여러 사회 활동을 후원했다. 아버지 오티스는 플로렌스가 한 살 때 사망했다. 플로렌스 러스컴은 사립 중등학교를 나왔고 건축학 전공으로 MIT를 졸업했다. 이곳을 졸업한 최초의 여성들 중 하나였던 그녀는 1917년까지 건축가로 일했다. 비록 미국 여성참정권 운동사에서 큰 비중은 없었어도, 1917년에는 보스턴평등참정권협회의 간사가 되었다. 러스컴은 보스턴 커먼공원에서 신문을 팔면서 참정권 운동을 알렸고, 1911년 폴리의 유럽 방문에 함께 파견되었다. 언론에서는 폴리를 큰 목소리와 큰 덩치라고 묘사하고, 러스컴은 섬세하고 날씬하다고 썼다. 나중에 러스컴은 보스턴여성유권자연맹과 국제평화자유여성연맹에서 일했고, 베트남전쟁 반대운동과 민권운동 등 수많은 투쟁에서 활동가로 나섰다. 과거 참정권 운동을 위해 유럽을 여행했듯이, 러스컴은 냉전 기간에 소련과 중국, 쿠바를 방문했다. 여권을

압수당한 적도 여러 번 있었다.[21]

폴리와 러스컴의 사회적 배경은 이보다 다를 수가 없을 정도다. 러스컴의 기록은 하버드대학에 잘 정리되어 있지만, 폴리의 기록은 그다지 남은 것이 없다. 우리는 문서로 잘 정리된 러스컴의 삶은 많이 알고 있지만, 1920년 이후 폴리가 어떤 삶을 살았는지는 거의 알지 못한다. 러스컴은 '사회'의 일부였지만, 폴리는 그 끄트머리에 있었다. 사라 도이치Sarah Deutsch의 말처럼, 러스컴과 폴리 둘 다 보스턴 도덕 지형도의 재배치에 관여했다. 대학 교육을 받은 중산층 러스컴이 사적 공간에서 공적 공간으로 넘어갈 때, 폴리는 그 반대 방향으로 움직이고 있었다. 보스턴의 여성참정권 운동은 아일랜드계, 가톨릭, 노동자계급, 노조에 속한 폴리 같은 사람들에게 다가서고자 했다. 러스컴은 중산층의 지형을 벗어나 '공공영역'에서의 투쟁을 시작했고, 폴리는 자신이 속한 노동자계급에서 벗어나 도시 중산층의 사적 공간으로 들어갔다. 폴리는 노동자 계층 거주 지역에서 자랐고, 러스컴은 MIT를 나왔다. 도이치의 말마따나, "폴리는 거리 모퉁이에서 연설할 때보다 엘리트들이 모이는 참정권 운동 지도자들의 응접실에 들어갈 때 더 많은 장벽을 넘어야 했다."[22] 아마도 러스컴이 공공장소에서 활동하는 일은 크게 어렵지 않았겠지만, 폴리가 중산층 참정권 운동 내부로 진입하는 일은 그리 녹록치 않았을 것이다.

1911년의 유럽 여행은 두 사람 모두에게 중요한 순간이었겠지만, 폴리에게는 더 뜻깊은 일이었다. 보스턴평등선거권협회와 매사추세츠여성참정권협회가 급여와 비용을 대 주었다. 최종 목적지는 스톡홀름의 국제참정권대회였다. 두 대표자는 도중에 영국인 자매들과 만나 운동 전략을 배우는 임무도 맡았다. 그들은 일등석을 타고 여행했다.

폴리와 러스컴의 여정은 당연히 정치적 행위였다. 보스턴 신문들은 이들의 여행과 그 목적을 보도했다. 러스컴은 기자들과 인터뷰하면서 "우리 둘 다 전투적으로 활동하는 영국 참정권 운동가들에게 큰 관심이 있다. 저쪽에서 뭐라도 성취해 낸 사람들은 그들뿐인 것 같다."라고 했다.[23] 영국에 있는 동안 두 사람은 그토록 동경했던 영국 참정권 운동가들의 전술을 받아들였다. 유럽 여행에서 배운 대로, 둘은 보스턴으로 돌아온 후 매사추세츠주의 도로에서 자동차 추격전을 벌였다.

대서양 횡단 여행

인종과 혼종성을 폭넓게 논의한 폴 길로이Paul Gilroy는 배가, 특히 대서양을 횡단하는 배가 갖는 상징성에 주목했다.

배의 이미지—생생하게 움직이는 미시문화적이며 미시정치적인 시스템—는 무엇보다 역사적이고 이론적인 이유 때문에 중요하다. … 항로에 접어든 배는 금방 사상과 활동가들이 교류하는 장이 된다. 소책자, 책, 음반, 노래처럼 중요한 문화적 · 정치적 사물들도 그 안에서 이동한다.[24]

물론 폴 길로이는 혼종적 문화 정체성을 탐구했고, 그래서 그가 말하는 '검은 대서양Black Atlantic'의 배가 갖는 특수성이 여성참정권 운동과 딱 들어맞지는 않겠으나, 이 공간이 미시적 정치문화 시스템이자 사람과 사물과 사상의 유통이 이루어지는 곳이라고 보는 시각은 옳다. 피터 라인보우Peter Linebaugh와 폴 레디커Paul Rediker도 배를 정치활동의 온상으로 본다. 배는 "영국 부르주아혁명 이후 나타난 자본주의의 엔진이자, 저항의 무대"였다.[25] 유럽 노동자계급 혁명가들의 실천이 대서양 세계에서 재형성되고 퍼져 나갈 수 있게 해 주었으므로 배는 저항의 공간이었다. "배는 반란의 토양까지는 아니더라도, 적어도 어쩔 수 없는 국제주의적 환경 속에서 다양한 전통이 함께 뒤섞이는 만남의 장소가 되었다."[26] 배에 타고 있는 동안, 대서양은 "교류, 순환, 전달의 공간"으로 재구성된다.[27] 다음 이야기는 바로 그런 교류를 보여 준다.

폴리와 러스컴은 1911년 4월 5일 증기선 보헤미안호에 탑승했다(그림 8.2). 배가 동쪽으로 나아가자 폴리는 뱃멀미에 시달렸고, 러스컴은 함께 탄 여행객들이 참정권 문제에 어떤 입장을 취하는지를 평가하기 시작했다. 다음은 4월 6일자 기록이다.

오늘 저녁 폴리가 저녁을 게워 내는 동안, 나는 전형적인 젊은 영국 신사 버 씨와 함께 돌아다녔다. 그는 금색 콧수염과 장밋빛 볼, 그리고 멋진 억양을 지닌 엔지니어다.[28]

4월 7일에도 폴리는 선실에서 여전히 골골거렸고, 러스컴은 버 씨와 시간을 보냈다.

가장 재미있는 승객은 버 씨인데, 그는 좀 신기한 사람이다. 자기가 온건 보수주의자라면서 남녀가 똑같이 제한된 참정권을 가져야 한다고 믿는다. 말쑥하게 차려입고 영국 소설에 나오는 신사들처럼 오후에 차를 마시는 이 사람은 우리가 상상할 수 있는 가장 웃기는 '엔지니어'다. 버 씨는 미국을 거쳐 아프리카로 여행했는데, 가족을 생각하지 않았다면 미국에 정착했을 것이라고 했다. (미국을 좋아하는 영국인들을 만나는 것은 대단한 일이다.)[29]

| 그림 8. 2 | SS 보헤미안호

이틀 뒤 두 여성은 선장과 대화를 나누다가 그가 리버풀의 참정권 운동 본부 근처에 사는 '열렬한 후원자'임을 알게 됐다. 러스컴의 새로운 친구 버 씨는 선상에서 참정권을 두고 격렬한 논쟁을 벌였고, 정식 토론회까지 열기로 했다. 4월 10일로 날짜가 잡혔다.

스무 명 이상이 뮤직 살롱에서 3시에 열린 이 토론회에 참석했다. 스캇 씨가 사회를 보기로 했다. … 가엾은 버 씨는 갑자기 첫 번째 반대 측 토론자로 지목되어 모두의 주목을 받았다. 그렇게 토론은 시작되었다. 나는 새로 나타난 조건들과 이에 따른 정부의 형태 및 가정에서의 여성 역할 변화를 이야기했다. 제프 씨는 직장에서 일하는 여성들에 대한 흥미로운 이야기를 했다. 나일즈 박사는 점잖게 자리에서 일어나더니 남자를 돕도록 신이 창조한 여성의 위치에 관해 횡설수설했다.[30]

이렇게 보스턴에서 수백 마일 떨어진 대서양 한복판에서 참정권 대토론회가 시작되었다. 토론이 끝나고 투표할 차례가 되자, 이전에 여성 투표권에 반대한다고 했던 릴리 씨는 자기 생각을 결정할 만큼의 충분한 자료들을 접하지 못했기 때문에 투표할 준비가 되어 있지 않다고 고백했다. 이에 따라 모두 표결은 취소하기로 합의했다.

그러고 나서야 우리는 이 모임이 시작한 지 두 시간이나 지났고, 여기 모인 영국인들이 모두 여기에 완전히 몰입해서 오후에 차를 마시는 습관까지 까맣게 잊었다는 것을 깨달았다. 이 성공적인 모임에 바칠

수 있는 최고의 찬사였다!³¹

설득 작업은 토론회로 끝나지 않았다. 두 사람은 사람들에게 책을 빌려 주고 틈날 때마다 계속 토론을 벌였다. 동승자들에게는 안된 일이지만, 대단히 재미있게 써 내려간 러스컴의 일기는 다른 승객들을 잘근잘근 씹을 때가 많다.

마일즈 박사는 《여성 인권의 역사》를 빌려 갔었다. 오늘 그는 아주 명확한 깨달음을 얻게 하는 비판이 담긴 메모를 끼워 넣은 채로 책을 돌려주었다. 이 쪽지를 읽으면 마일즈 박사가 어떤 사람인지를 실로 명확하게 깨달을 수 있다. 글솜씨도 엉망이고, 철자도 틀렸고, 앞뒤도 맞지 않는 데다가 함부로 헐뜯는 사람이라는 것.³²

SS 보헤미안호는 분명히 길로이가 말한 '미시정치'의 공간이었다. 또, 이 배는 라인보우와 레디커가 말한 '혁명적 대서양'의 역사에 속하는 장소였다. 러스컴과 폴리의 보헤미안호 여행은 식사를 하면서 토론하고 책을 빌려 주는, 논쟁과 교육의 시공간을 창출했다. 진보의 시대, 미국과 유럽 사이에 수많은 사상들이 오가게 한 대서양 횡단의 사회적 정치에서 러스컴과 폴리와 SS 보헤미안호도 자신들의 작은 역할을 했다.³³

이 움직이는 정치에서 우리는 사람, 사상, 사물이 서로 연결된 모빌리티를 목도한다. 폴리와 러스컴만이 아니라, 러스컴의 책도 함께 여행했다. 길로이가 말했듯이 대서양 횡단 여행에는 러스컴의《여성 인권의 역사》를 비롯해 활동가, 사상, 사물의 모빌리티들이 포함되었다.[34] 이러한 모든 모빌리티들은 근대사회에서 시간표에 따라 규칙화된 여행이 늘어나면서 가능해졌고, 여성에게도 점점 이런 여행에 가담할 기회가 늘어나고 있었다. 여성의 참정권과 관련된 사상들은 저절로 확산된 것이 아니다. 이 사상들은 특정한 역사와 궤적을 지닌다. SS 보헤미안호의 미시 지리학은 토론과 서적 교환의 맥락을 제공했다.

모빌리티의 한 형태인 대서양 횡단 여행은 1911년에 분명히 아주 젠더화된 활동이었다. 이런 배를 타는 것 말고는 50여 년 동안 대서양을 예정대로 안전하게 건널 방법은 없었다. 보헤미안호의 90개 선실은 모두 일등석이었고, 대다수 승객은 남자였다. 러스컴의 일기에서 여자는 남편과 동행한 한 명만 언급된다. 혼자 여행하는 여자는 없었다. 러스컴과 폴리도 둘이서 여행했다. 참정권 토론회에 참석한 사람들 중 폴리와 러스컴을 제외한 나머지도 모두 남성이었다. 이동 공간으로서의 배는 사업 상의 여행에 맞춰진 남성적인 공간이었다. 보헤미안호 여행은 수십 년 후에 등장한 퀸메리호나 타이타닉호 같은 호화 여객선에서 즐기는 유람선 여행이 아니었다. 이 배는 대양을 건너는 기능적 수단이었다.

유럽 여행

러스컴과 폴리는 회의 참석과 대서양 횡단 말고도, 지금은 '관광tourism'

이라고 불리는 모빌리티 양식을 경험했다.[35] 관광의 역사는 자동차 모빌리티의 역사와 마찬가지로 분명히 젠더적인 역사다. 신시아 엔로Cynthia Enloe가 단호하게 주장했듯이, "관광은 몸의 움직임만큼이나 이데올로기적이다. 산업사회와 관료주의 사회에서의 삶에 대한 관념들의 집합이자 남성성, 교육, 쾌락에 대한 가정들의 집합이다."[36] 관광은 사업 상의 여행, 탐험, 군사 활동 등의 모빌리티 정치사에 뿌리를 두고 있으며, 남성과 여성은 분명히 이 역사를 다르게 경험해 왔다.[37] 최근까지도 여가를 즐기러 집을 떠나 여행하는 여성들을 부정적으로 보는 시각이 존재했다. 러스컴과 폴리의 여행은 이런 맥락에서 이해될 필요가 있다.

러스컴의 일기에는 관광과 관광용품에 대한 언급이 가득하다. 두 사람은 스톡홀름에서 열리는 회의에 참석하기 전에 런던, 파리, 브뤼셀, 헤이그, 암스테르담, 함부르크, 코펜하겐을 거쳤다. 관광 모빌리티의 여러 문제들이 그들을 괴롭혔다. 비용, 언어, 음식 때문에 두 사람은 여러 번 투덜거렸다. 러스컴은 찰스 디킨스의 소설에 등장할 만한 전형적인 장면을 떠올리면서 여행 경험을 기록할 때가 많았다. 리버풀에 도착한 다음 날인 4월 16일,

우리는 중간에 허름한 작은 가게에 들러 커피와 빵과 버터를 달라고 했다. 가게 뒤편 벽 쪽의 지저분한 장소에 앉아야 했다. … 정말 디킨스 소설의 한 장면 같았다.

미사가 끝난 후 우리는 도시의 일반적인 모습을 알고 싶어서 전차를

탔다. 똑같이 생긴 2층 벽돌집들이 연이어 늘어선 거리들이 계속 지나 갔다. 그 유명한 영국식 아담한 집들의 매력은 찾아보기 어려웠다.[38]

영국과 영국 사람들의 삶은 스쳐 지나가는 눈으로, 소설에서 배운 감성으로 조명된다. 이들이 묘사한 리버풀 사람들의 복장(끔찍하다), 정원(훌륭하다), 주택(너무 작다)은 여행 가이드북의 한 페이지처럼 읽 힌다. 모든 관광객들이 그러하듯, 두 사람도 영국과 유럽을 여행하 면서 현지에서만 볼 수 있는 광경을 마주치고 싶어 했다. 리버풀에 서 열심히 찾은 매력적이고 아담한 영국식 별장을 구경할 기회는 없 었지만, 다음 날 기차 안에서 이들은 만족스러운 경험을 했다. 4월 17 일, 런던으로 가는 길이었다.

우리는 온통 푸른 잔디밭에 여기저기 밝은 노란 꽃망울이 흩뿌려진 상쾌한 언덕들 옆을 지나갔다. 수많은 양 떼들, 들판에 가로놓인 낮은 울타리, 벽돌로 지어진 시골 오두막은 확실히 미국과 전혀 달랐다.[39]

4월 18일, 런던에서 두 사람은 버스를 타고 국회의사당, 런던 브리 지, 세인트 폴 대성당같이 표준적인 관광지들을 둘러보았다. 버 씨는 보헤미안호에서 한 약속대로, 두 사람을 만나 자기 자동차에 태워 런 던 중심부를 구경시켜 주고 프라스카티 레스토랑에서 저녁을 대접했 다. "저녁 식사의 마무리는 복장을 제대로 갖춰 입은 웨이터가 고풍 스런 도구를 활용해 그 자리에서 내려 준 진품 터키산 커피였다."[40] 4

월 30일에는 여행안내서 《배데커 가이드Baedeker Guide》의 추천을 따라 리치몬드 큐 가든에 들렀다. 여러 카페에서, 러스컴은 영국인들이 엄청나게 차를 마셔 대는 모습에 놀라움을 감추지 못했다. "그렇게 차를 들이키면서도 영국인들의 신경이 망가지지 않는 게 놀랍다. 오히려 우리 두 사람이 그들보다 더 신경이 날카로운 것 같다."[41]

두 사람은 들러야 할 장소나 머물 곳, 식당 등을 찾을 때 《배데커 가이드》를 많이 참고했다. 예를 들어 4월 23일, 둘은 햄스테드 히스에 가서 '진짜 영국식 시골 여관'인 스패냐드 여인숙을 찾기 위해 《배데커 가이드》를 뒤적였다. 19세기 말에서 20세기 초, 유럽의 부유한 관광객들은 거의 누구나 《배데커 가이드》를 들고 다녔다. 독일에서 출판사를 운영하던 카를 베데커(1801~1859)가 고향인 코블렌츠에 대한 안내서를 만든 것이 그 시초였다. 카를의 아들 프리츠가 이 사업을 물려받았다. 《배데커 가이드》는 관광객들에게 표준화된 정보를 체계적으로 제공한 최초의 가이드북이었다. 1840년대 즈음에는 이 안내서가 상식적이고 부유한 여행자들을 위한 표준으로 자리 잡았다. 오늘날의 대중적 여행 책자인 《러프 가이드Rough Guides》와 《론리 플래닛Lonely Planet》처럼, 《배데커 가이드》는 관광객의 주머니에 쉽게 들어갈 수 있도록 제작되었다. 그 내용도 정기적으로 업데이트되었고, 베데커는 수집한 정보가 얼마나 믿을 만한지 확인하려고 비밀 여행까지 했다. 관광지와 호텔에는 별점을 매겨서 관광객들이 방문 장소의 순위를 확인하게 해 주었다. 딘 맥캐넬Dean MacCannell은 《베데커 가이드》가 '특별히 고급스러운' 곳들과, '최고 등급' 아니면 '그에 버금

가는 등급'의 호텔과 레스토랑들만을 열거했다는 점을 지적했다.[42] 분명히, 플로렌스와 마거릿은 마구잡이로 여행하지 않았다. 보헤미안호의 일등 선실에서 하선한 후 《배데커 가이드》를 손에 들고 다닌 두 사람은 품격 있는 관광객이었다.

《배데커 가이드》는 관광객이라는 새로운 현상의 등장에 결정적인 역할을 한 요소들 중 하나에 불과했다. 관광 명소, 가이드북, 여행사, 시간표, 교통 기술 등 모더니티와 함께 나타난 총체적 시스템은 관광객과 예전의 유람객을 확실하게 구분지어 준다.

비교적 새로운 이 관광 공간 네트워크의 접속 지점은 여행사 토머스 쿡Thomas Cook과 아메리칸 익스프레스American Express의 사무실들이었다. 6월 5일 암스테르담에서 두 사람은 가 볼 만한 곳을 알아내려고 아메리칸 익스프레스를 찾아갔다. 문이 닫혀 있자 토머스 쿡으로 향했고, 여기서 약간의 행운을 얻어 냈다. 마침 사무실에는 '인간의 본성'을 연구하러 여행하고 있다는 한 미국인이 있었는데, 그가 네덜란드에 오면 바닷가의 제방을 구경해야 한다는 소중한 정보를 알려 주었기 때문이다.

토머스 쿡은 1911년 당시에 점점 민주화되기 시작한 관광 시장의 요구에 대응하여 국제적이고 효율적인 체계를 갖춰 나가던 관광산업의 중심축이었다. 창업자인 토머스 쿡은 1841년에 노동자계급 남성들이 단체로 기차를 타고 해변으로 여행하는 저렴한 코스를 마련했는데, 이는 최초의 대중관광으로 불린다.[43] 토머스 쿡은 여성을 겨냥한 관광 마케팅에서도 선구자적 역할을 했다. 쿡은 어느 날 린콜가의 네 자매들이 쓴 편지를 받았다. 네 자매는 불명예스러운 손가락질을 당하지 않으면서 유럽 대륙을 여행하고 싶어 했다. 쿡은 이 문제를 해결하면서 본격적으로 여행업에 뛰어들었다.

여자들이 혼자, 보호자 없이, 집에서 600~700마일 떨어진 곳으로 떠날 수 있을까? 가능하다 아니다를 두고 많은 이야기를 나누었지만 우리는 점점 그럴 수 있다는 쪽으로 기울었고, 가이드와 상담하고, 가이드북을 모으고, 그 설명들을 읽고, 토머스 쿡 씨와 서신을 교환하게 되었다. ⋯ 사실, 반대하는 사람들도 많았다. 어떤 친구는 여자가 혼자 여행하는 것은 부적절한 행위라고 했다. 남자들이 우리가 지나치게 독립적이라고 생각할 것이라는 얘기였다.[44]

19세기의 여성은 국제적인 관광 모빌리티에 관심을 기울이면 도덕적인 결함이 있다고 의심 받았다.

관광의 '민주화 경향' 탓에, 쿡과 그가 상담해 준 여행객들은 빠르게 대충 겉핥기로 둘러보는 사람들이라고 비난 받았다. 전 지구를 가로지르며 여러 장소의 진정성을 파괴하고, 경제적·사회적 힘들의 연관관계 속에 그 장소들을 연루시키는 모더니티를 대표하는 자들이었던 것이다. 빨간 《배데커 가이드》를 주머니에 넣고 양 떼처럼 몰려다니는 관광객들은 (요즘도 마찬가지지만) 손쉬운 조롱거리였다. 관광 모빌리티의 속도와 관련 용품들은 피상성과 결합되었다.

러스컴과 폴리는 확실히 여행 민주화의 수혜자였다. 일등석을 탔고《베데커 가이드》를 들고 있었지만, 두 사람은 10년 전만 해도 거의 존재하지 않았고 1911년에도 드물었던 여성 여행객이었다. 유럽 전역에 사무실을 둔 토머스 쿡과 아메리칸 익스프레스는 여자 두 명이 독립적으로 여행할 수 있게 했다. 여행사들은 정보, 우편, 여행자 수표를 활용하는 합리적이고 신뢰할 수 있는 관광 조직 시스템을 제공했고, 관광객들은 이 시스템을 손쉽게 이용할 수 있었다.《배데커 가이드》는 호텔, 레스토랑, 관광지에 별점을 매겨서 표준화된 비교 정보를 제공했다. 이 여행 책자의 권고에 따라 두 사람은 스톡홀름 그랜드 호텔에 투숙했다.

아름다운 호텔이었다. 일류 호텔에 들어서서야 비로소 얼마나 대단한 곳인지를 깨달았다. 전기등, 엘리베이터, 벨벳 카펫, 내 방에 설치된 전화기, 넓고 쾌적한 방, 아름답고 편안한 가구, 부드럽게 열리고 닫히는 서랍, 글을 쓸 수 있는 책상, 푹신한 의자, 푸른색과 흰색의 상큼한 벽지.[45]

1874년에 문을 연 스톡홀름 그랜드 호텔은 오늘날에도 여전히 고급 호텔이다. 러스컴은 엘리베이터가 벨벳 커튼과 만나는 편리한 모더니티를 묘사했다. 전기 엘리베이터는 1880년대가 되어서야 공공건물에 설치되었고, 호텔 자체도 19세기에는 흔치 않았다. 스톡홀름 그랜드 호텔의 화려함에도 불구하고, 스톡홀름 여행이 끝날 즈음인 7월 2일에 러스컴은 여행의 피로감을 호소한다. "사람들은 왜 여행하는

것일까? 행복한 집, 맛있는 음식, 사랑하는 사람들을 떠나는 일인데
도 말이다."

도시 모빌리티의 체험 – 일상생활에서의 일상적 경험

러스컴과 폴리의 여행이 토머스 쿡과 《배데커 가이드》의 조언에 따
라 진행된 것만은 아니다. 두 사람은 파리에서 보들레르와 벤야민이
그러했듯이, 산책자flâneur로서 걸어다니는 또 다른 모빌리티도 수행
했다.⁴⁶ 걸어서 정처 없는 방황을 할 때도 있었지만 버스를 타고 아무
곳에나 가기도 했다. 런던답게 잔뜩 흐린 5월 어느 날, 폴리와 러스컴
은 그저 재미 삼아 지붕 없는 버스를 탔다. 구름 사이로 창백하고 흐
릿한 둥근 빛이 보였다. 처음에는 달인 줄 알았지만 이내 태양이라는
것을 깨닫고, 한동안 햇빛을 보지 못한 두 사람은 기쁨을 못 이겨 노
래를 흥얼거렸다. 잠시 후 둘은 왜 저러나 하는 표정으로 쳐다보는
사람들의 시선을 느꼈다.

그래서 우리는 딱딱한 표정을 짓고 눈을 내리깔고 있었고, 다른 사
람들이 모두 하늘을 쳐다보고 있는 것을 알아챘을 때도 고개를 들지
않았다. 그러나 용기를 내서 위를 올려다봤을 때, 우리는 실제로 날고
있는 단엽기가 그 도시 위를 재빠르게 가로지르는 것을 보았다. 나는
하늘을 나는 비행기를 그때 처음 보았다. 그때까지 본 비행기들은 모
두 땅에 붙들려 전시되어 있는 것들이었다. 그 비행기는 다른 것들 모

두를 일상생활에서의 일상적 경험으로 만들었다.[47]

런던 시내를 통과하는 버스를 타거나 머리 위를 지나가는 비행기를 목격하는 것은 21세기의 일상적인 경험에 속하지만, 1911년에는 신기한 경험이었고 버스나 비행기는 경탄을 불러일으켰다. 몇 달 후, 비행기는 《보스턴 포스트》의 만평에 등장해 러스컴과 폴리가 차로 뒤쫓던 프로딩햄을 태우고 하늘로 날아오를 것이다. 비행기 여행은 러스컴에게 일상의 일부가 아니었지만 그렇게 되기까지는 그리 오래 걸리지 않았다.

비행기는 두 사람의 도시 여행과 관련된 수많은 교통수단들 중에서도 가장 비일상적인 것이었다. 4월 20일자 일기에는 이렇게 썩어 있다.

> 그리고 나서 우리는 특별한 목적지도 없이 버스를 잡아탔다. 우리는 항상 홍미로운 사람들로 붐비는 거리를 지나 어수선하고 매력적이지 않은 지역인 쇼우디치로 접어들었다. 이층 버스는 위층에서 근사한 풍경을 감상하고 신선한 바람도 쐴 수 있는 위대한 발명품이다. 대부분의 버스들은 전기로 움직이고 운임도 저렴하다. … 여기서는 모든 종류의 교통수단들을 볼 수 있다. 말이 끌거나 모터로 움직이는 버스들, 지하철, 고가차, 전차, 그리고 오늘 목격한 마차까지. 나는 문명화된 장소들 중에서는 뉴욕에서만 이런 것들을 볼 수 있을 것이라고 생각했지만, 이제 런던이야말로 중세에 가깝다는 생각이 들었다.[48]

러스컴은 여러 교통수단들을 자주 언급한다. 분명히 배, 비행기, 버스, 자전거의 세계는 그녀에게 새로운 이동 감각을 뜻했다. 그러니 아마도 가장 확실한 일상생활에서의 일상적 경험은 걷는 일이었을 것이다. 걸어가는 일은 일기에 몇 번이나 길게 서술되어 있다. 그 서술들은 상점을 언급하고 교통수단들의 차이를 이야기하면서 지루하게 계속될 때가 많다.

헤이그의 상점 거리를 되는 대로 돌아다니는 일은 재미있다. 아주 좁고 꼬불꼬불하지만, 건물들이 나지막해서 공기가 잘 통하고, 자갈이 깔린 깨끗한 길이다. 길이 아주 좁아서 거리에 사람들이 넘쳐나지만, 말들이 거의 오가지 않아서 사람들은 편안하고 안전하게 느긋한 걸음걸이로 지나간다. 수많은 자전거들도 볼 수 있다.[49]

런던에서는 걷기가 완전히 새로운 경험으로 이어진 일도 있었다. 5월 17일, 맥코믹 씨는 스릴을 좋아하는 두 사람에게 산책하자고 제안했다. 런던 거리를 배회하기를 좋아하는 맥코믹 씨는 가난하지만 시적인 산책자 같은 사람이었다.

맥코믹 씨는 특이한 사람이다. 어딘가 아파 보이고, 몽상가나 문학도에 가깝고, 쓸쓸하고 가난하고 우울한 사람. … 그렇지만 그는 우리에게 잘해 주려고 애썼다. … 그는 런던의 골목길들을 돌아다니며 문학의 세계로 가는 길을 탐사해 왔다.[50]

맥코믹은 두 사람이 "항상 다니던 길에서 벗어나기를" 바랄지도 모른다며 앞장섰다.

그의 안내 덕분에 우리는 전혀 알지 못했던 곳으로 진입했다. 작은 아치 모양 입구를 지나 좁은 골목길을 따라 내려가보니 플랜트 나무들과 풀과 꽃들이 자라나고 있는 정원이 갑자기 나타났다. 한쪽에는 관목과 담쟁이덩굴이 있는 연못과 분수가 있었고 새들이 거기서 물을 마시고 있었다. 눈에 띄지 않는 어느 구석으로 돌아 들어가면 길이 갈라진다. 집들 아래로 난 터널을 통과하면 다른 정원이 나온다. 다른 길을 택하면 정원과는 엄청나게 멀리 떨어져 있어야 할 것 같은 시끄러운 거리로 나오게 된다. … 샛길을 따라 걸으며 런던을 엿본다는 것이 가장 흥미로웠다. 우리는 디킨스가 살면서 소설을 쓰기도 했던, 런던에서 가장 오래된 집인 스테이플스 인도 들러보았다. 이 건물은 지금도 여전히 숙소와 법률사무소로 쓰인다. 한때는 커다란 식당이었던 홀에는 장중한 스테인드글라스 창문과 오래전에 새긴 장식들이 남아 있다. 지금은 현실 뒤편에서 통계를 내고 계산을 하는 사람들이 일하는 장소다.[51]

도시를 걸어가는 일은 나중의 사회문화 이론가들이 가장 활발하게 논의한 주제였다.[52] 도시를 걸어가는 사람에게는 수많은 자유와 제약이 존재한다. 도시 경관은 거리와 인도와 공원과 지름길과 골목길로 이어지는 끝없는 미로를 제공한다. 우리는 여기서 걷고, 길을 잃고, 시간을 보내면서 살아간다. 파리나 뉴욕이나 런던의 공간을 거닐면서 얻는 기쁨은 소설과 시와 영화와 철학에 관련된, 다양하고 때론 서로 충돌하는 복잡한 이론들의 대상이 되었다.

걷기는, 구체적이고 고정된 도시 공간에 구현된 권력의 계획이 완전히 아우르거나 장악하지 못하는 창조적인 행위다. 걸어서 도시를 가로지르는 행위는 본질적인 자유를 상기시킨다. 자신이 움직일 공간을 선택하고, 지름길을 택하고, 도시라는 텍스트가 지시하는 방향을 거부할 수 있는 능력은 자유를 가능하게 한다. 주어진 지리를 이용하면서 새롭고 개인적인 방식으로 움직이는 걷기는 제한적이고 모호한 자유를 허용한다. 미셸 드 세르토Michel de Certeau가 말했듯이, 걷기는 엄격한 질서가 부여된 공간에서도 "그림자와 모호함"을 만들어 낸다.[53]

모빌리티는 인간의 행위능력agency이 된다. 도시계획자의 경계짓기는 세계에 구조와 질서를 강요하지만, 이 공간들을 지나가고, 그 안으로 진입하고, 그 사이를 오갈 수 있는 걷는 자의 능력은 일종의 자유의지를 구성한다.

세르토의 걷는 사람은 보편적인 유형이자 가상의 인물이다. 도시계획에서의 보행자도 이와 유사한 보편적인 역할을 한다.[54] 이 개념들은 그 때문에 남성중심주의적이라는 비난을 받아 왔다.[55] 19세기에는 (그리고 지금도 마찬가지로) 여성이 남성들의 주목과 시선을 받지 않고 혼자 돌아다니기가 어려웠다. 그럼에도 불구하고 여성들이 과감하게 시내로 나와 거리를 걷는 자유와 들뜬 기분을 누린 사례는 많다. 모나 도모쉬Mona Domosh는 19세기의 뉴욕 거리를 산책한 여성들이 예의 바른 태도로 여성을 제약하는 규범을 어기는 '정중한 정치

polite politics'를 시도했다는 것을 보여 주었다.[56] 런던의 골목길을 돌아
다니는 대목을 읽어 보면, 러스컴이 여성에게 허락되지 않았던 자유
를 느끼고 있다는 것을 알 수 있다. 분명히, 도시를 걷는 일은 여성들
에게 남성 보행자에게만 속했던 자유를 누리게 했다.

러스컴과 폴리의 걷기는 가끔 덜 정중해지고 더 정치적인 것이 되
었다. 러스컴의 일기를 읽다 보면 이 여행의 정치적 목적을 잊기 쉽
지만, 아마도 이 여행의 하이라이트는 런던 거리를 누비는 참정권 행
진에 참여했을 때일 것이다.

우리는 런던 거리에서 한 시간 동안 신문을 팔았다! 예전의 경험과
비교하고 싶어서 나는 지금 안달이 나 있다. ⋯ 내 결론은, 보스턴에서
보다 훨씬 쉬웠다는 것이다. 여기에선 기본적인 장벽이 무너졌기 때문
일 것이다. 런던에서 나는 개척자가 아니다. 내가 왜 여기 있고, 이 신
문이 어떤 것이고 무엇을 의미하는지를 모든 사람이 알고 있다. 그 때문
에, 그리고 길이 붐비지 않아 우리가 지나가는 사람들 눈에 잘 띄었기 때
문에, 보스턴에서처럼 목이 쉬도록 소리를 지를 필요가 없었다. 신문을
들고 가만히 서 있는 것은 어렵지 않은 일이다. 40분 만에 7부를 팔았
는데, 얼마 하지 않아서(1페니) 더 잘 팔렸을 것이다. 정말 재미있었다.
군중들을 놀라울 정도로 다른 관점으로 바라보게 되었다. 멀찍이 거리
를 두고 서서 군중을 바라보는 것과는 완전히 다른 경험이다.[57]

러스컴은 도시 군중의 일부분이면서도 그들과 거리를 둘 때 느끼

는 쾌감을 명확하게 인식하고 있다. 여기서 러스컴은 일종의 정치적 산책자politicized flâneuse가 된다.

다시 길 위에서: 참정권 자동차 투어

이제는 이 글 처음에 언급했던, 뉴잉글랜드의 도로 위에서 러스컴과 폴리가 치른 모험으로 돌아갈 차례다. 1911년 8월 볼티모어의 '킹빌' 갤런드 시의원은 여성의 운전을 금지하는 지방조례를 도입하면서 "여자들은 너무 쉽게 허둥지둥 대서 자동차 운전에 부적합하다"고 발언했다. 유럽 여행에서 막 돌아온 마거릿 폴리는 이 말을 듣고 분노했다. "많은 여성들이 자동차를 운전하고 있지만, 아무렇게나 차를 몰아서 법정에 선 여성을 본 적은 없다. 그러니 갤런드 씨는 말도 안되는 소리를 하는 것이다. 나는 영국에서 여자들보다 쉽게 흥분하는 남자들의 사례를 숱하게 보았다. 남녀 간의 다른 기질이 갖는 차이일 것이다. 길 위에서 살인을 저지르고 사람들을 불구로 만드는 자들은, 술에 취해 차를 제멋대로 모는 남자들이다."[58]

스톡홀름에서 돌아온 후, 자동차는 폴리와 러스컴의 삶에서 중요한 자리를 차지했다. 8월에 보스턴으로 돌아온 두 사람은 10월에 다시 차를 타고 보스턴을 떠났다. 차를 달리는 동안 시적인 순간도 찾아왔다. 이번에는 《보스턴 아메리칸》에 기고한 폴리의 표현이다.

우리 주위의 모든 것이 단풍잎과 함께 반짝거렸고, 나무 꼭대기 너머에 펼쳐진 노을은 생생한 빛깔을 화려하게 흩뿌렸다. 땅거미가 지면서 동쪽 하늘에 보름달이 밝게 떠올랐다. 저녁 내내 우리는 요정의 나라처럼 보이는 눈부시게 하얀 땅을 가로지르며 달려나갔다.[59]

다섯 시간을 달려간 차는 노스윌브라햄에서 멈췄다. 다음 날 다시 활동가들은 60마일 떨어진 스톡브리지로 향했다. 이제 시적인 것과 정치적인 것이 결합되어야 했다.

어젯밤 우리 주위에는 로맨스와 환상과 신비로움이 가득했다. 오늘 아침에는 상쾌한 흥분이 감돌았다. 우리는 여성 투표권을 위해 어떤 일이든 해내겠다는 결의를 다졌다.[60]

여자들이 탄 차는 작은 공장 마을을 통과했다. 직장이나 학교에 가기 위해 집을 떠나던 남자, 여자, 아이들이 호기심 어린 눈길로 쳐다보았다. 거리에 줄지어 서 있던 사람들은 커다랗고 노란 참정권 운동 깃발을 펼쳐든 차를 보고 깜짝 놀라곤 했다. 손을 흔들며 환호를 보내는 사람들도 있었다. 스톡브리지에 도착하자 활동가들은 적당한 순간을 기다리며 깃발을 숨겼다. 레드 라이온 바깥에 여러 사람들이 운집해 매사추세츠 주지사 선거에 공화당 후보로 나선 프로딩햄 씨의 연설을 듣고 있었다. 연설이 끝나자 폴리는 숨겨 둔 깃발을 펼치고 질문을 퍼부었다. 프로딩햄은 일정이 빡빡해 질문에 답할 시간이 없다면서 자기 차로 향했다. 폴리는 거기 모인 군중들 앞에서 참정권 운동의 정당성을 호소했다. 프로딩햄은 자기 차에서 잠자코 지켜보아야 했다. 주 전체에 걸친 술래잡기의 시작이었다. 이 여자들은 어디든 프로딩햄을 따라다니며 야유를 보냈고, 그의 연설이 끝나면 바로 뒤이어 연설을 했다.

매사추세츠주 곳곳에서 펼쳐진 이 레이스는 언론을 열광시켰다. 전투적인 여성들이 탄 자동차가 유명 정치인을 뒤쫓아 내달리는 모습은 아주 재미있는 기삿감이었다. 이 장의 첫머리에 소개한 만평(그림 8.1)도 그중 하나였다. 폴리 양과 프로딩햄 씨가 처음으로 대결한 장면을 보도한 신문 기사는 자동차 추격전 이미지를 만들었고, 이 이미지는 계속 확대 재생산되었다.

레이스는 이때부터 시작되었다. 프로딩햄 차가 앞서서 달려나갔고 참정권 운동가들은 바짝 따라붙었다. 두 차는 무서운 속도로 그레이트 배링턴까지 질주했다.[61]

또 다른 신문에서는 "도로가 평평하지 않았고 프로딩햄을 따라잡으려고 계속 고속으로 달렸기 때문에" 참정권 운동가들이 탄 차는 "심하게 덜컹거렸다"고 했다. 보도에 따르면, 추격전의 속도가 너무 빨라서 여자들은 평정심을 되찾고 모자를 고쳐 쓰기 위해 몇 분간 멈추고 쉬어야 했다. 언론들은 이 여자들이 탄 차가 불러일으킨 화제성에 사로잡혔다.

참정권 자동차 투어는 물론 대중들이 참정권 문제에 관심을 기울이게 만들기 위한 것이었지만, 개인적 차원에서도 이 행동에 참여한 여성들이 자기 자율성을 확보하는 데 도움을 주었다. 러스컴은 1915년까지 비슷한 자동차 투어에 많이 가담했다. 1915년 매사추세츠주에서 진행한 참정권 자동차 투어 기간에 운전을 맡았던 아치가 운전 교습을 해 준 덕에, 러스컴은 1년 만에 면허를 딸 만한 실력을 쌓았다. 이 해에 어머니에게 보낸 러스컴의 편지에는 운전 이야기가 시시콜콜한 부분까지 적혀 있다. 러스컴의 전기를 쓴 스트롬에 따르면,

운전을 배우는 일은 자기의 운명을 스스로 지배한다고 느끼게 해 주는 상징적인 행위였다. 말 그대로나 비유적으로나, 그녀는 자기가 어디로 향하는지를 아는 젊은 여성이었다. 밤중에 흙탕길 위를 20마일이나 달려간 경험은 자신이 어떤 사람인지를 증명하게 해 주었고, 나아가 '여성들의 우수함'까지 확신하게 했다.[62]

지방 도로에서 운전하다 보면 자동차에 자주 문제가 생겼다. 집에 보낸 편지에서, 러스컴은 비상사태에 제대로 대처한 자기 자신에게 느낀 자부심을 피력한다.

돌아가는 길에 비가 쏟아지더니 천둥까지 치기 시작했어요. 그러더니 헤드라이트가 고장나 버렸죠. 저는 장대비를 맞으며 30분 동안 스위치를 분해해야 했답니다. 하지만 난 수리에 성공했고, 공작새보다 더 우쭐하게 굴었답니다! 작지만 멋진 운전사였다고요!![63]

여기서 러스컴은 다른 것과 분리된 인간 주체가 아니라 자동차 운전자라는 새로운 주체로 등장한다. 러스컴은 자동차와 자신의 관계를 재설정했고, 이와 동시에 자동차는 러스컴을 재형성했다. 이 모빌리티는 공공영역으로 진입하는 새로운 방법이었다. 도덕지리학의 재구성은 개인적인 차원에서 강렬하게 나타날 수 있다. 러스컴이 운전을 배우는 모습에서, 우리는 물리적인 신체 모빌리티, 사상의 모빌리티, 개인과 기술의 융합이 다 함께 나타나는 장면을 목격할 수 있다.

러스컴은 영국에서 보스턴으로 사상을 수입해 온 초기 페미니스트들 중 한 사람이었다. 그렇게 수입한 사상 중 하나가 모빌리티를 더 많이 증가시켜야 한다는 생각이었다. 러스컴은 자동자 운전자가 됨으로써 그런 사상을 실천했다. 그녀는 집에 갇혀서 머무르는 존재로 여성을 보는 남성중심주의적 모빌리티 논리를 위반했다. 자동차처럼 새로운 모빌리티 기술의 의도치 않은 결과 중 하나는 여성과 타자들이 모빌리티를 향유할 가능성을 열어 준 것이다. 시도니 스미스Sidonie Smith는 이렇게 말했다. "여행하는 여성이 집에서 떠나기 위해 선택하는 이동 기술은 정체성 선택에 영향을 준다. 새로운 정체성을 제공할 때도, 강요할 때도 있다."[64]

결론

이 다양한 모빌리티 경험들이 어떤 식으로 참정권 정치와 연결되는 것일까? 이 장에서 다루려고 했던 핵심 질문이다. 세 가지 정도로 정리해 볼 수 있다.

첫째, 의도적인 정치 전략으로 모빌리티를 이용한 것은, 부분적으로나마 러스컴과 폴리의 유럽 여행이 낳은 결과였다. 확실히 대서양 횡단 여행은 그들에게 용기를 불어넣었다. 영국 방문과 새로운 전술 사이의 연관성은 자주 언급된다. 1911년 10월 13일,《보스턴 포스트》는 폴리가 도입한 새로운 공공적이고 이동적인 전술을 두고 참정권 운동가들 사이에 분열이 나타났다고 보도했다. '영국식 운동Made in England'이라는 제목 아래, 폴리의 방식은 "분명히 외국에서 온 것"이라고 한 기사였다. 유럽 여행과 새로운 이동 전략 사이의 연결고리를 강조한 사례는 이것만이 아니다. 여자가 운전해서는 안 된다는 갈랜드 시의원의 주장을 폴리가 어떻게 반박했는지를 떠올려 보자. 그녀는 영국에서의 경험을 예로 들었다.

둘째, 보스턴의 참정권 활동가들이 바다를 건너가거나 뉴잉글랜드로 차를 몰아간 것은 모두 교류와 적대의 새로운 공간을 생산하기 위해 모빌리티를 활용하여 전통적인 공간을 탈피한 사례이다. SS 보헤미안호는 폴리와 러스컴이 승선하고 나자 물 위에 떠다니는 토론장이 되었다. 자동차를 이용하자, 평소라면 전혀 마주치지 못했을 군중들과 대면할 수 있었다. 차를 타고 공화당 주지사 출마자를 따라다니다가 거기 모인 군중들에게 예고 없이 게릴라식 연설을 시도하는 전술에 대해, 폴리는 이렇게 말했다.

우리가 여성 투표권에 관한 집회를 한다고 공표했다면 그 많은 군중들 중 몇이나 왔을까? 한 명도 나타나지 않았을 것이다. … 어느 숙녀의 응접실에서 오후의 홍차를 마시면서 이 주제에 관하여 정중하게 이야기를 나눈다면 모를까, 그들이 다른 사람들과 함께 바깥으로 나와 공공장소에서 투표권 이야기를 듣는다고? 그건 말이 되지 않는다.[65]

셋째, 러스컴과 폴리의 신체적 모빌리티는 우연적이지만 중요한 방식으로, 사물 및 사상의 여행을 동반했다. 두 사람은 보철적 주체 prosthetic subject였다. 젠더적인 모빌리티 이데올로기와 이들이 사용한 기술이 두 사람의 가능성을 열어 주거나 제약했다. 이때 전파된 주요 사상은 여성의 참정권에 관한 것이다. 두 여자의 말과 행동으로, 러스컴이 빌려 준 책으로, 그녀가 쓰고 보관해 둔 일기로도 사상은 바다를 건넜다. 보헤미안호의 미신고 화물이었던 이 사상은 대서양을 건너갔고, 수개월 후 유럽 참정권 운동 사상은 매사추세츠의 가을 공기를 가르며 두 사람과 함께 달려갔다. 적어도 러스컴과 폴리에게, 참정권 운동의 사상과 실천은 새로운 보철적 주체를 만들어 낸 모빌리티를 따라 변형을 겪었다.

러스컴과 폴리가 새로운 모빌리티 기술의 힘을 이용한 최초의 참정권 운동가들이라고는 할 수 없다. 이들이 유럽 여행에서 돌아오기 몇 년 전에 이미 참정권 자동차 투어가 존재했고, 벌써 수십 년도 전에 수잔 B. 앤서니Susan B. Anthony는 기차를 타고 비슷한 행동을 시도했다.[66] 모빌리티만이 러스컴과 폴리의 삶과 참정권 운동의 변화를 추동한 유일한 요소는 아니다.

1911년에서 1915년 사이에 '신여성new woman'이 출현했다.[67] 신여성의 전형은 백인, 중산층, 독신 여성이었다. 이들은 레즈비언 관계일 수도 있고 아닐 수도 있는, 다른 여성과의 오랜 우정 관계를 유지했다. 이런 관계를 흔히 '보스턴 결혼Boston marriages'이라고 불렀다.[68] 신여성들은 가정 바깥에 새로 형성된 제도(예컨대 참정권협회)에 관여했고 사회사업처럼 상대적으로 보수가 적은 전문직에 종사했다. 신여성 현상 외에도, 도시 젠더 지형도의 변화는 많은 여성들에게 새로운 자유를 허용했다. 여성들은 백화점, 카페, 식당과 같은 공간에서 제한적이지만 실질적인 공공 생활을 할 수 있게 되었다.[69]

이처럼 주의해야 할 지점들을 감안하더라도, 1911년에서 1915년 사이 뉴잉글랜드 여성참정권 정치의 핵심 요소는 모빌리티였다. 이 역사적 전개 속에서 러스컴과 폴리도 제 역할을 했지만, SS 보헤미안호도, 그들을 싣고 프로딩햄을 추격한 자동차도 나름의 역할을 수행했다. 러스컴과 폴리는 보철적 주체였다. 두 사람의 모빌리티는 인간 행위 주체agents만의 것이 아니었으며, 함께 새로운 효과를 만들어 낸 사물 세계 속에서의 인간 모빌리티였기 때문이다. 스트롬은 보스턴 참정권 운동 전술의 변화를 다루면서, 우리가 소수의 엘리트 지도자만이 아니라 그 조직의 일반 구성원들에게 더 관심을 쏟아야 한다고 주장한다.[70]

이번 장에서 나는 더 많은 행위자actor들 간의 관계에 집중했다. 다시 말해, 이 운동에 관련된 이들뿐만 아니라 당시의 젠더적 도덕 지형도를 재구성하게 해 준 사람들과 사물들의 관계까지 고려하고자 했

다. SS 보헤미안호, 그리고 러스컴이 운전한 차는 폴리와 러스컴의
참여만큼이나 이 재구성에 일익을 담당했다.

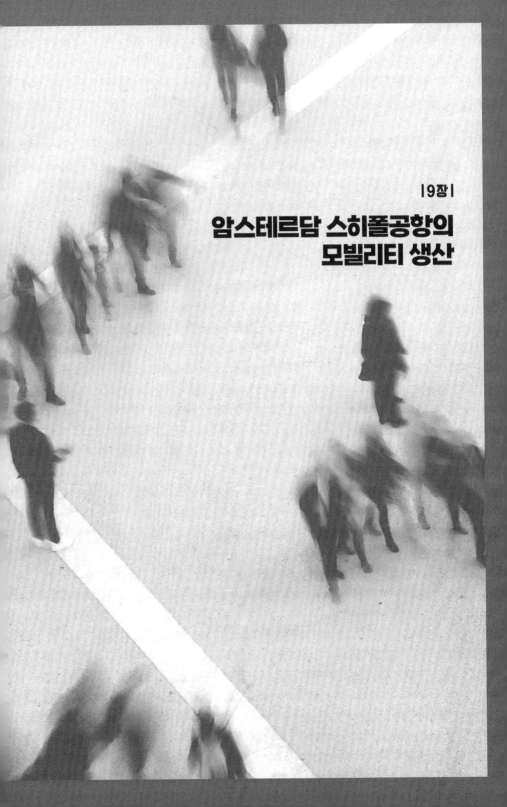

|9장|

암스테르담 스히폴공항의
모빌리티 생산

이 책의 중심 목표는 몸을 순환하는 혈액에서부터 국가 경계를 넘는 사람들의 이동에 이르는 여러 모빌리티 논의들을 서로 연결시키는 것이었다. 파리의 연구실에서 실험에 몰두한 에티엔 쥘 마레, 자유의 정의를 숙고한 토머스 홉스, 빗물의 흐름을 고속도로에 진입하는 통근자들과 동일시한 공간 이론가 등은 모두 모빌리티에 중요한 의미를 부여했다. 이들은 어떻게든 움직이는 사물들 사이의 유사점을 찾아내 모빌리티의 본질을 추출해 내려고 했다.

이 책의 목표는 약간 다르다. 나는 서로 다른 스케일을 갖는 모빌리티들이 연결되어야 한다고 주장하면서도, 모빌리티들을 연결짓는 것은 역설적이게도 모빌리티 간의 차이라고 본다. 이 책에서 주장해 온 **사회적 모빌리티** 개념은, 모빌리티의 생산을 구조적으로 비대칭적인 권력 속의 사회문화적 차이라는 맥락에서 일어나는 활동으로서 인식하는 개념이다. 사회적이고 문화적인 자원으로서의 모빌리티는 불균등하게 분배되며 상호 연결되어 있다. 다시 말해, 모빌리티들을 하나로 연결지어 주는 것은 그 본질 상의 유사성이 아니라, 모빌리티가 사회적 차별화에서 수행하는 역할이다.

이번 장에서는 탈근대적이고 탈국가적인 흐름의 공간인 국제공항을 살펴봄으로써 차이를 통해 나타나는 관계들을 더 구체화해 볼 것이다. 공항은 테일러와 길브레스가 추구한 인체 움직임의 세밀한 관리가 자동차에서 비행기에 이르는 교통의 통제로 실현되는 곳이다. 줄을 서 있는 승객이 조금이라도 느리게 움직이는 순간, 그것은 국제적 차원의 모빌리티 권리 문제가 되어 버린다. 신체에서부터 국제적 차원에 이르는 모빌리티들은 공항 주위에서, 공항을 거치면서 움직이고 순환한다. 암스테르담 스히폴공항의 구체적인 모빌리티 생산을 이야기하기 전에, 메타포로서의 공항이 20세기 후반과 21세기 초반에 대두한 유목적 형이상학에서 어떤 역할을 했는지를 먼저 알아본다.

메타포로서의 공항

공항은 모더니티와 포스트모더니티의 상징적인 공간이다. 공항은 모빌리티 관련 논의에서도 인간 모빌리티 지리학의 발전을 논의하기에 이상적인 장소로 자리 잡았다.[1] 마이크 크랭Mike Crang은 일시적 체험이 두드러지는 세계화된 세계를 이해하려면 모빌리티를 생산하는 접속 지점들을 이해해야 한다고 주장했다. "세계화된 세계의 모든 공간 중에서, 아마도 가장 상징적인 곳이 공항일 것이다."[2]

그러나 공항의 상징성은 논쟁적인 주제다. 마르크 오제Marc Augés는 공항을 진정한, 뿌리 깊은, 경계 있는 장소와 대립하는 장소 없는 장소, 즉 비장소non-place라고 본다.

비장소를 경험하는 일이 늘어나는 것은 현대 세계의 특징이다. 오늘날에는 이동 공간(고속도로, 항공로), 소비 공간(백화점, 슈퍼마켓), 통신 공간(전화, 팩스, 텔레비전, 케이블 연결망)이 지구 전역에서 예전보다 더 많은 영역을 차지하고 있다. 이 공간들은 사람들이 함께 살지 않으면서도 공존하는 공간이다.[3]

오제가 제기한 '초근대성super-modernity의 인류학'은 비행기를 타고 오가는 사람의 관점에서 출발하여 공항 안팎을 넘나들면서, 인류학자들에게 이동하는 세계라는 현실을 받아들이라고 촉구한다. 공항에 매혹된 이들은 많다. 건축가 한스 이버링스Hans Iberlings의 말을 들어보자.

1980년대에 포스트모던했던 공항이 1990년대에는 박물관처럼 보인다. 공항은 수많은 현대적 테마들이 한데 모이고 흥미로운 발전이 집중되는 경기장과 같다. … 모빌리티, 접근성, 인프라는 그 시대의 이상적인 세계에 무제한적으로 접속하게 하는 기본적인 주제다.[4]

이버링스는 공항이 "오늘날 세계화와 관련된 이들에게 매력적인 모델"이라면서 "'시차 부적응'이 모든 사람의 생물학적 시계와 시간과 장소에 자리 잡은 세계는 완전히 상대적"이라고 이야기한다.[5] 문화이론가 이아인 체임버스Iain Chambers도 공항에 매혹되었다. 그에게 공항 라운지 같은 장소는 흐름, 역동성, 모빌리티의 현대적인 상징이다. 체임버스는 국제공항이 포스트모던 세계의 궁극적인 표현이라고 본다. "쇼핑몰, 레스토랑, 은행, 우체국, 전화기, 바, 비디오게임, TV 시청용 의자, 경비원이 있는 이곳은 일종의 미니어처 도시다. 이 모형 도시는 현대 유목민 공동체의 거주지다. 여행의 기쁨을 목적지에 도착하는 일에서뿐만 아니라, 특정한 장소에 속하지 않는다는 데에서도 발견하는 코스모폴리탄들의 메타포인 것이다."[6] 페미니즘 이론가 로지 브라이도티Rosi Braidotti도 체임버스의 관점을 공유한다.

하지만 나는 여행에 동반되는 교통 관련 장소들―역, 공항 라운지, 트램, 셔틀버스, 탑승 수속을 밟는 곳 등에 특별한 애착이 있다. 모든 관계가 유보되고 시간이 연속적인 현재로 뻗어 나가는 사이 공간. 소속 없음의 오아시스, 분리의 공간, 여성/남성이 사라진 땅.[7]

속도와 모빌리티에 집착하는 이들은 대개 남성 이론가들이며, 이들은 '남자아이가 장난감에 집착하는' 단순한 애착 이상의 관심을 기울인다. 따라서 브라이도티가 보이는 '특별한 애착'은 예사롭지 않다. 어쨌든 공항이 흐름의 세계를 숙고하게 하는 장소로 자리 잡은 것만은 분명하다.

공항은 광장의 현대적 대체물이고, 여기서 낯선 사람들이 모이고 교차한다는 건축비평가 데얀 서직Deyan Sudjic의 말은 공항의 중요성을 강조하는 전형적인 주장이라고 할 수 있다. 건축 컨설턴트 고든 브라운M. Gordon Brown도 비슷한 확신을 품고 있다. "이제 여행은 예전처럼 특별하고 자유로운 활동이 아니다. 여행은 일상적인 도시 생활의 일부가 되었다. … 공항은 대부분의 미국 도시들보다 더 많은 활동과 다양성을 자랑하는 자급자족적인 도시로 발전했다."[8]

여행작가 피코 아이어Pico Iyer도 이 진단에 동의한다. "(LAX라는 애칭으로 불리는) 로스앤젤레스 국제공항은 예배당, 체육관, 박물관이 완비된 자급자족 공동체"다. "공항은 탈국가시대의 여명을 알리는 새로운 진원지이자 패러다임이고, 전 지구적인 버스터미널이며, 다언어·다인종·사용자 친화적인 미래의 원형이다."[9] 물론 모빌리티는 이 새로운 공공공간 건설에서 핵심적인 역할을 한다. 공항은 "일반적인 세계적 테마의 변형들을 실어 나르는 전 지구적인 순환선의 무대다. 대규모 여행 덕분에 LA는 서울과도 상파울루와도 가까워졌고, 모두 도쿄의 베드타운처럼 여겨지게 되었다."[10] 제트기를 타고 전 세계를 여행하는 서구의 작가들과 연구자들이 생각하는 공항의 전형적인 모습을 아이어의 이런 말로 압축할 수 있을 것이다. "우리는 공항에서 먹고 자고 샤워한다. 우리는 여기서 기도하고 울고 키스한다." 여기서 '우리'가 누구인지는 독자가 판단할 몫이다.

아마도 우리는 공항터미널을 글로벌 모빌리티의 이론화가 이루어지는 특정한 장소라고 간주할 수 있을 것이다. 케빈 헤더링턴Kevin Hetherington은 공항을 18세기의 커피하우스나 19세기의 도시 거리에 해당하는 (포스트)모던의 장소로 볼 수 있다는 제안을 내놓았다.

아마도 이제 우리는 지적인 관심이 새로운 장소로 이동하는 것을 눈치챌 수 있을 것이다. 오제는 비장소를 미래에 닥칠 고독한 존재 의식과 연결 지었다(사실 우리 모두 지식인의 글쓰기가 대개 고독한 행위임을 알고 있다). 그러한 비장소는 공항 라운지, 보나벤트라 호텔, 회의장, 자동차 전용도로, 그리고 물론 항공기 그 자체다.[11]

이 공간들은 포스트모던한 글로벌 경험이 탄생하는 공간이다. 기업인들과 지식인들은 여러 모임과 회의 사이에 공항터미널에서 많은 시간을 보낸다. 이들은 피코 라이어가 말하는 "글로벌 영혼Global Soul"의 화신이다.[12] 이 이동특권층kinetic elite들은 특수한 지리적 궤적을 그리는 자신들의 경험을 보편적이고 세계적인 조건으로 착각하는 경우가 많다.

공항에 바치는 많은 찬사들을 그대로 받아들인다면, 런던의 히드로공항, 네덜란드의 스히폴공항, 싱가포르의 창이공항, 로스앤젤레스국제공항과 같은 공간은 국적과 계급이 사라지고 사람들에게 보편적인 만족을 제공하는 트랜스내셔널한 유토피아적 유동의 공간이다. 이런 생각이 어떻게 출현하게 되었는지를 짐작하기는 어렵지 않지만, 모빌리티 정치를 진지하게 고려하는 접근 방식에서 강조하는 공항 경험의 다른 측면들을 지운다는 점에서 이는 심각한 문제를 안고 있다. 터미널의 모든 승객들이 동일한 방식으로 이동하지는 않는다. 마이크 크랭의 말처럼, 국제적이고 탈국가적인 공간으로서의 공항 이미지는 "전 세계에 걸친 이동을 기호학적으로 파악하는 이들에게 호소하는 바가 크겠지만, 마요르카에서 오지 않는 버스 때문에 지쳐 버린 아이들과 그 가족에 대해서는 거의 말하지 않는다."[13] 스히폴공항에 있는 제니 홀저의 설치미술 작품에 적혀 있듯이, 메타포보다는 설명이 더 나을 때가 분명히 존재한다.

전 세계 공항에 나타나는 다양한 모빌리티를 생각해 보자. 우선 비행기에 탑승하고자 기다리는 승객이 있다. 공항 라운지는 특권적인 비지니스 여행을 하는 사람들의 공간이면서, 저가 항공편을 구하기 위해 인터넷에서 할인 티켓을 구매한 사람들의 공간이기도 하다. 이동에 계급이 존재한다는 사실을 이보다 더 분명하게 보여 주는 시스템은 없을 것이다. 버진애틀랜틱 항공사에서는 고급 서비스를 이용하는 이들을 '상위 클래스upper class'로 분류한다. 다른 항공사들에서는 이런 승객을 '전문가connoisseur' 또는 '엘리트elite'로 분류한다. '상위 클래스'를 이용하면 리무진이 집에서부터 공항까지 데려다준다. 막힘 없이 모빌리티가 진행된다. 히드로공항에 도착한 상위 클래스 승객은 패스트트랙을 이용해 출국심사를 빠르게 마친다. 이동특권층만을 위한 라운지도 존재한다. 공항을 이용하는 사람들은 이런 모습에 익숙하다. 어떤 사람들은 여전히 공항에 가 본 적이 없고 비행기를 탄다는 것 자체를 기적이라고 생각하는데도 말이다. 그래서 공항은 글로벌 이동특권층의 공간이면서 크랭이 상기시킨 마요르카의 가족들처럼 어쩌다 한 번 비행기를 타는 사람들, 저가 항공사 이용자들, 할인 패키지 관광객들의 공간이다. 이민자, 난민, 망명자, 콘돔에 코카인을 가득 담아 뱃속에 집어넣고 마약 밀반입을 강요당한 사람들, 그리고 조종사, 승무원, 정비사, 출입국 업무 담당자, 잡역부 등의 노동자들도 공항을 오간다. 큰 공항들은 거대한 노동력을 필요로 하고,

그 노동력은 매일같이 교외에서 출퇴근한다. 이미 차이를 안고 있는 여행자들을 비롯해 이주노동자, 공항 노동자 모두 공항을 향해 이동한다. 공항이 연결망의 접속 지점이어서 이들의 모빌리티가 가능한 것이지만, 이 모빌리티들에는 다른 중요한 의미도 담겨 있다. 더 많이 이동하는 세계라는 일반적인 관찰은 그 다채로움을 포착하지 못한다. 공항이 계급과 국적을 지운다는 말은 솔직히 말해서 터무니없다. 그 기능을 염두에 두고 볼 때, 공항은 말 그대로 계급에 따라 엄격하게 구분되는 곳이며, 어디서 왔고 어디로 가는지를 증명할 증거로 계속 여권을 보여 주어야 하는 곳이다. 공항에서 모빌리티의 신체성(신체의 감각)은 시민, 외국인, 여행객, 출장 나온 사람, 통근자 같은 여러 유형 분류에 달려 있다.

공항의 공간 구분도 마찬가지다. 이 공간 자체가 소프트웨어 모델링으로 가정된 모빌리티의 산물이다.[14] 이코노미 좌석에 앉는 사람들은 수속장에서 긴 줄을 만들지만, 상위 클래스는 줄을 서지 않는다. 통과한 뒤에는 서로 다른 여행자들의 구미에 맞춘 출발 라운지와 상점들이 나타난다. 유럽의 도착장은 서로 다른 속도로 이동하는 EU 줄과 비EU 줄로 나뉜다. 얼마 전 내가 볼로냐에 도착했을 때의 일이다. 입국심사관은 여권을 들여다보지도 않고 나를 신속하게 통과시켰다. 알바니아에서 온 비행기가 내가 탔던 비행기와 거의 동시에 도착했고 비EU 줄은 길게 늘어서 있었다. 나와 함께 간 사람들은 미국 시민이었기 때문에 알바니아인들과 함께 줄을 서야 했지만, 경찰은 그들의 여권을 확인하더니 EU 창구로 이동시켜 주었다. 여기에는 모빌리티와 부동성immobility의 정치, 즉 미시 스케일의 지정학이 존재한다. 일단 입국 수속장을 통과하면 세관이 있다. 누가 어떤 이유로 멈춰서야 하는가? 몸수색을 당하는 사람에겐 어떤 종류의 부동성이 주어지는가? 다음 비행기로 떠나온 곳으로 돌아가야 하는 사람들이 언제나 생긴다.

쉽게 말해, 국제공항만큼 이동 계층에 따른 차별이 심한 곳은 없다. 공항은 상호 연관된 여러 모빌리티 스케일들이 모빌리티의 정치를 낳는 곳이다. 공항은 세계화와 탈국가적 정체성의 상징으로 동원되는 장소인 동시에, 신체 스케일에서의 모빌리티 정치가 이루어지는 곳이기도 하다. 공항과 항공 여행을 둘러싼 이야기들에는 편안함, 질병, 융숭한 대접, 고통 등이 어지럽게 얽혀 있다. 사람들은 공항에서 끊임없이 멈추고 조사를 받아야 하지만, 어떤 사람들은 패스트트랙으로 막힘 없이 움직이고 비즈니스 라운지에서 무료 마사지를 받는다. 비행기 화물칸에서는 얼어붙은 시체가 발견된다. 상위 클래스 자리에 탄 승객들에게는 더 많은 산소가 공급되고 이용할 수 있는 화장실의 수도 많다. 이코노미석에 앉은 이들은 지끈지끈한 두통을 견디며 화장실 앞에서 초조하게 기다려야 한다.

그렇다면 공항을 국제적이고 포스트모던한 유목주의의 상징으로 보는 시각은 재검토되어야 한다. 공항을 움직임, 의미, 권력이 함께 모이는 공간으로 보는 것도 좋은 방법이다. 모빌리티 정치라는 관점에서 보면, 서로 다른 모빌리티 경험들 사이의 관계를, 그리고 모빌리티와 부동성 사이의 관계를 주목하게 된다. 현대 세계에서 모빌리티가 갖는 중요성은 인식해야 하겠으나, 모빌리티가 기술적이고 유토피아적인 일반 조건이라고 오판해서는 안 될 것이다. 우리는 모빌리티의 생산과 소비가 발생하는 특정한 맥락의 중요성을 놓치지 말아야 한다.

'스히폴에는 모두 함께 모인다' – 스히폴공항의 역사와 행로

공항을 이야기하면, 여기서 반복하고 싶지 않은 방식으로 공항 경험을 일반화할 위험성이 있다. 그러나 싱가포르의 창이공항이나 런던 히드로공항에서의 경험은 메릴랜드의 솔즈베리공항이나 리버풀의 존 레논 공항에서의 경험과는 크게 다르다. 현대 이론가들의 글에서 자주 반복되는 공항의 모습은 국제적인 연결 지점으로서의 공항이다. 온 세계가 거쳐 가는 곳이 공항이라는 생각이다. 여기서 다룰 대상은 특수한 면모를 지니는 암스테르담의 스히폴공항이다. 스히폴공항은 2004년 유럽에서 네 번째로 많은 교통량을 소화한 공항이었고, 인터넷 여론조사에 따르면 세계에서 두세 번째로 인기 있는 공항이다.

연결망, 접속 지점, 모빌리티는 갑자기 허공에서 출현한 것처럼 역사 바깥에 있는 추상적인 공간성으로 제시될 때가 많다. 이 비역사적인 접근 방식은 세계가 예전보다 더 동질적이라고 보는 요즘 이론가들의 논의 아래에 잠재해 있다. 이들의 논의에 따르면, 연결망들은 장소와 시간의 중요성을 감소시킨다. 마누엘 카스텔Manuel Castells은 글로벌 엘리트들을 위한 "(상대적으로) 다른 사람들과 차단된 공간이,

흐름의 공간에 연결된 선들을 따라서 전 세계에 건설되었다"고 말한다. "객실 디자인부터 수건 색깔에 이르기까지 서로 비슷한 국제 호텔들은 주변의 세계에서 따로 떨어져 나와 추상화되면서, 그들만의 세계가 갖는 친숙한 느낌을 형성한다. 공항의 VIP 라운지는 흐름의 공간인 고속도로에서 유지되는 사회와의 거리가 계속 지속되도록 설계되었다."[15] 여기서 말하는 흐름의 공간space of flows은 대다수 사람들이 그 안에서 살아가는, 역사성과 경계성이 있는 전통적인 장소 개념과 대비된다. 한편으로는 비역사적이고 특정 장소에 한정되지 않는 흐름의 공간이, 다른 한편으로는 뿌리 깊고 역사적인 장소로서의 공간이 있다. 그러나 앞으로 보게 될 것처럼, 스히폴공항은 흐름의 공간이면서도 매우 확실한 역사를 지닌다. 그리고 그 역사는 이곳과 연결된 네트워크에 스며들어 있다.

　제1차 세계대전 시기의 군 공항이 스히폴공항의 출발점이다. 암스테르담, 로테르담, 헤이그, 하를렘과 인접한 간척지였던 이곳 하를레메르메이르는 공항이 만들어질 당시에 경작지로 쓰이고 있었다. 3만 에이커의 호수가 매립되었는데, 해수면보다 13피트 낮았다. 호수 북동쪽으로는 깔때기 모양의 구간이 있었는데, 남서쪽에서 강풍이 불면 선박 운행에 큰 지장을 주었다. 많은 배가 가라앉았기 때문에 이 지역에는 배의 구멍ship's hole이라는 뜻인 '스히폴Schiphol'이라는 이름이 붙었다. 1848년까지 호수의 배수 작업이 진행되고 제방도 건설되었다. 여기에 첫 번째로 지어진 건물은 병영이었다. 토양이 비옥했으므로 농부들은 여기서 채소 농사를 지었다.

첫 번째 상업적 비행은 1920년 5월 17일이었고, 첫 번째 정기 운항은 1920년 7월 5일 런던과 암스테르담 구간이었다. 암스테르담-함부르크-코펜하겐(1920년 9월), 암스테르담-파리(1921년 5월), 암스테르담-베를린(1923년 4월) 구간의 정기 운항이 뒤를 이었다. 간척지 위에 만들어진 공항 주변은 당연히 자주 진창으로 변했고, 그럴 때면 비행기에서 내린 승객들은 직접 걸어가지 못하고 터미널로 운송되었다. 공항 단지가 점점 커지면서 토지가 더 많이 수용되었기 때문에 불만에 찬 농부들은 채소들을 승객들 머리 위로 집어 던졌다. 1924년 10월 1일, 최초로 스히폴에서 네덜란드령 동인도까지 운행하는 항공기의 출발을 보러 많은 사람들이 몰려들었다.[16] 1929년에는 스히폴공항을 이용하는 항공사가 네 곳으로 늘었다.

1920년까지 400여 명의 승객들이 스히폴을 거쳐 갔지만, 제2차 세계대전 시기 스히폴이 파괴될 즈음에 승객 총계는 10만 명에 육박했다. 스히폴은 1938년에 네덜란드 국립공항이 되었다. 비행 거리가 1,000킬로미터에 달하는 더글러스 DC 3s와 DC 2s는 정기적으로 북아프리카를 오갔으며, 일주일에 두 번 네덜란드 동인도의 바타비아(다카르타)까지 갔다. 비록 5일 반이나 걸리기는 했지만, 이제 군중이 운집하여 그 출발을 지켜보는 행사가 아니라 일상적인 운행이었다.[17] 제2차 세계대전 전에는 암스테르담-바타비아 노선이 세계에서 가장 긴 상업항공 경로였으며, 스히폴에서 유럽 근방이 아닌 곳으로 가는 유일한 노선이었다. 첫 번째 바타비아행 비행기였던 포커 F.VII기는 1924년 10월 1일에 이륙했다. 22일이 걸릴 예정이었으나, 중간 기착

시의 충돌과 기계적인 문제로 11월 25일에야 도착했다. 그럼에도 불구하고 우편물이 네덜란드 제국의 먼 변경에 성공적으로 배달되었다는 뉴스는 큰 화젯거리였다. 1935년 5월 23일 스히폴에서 출발한 바타비아행 더글러스 DC2는 8일 만인 5월 31일에 도착했다. 몇 주 후부터 네덜란드 국영항공사인 KLM은 일주일에 두 번 바타비아행 편을 배치했고, 1년 안에 비행 시간은 아테네-바그다드-조드푸르-랑군-싱가포르에서 하룻밤씩 머무는 5일 반 코스로 줄어들었다. 티켓 비용에는 식사는 물론 호텔 숙박비 전부와 여행보험료가 포함되었다. KLM의 도전은 놀랄 만한 성과를 냈다. KLM은 18개국의 비자와 상공비행 허가를 처리하고, 항공기가 사용하는 22개 모든 비행장에 예비 부품을 제공했다. 당시에는 영공에 관한 국제협약이나 정교하게 비행기를 유도해 줄 항공교통관제 요원이 존재하지 않았다. 그러나 이 초장거리 비행은 방향을 알리는 전파의 전송, 비행장의 야간 조명, 신속한 연료 주입 훈련의 개발을 촉진시켰다. 이러한 발전은 항공기 제조의 혁신 못지않게 거리의 소멸에 큰 영향을 끼쳤다.

스히폴공항, KLM, 그리고 노선 중간에 계속 연료를 공급해 준 셸 Shell 같은 관련 회사들의 홍보자료에는 스히폴-바타비아 노선의 성공이 자랑스러운 성과로 강조되었다(그림 9.1에서 9.3 참조). 스히폴 홍보자료의 대표적인 이미지는 스히폴공항을 중심으로 계속 확대되고 있는 노선 네트워크였다(그림 9.4와 9.5 참조). 제2차 세계대전 이후 폭격당한 스히폴 대신에 다른 곳으로 국립공항을 이전하자는 논의가 있었으나, 스히폴공항은 잿더미 속에서 재건되어 1945년에는 세계적

| 그림 9. 1 | KLM의 14,500킬로미터 비행에 자사 연료가 사용되었다고 선전하는 셸 광고(왼쪽)
| 그림 9. 2 | 1934년 가을의 운항 시간표. 동반구 이미지에 운항 경로를 그려서 초장거리 이동을 강조했다(오른쪽)

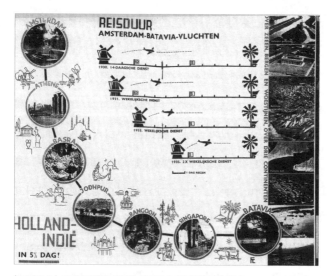

| 그림 9. 3 | 시공간 압축을 묘사한 1936년 스히폴공항 안내 책자

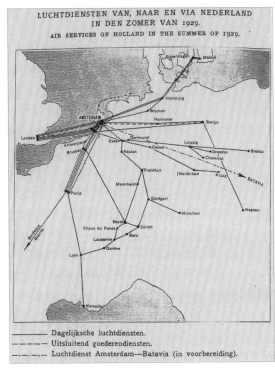

| 그림 9. 4 | 1929년 스히폴을 중심으로 그려진 항공사 노선망 지도

| 그림 9. 5 | 1936년 스히폴을 중심으로 그려진 항공사 노선망 지도

인 네덜란드 공항으로서의 위상을 회복했다. 서로 맞닿은 활주로들이 연이어 건설되었다. 1958년에는 정부가 주식의 76퍼센트를 소유하는 공개유한회사public limited company가 되었다. 1979년에 정부는 다른 곳에 국립공항을 건설하려는 계획을 완전히 포기했다.

1960년대에도 공항은 계속 성장했고, 1964년에는 활주로 2개와 표준 터미널이 자리 잡았다. 승객들 말고도 비행기를 구경하려는 150만 명의 관광객이 공항을 찾았다. 보잉 707s와 더글러스 DC8s는 뉴욕이나 시카고에서 날아올 수 있는 정교한 계기 착륙 시스템을 갖추었다. 스히폴공항은 홍보물에서 스스로를 은행, 렌터카 시설, 샤워 시설, 면세 쇼핑 등이 완비된 '항공 도시Aviation City'라고 일컬었다. 암스테르담까지 15분이면 가는 거리에 위치했고, 1만 5천 명의 인력을 고용한 스히폴공항은 '유럽으로 가는 관문'으로 홍보되었다. 여기에 도착하는 승객들 대부분은 암스테르담에서 여행을 시작하거나 끝내지 않았다. 스히폴은 항공편 간의 연결점이나 허브 역할을 해야 했다. 암스테르담을 목적지로 하는 사람들만으로는 큰 공항을 유지하기 어려웠다. 여기에 주목한 스히폴공항은 환승객을 위한 단순화된 시스템을 도입하여 여권 검사를 없애고 면세점 쇼핑을 장려했다.

새로운 공항터미널도 1960년대에 건설되었다. 보잉 747 점보제트기의 발명이 새로운 터미널의 건설을 재촉했다. 4백 명 이상의 승객이 탑승 가능한 이 커다란 항공기를 수용하려면 새로운 터미널 도킹 지점이 필요했다. 1967년에 완공된 새로운 터미널에는 탑승교 3개에 25개의 게이트가 마련되었다. 활주로 4개도 새로 건설되어 농부들이 채소를 재배하던 간척지를 더 많이 수용했다. 데이비드 파스코David Pascoe의 말처럼, "농업이 경관을 안정시켜 준다는 생각에 기반한 간척지의 존재 이유가 점차 희미해져 간 것이 교통 부지를 확보할 기회를 제공해 주었다."[18]

1970년대 초 점보제트기가 등장하면서 도착장과 탑승교가 확장되었다. 1971년 스히폴공항은 연간 8백만 명의 승객을 처리할 수 있었다. 새로 지어진 D 탑승교는 일반 항공기보다 큰 부피를 지닌 신형 제트기에 맞춰 건설되었다. 1974년에는 42개의 항공기 도킹 지점을 갖추면서 연간 1,800만명을 수용할 수 있게 되었고, 처음으로 공항에 철도가 연결되었다. 공항 안팎으로 350개 이상의 사업장이 입점했고, 2만 4천명의 직원이 근무했다. 1977년까지 세계 각지에서 날아와 스히폴공항을 이용한 승객의 수는 911만 4974명에 달했다(표 9.1과 표 9.2 참조).

스히폴공항은 '유럽으로 가는 관문'의 자리를 성공적으로 지켜 냈다. 1990년대 들어 연간 35만 회의 비행이 이루어지고 1,800만 명의 승객이 이용한 스히폴은 유럽에서 네 번째로 많은 교통량을 소화한 공항이었다. 공항에 있는 508개의 회사가 고용한 인원은 3만 6천 명이었다.[19] 스히폴은 환승 교통량(비행기를 갈아타려 공항에 머무는 승객의 수)을 기준으로 런던, 프랑크푸르트, 파리 등과 비등한 경쟁을 벌인다. 터미널 건물이 1개뿐이고 여객기 간의 간격도 50분밖에 되지 않기 때문에 허브로서의 성격을 강조하는 마케팅이 가능했다. 환승 교통량을 빼면 스히폴은 유럽의 공항들 중에서 10위로 쳐진다. 터미

표 9.1 스히폴공항 통계

연도	승객	항공사	연결 도시
1929	14,000	4	18
1936	58,000	9	-
1964	2,141,000	26	115
1977	9,114,000	50	140
2003	40,000,000	102	-

표 9.2 스히폴공항 승객 수치(1977)

출발 지점	승객 수
유럽	6,823,459
런던	1,023,570
북미	1,068,291
극동	391,582
중동	333,673
아프리카	264,716
중남미	233,253

널 바로 아래에 역이 있으므로 철도망과의 교통 연결도 훌륭하다. 소매점과 면세점 쇼핑도 유명하다. 항공교통량이 계속 증가하면서 터미널 건물도 발전하여 더 많은 비행기를 수용하고 있다. 터미널이 팽창할수록 항공 관제탑도 점점 더 높아진다. 스히폴의 교통량을 처리하기 위해 도로망과 철도가 개발되고, 로테르담에서 이어진 등유 파이프라인이 비행기에 연료를 공급한다.

오늘날의 스히폴은 정말 놀라운 장소다. 매우 성공적으로 운영되고 항상 사람들로 붐비는 공항이면서 상업 공간, 오락 장소, 사무실이기도 하다. 스히폴공항의 버거킹은 세계에서 가장 바쁜 패스트푸드점이다. 공항의 상업 공간에 자리 잡으면 암스테르담 시내에서 가장 성공적으로 운영되는 동종 가게보다 열 배의 매출을 기대할 수 있다. 공항에 붙어 있는 세계무역센터 사무소는 도심의 경쟁 건물들보다 훨씬 높은 임대료를 요구한다. 공항에는 상점, 식당, 사무실 외에도 박물관, 카지노, 호텔, 마사지샵, 컨퍼런스 센터, 아이들이 놀 수 있는 공간이 들어서 있다. 무선인터넷서비스('노마딕스Nomadix'라는 적절한 이름의 회사가 제공하는) 지역에서는 노트북으로 인터넷에 접속할 수 있다. 공항 아래에는 암스테르담까지 10분이면 도착하고 원하면 더 멀리까지도 가는 열차가 지나간다.

  스히폴공항의 역사는 단순한 팽창 이야기처럼 보인다. 확실히 스히폴은 세계에서 가장 분주하고 가장 성공적인 공항들 중 하나다. 승객들이 선정하는 세계 최고의 공항으로 뽑힐 때도 많다. 스히폴이 생산하는 모빌리티는 글로벌 스케일이다. 시공간 압축이 이곳을 만들어 낸 것처럼, 이곳은 시공간 압축 과정을 생산해 왔다. 1936년 초, 공항 안내 책자는 단 5일 반 만에 네덜란드 동인도로 여행할 수 있다는 사실을 그래픽으로 묘사했다. 이 광고는 스히폴공항이 내세우는 가장 선명한 모빌리티 서사를 담았다. 그러나 스히폴공항에는 모빌리티 생산을 함축하는 다른 스케일들도 존재한다.

솅겐 공간

어떤 건물이 특정한 목적과 특정한 미학을 달성하기 위해 완성된 공간이라고 보는 시각은 매력적이다. 특히 공항은 더 그러하다. 그러나 건물은 계속 사용된다. 사람들은 새롭고 예상하지 못한 방식으로 건물을 이용한다. 스히폴공항도 상당 부분이 계속 진행 중인 공간이다. 현재 스히폴공항 건축을 맡고 있는 얀 벤트헴Jan Benthem은 스히폴을 결코 종료되지 않고 항상 생성 중인 공간이라고 본다. "공항이 갖는 차별성은 완성된 건물이 아니라는 점입니다. 공항은 항상 건축 중이에요. 결코 완성되지 않거나 항상 완성 중입니다. 언제나 그런 모습이죠. 언제나 건설 중이기 때문에 아직 건설할 준비가 되지 않았다고 말할 수 없어요."[20] 공항 건설에서는 중장기적인 계획을 짜기가 어렵다. "항상 다른 것으로 변하고 있기 때문에 어떻게 될지를 미리 알 수 없기" 때문이다. 공항은 완성되지 않는다는 확신을 벤트헴은 경험으로 체득했다. 20년 전에 벤트헴은 공항에 딸려 있는 건물의 자전거 보관소를 설계했고, 다음으로는 한 번도 사용되지 못한 임시 버스 정류장을 맡았다. 하나의 작업이 끝날 무렵이면 또 상황이 변했다.

우리는 작은 건물들부터 시작해서 더 큰 일로 옮겨 갔습니다. 우리가 처음 참여한 메인 터미널 관련 작업은 임시 버스 정류장을 짓는 일이었습니다. … 공항 확장이 시급했고 5개월 안에 버스 정류장이 들어서야 했어요. 교통량이 증가했기 때문에 정류장이 필요했고, 우리는

주어진 시간과 비용에 맞추어 그 일을 해냈습니다. … 그러나 이 장소
는 한 번도 사용되지 못했어요. 공항 측에서 마음을 바꿨거든요. 공항
에서는 사람들을 비행기에 태우는 것이 목표였지 버스에 태우고 싶어
하지 않았습니다. 상황이 바뀌자 공항 당국은 버스 정류장을 바로 폐
기해 버렸어요. 1988년에는 항공교통이 급격하게 성장하면서 큰 도약
이 일어났습니다. 유럽 통합이라는 문제에도 중장기적으로 대비해야
했고요. 1988년과 1992년에 하나의 통제 시스템이 필요하고 공항을 변
화시켜야 한다는 결정이 내려졌습니다. 기본적으로 스히폴공항은 국
제공항이면서 동시에 국내 공항이기도 합니다. 이 복잡한 상황 속에서
미래를 대비하는 계획은 부재했고 4, 5년 안에 공항을 재건설해야 했습
니다. 공항 측은 공항을 새롭게 바라볼 수 있는 사람을 원했고요.

우리는 여기서 스히폴공항의 모빌리티 생산이 불협화음을 내는 장
면을 엿볼 수 있다. 일단 전혀 사용되지 않을 버스터미널이 만들어졌
고, 다음으로 유럽 대륙의 모빌리티들을 새롭게 배치하기 위해 공간
을 재배치하는 현상이 나타났다.

이 시기는 유럽 모빌리티가 크게 변화하던 때였다. 유럽연합EU(당
시는 유럽경제공동체EEC)은 출범 이후 그 헌법의 핵심에 모빌리티 권
리를 두었다. EU의 발전은 사람, 상품, 정보, 자본의 이동을 막는 장
벽을 점차 낮췄다.[21] 국경통제는 조금씩 폐지되고 제한적인 여권과
서류 검사로 대체되었다. 이 과정은 1985년에 체결되어 10년 뒤에는

대부분의 국가들이 받아들인 셴겐조약*에서 절정에 이르렀다.[22] 이 협약의 목적은 이동에 드는 시간과 노력을 줄여 자유시장의 힘을 기르는 것이었다. 유럽은 이를 통해 미국, 일본과 경쟁할 수 있다고 믿었다. 셴겐조약은 또한 회원국 간의 갈등 소지를 줄여 줄, 국가에 대한 충성을 넘어서는 유럽 '공동체'에 대한 이념적 헌신이라는 차원에서 강조되었다.

그러나 셴겐조약이 이동의 자유를 내세우는 한편으로, 불법이민자, 테러리스트, 마약 거래에 대응하여 유럽 외부의 국경을 강화하는 정책도 제시되었다. 지네트 베르스트레테Ginette Verstraete가 말했듯이, "유럽인과 비유럽인을, (허가된) 여행과 (허가 받지 않는) 이주를 구별할 새로운 변경 지역이 제시되어야 했다. 시민, 관광객, 사업가의 모빌리티 자유는 이동할 수밖에 없는 불법적인 '외부인', 이민자, 난민이라는 타자들을 조직적으로 배제함으로써만 가능했다."[23] 유럽 대륙 규모로 나타난 모빌리티의 차별화는 다양한 지역적 공간 재구성과 감시의 실천을 통해서만 운영될 수 있었다. 초모빌리티 시대에 셴겐 영역의 '외부 경계'는 단순히 셴겐조약에 합의한 국가들의 땅에 그려진 국경선이 아니라 공항과 항구였다. 특히 공항은 수평적 공간이 아

---

* 1985년에 시작된 셴겐조약Schengen agreement에 처음 참여한 국가는 벨기에, 프랑스, 독일, 룩셈부르크, 네덜란드였고, 이후 오스트리아, 덴마크, 핀란드, 그리스, 아이슬란드, 이탈리아, 포르투갈, 노르웨이, 스페인, 스웨덴이 합류했다. 현재는 유럽연합 소속 국가 대부분과 일부 비유럽연합 국가들을 망라한 26개국이 가담하고 있다. 이 조약에 가담한 국가들의 영토를 이르는 말인 셴겐 지역Schengenland에서는 국경 검문을 없앴으며 인적·물적으로 자유로운 이동을 보장한다.

니라 수직으로 교차점을 표시하는 이상한 국경이다. 맨체스터, 암스테르담, 볼로냐에 유럽의 국경이 있다고 생각하는 사람은 없을 테지만, 거기에는 틀림없이 국경이 있다. 흩어져 있는 접속 지점으로서의 여러 국경들이다. 이 교통의 접속 지점들에서 셍겐 영역이 나타났고, 물질적으로 생산되었다.

셍겐조약은 국경의 폐지라고 이해되지만, 국경의 다변화와 새로운 국경의 생산이라고도 볼 수 있다. 국경처럼 모빌리티들도 생산되고 있다. 이탈리아 여성 사업가가 독일에 가거나 벨기에 관광객이 그리스로 배낭여행을 떠나기는 쉬워진 반면, 셍겐 영역 외부에서 안으로 들어오는 일은 훨씬 더 어려워졌다.

전 유럽에 걸친 모빌리티와 그 통제에 관한 협정인 셍겐조약은 '자유롭게' 유럽 여러 나라를 여행할 수 있는 셍겐 영역을 만들어 냈다. 유럽의 다른 공항들에서처럼, 이 상황은 스히폴공항이 해결해야 하는 문제들을 낳았다. 셍겐 영역은 지역적인, 그리고 미시적인 스케일에도 영향을 미쳤다. 이 협정은 여기에 참여한 국가들 간의 이동 자유를 허용하고자 만들어졌다. 이제 스히폴공항은 셍겐 승객과 비셍겐 승객이라는 두 범주로 뚜렷하게 나누어지는 항공편과 승객들을 맞이해야 했다. 암스테르담에 있는 공항이라는 지역적 맥락에서 볼 때, 이는 특히 모빌리티 생산의 중요한 순간이었다. 셍겐조약 체결 이전의 스히폴은 국제선 승객들이 거쳐 가는 국제공항이었다. 예를 들어, 런던의 히드로공항이나 파리의 샤를 드골 공항과 달리, 스히폴공항은 국내 승객들에게 식사를 제공한 적이 없었다. 네덜란드 내에서 운항하는 항공편이 거의 없고 암스테르담에서 출국하는 승객의 수도 상대적으로 적었기 때문이다. 스히폴의 성장은 글로벌 네트워크 허브로서의 역할을 성공적으로 수행한 덕분이었다. 그런데 갑자기 많은 수의 승객들이 결과적으로 '국내' 승객이 되었고, 이들은 도착할 때 복잡한 수속을 거칠 필요가 없었다. 얀 벤트헴이 스히폴공항의 건축을 맡게 되었을 때 직면한 문제가 이것이었다.

원래의 스히폴공항에는 입국장과 출국장이 같은 층에 있었고, 국제선 승객과 유럽 승객들도 같은 층으로 들어오고 나갔습니다. 모든 사람들이 거기서 뒤섞여 있었어요. 솅겐 승객들을 따로 분류하려면 어떤 경계를 만들거나 다른 층으로 배치해서 모든 게이트에서 연결이 가능하게 해야 했습니다. 아주 해결하기 어려운 문제였어요. 게다가 미래가 어떻게 변화할지 알 수 없고, 5년 안에 공항 시설을 두 배로 늘려야 했으니 더욱 어려웠습니다.

스히폴공항은 다른 대형 공항들과 달리 단일 터미널 개념에 기반했기 때문에 벤트헴을 더 골치 아프게 했다. 단일 터미널은 비행기를 어느 활주로에 착륙시켜도 승객과 수하물의 흐름에 지장을 주지 않는다는 장점이 있다. 다른 비행기를 갈아타기가 편리하기 때문에 승객들은 스히폴을 좋아했다. 그러나 솅겐조약에 따라 스히폴공항은 건축 공간을 변형하여 승객의 흐름을 나누어야 했다. 이 문제의 해결 방식을 두고 상당한 논쟁이 벌어졌다. 하나였던 스히폴 터미널 건물은 터미널 1, 2, 3으로 불리는 세 개의 연결 부분으로 구분되었다. 첫 번째 계획은 터미널 2를 셴겐교통 공간으로 지정하는 것이었다. 이 안은 스히폴공항을 본거지로 삼는 KLM이 거부했다. KLM은 터미널 간에 운영이 분할되면 큰 손실이 생긴다고 보았다. 1992년, 공항은 승객들의 출발지나 목적지가 아니라 항공사에 따라 공간을 나누기로 결정했다. 터미널 3은 유럽 노선이 거의 없는 항공사에, 터미널 2는 KLM에, 터미널 1은 (셴겐/비셴겐 영역 모두에 취항하는) 다른 항공사 들에 할당되었다. 터미널을 나눈 방식에 맞춰, 탑승교들은 셴겐과 비 셴겐으로 나누어졌다. B와 C 탑승교는 셴겐, EFG 탑승교는 비셴겐 교통 공간으로 지정되었다. 가장 복잡한 공간은 D 탑승교였다. 이 탑 승교는 셴겐 공간과 비셴겐 공간의 경계에 놓였고, 두 글로벌 공간 사 이의 전환 공간 역할도 해야 했다. 미국에서 온 후 다시 프랑크푸르 트까지 비행하는 항공기는 다른 탑승교로 이동할 필요가 없었다.

두 종류의 승객 흐름을 모두 감당하려면 D 탑승교를 수평과 수직 으로 나눠야 했다. 원래 탑승교의 복도는 수직 유리벽을 설치해 수평 적으로 구분되었다. 1996년에는 탑승교에 2층이 추가되어 공간을 수 직으로 나누었다(그림 9.6 참조).

세관과 입국 수속 과정도 새롭게 구분되어야 했다. 일반적인 여권 검사 절차 대신에, 비셴겐 승객들을 처리하는 창구와 여권 검사를 하 지 않아도 되는 셴겐 승객을 처리하는 창구가 따로 분리되었다. 이렇 게 생산된 공항 내 공간은 줄을 서서 움직이는 신체들과 물질적 공간 구조가, 또 자유로운 이동이라는 EU의 이데올로기가 확실하게 결합

| 그림 9. 6 | 스히폴공항의 D 탑승교. 솅겐 승객을 구분하기 위해 위층에 새로운 공간을 만들어 수평적인 분할이 생겼다

되도록 했다. 스히폴공항은 새로 등장한 유럽 시민들이 흐름의 공간을 확보하도록 해 주었다.

유럽 시민들은 공항 공간에서 반복적으로 이동을 실천하여 유럽 정체성을 수행하였다. 유럽연합의 문서들에는 이 점이 분명하게 드러난다. 이를테면 최근의 유럽 협약문은 모빌리티 권리가 유럽에서 가장 중요한 기본권이라는 오래된 관념을 명시하고 있다. 유럽연합 집행위원회에서도 모빌리티 권리의 중요성을 명확하게 밝혔다.

유럽 어디든 자기 나라처럼 여행하거나 사업 상의 이동을 할 수 있는 자유는 시민들에게 유럽연합의 존재를 가장 강력하게 상기시켜 주

는 상징이다.[24]

지난 25년 동안, 유럽연합 내의 자유로운 이동을 가로막던 장벽들이 무너졌다. EU 국가들 사이 국경에 차량들이 늘어서는 풍경은 이제 과거의 일이다. 유럽연합 시민들은 이제 하나의 나라에 속한 것처럼 유럽 어디든 여행하거나 사업 상의 이동을 할 수 있다.[25]

자유로운 유럽 시민의 존재 방식인 모빌리티의 위상은 형식적인 권리 이상이다. 유럽 집행위가 내놓은 유럽 시민권 홍보물에서도 이 사실이 분명히 드러난다.

요즘 사람들은 유럽 통합을 상징하는 12개의 금별이 그려진 하늘색 깃발을 잘 알고 있다. 공공건물들 앞에서 국기와 나란히 휘날리는 광경은 이제 흔한 풍경이다. … 공항 입국장에서 '유럽 공동체' 안내 기호를 따라가 1985년에 채택된 통합 여권을 제시하기만 하면 되는 상황을 즐기지 않는 사람이 있을까?[26]

홍보물은 공통 운전면허증, 의료제공협정, 국경이동전화 자유이용지역, 세관 검사의 생략, 공항의 EU 전용 통로, 여권 없는 국경 통과 등을 열거한다. 이 다양한 모빌리티 기술과 실천들은 계속 반복 사용됨으로써 유럽 정체성 감각을 확실한 것으로 만든다. 여기에는 모빌리티의 실천이 자유, 시민권, 유럽 정체성 감각을 만들어 낸다는 분명한 인식이 있다. 시민권은 모빌리티의, 모빌리티로서의 자유를 행사하면서 실체화된다. 모빌리티의 재현과 이데올로기는 유럽 도상들의 여러 측면에 침투해 있다. 예를 들어 유로화 지폐 도안에는 교량과 관문의 이미지가 담겨 있지만, 특정한 나라로 기우는 것처럼 보이지 않게끔 가상의 교량과 관문을 집어넣었다.

이 도상들은 일반적인 유럽성을 표현하고자 만들어진 것이다.[27] 유럽 층위(그리고 공항과 탑승교 층위)에서 만들어진 모빌리티 공간에서, 최종적인 지점은 줄을 서서 기다리거나 손쉽게 통과해야 하는 인간 신체였다. 갑자기 '국내' 승객으로 분류된 많은 사람들은 여권 비검사 창구를 부드럽게 통과할 수 있었고, 다른 승객들은 더 느리게 움직이는 줄에서 기다려야 했다. 유럽 시민들의 편안한 모빌리티는 다른 공간과 다른 모빌리티를 설정함으로써 새롭게 대두한 경계선과 변경 지역들 덕분에 가능했다.

이동하는 신체의 관리

연결망의 접속 지점인 스히폴공항은 세계와 유럽의 모빌리티를 생산하고, 또 그 모빌리티로 생산된다. 공항은 "탁월하게 세계의 흐름을 조직하고 수용하는 맞춤형 공간"이다.[28] 그러나 입국심사를 위해 줄을 서서 기다려 본 사람이라면 누구나 알고 있듯이, 입국 시의 모빌리티는 신체 스케일에서 일어난다. 공항은 세계 여행을 가능하게 하는 장소인 동시에, 신체 동작을 관리하는 장소다. 모빌리티를 위한 기계라고도 할 수 있다. 인체의 개별적인 움직임을 그렇게 지속적으로 감시하고 미세하게 관리하는 곳은 지구상에 없다. 시민권으로서의 모빌리티 이데올로기가 공항 공간에서 다시 생산되는 것처럼, 공항에서의 이동하는 신체 관리는 테일러나 길브레스가 개발한 동작 모델의 논리적 귀결이다. 상호 연결된 정보기술, 기호, 건축이 어떤 역할을 하고, 신체에는 어떤 영향을 미치는지를 알아볼 차례다.

정보기술

정교한 소프트웨어 프로그램은 공항 구조 설계와 승객 움직임의 예측 및 관리에 사용된다. 감시, 시뮬레이션, 보안은 코드 · 사람 · 물리적 구조의 복합적인 공간 속에 자리 잡고 있다.[29] 마틴 도지Martin Dodge와 롭 키친Rob Kitchin의 말처럼, "티켓을 구매하고 공항을 통과하여 비행기로 여행하는 절차는 코드code/공간space, 즉 코드로 만들어진 공간을 통해 매개된다."[30] 공항에서 실제 공간의 건설과 소프트웨어의 프로그래밍은 떼어 놓을 수 없는 관계다. 건축은 소프트웨어 모델로 생산되며, 프로그램이 공항 공간을 드나드는 흐름을 모델링하고, 감시 시스템은 공간 이용을 매우 상세하게 모니터링한다. 이제 여권은 컴퓨터가 대신 읽어 주며, 티켓은 일반 승객들은 이해할 수 없는 전자 티켓이다. 우리가 공항에서 움직일 때, 우리는 프로그램으로 처리되고 있다. 우리는 실제 공간과 코드 공간 모두에서 움직이고 있는 것이다.[31]

공항에 대한 모델링은 나중에 나타날 공항에서의 움직임을 미리 예상하고, 전자기기를 이용한 감시는 지금 나타나는 모빌리티를 모니터링한다. 신뢰할 수 있는 모빌리티는 믿을 수 없는 모빌리티와 구분되어야 한다. 예를 들어, 승객 프로파일링은 복잡한 생체인식 지표를 사용하여 항공기 탑승 시 수색해야 할 사람을 골라낸다. 9/11 테러 이후, 공항 당국은 탑승을 막아야 할 여행객을 더 열심히 찾고 있다. 미국이 새로 내놓은 CAPPS II(컴퓨터 보조 승객 판별 시스템Computer Assisted Private Prescreening System)가 바로 그런 기능을 수행한다. "적절한 활동과 부적절한 활동, 특정 장소에 속하는 활동과 그렇지 않은 활동"을 판단해 주는 것이다. "위험한 승객인지 믿을 만한 승객인지, 그의 이야기가 납득되는지 앞뒤가 맞지 않는지"를 가려내는 시스템이다.[32]

모빌리티 모델링은 공항 환경의 계획과 설계에서 중심적인 역할을 한다. 컴퓨터가 발전하면서 모델링도 더 정교해졌다. 피터 애디Peter Adey는 공항 환경에 적용된 모델링 시스템이 일반적인 흐름을 보여 주는 단순한 모델 제시에서부터 승객 모빌리티를 복잡한 3차원 이미지로 보여 주는 수준에까지 어떻게 발전해 왔는지를 이야기해 준다. 이 과정에서 특정한 인간의 신체들을 지울 수도 있고, 다시 나타나게 만들 수도 있다.[33] 공항 관리에 종사하는 사람들에게 승객은 그저 PAX에 불과하다. PAX는 특정한 식별 표시가 없는 일반 승객을 가리키는 약어다. PAX를 상정하면 공항 공간에서 PAX 움직임의 모델을 만들 수 있다. PAX는 움직이는 신체를 건축가, 설계자, 엔지니어가 파놉티콘적인 시선으로 분석할 수 있는 읽기 쉬운 기록으로 변환해 주는, 공간을 추상화하는 관점의 한 징후라고 할 수 있다. 이동하는 신체들을 추상화하는 이 방식은 마이브리지, 마레, 테일러, 길브레스 부부의 작업을 연상시킨다. 모빌리티에 가독성을 부여하려는 과거의 노력과 요즘 공항 설계자들이 사용하는 모델 사이에는 분명한 논리적 연결 관계가 존재한다. 실제 신체의 투박한 육체성을 제거하면 움직임은 추상화되고 표준화된다. 따라서 신체는 "합리적 공간을 확립하기 위해 환영으로" 변형된다.[34] 여러 의미를 담고 있는 사람들의 모빌리티는 PAX의 움직임으로 추상화된다.

공항 관리자들은 PAX가 공항 공간에서 어떻게 움직일지를 예측하기 위해 크리티컬 패스 분석법CPA; Critical Path Analysis을 이용했다. 승객들에게 카드를 나누어 주고 공항 여러 곳에서 그 카드에 도착 시간을 기록하면 지점 간의 이동 시간을 측정할 수 있다. 이 결과들은 하나의 이벤트가 일어나고 종료되기까지의 가장 긴 시간을 기록하는 데 사용된다. 크리티컬 패스는 특정한 네트워크에서 가장 긴 경로, 다시 말해 특정 이벤트에 걸리는 가장 긴 시간을 뜻한다. 설계와 계획을 맡은 이들은 크리티컬 패스를 줄이도록 공간을 재설계하여 더 빠르고 효율적으로 일이 진행되게 할 수 있다.[35] 요즈음의 공항 모델링 프로그램은 정교한 3차원 애니메이션으로 이미지화한 PAX가 아름답고 기능적인 터미널의 출구, 입구, 수속장 사이를 원활하게 이동하는 모습을 보여 준다. 비행기들은 이 애니메이션화된 PAX가 최종 목적지에 도착하도록 시계처럼 정확한 시간에 이륙하고 착륙한다.

흐름을 모델링할 때 PAX는 추상적이고 비구체적인 움직임을 표현하지만, 공항의 여러 지점에서 모빌리티를 감시하기 위해 특정한 신체의 특수성에 주목하는 하드웨어와 소프트웨어도 있다. 공항은 일부 사람들의 모빌리티를 제약하면서 다른 사람들이 무리 없이 이동할 수 있도록 모빌리티가 중단되는 곳을 만든다. 여권은 제시되어야 하고 신분은 밝혀져야 한다. 코드도 신분과 일치해야 한다. 수상한 움직임은 감시되고 모니터링된다. 스히폴공항의 수석 건축가인 얀 벤트헴의 안내를 받아 공항을 둘러보았을 때, 우리는 수하물 취급 구역에서 제지당했다. 우리 둘 다 통과 허가증이 있었지만(벤트헴이 내 허가증도 준비해 주었다), 수하물들 속에서 허가 받지 않은 이동 물체로 인식되었다. 얀은 인터뷰 중이라고 설명했고, 이곳의 설계자인 자기 신분도 밝혔다. 건물의 설계자라고 해도 수하물을 다루는 지하 세계에 방문자를 데려갈 때는 따로 허가를 받아야 한다는 지적을 받은 후에야 우리는 이동할 수 있었다. 설계자라고 해도 신처럼 대접 받는 것은 아니었다. 스히폴공항에서 모빌리티가 감시되지 않는 곳은 없다.

스히폴공항은 대부분의 공항들보다 먼저, 자주 공항을 이용하는 승객들을 대상으로 그 동의 하에 적정 수수료(약 100달러)를 받는 생체인식 모니터링 제도를 도입했다.[36] 2001년부터 시작된 이 프리비움 Privium 시스템은 승객들이 홍채 스캔만으로 빠르게 입출국장을 통과하게 해 준다. 여기에 더해 프리비움 회원들은 가장 가까운 주차장에 차를 세워 둘 수 있으며, 특정 항공사 체크인 데스크에서 전용 체크인 서비스도 받는다. 프리비움 웹사이트에서는 홍채 스캐닝 기술을 이렇게 설명한다.

홍채 스캔 기술은 홍채의 특징을 인식하는 기술에 기반합니다. 홍채 스캔은 지문 인식이나 손바닥 인식 같은 다른 생체인식보다 신뢰성이 높고 빠릅니다. 홍채는 변하지 않고 손상되는 경우도 드물기 때문입니다. 지문이나 손바닥은 작은 상처만 생겨도 생체인식 장애를 일으킬 수 있습니다.[37]

그러나 프리비움에는 가입 제한이 있다. 이용자는 유럽경제권(EU + 아이슬란드 · 스위스 · 노르웨이)에 속해야 하며, 키가 1.5미터 이상이어야 한다. 웹사이트와 공항에 비치된 홍보물에서 강조하는 고객 이미지는 깔끔하게 차려입은 백인 남성이다. 이동이 잦은 비즈니스 여행자들의 출입국 절차를 생략해 주는 이 자발적 감시 서비스 가입 자체가 일종의 특권이다(홍보물에는 1년에 8번 이상 스히폴을 이용하는 사람들에게 유용한 서비스라고 적혀 있다). 이 이동특권층들은 집에서부터 출장지까지, 다시 집으로 돌아올 때에도 패스트트랙을 탄다. 기다리는 일이 없는 프리비움 입구 옆에는 여권을 검사 받는 사람들의 긴 줄이 늘어서 있다.

모빌리티가 어떤 문턱을 통과할 때 그 신분을 인식하는 생체인식 시스템은 특정 신체(좀 더 정확히 말하면 그 환유적인 부분인 홍채나 지문)와 신분을 연결시키는 논리에 기초한다. 폐쇄회로 모니터가 시선의 논리로 모든 곳의 모빌리티를 감시한다면, 생체인식은 특정한 지점이나 문턱에서 신분을 기록함으로써 그 움직임을 추적하는 방식으로 작동한다. 빠르고 편안하게 자기 신체를 이동시킬 수 있는 능력은 이 문턱에서 시험대에 오른다. 질리언 풀러Gillian Fuller의 말처럼, "생체인식은 건물, 웹사이트, 국가에 출입하지 못하게 막는 일이다. 이동이 가져다주는 혼란을 통제하며, 허가 받지 않은 침입자의 해로운 손길에서 자본을 보호하고, 올바른 암호를 제시하는 사람들이 능률적으로 통과하게 하는 방법이다."[38] 통과한 승객들이 아무런 간섭 없이 자신들의 모빌리티를 진행시킬 때, 보안 관리자들은 프리비움 회원이 아닌 사람들이 늘어선 긴 줄을 마음껏 감시할 수 있다. 누군가의 빠른 속도는 다른 사람들의 느린 속도와 논리적 연관관계를 갖는다.

특정 유형의 승객들을 다른 승객들과 분리시키는 생체인식 시스템은 다양한 형태의 시민권 구축에 관여한다. 이 시스템 가입자들은 사업 목적으로 여행하는 유럽인인 경우가 많으므로, 자유무역지대의 자유로운 모빌리티라는 틀로 쉽게 이해되는 이들의 존재는 유럽 시민을 규정하는 기존 관념에 깔끔하게 들어맞는다. 이 틀에 부합하지 않는 사람은 여기서 제외된다. "프리비움 카드 소지자들의 향상된 모빌리티는 불법체류자와 잠재적 테러 위협을 억제하려는 노력과 짝을 이룬다."[39] 마사 로슬러Martha Rosler가 주장했듯이, "정보처리─여기에는 은밀한 감시와 데이터 수집 및 관리뿐만 아니라 사회적 내러티브 구축과 전파가 포함된다─는 사회를 통제하는 가장 가시적이고 지속적인 형태다. 이 통제는 항공교통 시스템의 일부분이다."[40] 프리비움과 이 시스템이 관리하는 모빌리티의 표현, 이념, 실천은 긴밀하게 연결된다. 로슬러에 따르면, 겉으로 보기에 중립적인 기술의 이면에는 모빌리티에 대한 사회적 내러티브 혹은 이데올로기가 존재한다. 이 이데올로기는 스히폴에서 일상적으로 일어나는 승객들의 모빌리티에 깃들어 있다. 여기서 홍채의 패턴은 탈국가적인 시민권 개념과 연결된다.

기호

코드 공간에서 정교하게 컴퓨터로 계산되는 세계만이 공항의 유일한 '코드'는 아니다. 방향을 알려 주는 신호인 더 전통적이고 친숙한 코드도 있다. 스히폴의 표지판들은 눈에 잘 띄기 때문에 제 역할을 하는 것이지만, 일상적으로 언제나 거기에 있기 때문에 오히려 컴퓨터 코드 공간처럼 시야에 잘 포착되지 않는다. 단순한 방향 표시가 관심의 대상이 되는 일은 많지 않다. 대부분은 표지판이 거기 있는지도 잘 모른다. 스히폴에 도착한 여행자는 자신이 가고자 하는 곳으로 어떻게 가는지 알려 주는 수많은 기호들의 세계로 들어간다. 보안 검색대를 지나 출국 라운지에 들어서면 해당 게이트로 어떻게 가는지, 사고 싶은 물건은 어디에 있는지 알려 주는 기호들이 우리를 둘러싼다.

스히폴공항의 기호 대부분은 폴 마익세나아Paul Mijksenaar가 디자인했다. 마익세나아는 1963년 암스테르담 헤릿 리트펠트 아카데미에서 예술 전공 학생으로 재학 중이던 시절, 영국 디자이너 조크 키네어Jock Kinnear가 만든 영국 도로표지판을 보고 큰 감명을 받았다. 단순하면서도 아름다운 디자인이었다. 한때 표지판은 디자이너의 몫이 아니라 공무원들의 업무라고 생각했던 그는 현재 세계적인 교통 기호 디자인 전문가다. 마익세나아는 스히폴공항과 암스테르담 지하철의 교통 기호들을 디자인했다. 스히폴의 기호 시스템은 성공적이었고,

그는 뉴욕의 모든 공항에 표준화된 시스템을 도입하는 일을 맡았다. 영국의 히드로공항도 그의 디자인을 상당 부분 참고했다.

기호들의 공간적 위치는 공항을 이용하는 사람들의 흐름이 보이는 패턴에 따라 결정된다. 건축가 얀 벤트헴은 이렇게 설명한다. "규칙은 간단합니다. 상업적인 기호는 사람들의 움직임과 평행하게 배치합니다. 방향을 가리키는 기호는 반대로 흐름과 직각이 되도록 합니다. … 상업적인 기호는 되도록 낮은 위치에 배치하려고 합니다. … 사람들이 많이 지나가면, 상업적 기호는 사람들과, 또 사람들의 흥분과 어우러지겠지요. 더 높은 위치는 실용적인 기호들이 들어갈 공간입니다."

표지판들에는 선명한 색이 입혀져 있다. 스히폴공항의 내부 공간 디자이너였던 코 리앙 리Kho Riang Ie는 공항의 내부 공간은 대체로 중립적이어야 한다고 보았다. 바쁘게 돌아가고 불안감이 생기는 곳에서는 굳이 보태지 않아도 충분할 만큼의 색과 흥분이 발생한다. 선명한 색이 들어간 표지판은 이런 중립적인 배경에서 확실히 튀어보인다. 마익세나아는 이렇게 말했다. "공항은 이미 변화무쌍한 공간이니까 공항 디자인은 중립적이어야 하고, 기호들은 그 공간 속에서 눈에 확 들어와야 합니다."[41]

모든 표지판에는 백라이트가 있고 그 성격에 따라 여러 색으로 구분된다. 가장 두드러진 것은 노란 바탕에 검은 글자와 기호가 들어간 표지판이다. 마익세나아가 '1차 과정' 기호라고 부르는 이 표지판들은 어디로 가야 할지를 알려 준다. 흐름을 만드는 기호인 셈이다(그림

9.7). 그가 '2차 과정' 또는 '멈춤/대기' 기호라고 부르는 검은 바탕에 노란 글자가 쓰인 표지판은 박물관, 화장실, 예배당 등의 위치를 표시한다(그림 9.8). 녹색 표지판은 비상구와 기타 중요한 비상 기능을 가리킨다(그림 9.8). 마지막으로, 상업적 장소를 가리키는 완전히 다른 모양의 파란색 표지판도 있다(그림 9.9). 도시의 거리 표지판처럼 하나의 기둥에 여러 개가 부착되어 있는 이 표지판들은 승객들에게 시카고나 도쿄까지 얼마나 가야 하는지를 알려 주는 전형적인 관광 표지판을 상기시킨다. 이 중에서 가장 중요한 것은 노란 바탕의 표지판이며, 따라서 가장 두드러져야 한다. "노란색 표지판은 노란색 배경

| 그림 9. 7 | 스히폴공항의 **방향 표지**(노란 바탕에 검은 기호)

| 그림 9. 8 | **시설 표지**(검은 바탕에 노란 기호)

| 그림 9. 9 | **상점 표지**(파란색)

자체가 중요합니다. '내가 기호'라는 신호를 주는 거죠." 이 기호들은
여행자들이 무의식적으로 공항을 통과하여 목적지에 닿게끔 안내한
다. 노랑과 검정의 대비는 인식률 86퍼센트로 가장 눈에 잘 띄고, 그
다음이 82퍼센트인 흑과 백의 대비다. 벤트헴은 승객들이 이 배치에
주목하면 안 된다고 말한다. 승객들이 표지판을 보고 무의식적으로
신체를 움직이게 해야 더 효과적이다. 길리안 풀러의 논의와도 맞아
떨어지는 대목이다. "표지판은 단순히 공항을 표현하는 것이 아니다.
오히려 공항을 창조한다. 텍스트화된 지도와 수많은 공항 구역 표지
들을 믿게 만들 것이 아니라, 그것에 복종하게 해야 한다."[42]

이 표지들은 인류학자 마르크 오제가 말한 비장소의 핵심적인 사
례다.[43] 환승 공간이라는 비장소는 우리를 거기 머물게 하는 것이 아
니라 다른 곳으로 데려간다. 우리는 기호들을 읽으면서 스히폴공항
을 지나친다. 문자, 화살표, 시간의 조합은 믿을 수 없을 정도로 복잡
한 흐름의 공간을 생성하는 코드의 일부분이다. 이 기호들은 모빌리
티 구성의 일부분이기도 하다. 공항이 이동하는 신체들을 처리하는
기계라는 생각을 확신시키는 것이 바로 이 기호들이다. 기호와 그것
이 가리키는 사물의 일대일 관계를 가정할 수도 있겠지만, 마익세나
아에 따르면 공항의 세계에서는 불가능한 이야기다.

이상적인 상황은 목적지를 선택하면 표지판이 우리를 목적지로 안
내하는 겁니다. 일대일 관계죠. 하지만 물론 그런 일은 일어나지 않습
니다. 수천 명의 사용자들이 있고 수천 개의 목적지가 있으니까요. 이

문제에 어떻게 접근해야 할까요? 잠깐씩 멈추는 겁니다. 먼저 어떤 곳에 가고, 다음에 다른 곳으로 가야 합니다. … 컴퓨터 프로그램의 메뉴 같은 겁니다.

스히폴의 표지판들은 중요한 결정 지점마다 설치되어 있다. 공항에 도착한 사람은 공항 건물로 바로 들어가지 않고 해당 게이트로 안내하는 기호를 본다. 출국장과 입국장 중에서 선택할 수 있다. 다음으로 표지판을 따라 출입국관리 데스크로, 그 다음에는 보안 검사 구역으로 이동한다. 건물 내의 중요한 결정 지점에서 기호들은 여러 범주를 보여 준다. 승객은 이 과정을 따라가면서 행동을 하기만 하면 된다. 따라서 스히폴의 표지판에는 큰 지도가 거의 없다. 지도는 작게 숨겨져 있거나 공항 여기저기에 비치된 팸플릿에 실려 있는 정도다. 마익세나아는 지도가 공항에서 길을 찾을 때 유용한 기술이라고 보지 않는다.

나: 지도를 별로 좋아하지 않으시죠?

마익세나아: 지도는 지형적인 환경이나 여기가 얼마나 큰지를 알아볼 때나 필요합니다. 지도는 길을 찾는 도구가 아닙니다. 지도는 시작이고, 창문입니다.

나: 그런데 우리가 공항이나 병원 같은 곳들, 즉 내가 어디 있는지 전혀 모르는 곳을 찾을 때는 ….

마익세나아: 지도로 어디에 있는지 알기는 어렵습니다. 그 장소가 라

운지 같은 비장소라면 더욱 그럴 겁니다. 지도가 뭐라고 말해 주겠습니까? 우리는 단지 어떤 과정 속에 있는지를 알고 싶을 뿐이죠. 출입국심사 앞인가, 뒤인가? 수하물 찾는 곳 앞인가 뒤인가? 나와 게이트 사이에는 무엇이 있는가? 같은 것이 궁금할 겁니다.

나: 공항에 있는 사람들은 일반적인 장소보다 더 안정감을 느끼고 싶어 하지 않나요? 어떻게 보면 스히폴은 공공 광장 같습니다. 다른 공항들보다 도시 공간에 가까워 보입니다.

마익세나아: 도시는 더 크고, 더 많은 광장이 있고 이웃들이 있지요. 어느 정도 차이는 있다고 생각합니다. 공항도시라는 이름으로 부르는 것이 차이점입니다. 그렇게 마케팅되고 있어요. 광장, 중심가, 병원이 있습니다만, 실제 도시에는 옆에 다른 광장, 다른 거리들이 있습니다. 도시에서는 한 지역이 다른 지역과 비교된다는 점이 중요합니다. … 하지만 공항은, 과정이 더 중요합니다.

스히폴에서 사람들은 회의를 열고 호텔도 이용하지만, 호텔이 어디에 있는지에는 관심이 없다. 사람들은 방향과 거리를 알고 싶어 할 뿐이다.

국제공항에서 제대로 기능하는 표지판을 개발하는 작업은 수많은 언어들이 있는 세계에서도 통할 보편적인 언어를 만들어 내는 일과 같다. 지구상의 모든 언어로 방향을 알려 줄 수는 없는 노릇이므로, 기호는 차이를 가로질러 작동해야 한다. 컴퓨터 소프트웨어처럼 기호들은 보편적이고 일반적이어야 한다. 언어적 차이 외에도, 설명을 필요로 하는 모빌리티들 간의 차이도 존재한다. 시각장애인, 느린 사람, 불안한 사람, 거동이 불편한 사람들 모두가 길을 찾게 해 주어야 한다. 기호는 이들 모두에게 전달되어야 한다. 스히폴공항 표지판의 픽토그램은 아주 창의적이지만, 그 기원은 확실히 유럽적이다. "식당을 가리키는 기호는 접시·칼·포크이며, 그릇·젓가락·손은 아니다. 화장실을 가리키는 기호를 보면, 여기서 보편적인 여성은 무릎 높이의 치마를 입은 여성이다. 도착과 출발 표시는 영어의 글쓰기 방향처럼 왼쪽에서 오른쪽으로 디자인되어 있다."[44]

마익세나아가 만든 스히폴공항의 표지판들은 모두 영어로 되어 있고, 항공기 이착륙이나 수하물을 가리키는 혁신적인 픽토그램과 결합될 때도 많다. 네덜란드어를 사용하면 사람들이 더 혼란스러워할 것이라는 이유로 2001년에 하나의 언어만으로 표기하자는 결정이 내려졌다. 어떤 PAX를 예상하고 있는지를 잘 보여 주는 대목이다. 마익세나아의 말처럼, "국제적인 여행자의 공용어는 에스페란토어가 아니라, 전 세계 공항과 철도역에서 사용되는 언어인 영어다."[45] 그래서 모든 표지판에는 영어만 사용하는 것으로 바뀌었다.

스히폴의 기호 시스템은 의심할 여지 없이 매우 효과적이다. 이 시스템은 PAX가 부드럽게 이동하도록 지시해 주며, 공항 내부의 중립적인 디자인을 배경 삼아 모더니즘적 통일성의 미학도 보여 준다. 게다가 마익세나아의 작업은 수많은 디자이너들에게서 높은 평가를 받으며 해외로 수출되었다. 히드로공항은 색으로 의미를 지시하는 시스템을 여기서 배웠고, 마익세나아는 현재 뉴욕의 모든 공항에 스히폴과 유사한 표준 시스템을 도입하는 작업을 맡고 있다. 처음 JFK공항 안팎의 기호들을 조사했을 때, 마익세나아는 그 특이한 상황 때문에 당혹스러움을 느꼈다. 맨해튼으로 가는 표지판은 없었고, 밴 윅 고속도로로 가는 표지판만 있었다. 이 지역 사람이 아닌 이들에게는 의미 없는 정보였다. 더욱 혼란스러운 것은 'W/B BQE Closed'라고 씌인 표지판이었다. 이 기호는 웨스트바운드 브루클린 고속도로Westbound Brooklyn Expressway가 폐쇄되었다는 것을 의미했다. 뉴욕공항의 17개 터미널 안에는 각각 다른 스타일로 만들어진 수백 개의 방향 표지판이 있다. 개별 항공사들이 각자 사용하는 터미널 표지판 디자인을 좌지우지해 왔다. 어두운 배경에 하얀 글자로 표기된 표지판들이 대다수다. 이제 JFK는 곧 스히폴처럼 보일 것이다. 'Level A'는 'Ground Floor'로, 'Courtesy Vans'은 'Hotel Shuttles'로 바뀔 예정이다.[46] JFK는 스히폴공항을 닮아 가고 있다. 국제적인 항공 모빌리티의 미학이 암스테르담에서 세계로 전파되는 중이다.

건축

스히폴공항 플라자에서 모빌리티는 건축 구조 속에 미묘하게 코드화되어 있다. 공항 정문에 해당하는 플라자에 들어서면, 놀랍게도 방향을 안내하는 분명한 표지판이 거의 없다. 건축가들은 일부러 이렇게 만들었다. 얀 벤트헴의 설명에 따르면, "우리는 여기에 사람들의 흐름에 관한 모델들을 거의 전부 적용해 보았고, 수많은 표지판을 실험해 보았지만, 결국 모든 표지판을 제거했습니다. 여기는 광장이고,

사람들은 광장에서 표지판을 필요로 하지 않는다는 생각에 도달했기 때문입니다. 거리나 도로에서는 표지판이 필요하지만, 여기는 신호를 보낸다는 것이 불가능한 광장이에요. 광장 주변의 건물들과 다른 요소들에 이름을 붙이고, 사람들이 자기 길을 찾게 하는 편이 낫다고 봤습니다. 여기서는 모든 방향으로 연결될 수 있기 때문입니다." 광장을 둘러싸고 있는 건물들과 터미널의 다른 부분들에 나 있는 출입구들, 그리고 철도역으로 내려가는 출입구는 보이지만, 어떤 방향으로 가라고 지시하는 화살표는 없다. 건축가들은 표지판이 아니라 광장의 구조 그 자체에 시각적인 단서를 달았다.

플라자의 바닥은 회색으로 칠해진 격자 형태가 서로 직각으로 교차하면서 두 가지 방향을 지시해 주는 모양으로 되어 있다. 한쪽 방향으로 따라가면 공항의 출입구에 도달하고, 다른 방향으로 가면 철도 터미널 입구가 나타난다.

지붕을 받치고 있는 기둥들은 통로를 형성하며, 지붕에는 바닥과 대각선으로 이어지는 줄무늬가 있다. 이는 "이 건물에서 통하는 세 방향"을 나타낸다. "두 방향은 터미널과 통하며, 철도 선로는 여기서 직각"이다. 벤트헴에게 플라자는 터미널과는 완전히 다른 건물이다. 터미널에는 표지판이 넘쳐나지만, 광장에는 그 자체에 암호화된 흐름을 담았다. "공항이 하나의 건물이기는 하지만, 승객들은 하나의 건물로 경험하는 일이 드뭅니다. 아주 큰 내부 공간으로 경험하죠. 그건 다른 문제입니다. 적절하게 방향을 잡을 수 있게 하려면 내부에 어떤 질서를 부여해야 하기 때문입니다. 우리가 플라자를 좀 다르게 설계한 이유도 그 때문입니다. 위층의 터미널과 완전히 대조되는 건물이에요. 일반적인 항공사 건물은, 특히 출입국 수속이 이루어지는 곳은 공항이라기보다는 항공사 건물입니다."

공항은 모빌리티를 처리하는 기계다. 위치나 정체성을 위한 공간이라기보다는 과정과 생성의 공간에 가깝다. 스히폴공항에서 건축, 정보기술, 기호는 서로 조화롭게 작동하면서 완벽한 기계를 탄생시켰다.

또 다른 거주 공간

공간은 다른 거주 방식의 지속적인 가능성이다.
_엘리자베스 그로스Elizabeth Grosz [47]

스히폴 공간은 글로벌 모빌리티를 낳는 접속 지점이며, 그 내부의 흐름으로 모빌리티의 새로운 계층화를 형성하는 곳이다. 공항은 특정한 사람들의 특정한 이동 행위를 가능하게 하거나 제약하기 위해서 만들어졌다. 하지만 스히폴을 적절하게 묘사하려면, 우리는 또 다른 모빌리티를 고려해야만 한다. 여기서 다룰 대상은 바로 노숙자들과 택시 운전사들이다.

노숙자

앤서니 비들러Anthony Vidler는 사진예술가 마사 로슬러가 찍은 공항 이미지들을 담은 에세이에서 이렇게 썼다. "공항은, 모든 여행객이 한

순간 실직자의 무력감에 사로잡히는 곳이다. 한때 탐사의 흥분과 스릴로 가득했던 이 공간은 교통의 흐름을 계산하고, 불안을 야기하는 뜻밖의 지연이 나타나며, 통제된 매커니즘으로 규제 받는 공간이 되었다"[48] 공항은 추상적인 공간이자 규제의 공간이며, 여기서 모빌리티는 면밀하고 조심스럽게 관리된다는 것이다. 그런 의미에서 보안 장치를 갖춘 공항은 "상가, 테마파크, 멀티미디어가 결합된 새로운 도박장처럼, 진짜 노숙자의 불안정한 존재를 몰아내고 특권적 유목민들의 간접적이고 일시적인 노숙을 환영하는 장소"다.[49]

그렇다면 스히폴공항이 보여 주는 가장 놀라운 면모 중 하나는 거기에 살고 있는 수많은 노숙자들이다. 터미널에 처음 들어가 앉은 지 몇 분도 되지 않아, 물건들을 잔뜩 집어넣은 커다란 가방을 들고 있는 노숙자가 다가왔다. 그는 담배를 한 대 달라고 했다. 그는 "이 근처에는 담배를 살 곳이 없어요."라고 중얼거렸다. 사실 담배를 파는 가게는 주위에 많았다. 예전에는 공항에서 노숙자를 본 적이 없어서 나는 깜짝 놀랐다. 그 후 며칠이 지나자 그 얼굴들에 익숙해졌다. 머리에 초록색 수건을 두른 흑인이 쓰레기통을 뒤적거린다. 입구 근처에 네 명의 노숙자가 진을 치고 있다. 혼잣말을 하는 사람들이 이상하게 움직인다. 나를 둘러싼 질서 있는 움직임의 감각과 어울리지 않는 풍경이었다. 표면상으로는, 공항은 이런 사람들을 위해 설계된 곳이 아니다. 나는 건축가 얀 벤트헴에게 이 문제를 어떻게 생각하느냐고 물어보았다. 알고 보니 벤트헴은 스히폴 플라자의 '공적 공간'다운 분위기를 상당히 자랑스럽게 여기고 있었다. "우리는 공공장소다운 분위기를 만들려고 많이 노력했어요. 공공 광장은, 공항의 정문은 이래야죠." 내가 노숙자들을 언급하자, 그는 미소를 지으면서 말했다. "네, 여긴 도시입니다. 여기는 공공 광장입니다. 공항 당국은 잘하고 있어요. 그 사람들은 이미 사업 목표를 바꿨어요. 공항 관리가 아니라 공항도시를 만드는 것으로요. 공항을 공항도시로 바꾸는 것만이 아니라, 공항 관리에 만족하지 않고 공항 주변에 이런 도시적인 성격과 기회를 부여하는 것을 자기들의 일이라고 보게 됐습니다." 벤트헴은 노숙자에 대한 관용도 도시적 성격의 일부라고 여겼다.

그렇다 하더라도, 스히폴의 노숙자들이 겪는 경험은 공항이 서비스를 제공하는 이동특권층이 겪는 경험과는 완전히 다를 것이다. 노숙자들은 공항을 어떻게 받아들이고 있을까?

나는 버거킹에 앉아 글을 쓰면서 공항의 노숙자들을 관찰했다. 대머리 흑인 남성 하나가 '금연'이라고 표시된 공공 좌석 구역에 앉아 태연하게 담배를 피웠다. 아무도 그에게 신경 쓰지 않았다. 그도 나처럼 사람들을 지켜보고 있는 것 같았다. 그는 여기저기로 돌아다니다가 쓰레기통 뚜껑을 들어올리고 그 속을 뒤적거리곤 했다. 한번은 잡지를 발견하더니 한 시간이 넘도록 그 자리에서 꼼짝 않고 온 세상이 그를 지나쳐가게 내버려 두면서 잡지를 읽었다. 아주 선명한 오렌지빛 코트를 입은 회색 머리의 덩치 큰 백인이 내 근처에 앉더니 콜라를 마시며 담배를 피웠다. 그는 이따금 사람들에게 어떤 손짓을 하며 큰 소리로 웃었다. 초록색 비닐봉지에서 텔레비전 리모컨을 꺼내 채널을 돌리는 척하기도 했다. 비행기를 기다리는 승객들이 그를 힐

끗 보면서 지나쳤다. 나는 그에게 술 한 잔과 버거를 권했다. 그는 열심히 더듬더듬 영어로 이야기했다. 따뜻하고 쉽게 올 수 있어서 공항에 자주 들른다고 했다. 그는 전망대에서 비행기를 구경하는 것을 좋아했다. 자신의 이름은 닉이라고 했다. 나이는 쉰 살쯤 되어 보였다. 양말도 신지 않았고, 이따금씩 별 이유 없이 머리나 손을 급히 움직였다. 갑자기 테이블 위에서 손가락으로 달리는 시늉을 하면서 내게 뭔가를 설명하려 하기도 했다. 버거킹은 노숙자들이 공항에서 가장 좋아하는 장소 중 하나였다. 비행기 시간이 급한 사람들은 음료, 감자튀김, 햄버거를 두고 일어난다. 노숙자들은 이런 기회를 노렸다. 테이블 청소를 해야 하는 (그리고 아마도 노숙자들을 감시하는 임무도 맡고 있을) 버거킹 직원이 다가오기 전에 움직여야 한다. 닉은 사람들이 일어나는 것을 보고 뛰어가서 포장지를 뒤졌다. 남은 버거와 펩시를 발견한 그는 네덜란드어로 혼자 무어라 중얼거리며 게걸스럽게 먹어치웠다. 카페인에 자극을 받았기 때문인지, 그의 몸짓과 말투가 점점 더 극적으로 바뀌었다. 꽤 어려 보이는 흑인 남성인 버거킹 직원이 그에게 조심스럽게 다가가더니 주변의 쓰레기들을 의도적으로 치우기 시작했다. 그는 잠깐 물러났다가 다시 와서는 닉의 발 아래쪽을 빗자루로 청소했다. 그 버거킹에서 이런 대우를 받는 사람은 닉밖에 없었다. 닉은 가끔 직원에게 팔을 휘둘러 댔고, 머리를 흔드는 동작도 점점 더 심해졌다. 아무도 볼 수 없는 누군가에게 말을 하고 있는 것 같았다. 결국 더 고참으로 보이는 직원이 나와서 그에게 나가라고 말했다.

스히폴공항은 확실히 노숙자들을 관대하게 대하는 편이었지만, 닉의 신체 동작은 이 정도까지라면 머물러도 좋다는 당국과 노숙자들 사이의 일종의 협약을 뛰어넘었다. 갑작스럽게 머리를 흔들고 팔을 휘두르는 닉의 동작이 그 선을 넘으면서 버거킹 위계질서의 제재를 불러온 것이다. 그의 움직임은 불편과 불안을 야기했다.

나는 버거를 권하면서 흑인 노숙자 제임스와 말을 텄다. 그는 수다스럽고 감정이 풍부했으며 영어를 아주 잘했다. 10년 전, 제임스는 네덜란드 식민지였던 퀴라소에서 암스테르담으로 이주하여 가족과 함께 살면서 새로운 삶을 살아 보려고 했다. 그때 처음으로 스히폴공항을 경험했다. 이제 제임스는 아내와 자식들하고 떨어져 사는 노숙자가 되었고, 거의 대부분의 시간을 공항에서 보낸다. 파노라마 전망대 근처에 있는 터미널 2의 한 구석에서 낮에 잠을 잔다. 자정에서 새벽 4시 사이, 티켓 없는 사람들이 건물에 출입할 수 없게 되면, 암스테르담행 기차를 타고 홍등가에서 "사람들을 구경하며 즐거운 시간을 보낸다." 공항과 도시 사이는 아주 가까워서 아무도 표를 확인하지 않기 때문에 기차를 타기 쉽다. 그는 공항이 자기에게 아주 좋은 곳이라고 했다. 경비원들은 귀찮게 굴지 않는다. 여기에는 친구들도 있다. 급하게 움직이는 사람들이 남기고 간 음식, 온기, 쉼터, 읽을거리가 아주 많다. 아무도 그에게 이래라저래라 하지 않는 데다가 시끄러운 음악을 연주하는 사람도 없어서 자유를 느낀다. 그는 자기의 꿈도 여느 사람들처럼 좋은 집과 차, 큰돈을 모으는 것이라고 했다. 퀴라소로 돌아가는 것이 꿈이지만 더운 날씨는 싫다. 그는 내게도 질문을 던졌다. 아이들은 있는지, 영국에서 사는 건 어떤지 등을 물었다. 또 내가 왜 공항과 노숙자에 관심을 기울이는지를 궁금해했다. 그는 노숙자들이 공항을 좋아하는 이유가 분명하다고 이야기해 주었다. 공항은 따뜻하고, 눅눅하지 않으며, 흥미로운 공간이다. 잠잘 곳을 찾기도 쉽다. 그는 별별 일을 다 겪어 본 사람 같았다.

미셸 세르Michael Serres는《천사들의 전설: 현대의 신화》에서 노숙자를 이렇게 묘사한다.

도시의 외곽, 교외에 지어지는 공항은 우리가 '시외'라고 부르는 곳, 일종의 유배지다. 쫓겨나서 끄트머리, 아래, 바깥까지 밀려나면 여기가 끝이다. 이는 거의 자연의 법칙에 가깝다. 여기에 온 그들은 축축하지 않은 벤치에서 일반 여행객들처럼 잘 수 있다는 걸 발견하고 놀란다. 그들의 움직임은 도착하거나 떠나는 승객들처럼 결코 멈추지 않는다. 잠시 머물고, 그러다 이동한다. 다른 모든 사람들처럼 말이다.[50]

쉴 곳이 있고 따뜻하다는 분명한 이유 말고도, 노숙자가 공항터미널에서 비교적 편안하게 지내는 다른 이유들도 있다. 공항에서는 큰 가방을 들고 다니는 사람들을 아무도 신경 쓰지 않는다. 잠자는 사람들도 쉽게 찾아볼 수 있다. 공항이라는 공간은 비정상적인 활동(적어도 보안을 위협하지 않는 활동)이 허용되는 일종의 한계 공간liminal space일 것이다. 노숙에 대한 좋은 통찰을 보여 준 킴 호퍼Kim Hopper는 "밤이 되면 공항은 특별한 장소가 된다"고 했다. "미국 그 어느 곳에서도 일반 시민들이, 캐주얼한 복장을 하고 가방을 들고 약간 지쳐 보이는 모습을 한 이런 사람들이, 지나가는 사람 모두에게 노출된 곳에서 밤새 잠을 청하지는 않을 것이다. 깨끗하고 단정하게 옷을 입은 노숙자라면 일시적으로 공항에서 잠을 청하는 사람들과 전혀 구분되지 않는다."[51] 게다가 노숙자들이 흔히 그러듯이, '합법적인' 여행자들도 가방에 있는 물건들을 죄다 꺼내 놓고 뒤적거리거나 정리하면서 자기 소지품을 사람들의 구경거리로 만드는 곳이 공항이다.

스히폴공항 노숙자들을 구체적으로 설명해 주는 자료는 아직 없다. 레온 데벤Leon Deben은 수년간 암스테르담의 노숙을 연구했다. 그는 1995년부터 2년마다 노숙자 인구조사를 시도했고, 스히폴공항에서 수많은 노숙자들이 잠을 잔다는 이야기를 들었다. 1999년에는 스히폴이 도시 바깥에 있긴 하지만 조사에 포함시켰다. 15명에서 20명의 노숙자들이 목격되었다. 공항의 노숙자 상황이 '그렇게 나쁘지는 않다'고 믿게 만들 만한 숫자였다.[52] 2001년에는 어떤 노숙자가 정기적으로 터미널에서 잠을 자는 노숙자들은 마흔 명 정도라는 정보를 데벤 팀에 알려 주었다. 뉴스에서는 100에서 200명 정도의 노숙자들이 스히폴에 있다고 한다. 데벤은 쉴 곳과 음식을 찾는 노숙자들이 공항을 선호하는 것은 합리적인 선택이라는 호퍼의 의견에 동의한다. 2001년에는 한 노숙자가 입국장 화장실에서 화재를 일으켰다고 의심 받아, 당국이 자정 이후에 티켓이 없는 사람은 화장실을 이용할 수 없게 했으나, 공항 내 노숙자들의 수는 계속 증가했다. 데벤은 "스히폴은 그들에게 매력적인 장소"라고 말한다. "스히폴은 눅눅하지 않고 따뜻하며, 여러 물건들도 얻을 수 있는 곳이다. 여행객들은 전화 카드, 기차표, 심지어 대마초까지 버린다. 눈치 빠른 노숙자들은 이런 물건들을 잘 챙긴다. 예컨대 그들은 기차표를 들고 자정 이후 합법적으로 위트레흐트, 로테르담, 헤이그로 여행한 다음, 잠시 커피를 마시며 휴식 시간을 가지고, 새벽 4시경 스히폴로 돌아오기 전에 잠깐 눈을 붙인다."[53] 데벤의 제자인 프랭크 그루트Frank Groot는 참여 관찰을 맡아 스히폴공항에서 몇 달을 보냈다. 그는 공항을 정기적으로 이용하는 노숙자 28명과 접촉했다. 그중 절반은 항상 여기에 있었다. 23명은 남성, 5명은 여성이었다.[54] 그는 공항에서만 가능한 창의적인 전략을 포착했다. 어떤 노숙자는 커다란 메모를 옆에 붙여 놓고 잠을 자곤 했다. "오후 10시에 깨워 주세요. 비행기를 타야 합니다."

택시 운전사

노숙자들만이 스히폴공항의 초대 받지 못한 손님인 것은 아니다. 터미널에서는 15분마다 이런 안내방송이 나왔다. "비공식 서비스를 제공하는 택시는 이용하지 마시길 바랍니다. 공식 택시 승차장을 이용하십시오." 비공식적인 택시 운전사들에게 흥미를 느낀 나는 택시를 타고 운전자들에게 물어보기로 했다. 금방 작업에 착수할 수 있었다.

백인 50대 운전사가 모는 택시를 잡아탔다. 그는 내게 열심히 상황을 설명해 주었다. 그의 택시는 특별한 '스히폴 택시'였다. 회사가 스히폴에서 승객을 태울 수 있는 면허 비용으로 매달 400유로 정도를 지불한다는 뜻이다. 공항에서 보통 얼마나 기다려서 손님을 태우는

지 물어보았다.

운전기사 1: 너무 오래 기다려야 할 때도 있어요.

나: 그래요?

운전기사 1: 택시가 너무 많으니까요.

나: 아, 그렇군요.

운전기사 1: 저희는 스히폴 택시지만, 우리 정부는 자꾸 더 경쟁을 부추켜요.

나: 그렇군요. 그럼 비공식 택시도 있나요?

운전기사 1: 어, 그래요. '바퀴벌레' 말이군요.

나: 바퀴벌레요?

운전기사 1: 바퀴벌레들은 스히폴 택시처럼 100퍼센트 자격을 갖춘 건 아닙니다.

나: 하지만 합법인가요?

운전기사 1: 네, 합법적입니다. 아시다시피.

나: 네.

운전기사 1: 하지만 우리는 공항에 엄청나게 많은 돈을 내고 있어요. 바퀴벌레라고 불리는 택시들의 경우에는 승객만 냅니다. 차 안의 송수신 장치로 그 일이 이루어져요.

운전기사 1: 또 다른 문제는 스노데르snorder예요.

나: 스노데르요?

운전기사 1: 그건 완전히 불법입니다. 왜냐하면 스노데르들은 입국장에 가서 승객들을 자기 택시나 개인 승용차에 태우려고 해요. 영어에도 이런 사람들을 가리키는 표현이 있을 거예요. 완전히 불법입니다.

나: 해적 말이군요? 흥미롭네요. 공항에서 택시를 타라고 하는 사람들을 무시하라는 안내방송이 나오더라고요.

운전기사 1: 그 사람들은 주로 외국 국적을 가진 외국인들이에요. 모로코인처럼요.

다음에 탄 택시도 백인 남성 택시 운전기사가 몰고 있었다(여성 택시 운전기사는 보지 못했다). 지역신문에서 택시 전쟁에 관한 기사를 읽었는데 그게 무슨 뜻이냐고 물어보았다.

운전기사 2: 택시 전쟁, 맞아요. 벌어지고 있죠.

나: 그게 무슨 뜻이죠?

운전기사 2: 그건 스노데르 얘깁니다. 스히폴에는 합법, 비합법 택시들이 너무 많아요. 자격증이 꼭 있어야 합니다. 우리는 우리 권리를 지키기 위해 공항에 많은 돈을 내고 있어요.

나: 그럼 스히폴에 얼마를 내나요?

운전기사 2: 한 달에 400유로 정도요.

나: 어유, 정말 많군요.

운전기사 2: 스히폴에서 허가증을 받으려면 메르세데스 200E 정도의 차는 있어야 해요.

나: 그 말을 듣고 깜짝 놀랐습니다. 그 차는 정말 좋은 차예요. 런던에서는 구하기도 어려워요.

운전기사 2: 15년 된 토요타 같은 차는 운행할 수 없게 되어 있다니까요. 말도 안 돼요.

나: 맞습니다.

운전기사 2: 그 차로 정부에서 증명서를 받아도 그 차를 몰 수 없어요. 차가 깨끗하지 않아서라나요. 100퍼센트 안전하지 않대요. 승객들에게 거짓말을 하는 거라고요.

나: 네, 맞아요.

운전기사 2: 암스테르담에서 택시를 타면, 십중팔구 해외에서 온 사람들이 운전대를 잡고 있다는 걸 알게 될 거예요. 예전에는 암스테르담에 택시가 2,500대 있었는데 지금은 4,000대예요. 어떤 상황인지 아시겠지요?

공식적인 허가를 받아 메르세데스를 모는 백인 스히폴 택시 운전사들과 오래된 도요타를 몰면서 이 시장에 새로 끼어든 운전사들 사이에는 엄청난 긴장이 있다. 영어로 번역하기 어려운 스노데르snorder라는 은어는 택시 운전사들이 허가 없이 운행하는 불법 택시 운전자들(대부분 이주민이다)을 가리키는 말이다. 소위 바퀴벌레나 스노데르로 불리는 이민자 택시 기사들을 간신히 찾아낼 수 있었다. 그들은 메르세데스는 아니어도 상당히 깨끗하고 새로 뽑은 듯한 자동차에서 완벽한 서비스를 제공했다. 한 운전사는 11년 전에 터키에서 암스테

르담으로 왔다고 했다. 이스탄불에서도 택시를 운전하다가 여자친구
와 결혼하려고 암스테르담으로 이사한 그는, 터키 이민자 사회의 도
움을 받아 일자리를 수소문하다가 택시를 몰기로 결정했다. 그는 자
기 가족들도 영국, 미국, 스페인에서 택시를 운전한다고 했다. 또 다
른 터키 출신 운전자는 네덜란드어, 영어, 터키어, 약간의 프랑스어를
구사했다. 그는 암스테르담에 5년 동안 있었는데, 런던으로 옮겨 가
서 삼촌네 식당에서 일할 계획이었다. 분명히 이 운전자들은 상당히
정교하고 광범위한 탈국가적 가족 네트워크에 속해 있었다. 또한, 직
업과 장소를 바꾸며 이동할 수 있을 만큼 상당히 큰 모빌리티를 지닌
것처럼 보였다.

　노숙자와 택시 운전사들 이야기가 공항과 무슨 관계가 있는가? 여
기서 핵심은, 서로 다른 모빌리티 네트워크와 경험이 특정 장소에서
교차하는 방식이다. 장소 없는 장소나 비장소라는 은유적인 표현에
기대어 공항을 파악하는 것은, 공항을 거주 불가능하고 실체 없는 순
수한 움직임의 공간으로 보는 것이다. 마찬가지로, 공항을 계급이 없
고 탈국가적인 멋진 신세계의 표상이라고 보는 시각은 글로벌 유목
주의를 무비판적으로 받아들이는 태도다. 모든 사람이 거의 같은 방
식으로 움직인다고 보는 것이기 때문이다. 움직이는 사람과 움직이
지 않는 사람의 차이가 분명할 때조차, 우리는 모빌리티 경험들의 다
양성을 쉽게 놓치곤 한다. 《네트워크 사회The Network Society》에서 마누
엘 카스텔은 이렇게 말한다.

간단히 말해서 엘리트들은 코스모폴리탄이며, 그렇지 않은 사람들
은 지역민이다. 권력과 부의 공간이 세계 곳곳에 만들어지고 있지만,
사람들의 삶과 경험은 장소, 문화, 역사 속에 뿌리를 두고 있다. 그러므
로, 사회조직이 특정한 장소의 논리를 능가하는 탈역사적인 흐름에 기
반을 두게 될수록, 세계적 권력 논리는 역사적으로 특수한 지역/국가
사회의 사회-정치적 통제에서 점점 더 벗어나게 된다.[55]

카스텔은 분명히 어떤 모빌리티와 다른 모빌리티 사이의 연관성
을 인식하고 있다. 그러나 엘리트만이 코스모폴리탄이라는 단언은
이동 하위계층의 코스모폴리탄적 면모를 파악하지 못한 것이다. 이
동특권층들은 여행하는 모든 곳에서, 카스텔이 말한 비즈니스 여행
자들의 화려함과는 거리가 먼 생활을 하는 이동노동자들의 서비스
를 받는다. 택시를 운전하고, 방을 청소하고, 아이들을 돌보는 이 사
람들도 역시 이동하며, 역시 코스모폴리탄이다. 현대 이론에서 떠받
들어지는 유목민은 모두 비슷한 행위능력을 갖고 있는 것으로 간주
된다. 그 때문에 모빌리티 경험 안의 여러 차이들은 묵살되곤 한다.
공항 밖에서는 스노데르들이 메르세데스가 아닌 도요타를 몰고, 공
항 안에서는 노숙자들이 이동특권층들과 나란히 움직인다. 지그문트
바우만은 세계화 속의 모빌리티들을 모빌리티의 양쪽 극단인 이동하
는 두 형상으로 은유했다. 바로 부랑자와 관광객이다. 바우만은 우리
가 사는 세계화된 사회 역시 다른 사회와 마찬가지로 계층화되어 있
다고 보았다. 우리는 '모빌리티의 정도'에 따라 나뉜다.[56] 그러나 모빌

리티의 정도만이 아니라, 모빌리티 경험의 본질이 중요하다. 이동의 위계질서 속에서 높은 위치를 차지한 이들은 "자기의 욕망에 따라 여행하며 삶을 즐기고 기쁨을 얻을 수 있는 장소를 고른다. 낮은 위치에 속한 이들은 그들이 머물고 싶어 하는 장소에서 계속 쫓겨난다."[57] 부랑자와 관광객은 모두 이동하지만, 서로 다른 경험 세계에 속한다. 글로벌 이동특권층은 제약이 점점 사라지는 세계에 살고 있지만, 이동 하위계층에 속한 이들은 스스로 선택하지 않은 이동의 세계에 내몰리거나 바우만의 표현처럼 "그들을 가두는" 공간에 묶여 있는 경우가 많다. 이 공간은 사라지지 않는다. 고통스럽게 극복할 수밖에 없는 곳이다.

첫 번째 세계의 거주자들, 즉 코스모폴리탄들, 탈영토화한 세계에 사는 글로벌 비즈니스맨들, 글로벌 문화 관리자, 글로벌 학자들은 세계적 상품, 자본, 금융의 요구에 따라 해체된 국경을 손쉽게 넘나든다. 두 번째 세계의 거주민들에게는 이민 제한, 주거 관련 법률, '깨끗한 거리'와 '불관용' 정책이 쌓은 벽이 점점 더 높아진다. 그들이 욕망하고 구원이 일어나리라 기대하는 곳과 지금 머무는 곳을 가르는 늪이 점점 더 깊어진다. 첫 번째 세계의 거주민들은 제 뜻대로 여행하며 마음껏 즐거움을 누린다. 상대를 회유하거나 뒷돈을 주면서 이동하고, 사람들은 미소 짓고 두 팔 벌려 이들을 환영한다. 두 번째 세계의 거주민들은 남몰래, 불법적으로, 금방이라도 가라앉을 것 같은 배에 올라타 사람들로 꽉 찬 선실에 들어가려고 화려한 비즈니스 클래스 티켓을 끊는 것보다 더 많은 돈을 지불하기도 한다. 그들이 목적지에 도착하면 사람들은 눈살을 찌푸린다. 운이 없으면 체포되거나 즉시 추방된다.[58]

이동특권층은 제 뜻대로 움직인다. 그들은 모빌리티에서 쾌락을 느끼고 모빌리티를 자유로서 경험하나, 이동 하위계층인 부랑자들은 이동이 제한되거나 쫓겨나며 모빌리티를 생존으로서 경험한다. 바우만이 강조하는 바는 글로벌 모빌리티의 무수한 경험들이 서로 다르다는 것만이 아니다. 여행객과 부랑자는 동일한 논리에 얽매여 있다. 세계화는 호화로운 흐름의 공간 속에 사는 이동특권층의 꿈, 욕망과 밀접하다. 그리고 그들은 이동 하위계층의 서비스를 필요로 한다. 부랑자 없이는 관광객도 없다.

결론

결론적으로 스히폴공항을 통해 우리는 다섯 가지 중요한 지점을 확인할 수 있다.

첫째로, 히드로공항이나 파리공항처럼 스히폴공항은 제1세계를 멀리 떨어진 옛 식민지들과 연결시키고 그 거리를 좁혀 준 글로벌 항공 연결망에서 중요한 접속 지점이다.

둘째, 스히폴은 유럽 대부분이 자유로운 이동 공간으로 구성되게 만들어 주는 지역적 장소다. 그러나 외부에서 오는 사람들은 더 면밀하게 감시된다. 고대 중국의 도시들이 우주의 축소판 모형으로서 설계되었듯이, 스히폴은 수용 가능한 모빌리티와 수용 불가능한 모빌리티를 구분하는 유럽의 축소판이다. 셋째, 스히폴은 모빌리티를 처리하는 기계이면서, 그 안에 유령들을 품고 있다. 네덜란드령 안틸레스 제도에서 살다가 몇 년 전 비행기로 스히폴에 도착한 어떤 이는 이제 노숙자로 스히폴에서 산다. 애인과 결혼하려고 스히폴에 도착했던 터키인은 공항을 오가는 이동특권층을 실어 나르는 택시 운전사가 되었다.

넷째, 스히폴공항에서는 여러 가지 모빌리티가 발생한다. 따라서 공항은 분명히 이동의 장소이지만 손쉽게 메타포가 되는 곳은 아니다. 공항을 비장소나 새로운 탈국가적 유토피아라고 보면 복잡하게 얽힌 여러 층위를 간과할 수 있다. 모빌리티 정치에 주목할 때, 우리는 모빌리티를 찬양하는 일반적인 태도를 공항에 적용하기가 힘들다는 점을 점차 깨닫게 된다. 스히폴은 복잡한 공간이다. 여기서는 매일같이 다양한 움직임이 뒤엉키는 난해한 '장소-발레place-ballet'가 펼쳐진다. 공항은 이동특권층의 생활세계에서 일부분을 차지하는 장소만이 아니라, 쉼터이자 생계의 터전이다. 이동특권층에게 서비스를 제공하는 사람들은 시차적응에 시달리는 비즈니스 클래스 승객들만큼이나 매 순간 코스모폴리탄인 사람들이다. 이 승객들은 방을 정돈하고 택시 운전을 하고 음식을 요리해 주는 사람들을 필요로 한다.

마지막으로, 여기가 파리나 런던, 시카고가 아니라 스히폴이라는 사실이 중요하다. 메타포로서의 공항은 어디든 있을 수 있는 등가적인 장소, 즉 비장소처럼 보인다. 그러나 분명히, 스히폴은 다른 장소들과 마찬가지로 특정한 장소에 위치해 있고 그 자체의 역사와 연결 고리들을 지니고 있다. 스히폴의 지리적 위치는 여기서 만들어지는 모빌리티 경험에 차이를 부여한다. 이는 스히폴과 바타비아의 연결, 공항이 갖는 셍겐 공간으로서의 역할, 퀴라소 출신의 노숙자가 매일 매일 여기에서 살아간다는 사실 등에서 잘 드러난다. 스히폴은 글로 벌한 흐름의 공간 속에 있는 접속 지점일 수도 있지만, 여전히 스히폴 공항이라는 독특한 장소로 남아 있다.

　이 모든 중요한 지점들은 현대 서구의 믿을 수 없을 정도로 복잡한 모빌리티가 갖는 본질을 지적한다. 이 책의 여러 부분에서 우리는 움 직이는 신체, 모빌리티에 대한 사회적 내러티브, 의미를 둘러싼 논쟁, 지배, 저항, 순응, 위반에 주목했다. 이 모든 것은 스히폴공항과 같은 장소에서 복잡하게 서로 얽혀 있다. 이러한 장소에서는 모빌리티 권 리의 개념, 수용 가능한 것과 수용 불가능한 것에 대한 사회적 내러티 브, 점점 더 정교해지는 모빌리티 기술 등과 신체 움직임이 긴밀한 관 계를 맺는다.

　스히폴공항은 사람들이 움직이는 방식이 놀랄 만큼 창의적이라는 것을 분명하게 보여 준다. 노숙자들과 불법/합법의 경계를 넘나드는 택시 운전사들은 받아들여질 수 있거나 기대되는 방식과는 다르게 움직이는 복잡한 방식을 실천했다. 동작 연구의 대상이 된 노동자들 도 그들의 시간과 움직임을 연구한 사람들의 기대에서 벗어나는 방 식으로 일을 계속했다. 런던의 댄서들은 빅터 실베스터의 노력에도 불구하고 계속 괴상한 스텝을 밟았다. 로스앤젤레스의 버스 이용자들은 미국 도시 내 모빌리티 이데올로기를 두고 불편한 질문을 연달아 던지고 있다. 여성참정권 운동가들은 남성들이 그들의 행동에 충격을 받든 말든 자동차를 몰고 길에 뛰어들었다. 모더니티 속에서의 모빌리티 이야기는 곧 창의성의 이야기다. 가상적이고 이상적인 모빌리티는 여전히 만들어지고 있고, 육체를 지닌 실제 사람들은 계속해서 순응하기를 거부한다.

에필로그

허리케인

2005년 8월 29일, 4등급 허리케인 카트리나는 시속 150마일로 돌진하여 루이지애나 해안을 강타했다. 거대한 해일이 밀려와 뉴올리언스의 제방을 무너뜨렸고 도시의 80퍼센트가 침수되었다. 1천 명 이상이 사망했고, 수십만 명이 집을 잃었다. 피난처도 식량도 없었던 뉴올리언스 주민들은 미국 남부 여러 곳으로 대피했다. 홍수 예보에 따라 시 전체에 대피령이 내려졌다. 9월 초순, 수면 위로 인간들의 삶이 만들어 낸 쓰레기들이 떠올랐고 이와 함께 인종, 빈곤, 모빌리티 문제도 수면 위로 드러났다. 카트리나 이후, 나와 같은 미디어 시청자들은 도시에 갇힌 가난한 흑인들의 이미지가 물밀듯이 쏟아져 들어오는 화면을 접해야 했고, 그 풍경 속에서 백인들은 찾아보기 어려웠다.

모빌리티 빈곤층

뉴올리언스 인구의 85퍼센트가 허리케인이 강타하기 전에 떠났을 것으로 추정된다. 백인 거주자 대다수가 여기에 포함되었다. 대피 명령은 대부분의 경우 자가용을 이용해 스스로 움직일 수 있는 사람들에게 해당되었다. 사람들이 한꺼번에 대피해야 했을 때, 버스와 기차 운행은 취소되었다. 미디어에 자주 등장한 이미지 하나는 지붕까지 물이 들어찬 상태에서 1백여 대의 스쿨버스들이 질서정연하게 주차되어 있는 모습이었다. BBC 라디오는 허리케인 시기에 그 지역에 머물렀던 주민들(대부분 흑인이었다)과의 인터뷰를 보도했다. 기자들은 왜 떠나지 않았느냐는 질문을 반복했고, 주민들은 이 의심 많은 기자들에게 자신들은 떠날 형편이 안 되고, 차도 없고, 갈 곳도 없다고 거듭 대답했다. 자동차 모빌리티는 미국인의 삶과 미국문화의 중심이다. 미국인이라면 차를 가져야 한다. 자동차 산업에 대한 지원은 계속 늘어난 반면, 대중교통에 대한 보조금 지급과 세금 혜택은 꾸준히 감소했다.[1] 이 책 전반에 걸쳐 여러 번 강조했듯이, 어떤 종류의 모빌리티 생산은 결과적으로 다른 모빌리티의 성장을 막는다.

《뉴욕타임스》에 따르면 허리케인이 발생하기 전, 재난 대비 비상계획을 수립할 때 모빌리티가 충분히 갖춰지지 않은 사람들에 대한 대책이 지적되었다.

뉴올리언스주의 대피 계획 컨설턴트를 맡았던 브라이언 울슨 루이지애나 주립대 공과대학 교수는 뉴올리언스의 '저低모빌리티' 인구에 대한 대비가 충분하지 않았다고 털어놓았다. 자동차나 다른 탈주 수단이 없는 노약자와 빈민층은 10만여 명에 달했다. 그가 재난 대비 계획 회의에서 이 문제를 지적했을 때, "돌아온 것은 침묵이었다."[2]

뉴올리언스에서 모빌리티를 갖추지 못한 사람들 대부분은 흑인이었다. 미국 역사에서 흔히 볼 수 있듯이 인종의 정치와 모빌리티의 정치는 함께 나타난다. 진보지《마더 존스Mother Jones》의 칼럼니스트에 따르면,

그날 밤 많은 사람들은 이런 상황이었다. 폭풍과 홍수를 피해 달아나게 해 줄 차도, 트럭도, SUV도, 그 어떤 교통수단도 없었다. 뉴올리언스 비상 대책 가이드가 추천한 '재난 대비 응급 키트'를 개봉할 '추가 키'도 없었다. 국토안보부가 제시한 핵심 대피 준비 단계인 '차의 연료 탱크를 항상 절반쯤 채워 둘 것'도 지킬 수가 없었다.[3]

인종 문제를 모빌리티 문제로 바꿔서 이 위기에서 인종적 색채를 지우려는 시도도 있었다. 경전철 개발에 반대하고 자동차 모빌리티를 지원하는 우익/자유주의 단체인 아메리칸드림연합 소속의 랜달 오툴이 허리케인 카트리나를 두고 《하와이 리포터》지에 기고한 기사가 그런 예다.

뉴올리언스가 다른 미국 도시들보다 재난에 더 취약했던 이유는 자동차 소유율이 낮았기 때문이다. 2000년 인구조사에 따르면, 뉴올리언스 가구의 약 3분의 1이 자동차를 소유하고 있지 않다. 이는 자동차를 소유하지 않은 가구가 10퍼센트 이하라는 전국 통계와 비교된다. 인종별로 상당한 차이가 있다. 흑인 가구의 35퍼센트, 백인 가구의 15퍼센트가 자동차를 소유하고 있지 않다. 그러나 어쨌든, 안전과 재난의 차이를 만든 것은 인종이 아니라 자동차 소유 여부였다.[4]

미국 인구조사국에 따르면, 뉴올리언스의 7만 7천 가구 이상이 개인 교통수단을 갖고 있지 않았고, 카트리나가 도시를 덮쳤을 때 약 20

만 명의 사람들이 도시를 빠져나갈 즉각적인 수단이 없었다. 뉴올리언스시는 이런 현실을 잘 알고 있었다. 레이 나긴 시장은 1년 전, 허리케인이 발생하더라도 자동차 이용이 불가능한 사람들을 대피시킬 방법이 없으므로 도시 대피 명령을 내릴 수 없다고 발언한 적이 있었다. 뉴올리언스 비상사태 대비 가이드에는 "교통수단이 부족한 주민들을 돕기 위해 지역 교통을 동원할 것임"이라고 씌어 있는데도 말이다.[5] 뉴올리언스든 다른 곳이든, 대피 계획은 아주 단순했다. 미국 시민은 모두 차를 소유하고 있다는 가정에 기댄 것이다. 여기서 그들의 모빌리티는 그저 자동차 모빌리티일 뿐이다. 《마더 존스》는 델라웨어대학의 재해연구 센터장인 하비단 로드리게스가 뉴올리언스 대피 계획에는 자동차 소유 데이터가 반영되지 않았다고 인터뷰한 기사가 보도되었다. 차가 없는 사람들이야말로 긴급 대피 계획의 중심에 있어야 했다. 로드리게스에게 뉴올리언스 참사가 상기시키는 가장 가슴 아픈 이미지는, 100여 대의 스쿨버스들이 침수되어 지붕만 수면 위로 드러난 사진이다. 이 사진은 홍수로 불어난 물이 얼마나 깊은지를 말해 주는 이미지로 여겨졌지만, 로드리게스는 이 사진이 우리가 놓친 기회를 암시한다고 보았다. 이 버스들은 대피에 사용되었을 수도 있다. 당국은 사적인 자동차 모빌리티에 근거한 모빌리티 모델이 아니라 공적 필요에 기반한 모빌리티 모델에 따라 대피 계획을 마련했어야 했다.

자동차 없는 사람들이 허리케인 카트리나의 피해를 가장 많이 입었다는 주장은 재난의 인종정치적 성격을 부정하는 데 활용되었다.

이 주장에서 모빌리티는 사회적 내용이 없는 것처럼 상정된다. 모빌리티에서 인종을, 그리고 계급과 연령을 삭제하는 것은 말이 되지 않는다. 로스엔젤레스의 버스승객조합(6장 참조)은 교통계획자들이 인종과 교통을 분리하려 든다는 문제 제기를 자주 했다. 이 둘은 쉽게 나눌 수 없다는 것이 버스승객조합 측의 주장이었다. 미국의 민권운동에서는 인종정치와 모빌리티정치(특히 대중교통과 관련된 모빌리티)가 나란히 존재했다. 짐 크로우 법과 로자 파크스를 생각해 보면 쉽게 이해할 수 있다.* 대피하지 못한 뉴올리언스 주민들은 대중교통에 주로 의존하는 사람들이었고, 압도적으로 흑인이 많았다. 뉴올리언스 중심부에서 자동차가 없는 인구는 히스패닉을 제외한 백인의 5퍼센트, 그러나 흑인의 경우는 27퍼센트였다.[6] 노인과 청소년층은 비슷하게 대중교통에 의존했다. 뉴올리언스 보도사진 중 최악의 장면은 홍수가 밀어닥쳤을 때 방치된 노인병원 환자들의 모습이었다. 이 중 많은 사람들이 사망했다. 허리케인 카트리나에 뒤이어 발생한 인재 人災가 인종·나이·계급과 관련이 없고 오로지 자동차 소유 여부에 따른 결과라고 말하는 것은 모빌리티가 철저하게 사회적인 것이라는 사실을 회피하는 행위다.

---

* 짐 크로우 법Jim Crow laws은 노예해방 이후인 19세기 중후반부터 20세기 중반까지 존속한 차별적인 인종 분리 조례를 의미한다. 흑인 여성 로자 파크스Rosa Parks는 1955년 앨라배마 주 몽고메리에서 백인에게 버스 자리를 양보하지 않았다는 이유로 인종 분리 조례에 의거해 경찰에 체포되었다. 그녀는 이 사건을 촉매 삼아 전국으로 확대된 민권운동의 상징적인 인물이 되었다.

여행객/난민/피난민

'모빌리티 빈곤층mobility poor' 문제만이 2005년 9월 초순, 수면 위로 떠오른 유일한 모빌리티 정치는 아니다. 홍수가 일어나자 뉴올리언스 주민들과 일부 영국 관광객들은 뉴올리언스 슈퍼돔으로 몸을 피했다. 슈퍼돔은 도시를 떠나지 못한 많은 사람들을 위한 안전지역으로 지정된 상태였다. 많은 언론 보도들은 슈퍼돔을 단테의《신곡》지옥편에나 나올 법한 죽음과 강간과 오물이 넘쳐나는 디스토피아로 그려 냈다. 여러 보도에 따르면, 밤에 미군이 들어가 관광객들이 안전한지 확인하고 집으로 돌려보내기 위해 이들을 데리고 나왔다고 한다. 분명히 '관광객tourist'은 특별 대우를 받아야 할 부류처럼 보인다. 그러나 당시 슈퍼돔에 있던 사람들 모두 비슷한 도움과 안전을 필요로 했다. 관광객들은 따로 분리되어 이전에 머물던 고급 호텔로 안내된 후 본국으로 떠났다.

뉴올리언스는 관광객들이 즐겨 찾는 곳이다. 관광객들은 프렌치쿼터에 들러 재즈와 블루스와 알코올에 취한다. 2004년 뉴올리언스시에 49억 달러를 안겨 준 관광산업은 이 도시에서 두 번째로 많은 사람들이 일하는 직종이었다.[7] 이 도시의 번영은 여러 측면에서 모빌리티에 좌우되었다. 따라서 뉴올리언스 역사상 가장 큰 규모의 도시대중교통 인프라 투자가 관광객 중심의 노면전차 노선에 편중된 것도 그리 놀랄 일은 아니다. 2005년 8월까지 관광객들이 많이 이용하는 노선에는 1억 6천만 달러가, 그리고 다른 노선에는 1억 2천만 달러가 투입될 계획이었다. 2004년 5월, 노먼 미네타 교통부 장관은 뉴올리언스를 방문하여 카날 스트리트 전차 노선의 개통을 축하했다. 그는 이 노선을 만든 민관협동 재정계획에 찬사를 보냈다. 버스 노선을 전차로 교체하면 "환경이 개선되고 경제발전을 촉진하고 관광산업을 고취"할 수 있을 것이다.[8]

"사람들이 이동하기 쉬워지고 관광객들도 좋아하겠지만, 지금 제 뒤에 있는 이 전차들은 뉴올리언스의 경제발전을 위해서 특히 중요합니다. 경제발전은 사람과 물건을 안전하게 효과적으로 이동시키는 이 도시의 능력에 달려 있습니다. … 여러분이 해낸 이 성취는, 매일매일 뉴올리언스를 움직이게 만들 것입니다."

장관의 말에는 큰 어폐가 있다. 전차는 관광객을 끌어들이기에 좋고 그 노선 근처에 사는 사람들에게 편리함을 제공하지만, 무엇보다 사람들의 안전이 중요한 상황에서 사람들을 안전하게 이동시키는 용도로는 전혀 쓸모가 없었다. 미네타 장관은 웃으며 이렇게 덧붙였다. "경기회복이 의미하는 바는 미국인들이 일하기 위해, 즐기기 위해 다시 여행한다는 것입니다. 뉴올리언스는 이 사람들의 목적지가 될 것입니다." 지그문트 바우만의 은유적인 관광객은 "제 뜻대로 여행하며 마음껏 즐거움을 누린다. 상대를 회유하거나 뒷돈을 주면서 이동하고, 사람들은 미소 짓고 두 팔 벌려 이들을 환영한다."[9] 실제로도 노면전차는 관광객들을 위해 만들어졌으며, 그들은 재난이 닥쳤을 때 구조 받아 집으로 돌아갈 수 있었다. 그러나 메타포적인 의미에서의 부랑자들, 관광산업에 종사하는 사람들은 탈출이 불가능했고 거기 남아 있어야 했다.

카트리나 이후, 이동하는 자들의 형상 중에서 관광객만이 논란에 휩싸인 것은 아니다. 몇 주 동안 허리케인과 홍수로 집을 잃어버린 사람들을 어떻게 부를 것인지를 두고 논쟁이 벌어졌다. 이재민들은 난민refugee이라고 불리자 분통을 터뜨렸다. 허리케인으로 집을 잃은 뉴올리언스 흑인 시민들은 BBC 뉴스와의 인터뷰에서 자신들은 난민이 아니라고 말했다. 제시 잭슨 목사가 "미국 시민들을 난민이라고 부르는 것은 인종차별"이라고 주장하자, 이 일은 정치적인 문제로 비화되었다.[10] 난민이라는 용어는 인종(대부분 흑인) 및 외부자 개념과 재빠르게 결합되었다. 난민은 사실상의 2등 시민, 완전한 미국인이 아닌 사람들을 가리키는 말처럼 보였다. 곧 부시 대통령까지 이 논쟁에 끼어들었다. "지금 우리가 말하는 사람들은 난민이 아니다. … 그들은 미국인이고 같은 시민들의 도움과 사랑과 연민을 필요로 한다."[11]

며칠 지나자 미국의 여러 언론 매체들은 난민 대신에 이재민displaced people이나 피난민evacuees이라는 말을 쓰기 시작했다. 《워싱턴포스트》와 《보스턴글로브》는 난민이라는 단어의 사용을 금지했다. 하지만 이 용어가 적절하다고 본 《AP통신》과 《뉴욕타임스》는 계속 난민이란 말을 사용했다. AP통신 편집장의 의견은 이러했다. "수십만 명이 가정과 지역사회에서 쫓겨나 미국 전역의 30여 개 주에서 피난처를 찾아야 했다. 이들이 새로운 지역사회에서 새로운 삶을 영위하게 되거나 예전의 집에 돌아올 때까지, 이들은 난민이다."[12] 《뉴욕타임스》 칼럼니스트 윌리엄 사파이어는 난민이란 단순히 피난처를 찾는 사람을 가리키는 단어일 뿐, 특정한 인종이나 나라에 국한되는 말은 아니라고 썼다. 《내셔널 퍼블릭 라디오》의 마이크 페스카 기자도 난민이라는 말을 쓰면 사람들의 존엄성을 침해하게 된다는 흑인운동가 알샤프턴의 주장을 비판하면서 난민이라는 용어의 사용을 옹호했다. 샤프턴은 "그들은 다른 사람들의 도움을 애걸하며 어딘가를 떠도는 난민들이 아니다"라면서 "그들은 애초에 결코 있어서는 안 될 상황에 방치된 피해자"라고 했다.[13] 이 곤경은 정치적 산물이므로 그들은 난민이 아니라는 주장인데, 페스카의 생각은 다르다. 바로 그 이유 때문에 난민이라는 용어가 적절하다는 것이다.

주변 상황이 그들을 난민으로 만들고 있기 때문에 이들은 난민이다. 며칠 전 나는 어느 대피소에 있었다. 수천 명의 사람들이 진흙 속에 서 있었다. … 텔레비전으로 이 상황을 시청했다면, 이 사람들이 얼마나 더럽고 악취가 나는지 깨닫지 못했을 것이다. 구조대원들은 이 사람들과의 접촉을 피했다. 그들과 함께 뒹구는 것을 꺼리는 분위기가 가득했다.

이 기사에서 페스카는, 바리케이드 한쪽에는 무장한 채로 피곤에 지친 사람들이 서 있고 다른 한쪽에는 비참해 보이는 생존자들이 모여 있는 광경이 "아이티나 코소보"를 떠올리게 했다고 적었다. "카트리나가 덮쳐 오기 전 경고에 귀를 기울이고 도시를 떠났던 사람들은 피난민이 되었다. 여기, 모든 것을 잃어버린 이 비참해 보이는 사람들은 그렇게 부를 수 없는 존재들이었다."

난민이라는 말은 의미와 권력이 얽혀 있는 모빌리티의 복잡한 면모를 부각시킨다. 사회문화 이론가들은 이동하는 자의 형상을 여러 가지로 제시했다. 유목민Nomads, 여행자travelers, 관광객tourists, 부랑자vagabonds, 망명자exiles는 모두 유동하는 세계에 대한 현대적 관심을 반영하는 형상들이다. 이 형상들은 모두 우리에게 모빌리티의 어떤 측면들을 말해 주는 동시에, 이동에 담긴 사회적 요소들을 인식하게 한다. 난민refugee도 그러하다. 사실 난민이라는 특정한 단어의 사용이 잭슨이나 샤프턴의 생각처럼 인종차별적인 것이라고 볼 근거는 부족하다. 그러나 이들의 반응을 이해하려면, 난민이라는 용어가 파괴적이고 위협적인 모빌리티를 암시하게 된 역사에 주의를 기울여야 한다.

위기crisis라는 단어는 난민이라는 단어와 함께 쓰일 때가 많다. 외국인과 이민이라는 단어가 붙어 다니는 것과 비슷하다. 원래 난민은 박해를 받아 프랑스를 떠날 수밖에 없었던 부유한 개신교 신자들을 일컫는 용어였지만, 점차 모욕적인 의미를 띠게 되었다. 영국과 미국에서는 난민들이 국가의 관용을 이용하려는 사람들로 인식되었다. 난민들은 이 나라에 속하지 않는 사람들이며, 따라서 시민권을 받을 자격도 없다. 그들은 규제 받아야 하며, 어떤 장소에 속하지 않는 자들이다. 제네바협약에 의거하여 엄격하게 말하자면 난민은 '자기 나라의 바깥에 있는' 사람들을 가리키는 말이지만, 이러한 좁은 해석은 자기가 살던 곳에서 쫓겨나 피난처를 구하는 모든 사람들을 지칭하는 데 난민이라는 말을 폭넓게 사용해 온 현실을 무시하는 것이다. 사실, 가장 도움을 필요로 하는 사람들은 움직일 수 없는 사람들이다. 허리케인이 덮쳐 왔을 때, 움직일 수 없는 사람들이 가장 큰 피해를 입었다.[14] 그렇다고 해도, 난민이라는 용어에는 제자리에서 벗어난 자들, 외부자들, 의심스러운 자들이라는 개념이 스며들어 있다. 잭슨과 샤프턴의 말처럼 이 말에는 인종차별적인 의미가 강하다. 오랜 역사 속에서 난민들은 타자로, 어디 다른 곳에서 온 존재로, 위협적인 이동을 보여 주는 이들로 부정적으로 재현되었기 때문이다.

허리케인 카트리나와 그 여파는 모빌리티의 정치를 전면화했다. 모빌리티 기회의 물질적 인프라는 특정 부류에게 더 많은 이득을 제공하는 것으로 드러났다. 모빌리티 빈곤층이라는 말은 미디어에서 자주 쓰이는 유행어가 되었다. 모빌리티 실천의 여러 양상들—운전, 대중교통 이용, 휴가 등이 다양한 방식으로 서로 연관되어 있다는 사실도 분명해졌다. 관광객, 운전자, 난민, 피난민과 관련된 모빌리티의 의미들은 공적인 토론의 주제로 등장했다. 그러나 뉴올리언스는 언제나 이동하는 전 세계에 대한 하나의 환유일 뿐이다. 우리의 세계에서, 모빌리티는 그저 A에서 B로 이동하는 것이 아니다. 이 점을 이해하는 것이 중요하다. 모빌리티는 의미와 권력이 경쟁하는 세계를 가리킨다. 모빌리티들은 서로 부딪히며 파열음을 낸다. 모빌리티는 우리가 움직이는 방식과 이 움직임에 부여된 의미에 기초한 새로운 위계질서를 직시하게 한다.

1장 모빌리티의 생산

1 John Bale and Joe Sang, *Kenyan Running: Movement Culture, Geography, and Global Change* (London; Portland, OR: Frank Cass, 1996); Tim Cresswell, "Embodiment, Power and the Politics of Mobility: The Case of Female Tramps and Hobos," *Transactions of the Institute of British Geographers* 24 (1999): 175-92; Iris M. Young, *Throwing Like a Girl and Other Essays in Feminist Philosophy and Social Theory* (Bloomington: Indiana University Press, 1990).

2 Stephen Graham and Simon Marvin, *Splintering Urbanism Networked Infrastructures, Technological Mobilities and the Urban Condition* (London and New York: Routledge, 2001).

3 Arjun Appadurai, *Modernity at Large: Cultural Dimensions of Globalization* (Minneapolis, MN: University of Minnesota Press, 1996); Marc Augé, *Non-Places: Introduction to an Anthropology of Supermodernity* (London; New York: Verso, 1995); Iain Chambers, *Migrancy, Culture, Identity* (London: Routledge, 1994); James Clifford, *Routes: Travel and Translation in the Late Twentieth Century* (Cambridge, MA: Harvard University Press, 1997); Lawrence Grossberg, "Cultural Studies and/in New Worlds," *Critical Studies in Mass Communication* 10 (1993): 1-22; Akhil Gupta and James Ferguson, "Beyond Culture: Space, Identity and the Politics of Difference," *Cultural Anthropology* 7, no. 1 (1992): 6-22.

4 John Urry, *Sociology Beyond Societies: Mobilities for the Twenty-First Century* (London; New York: Routledge, 2000).

5 Rosi Braidotti, *Nomadic Subjects: Embodiment and Sexual Difference in Contemporary Feminist Theory* (New York: Columbia University Press, 1994); Gilles Deleuze and Felix Guattari, *Nomadology: The War Machine* (New York: Semiotext(e), 1986); Paul Virilio, *Speed and Politics: An Essay on Dromology* (New York: Columbia University, 1986).

6 See, for instance, Henri Lefebvre, *The Production of Space* (Oxford: Blackwell, 1991); Robert David Sack, *Conceptions of Space in Social Thought: A Geographic Perspective* (London: Macmillan, 1980); Edward W. Soja, *Postmodern Geographies: The Reassertion of Space in Critical Social Theory* (London; New York: Verso, 1989).

7 For a short introduction to place, see Tim Cresswell, *Place: A Short Introduction* (Oxford: Blackwell, 2004). For important discussions from the geographical tradition, see Tim Cresswell, *In Place/Out of Place: Geography, Ideology and Transgression* (Minneapolis: University of Minnesota Press, 1996); J. Nicholas Entrikin, *The Betweenness of Place: Towards a Geography of Modernity* (Baltimore, MD: Johns Hopkins University Press, 1991); Edward Relph, *Place and Placelessness* (London: Pion, 1976); Robert Sack, *Homo Geographicus* (Baltimore, MD: Johns Hopkins University Press, 1997); Yi-Fu Tuan, *Space and Place: The Perspective of Experience* (Minneapolis: University of Minnesota Press, 1977). For a philosophical perspective, see Edward S. Casey, *The Fate of Place: A Philosophical History* (Berkeley: University of California Press, 1998); J. E. Malpas, *Place and Experience: A*

Philosophical Topography (Cambridge: Cambridge University Press, 1999).

8   David Delaney, "Laws of Motion and Immobilization: Bodies, Figures and the Politics of Mobility" (paper presented at the Mobilities Conference, Gregynog, Newtown, Wales, 1999).

9   See David Harvey, The Condition of Postmodernity (Oxford: Blackwell, 1989); Karl Marx, Grundrisse. Foundations of the Critique of Political Economy (New York: Vintage Books, 1973); Wolfgang Schivelbusch, The Railway Journey: The Industrialization of Time and Space in the 19th Century (Berkeley: University of California Press, 1986); Nigel Thrift , "Inhuman Geographies: Landscapes of Speed, Light and Power," in Writing the Rural: Five Cultural Geographies, ed. Paul Cloke (London: Paul Chapman, 1994), 191-250.

10 Mary Ann Doane, The Emergence of Cinematic Time: Modernity, Contingency, the Archive (Cambridge, MA: Harvard University Press, 2002); Mark Gottdiener, The Social Production of Urban Space (Austin: University of Texas Press, 1994); Stephen Kern, The Culture of Time and Space 1880-1918 (Cambridge, MA: Harvard University Press, 1983); Lefebvre, The Production of Space; Neil Smith, Uneven Development: Nature, Capital, and the Production of Space (Oxford: Blackwell, 1991).

11 여기에 더해 인종과 젠더를 상정할 수 있다. See Doreen Massey, "A Global Sense of Place," in Reading Human Geography, ed. Trevor Barnes and Derek Gregory (London: Arnold, 1997), 315-23.

12 Quarterly Review 1839 quoted in Schivelbusch, The Railway Journey: The Industrialization of Time and Space in the 19th Century, 34.

13 For a detailed discussion of this process, see William Cronon, Nature's Metropolis: Chicago and the Great West (New York: Norton, 1991).

14 Ralph Harrington, "The Railway Journey and the Neuroses of Modernity," in Pathologies of Travel, ed. Richard Wrigley and George Revill (Amsterdam: Rodopi, 2000), 261-78, 241.

15 Daniel Miller, "Conclusion: A Theory of Virtualism," in Virtualism: A New Political Economy, ed. James G. Carrier and Daniel Miller (Oxford: Berg, 1998), 187-216.

16 Richard Sennett, Flesh and Stone: The Body and the City in Western Civilization (New York: W.W. Norton, 1994).

17 Ibid., 256.

18 Alain Corbin, The Foul and the Fragrant: Odor and the French Social Imagination (Cambridge, MA: Harvard University Press, 1986); Christopher Prendergast, Paris and the Nineteenth Century (Oxford: Blackwell, 1992); Sennett, Flesh and Stone: The Body and the City in Western Civilization.

19 Corbin, The Foul and the Fragrant: Odor and the French Social Imagination, 91.

20 Emily Martin, "Science and Women's Bodies: Forms of Anthropological Knowledge," in Body/ Politics: Women and the Discourses of Science, ed. Mary Jacobus, Evelyn Fox Keller, and Sally Shuttleworth (London: Routledge, 1990), 69-82, 76.

21 Emily Martin, "The Egg and the Sperm: How Science Has Constructed a Romance Based on Stereotypical Male-Female Sex Roles," Signs: Journal of Women in Culture and Society 16, no. 3 (1991): 485-501.

22 Gerald and Helen Schatten quoted in Evelyn Scott Heller "Gender Language and Science." The 1996 Templeton Lecture, University of Sydney, Sydney, Australia. (http://www.scifac.

usyd.edu.au/chast/templeton/1996templeton/1996lecture.html)
23 Norman Bryson, "Cultural Studies and Dance History," in *Meaning in Motion: New Cultural Studies of Dance*, ed. Jane Desmond (Durham, NC: Duke University Press, 1997), 55-80, 60.
24 Ibid., 71.
25 R. A. Dodgshon, *The European Past: Social Evolution and Spatial Order* (Basingstoke, Hampshire: Macmillan Education, 1987), chapter 6.
26 John C. Torpey, *The Invention of the Passport: Surveillance, Citizenship, and the State* (Cambridge: Cambridge University Press, 2000).
27 Zygmunt Bauman, *Legislators and Interpreters* (Oxford: Polity Press, 1987), 39.
28 Ibid., 40.
29 Lewis Mumford, *The City in History* (New York: Harcourt, Brace and World, 1961), 269.
30 Leslie Feldman, *Freedom as Motion* (Lanham, MD: University Press of America, 2001); John Rutherford, *The Troubadours: Their Loves and Their Lyrics: With Remarks on Their Influence, Social and Literary* (London: Smith Elder, 1873).
31 Zygmunt Bauman, *Life in Fragments: Essays in Postmodern Morality* (Oxford: Blackwell, 1995), 94.
32 For an account of this, see Norman Davies, *Europe: A History* (Oxford: Oxford University Press, 1996), 535-36.
33 For a detailed account to the legislative response to these "masterless men" see A. L. Beier, *Masterless Men: The Vagrancy Problem in England 1560-1640* (London: Methuen, 1985).
34 Mumford, *The City in History*, 277.
35 Bauman, *Legislators and Interpreters*, 40.
36 For the seminal account of the rise of institutionalized surveillance, see Michel Foucault, *Discipline and Punish: The Birth of the Prison* (New York: Vintage Books, 1979).
37 Torpey, *The Invention of the Passport: Surveillance, Citizenship, and the State*, 9.
38 Thomas A. Spragens, *The Politics of Motion; the World of Thomas Hobbes* (Lexington: University Press of Kentucky, 1973).
39 For a detailed account, see Roy Porter, *The Greatest Benefit to Mankind: A Medical History of Humanity* (New York: W.W. Norton, 1997).
40 Thomas Hobbes, *The English Works of Thomas Hobbes of Malmesbury* (London: J. Bohn, 1839), 407.
41 Spragens, *The Politics of Motion: The World of Thomas Hobbes*, 73-74.
42 Thomas Hobbes, *Leviathan* (London: Penguin, 1988), 261.
43 Ibid., 261-62.
44 Quoted in Nick Blomley, *Law, Space and the Geographies of Power* (New York: Guilford, 1994), 209.
45 Ibid.
46 For a classic account, see Dean MacCannell, *The Tourist: A New Theory of the Leisure Class* (New York: Schocken Books, 1989). See also James Buzard, *The Beaten Track: European Tourism, Literature, and the Ways to Culture, 1800-1918* (Oxford: Oxford University Press, 1992); Maxine Feifer, *Tourism in History: From Imperial Rome to the Present* (New York: Stein and Day, 1986); Paul Fussell, *Abroad: British Literary Traveling between the Wars* (New

York: Oxford University Press, 1980).

47 For an account of the links between tourism and citizenship in Europe, see Ginette Verstraete, "Heading for Europe: Tourism and the Global Itinerary of an Idea," in *Mobilizing Place, Placing Mobility: The Politics of Representation in a Globalized World*, ed. Tim Cresswell and Ginette Verstraete (Amsterdam: Rodopi, 2002), 33-52.

48 Sennett, *Flesh and Stone: The Body and the City in Western Civilization*, 255-56.

49 N. J. Thrift , "Transport and Communication 1730-1914," in *An Historical Geography of England and Wales*, ed. Robert A. Dodgshon and Robin Butlin (London: Academic Press, 1990), 453-86.

50 See John Agnew, *The United States in the World Economy* (Cambridge: Cambridge University Press, 1987); Tim Cresswell, *The Tramp in America* (London: Reaktion, 2001); George H. Douglas, *All Aboard! The Railroad in American Life* (New York: Paragon House, 1992).

51 For a variety of perspectives, see Marshall Berman, *All That Is Solid Melts into Air: The Experience of Modernity* (Harmondsworth: Penguin, 1988); Paul Gilroy, *The Black Atlantic: Modernity and Double Consciousness* (Cambridge, MA: Harvard University Press, 1993); Miles Ogborn, *Spaces of Modernity: London's Geographies, 1680-1780* (New York: Guilford Press, 1998); James Scott, *Seeing Like a State: How Certain Schemes to Improve the Human Condition Have Failed* (New Haven, CT: Yale University Press, 1998); Peter J. Taylor, *Modernities: A Geohistorical Interpretation* (Cambridge: Polity Press, 1999); Thrift , "Inhuman Geographies: Landscapes of Speed, Light and Power."

52 Ogborn, *Spaces of Modernity: London's Geographies, 1680-1780*, 2.

53 Foucault, *Discipline and Punish: The Birth of the Prison*.

54 Lefebvre, *The Production of Space*, 95-96.

55 Scott, *Seeing Like a State: How Certain Schemes to Improve the Human Condition Have Failed*. For a similar argument on an urban scale, see M. Christine Boyer, *Dreaming the Rational City: The Myth of American City Planning* (Cambridge, MA: MIT Press, 1983).

56 Scott, *Seeing Like a State: How Certain Schemes to Improve the Human Condition Have Failed*, 1.

57 Georg Simmel, *The Sociology of Georg Simmel* (Glencoe, IL: Free Press, 1950), 409-24.

58 George Beard, "Causes of American Nervousness," in *Popular Culture and Industrialism*, ed. Henry Nash Smith (New York: New York University Press, 1967), 57-70, 57.

59 Ibid., 61.

60 These two quotations are from Nels Anderson, "The Trends of Urban Sociology," 13 This manuscript can be found at the University of Chicago special collections department in the Ernest Burgess papers Box 126.

61 Berman, *All That Is Solid Melts into Air: The Experience of Modernity*.

62 Walter Benjamin, *The Arcades Project* (Cambridge, MA: Belknap Press of Harvard University Press, 1999).

63 Susan Buck-Morss, "The Flâneur, the Sandwichman and the Whore: The Politics of Loitering," *New German Critique* 39 (1986): 99-141; Keith Tester, ed., *The Flâneur* (London: Routledge, 1994); Elizabeth Wilson, *The Sphinx in the City* (Berkeley: University of California Press, 1991).

64 John Berger, *Into Their Labours: A Trilogy* (New York: Pantheon Books, 1991).

65 For a persuasive account of the link between migration and modernity see Nikos

Papastergiadis, *The Turbulence of Migration: Globalization, Deterritorialization, and Hybridity* (Cambridge: 2000).

66 Zygmunt Bauman, *Modernity and Ambivalence* (Ithaca, NY: Cornell University Press, 1991). For a more recent diagnosis of modernity as mobile see Zygmunt Bauman, *Liquid Modernity* (Cambridge: Polity Press, 2000).

67 Appadurai, *Modernity at Large: Cultural Dimensions of Globalization*, 3.

68 Ibid., 4.

69 Ibid.

70 Taylor, *Modernities: A Geohistorical Interpretation*, 17.

71 Harrington, "The Railway Journey and the Neuroses of Modernity," 229.

72 J. K. Wright, "Terrae Incognitae: The Place of the Imagination in Geography," *Annals of the Association of American Geographers* 37 (1947): 1-15.

2장 고정과 유동의 형이상학

1 David Atkinson, "Nomadic Strategies and Colonial Governance: Domination and the Resistance in Cyrenaice, 1923-1932," in *Entanglements of Power: Geographies of Domination/Resistance*, ed. Joanne Sharp, et al. (London: Routledge, 2000), 256-68; Tim Cresswell, *The Tramp in America* (London: Reaktion, 2001); Kevin Hetherington, *New Age Travellers: Vanloads of Uproarious Humanity* (London: Cassell, 2000); David Sibley, *Outsiders in Urban Societies* (New York: St. Martin's Press, 1981).

2 Cited in Liisa Malkki, "National Geographic: The Rooting of Peoples and the Territorialization of National Identity among Scholars and Refugees," *Cultural Anthropology* 7, no. 1 (1992): 24-44, 32.

3 Peter Haggett, *Locational Analysis in Human Geography* (London: Edward Arnold, 1965), 31.

4 Doreen B. Massey and P. M. Jess, *A Place in the World? Places, Cultures and Globalization* (Oxford: Oxford University Press, 1995); Carl Ortwin Sauer, *Agricultural Origins and Dispersals* (New York: American Geographical Society, 1952).

5 See, for instance, Derek Gregory, *Geographical Imaginations* (Cambridge, MA: Blackwell, 1994); Derek Gregory, Ideology, Science and Human Geography (London: Hutchinson, 1978); Richard Peet, *Modern Geographical Thought* (Oxford: Blackwell, 1998).

6 For examples, see William Louis Garrison, *Studies of Highway Development and Geographic Change* (Seattle: University of Washington Press, 1959); Roger Robinson, *Ways to Move: The Geography of Networks and Accessibility* (Cambridge and New York: Cambridge University Press, 1977); Edward J. Taaffe and Howard L. Gauthier, *Geography of Transportation* (Englewood Cliffs, NJ: Prentice-Hall, 1973); Edward Ullman, "The Role of Transportation and the Bases for Interaction," in *Man's Role in Changing the Face of the Earth*, ed. William L. Thomas (Chicago, IL: University of Chicago Press, 1956), 862-80; H. P. White and M. L. Senior, *Transport Geography* (London; New York: Longman, 1983).

7 J. Lowe and S. Moryadas, *The Geography of Movement* (Boston: Houghton Mifflin, 1975), 2.

8 Ron Abler, John Adams, and Peter Gould, *Spatial Organization: The Geographer's View of the*

World (Englewood Cliffs, NJ: Prentice Hall, 1971), 197.

9   Lowe and Moryadas, *The Geography of Movement*, 3.

10 Abler, Adams, and Gould, *Spatial Organization: The Geographer's View of the World*, 251.

11 See George Kingsley Zipf, *Human Behavior and the Principle of Least Effort: An Introduction to Human Ecology* (Cambridge, MA: Addison-Wesley Press, 1949).

12 Pip Forer, "A Place for Plastic Space?" *Progress in Human Geography* 2 (1978): 230-67.

13 See Susan Hanson and Geraldine J. Pratt, *Gender, Work, and Space* (London and New York: Routledge, 1995); Torsten Hägerstrand and Allan Pred, *Space and Time in Geography: Essays Dedicated to Torsten Hägerstrand* (Lund: CWK Gleerup, 1981); Allan Richard Pred, "The Choreography of Existence: Comments on Hagerstrand's Time-Geography and Its Usefulness," *Economic Geography* 53 (1977): 207-21; Allan Pred, "Power, Everyday Practice and the Discipline of Human Geography," in *Space and Time in Geography*, ed. Allan Pred (Lund: CWK Gleerup, 1981), 30-55.

14 Gillian Rose, *Feminism and Geography: The Limits of Geographical Knowledge* (Cambridge: Polity, 1993).

15 Yi-Fu Tuan, *Space and Place: The Perspective of Experience* (Minneapolis: University of Minnesota Press, 1977).

16 J. B. Jackson, *Landscape in Sight: Looking at America* (New Haven, CT: Yale University Press, 1997); David Seamon, "Body-Subject, Time-Space Routines, and Place-Ballets," in *The Human Experience of Space and Place*, ed. Anne Buttimer and David Seamon (London: Croom Helm, 1980), 148-65.

17 Yi-Fu Tuan, "A View of Geography," *Geographical Review* 81, no. 1 (1991): 99-107.

18 Edward Relph, *Place and Placelessness* (London: Pion, 1976), 1.

19 Ibid., 38.

20 Tuan, *Space and Place: The Perspective of Experience*, 179.

21 Ibid., 183.

22 Yi-Fu Tuan, *Morality and Imagination: Paradoxes of Progress* (Madison, WI: University of Wisconsin Press, 1989).

23 Matthew Arnold and John Dover Wilson, *Culture and Anarchy* (Cambridge: Cambridge University Press, 1935); T. S. Eliot, *Notes towards the Definition of Culture* (London: Faber and Faber, 1948); F. R. Leavis, *Mass Civilisation and Minority Culture* (Cambridge: Minority Press, 1930).

24 Eliot, *Notes towards the Definition of Culture*, 108.

25 Tuan, *Space and Place: The Perspective of Experience*, 183.

26 Eliot, *Notes towards the Definition of Culture*, 52.

27 Ibid., 62-63.

28 Raymond Williams, "Mining the Meaning: Keywords in the Miners Strike," in *Resources of Hope*, ed. Raymond Williams (London: Verso, 1989), 124.

29 For an account of this "militant particularism," see David Harvey, "From Space to Place and Back Again," in *Mapping the Futures*, ed. Jon Bird, et al. (London: Routledge, 1993), 3-29.

30 Richard Hoggart, *The Uses of Literacy* (London: Pelican, 1958), 20.

31 Ibid., 44.

32 Ibid., 45.

33 Ibid., 158.

34 Ibid.

35 Ibid., 205.

36 나는 여기서 뒤르켐의 유기적 연대와 기계적 연대, 그리고 퇴니에스의 공동사회와 이익사회의 구분을 참고했다. See Emile Durkheim, *The Division of Labour in Society* (Houndmills, Basingstoke, Hampshire: Macmillan, 1984); Ferdinand Tönnies, *Community & Society* (Gemeinschaft Und Gesellschaft) (New York: Harper & Row, 1963).

37 Ernest Burgess, "The Growth of the City: An Introduction to a Research Project," in *The City: Suggestions for Investigation of Human Behavior in the Urban Environment*, ed. Robert Park and Ernest Burgess (Chicago, IL: University of Chicago Press, 1925), 47-62, 59. For an extended discussion of mobility in the Chicago School, see Cresswell, *The Tramp in America*, 63-70.

38 Anderson, *The Trends of Urban Sociology*, 14.

39 Robert Park, "The Mind of the Hobo: Reflections Upon the Relation between Mentality and Locomotion," in *The City: Suggestions for Investigation of Human Behavior in the Urban Environment*, ed. Robert Park and Ernest Burgess (Chicago: University of Chicago Press, 1925), 156-60, 159.

40 Alvin Toffler, *Future Shock* (New York: Random House, 1970).

41 Ibid., 35.

42 Ibid., 75.

43 Ibid., 77.

44 Ibid., 90.

45 Marc Augé, *Non-Places: Introduction to an Anthropology of Supermodernity* (London; New York: Verso, 1995); Paul Virilio, *Speed and Politics: An Essay on Dromology*, Semiotext(e) (New York: Columbia University, 1986).

46 Robert Staughton Lynd and Helen Merrell Lynd, *Middletown: A Study in American Culture* (New York: Harcourt Brace, 1956); William Hollingsworth Whyte, *The Organization Man* (New York: Simon and Schuster, 1956).

47 Cited in Atkinson, "Nomadic Strategies and Colonial Governance: Domination and the Resistance in Cyrenaice, 1923-1932," 105.

48 Cited in Atkinson, "Nomadic Strategies and Colonial Governance: Domination and the Resistance in Cyrenaice, 1923-1932," 111.

49 Ibid., 113. 흥미롭게도, 이탈리아인들은 사막을 직선으로 가로지르는 깔끔한 고속도로를 깔아 자신들의 '근대적'인 모빌리티를 만드는 일에 열중했다.

50 Roy Stryker Archives, Reel 6, Part C, Section 3a. The Stryker Archives are available in microfilm form at the New York Public Library.

51 An extended commentary on these images can be found in Cresswell, *The Tramp in America*.

52 Cited in S. Phillips, "Dorothea Lange: An American Photographer," in *Dorothea Lange: American Photographs*, ed. T. Heyman, S. Phillips, and J. Szarkowski (San Francisco, CA: Chronicle Books, 1994), 10-41, 24.

53 Dorothea Lange and Paul Schuster Taylor, *An American Exodus: A Record of Human Erosion* (New York: Reynal & Hitchcock, 1939), 67.

460 온 더 무브

54 For fuller accounts of gypsy-travelers and reactions to them, see Angus M. Fraser, *The Gypsies* (Oxford: Blackwell, 1992); Judith Okely, *The Traveller-Gypsies* (Cambridge and New York: Cambridge University Press, 1983); Sibley, *Outsiders in Urban Societies*.

55 See George L. Mosse, *Nazi Culture: Intellectual, Cultural, and Social Life in the Third Reich* (New York: Grosset & Dunlap, 1966).

56 Martin Heidegger, *Poetry, Language, Thought* (New York: Harper & Row, 1971).

57 Sibley, *Outsiders in Urban Societies*.

58 John Urry, *Sociology Beyond Societies: Mobilities for the Twenty-First Century, International Library of Sociology* (London; New York: Routledge, 2000), 18. See also Vincent Kaufman, *Re-thinking Mobility* (London: Ashgate, 2002).

59 James Clifford, *Routes: Travel and Translation in the Late Twentieth Century* (Cambridge, MA: Harvard University Press, 1997); James Clifford, "Traveling Cultures," in *Cultural Studies*, ed. Lawrence Grossberg, Cary Nelson, and Paula Treichler (London: Routledge, 1992), 96-111; Marc Augé, *Non-Places: Introduction to an Anthropology of Supermodernity*.

60 Clifford, "Traveling Cultures," 101.

61 Augé, *Non-Places: Introduction to an Anthropology of Supermodernity*, 44.

62 Ibid., 78.

63 Edward Said, *Culture and Imperialism* (London: Vintage, 1994), 402-03.

64 David Harvey, *The Condition of Postmodernity* (Oxford: Blackwell, 1989).

65 Iain Chambers, *Border Dialogues: Journeys in Postmodernity* (London; New York: Routledge, 1990), 57-58.

66 Said, *Culture and Imperialism*, 407-08.

67 Chambers, *Border Dialogues: Journeys in Postmodernity*, 11. This project has been enthusiastically taken up in anthropology and cultural studies. See Arjun Appadurai, *Modernity at Large: Cultural Dimensions of Globalization* (Minneapolis, Minn.: University of Minnesota Press, 1996); Paul Gilroy, *The Black Atlantic: Modernity and Double Consciousness* (Cambridge, MA: Harvard University Press, 1993); Lawrence Grossberg, "Cultural Studies and/in New Worlds," *Critical Studies in Mass Communication* 10 (1993): 1-22; Akhil Gupta and James Ferguson, "Beyond Culture: Space, Identity and the Politics of Difference," *Cultural Anthropology* 7, no. 1 (1992): 6-22; Smadar Lavie and Ted Swedenburg, "Between and among the Boundaries of Culture: Bridging Text and Lived Experience in the Third Timespace," *Cultural Studies* 10, no. 1 (1996): 154-79.

68 Seamon, "Body-Subject, Time-Space Routines, and Place-Ballets."

69 Pred, "The Choreography of Existence: Comments on Hagerstrand's Time-Geography and Its Usefulness."

70 Gilles Deleuze and Felix Guattari, *Nomadology: The War Machine* (New York: Semiotext(e), 1986); Maurice Merleau-Ponty, *The Phenomenology of Perception* (London: Routledge and Kegan Paul, 1962). For a sympathetic geographical reading see Marcus A. Doel, *Poststructuralist Geographies: The Diabolical Art of Spatial Science* (Lanham, MD: Rowman & Littlefield, 1999).

71 M. Bakhtin, *Rabelais and His World* (Bloomington: Indiana University Press, 1984); Zygmunt Bauman, *Liquid Modernity* (Cambridge: Polity Press, 2000); Rosi Braidotti, *Nomadic Subjects:*

Embodiment and Sexual Difference in Contemporary Feminist Theory (New York: Columbia University Press, 1994); Michel de Certeau, *The Practice of Everyday Life* (Berkeley, CA: University of California Press, 1984); Deleuze and Guattari, *Nomadology: The War Machine*; Said, *Culture and Imperialism*.

72 Gloria Anzaldua, *Borderlands: La Frontera = the New Mestiza* (San Francisco, CA: Aunt Lute Books, 1987); Augé, *Non-Places: Introduction to an Anthropology of Supermodernity; Chambers, Border Dialogues: Journeys in Postmodernity*; Saskia Sassen, *The Global City: New York, London, Tokyo* (Princeton, NJ: Princeton University Press, 2001).

73 Nigel Thrift , "Inhuman Geographies: Landscapes of Speed, Light and Power," in *Writing the Rural: Five Cultural Geographies*, ed. Paul Cloke (London: Paul Chapman, 1994), 191-250.

74 Ibid., 212-213.

75 de Certeau, *The Practice of Everyday Life*, 29.

76 Ibid., 31.

77 Ibid., 34.

78 Bakhtin, *Rabelais and His World*.

79 Ibid., 3.

80 Ibid., 9.

81 Ibid., 11.

82 For a pithy account of this, see Julian Holloway and James Kneale, "Mikhail Bakhtin: Dialogics of Space," in *Thinking Space*, ed. Mike Crang and Nigel Thrift (London: Routledge, 2000), 71-88.

83 See Deleuze and Guattari, *Nomadology: The War Machine*.

84 Ibid., 29.

85 Ibid.

86 Ibid., 50.

87 Ibid., 51.

88 Steven Best and Douglas Kellner, *Postmodern Theory: Critical Interrogations* (New York: Guilford Press, 1991), 103.

89 Gilles Deleuze and Félix Guattari, *A Thousand Plateaus: Capitalism and Schizophrenia* (Minneapolis: University of Minnesota Press, 1987), 481.

90 Ibid.

91 Gilles Deleuze, *On the Line* (Brooklyn, NY: Autonomedia, 1999), 10-11.

92 Robert Venturi, Denise Scott Brown, and Steven Izenour, *Learning from Las Vegas* (Cambridge, MA: MIT Press, 1972).

93 Institute for the City on the Move, *Architecture on the Move: Cities and Mobilities* (Paris: Institute for the City on the Move, 2003), 29-30.

94 Ibid., 30.

95 Bernard Tschumi, *Architecture and Disjunction* (Cambridge, MA: MIT Press, 1994), 195.

96 See Tschumi's website (www.tschumi.com) for a discussion of this project.

97 Bernard Tschumi and Robert Young, *The Manhattan Transcripts*, new ed. (London: Academy Editions, 1994), xxi

98 Ibid., xxiii.

99 Ronald Christ and Dennis Dollens, *New York: Nomadic Design* (Barcelona: Gustavo Gili, 1993).

100 Janet Wolff , "On the Road Again: Metaphors of Travel in Cultural Criticism," *Cultural Studies* 6 (1992): 224-39, 253.

101 Christopher Miller, "The Postidentitarian Predicament in the Footnotes of a Thousand Plateaus: Nomadology, Anthropology, and Authority," *Diacritics* 23, no. 3 (1993): 6-35, 11.

102 Ibid.

103 Ibid., 13.

104 I take this critique from Inge Boer, "No-Man's Land? Five Short Cases on Deserts and the Politics of Place," in *Mobilizing Place, Placing Mobility*, ed. Ginette Verstraete and Tim Cresswell (Amsterdam: Rodopi, 2002), 155-72. See also Caren Kaplan, *Questions of Travel: Postmodern Discourses of Displacement* (Durham, NC: Duke University Press, 1996).

105 This is the subject of Tim Cresswell, *In Place/Out of Place: Geography, Ideology and Transgression* (Minneapolis: University of Minnesota Press, 1996); Tim Cresswell, "Weeds, Plagues and Bodily Secretions: A Geographical Interpretation of Metaphors of Displacement," *Annals of the Association of American Geographers* 87, no. 2 (1997): 330-45.

106 J. D. Dewsbury, "Performativity and the Event: Enacting a Philosophy of Difference," *Environment and Planning D: Society and Space* 18 (2000): 473-96, 487.

3장 모빌리티의 포착

1 H. Gilpin, "Lifelessness in Movement, or How Do the Dead Move?" in *Corporealities: Dancing Knowledge, Culture and Power*, ed. S. Foster (London: Routledge, 1996), 106-28.

2 Liisa Malkki, "National Geographic: The Rooting of Peoples and the Territorialization of National Identity among Scholars and Refugees," *Cultural Anthropology* 7, no. 1 (1992): 24-44.

3 I am thinking here of the way of seeing described in James Scott, *Seeing Like a State: How Certain Schemes to Improve the Human Condition Have Failed* (New Haven, CT: Yale University Press, 1998).

4 Rebecca Solnit, *Motion Studies: Eadweard Muybridge and the Technological Wild West* (London: Bloomsbury, 2003), 23. See also Robert Bartlett Haas, *Muybridge: Man in Motion* (Berkeley: University of California Press, 1976); Gordon Hendricks, *Eadweard Muybridge: The Father of the Motion Picture* (New York: Grossman Publishers, 1975).

5 Cited in Solnit, *Motion Studies: Eadweard Muybridge and the Technological Wild West*, 184-85.

6 Noël Burch, *Life to Those Shadows* (Berkeley: University of California Press, 1990), 11.

7 Solnit, *Motion Studies: Eadweard Muybridge and the Technological Wild West*.

8 Ibid., 194.

9 Jonathan Crary, *Suspensions of Perception: Attention, Spectacle, and Modern Culture* (Cambridge, MA: MIT Press, 1999), 138-48.

10 Ibid., 140.

11 Karl Marx, *Grundrisse. Foundations of the Critique of Political Economy* (New York: Vintage Books, 1973), 539.

12 See David Harvey, *The Limits to Capital* (Oxford: Blackwell, 1982), 376-86.

13 Crary, *Suspensions of Perception: Attention, Spectacle, and Modern Culture*, 142.

14 Deborah Dixon and John Paul Jones, "My Dinner with Derrida: Or Spatial Analysis and Post-Structuralism Do Lunch," *Environment and Planning A* 30 (1998): 247-60.

15 Solnit, *Motion Studies: Eadweard Muybridge and the Technological Wild West*, 195.

16 Scott, *Seeing Like a State: How Certain Schemes to Improve the Human Condition Have Failed.*

17 Richard Sennett, *The Conscience of the Eye: The Design and Social Life of Cities* (New York: Knopf, 1990).

18 John Pultz, *Photography and the Body* (London: Weidenfeld & Nicholson, 1995), 30-31.

19 Huxley quoted in Frank Spencer, "Some Notes on the Attempt to Apply Photography to Anthropometry during the Second Half of the Nineteenth Century," in *Anthropology and Photography 1860-1920*, ed. Elizabeth Edwards (New Haven, CT: Yale University Press, 1992), 99-107, 99.

20 This line of thinking is most famously developed in Michel Foucault, *Discipline and Punish: The Birth of the Prison* (New York: Vintage Books, 1979). See also Scott, *Seeing Like a State: How Certain Schemes to Improve the Human Condition Have Failed.*

21 Sol LeWitt in conversation with Lucy Lippard, in Lucy R. Lippard, *Changing: Essays in Art Criticism* (New York: Dutton, 1971), 164. One of LeWitt's works is called Muybridge 1. The influence is obvious.

22 Crary, *Suspensions of Perception: Attention, Spectacle, and Modern Culture*, 142.

23 Ibid., 144.

24 San Francisco Chronicle quoted in Solnit, *Motion Studies: Eadweard Muybridge and the Technological Wild West*, 199.

25 아이러니하게도, 나체를 담은 마이브리지의 사진은 별 문제가 되지 않았지만, 에이킨스는 드로잉 시간에 남자 모델의 국부를 가리지 않았다는 이유로 펜실베이니아대학에서 쫓겨났다.

26 Emmanuel Cooper, *Fully Exposed: The Male Nude in Photography* (London; New York: Routledge, 1995).

27 Muybridge quoted in Solnit, *Motion Studies: Eadweard Muybridge and the Technological Wild West*, 222.

28 Eadweard Muybridge, *Muybridge's Complete Human and Animal Locomotion: All 781 Plates from the 1887 Animal Locomotion* (New York: Dover Publications, 1979), 1588.

29 I. M. Young, *Throwing Like a Girl and Other Essays in Feminist Philosophy and Social Theory* (Bloomington: Indiana University Press, 1990).

30 Marta Braun and Elizabeth Whitcombe, "Marey, Muybridge, and Londe: The Photography of Pathological Locomotion," *History of Photography* 23, no. 3 (1999): 218-24, 220, 222.

31 Elizabeth Edwards, *Anthropology and Photography, 1860-1920* (New Haven, CT: Yale University Press in association with the Royal Anthropological Institute London, 1992), 56.

32 Solnit, *Motion Studies: Eadweard Muybridge and the Technological Wild West*, 221.

33 George Miller Beard, *American Nervousness; Its Causes and Consequences, a Supplement to Nervous Exhaustion* (Neurasthenia) (New York: G. P. Putnam's Sons, 1881).

34 Beard, in Henry Nash Smith, *Popular Culture and Industrialism, 1865-1890, Documents in American Civilization Series* (New York: New York University Press, 1967), 64.

35 Jayne Morgan, "Edward Muybridge and W. S. Playfair: An Aesthetics of Neurasthenia," *History of Photography* 23, no. 2 (1999): 225-32.

36 Marey in Anson Rabinbach, *The Human Motor: Energy, Fatigue, and the Origins of Modernity* (New York: BasicBooks, 1990), 94.

37 Etienne-Jules Marey and Eric Pritchard, *Movement*, The International Scientific Series [Amer. Ed.] Vol. 73 (New York: D. Appleton and Company, 1895), 33.

38 For good accounts of Marey's work, see Marta Braun, *Picturing Time: The Work of Etienne-Jules Marey (1830-1904)* (Chicago: University of Chicago Press, 1992). and Rabinbach, *The Human Motor: Energy, Fatigue, and the Origins of Modernity*. I draw on their accounts as well as the writings of Marey himself, particularly Marey and Pritchard, *Movement; Etienne Jules Marey, Animal Mechanism: A Treatise on Terrestrial and Aerial Locomotion* (London: Henry S. King & Co., 1874).

39 This is persuasively argued in Braun, *Picturing Time: The Work of Etienne-Jules Marey* (1830-1904).

40 Rabinbach, *The Human Motor: Energy, Fatigue, and the Origins of Modernity*, 92.

41 Marey and Pritchard, *Movement*, 33-34.

42 Ibid., 50-51.

43 Ibid., 57.

44 Marey, *Animal Mechanism: A Treatise on Terrestrial and Aerial Locomotion*, 9.

45 Braun, *Picturing Time: The Work of Etienne-Jules Marey (1830-1904)*, 14-15.

46 Ibid., xviii.

47 Ibid., 66.

48 Marey and Pritchard, *Movement*, 58.

49 Ibid., 145.

50 이 모션 모델링 방식은 이후 의수나 의족 연구, 애니메이션, 스포츠과학에서 받아들이게 된다.

51 Braun and Whitcombe, "Marey, Muybridge, and Londe: The Photography of Pathological Locomotion," 220.

52 For a longer discussion of the pathological, see Georges Canguilhem, *The Normal and the Pathological* (Cambridge, MA: Zone Books, 1989); Tim Cresswell, *The Tramp in America* (London: Reaktion, 2001), 111-14; Ian Hacking, *The Taming of Chance* (Cambridge: Cambridge University Press, 1990).

53 See Stephen Kern, *The Culture of Time and Space 1880-1918* (Cambridge, MA: Harvard University Press, 1983).

4장 직장과 가정에서의 모빌리티 생산

1 For biographies of Taylor, see Frank Barkley Copley, *Frederick W. Taylor, Father of Scientific Management* (New York: American Society of Mechanical Engineers, 1923); Robert Kanigel, *The One Best Way: Frederick Winslow Taylor and the Enigma of Efficiency* (New York: Viking, 1997). For critical accounts of Taylorism, see Harry Braverman, *Labor and Monopoly Capital* (New York: Monthly Review Press, 1974); Bernard Doray, *From Taylorism to Fordism:*

A Rational Madness (London: Free Association, 1988); Judith A. Merkle, *Management and Ideology: The Legacy of the International Scientific Management Movement* (Berkeley: University of California Press, 1980); Ernest J. Yanarella and Herbert G. Reid, "From 'Trained Gorilla' to 'Humanware': Repoliticizing the Body-Machine Complex between Fordism and Post-Fordism," in *The Social and Political Body*, ed. Theodore Schatzki and Wolfgang Natter (New York: Guilford, 1996), 181-220.

2 Lenin cited in James Scott, *Seeing Like a State: How Certain Schemes to Improve the Human Condition Have Failed* (New Haven, CT: Yale University Press, 1998), 101.

3 Braverman, *Labor and Monopoly Capital*, 112.

4 Frederick Winslow Taylor, *The Principles of Scientific Management* (New York: Norton, 1967), 19.

5 Ibid., 21.

6 Ibid., 43.

7 Ibid., 45-46.

8 Ibid., 59.

9 Frederick Taylor Archives, Special Collections, Stevens College, Hoboken, New Jersey, Box 106B, Legislation, Scientific Management, Henry Knolle.

10 Frederick Taylor Archives, Box 106B, Legislation, Scientific Management, Henry Knolle.

11 Letter to Mr. Cooke, December 6, 1913, Frederick Taylor Archives, Box 106B, Legislation, Scientific Management, Henry Knolle.

12 Letter to Mr. A. B. Wadleigh, December 22nd, 1913, Frederick Taylor Archives, Box 106B, Legislation, Scientific Management, Henry Knolle.

13 Report on Henry Knoll, January 3rd, 1914, Frederick Taylor Archives, Box 106B, Legislation, Scientific Management, Henry Knolle.

14 Martha Banta, *Taylored Lives: Narrative Productions in the Age of Taylor, Veblen, and Ford* (Chicago, IL: University of Chicago Press, 1993); Mark Seltzer, *Bodies and Machines* (New York: Routledge, 1992); Yanarella and Reid, "From 'Trained Gorilla' to 'Humanware': Repoliticizing the Body-Machine Complex between Fordism and Post-Fordism."

15 Antonio Gramsci, "Americanism and Fordism," in *Selections from the Prison Notebooks*, ed. Quintin Hoare and Geoffrey Smith (New York: International Publishers, 1971), 277-318, 298.

16 Yanarella and Reid, "From 'Trained Gorilla' to 'Humanware': Repoliticizing the Body-Machine Complex between Fordism and Post-Fordism."

17 Cited in *Congressional Record*, 63rd Congress, 3d. sess. Vol. 52, no. 69, 4905.

18 Cited in *Congressional Record*, 63rd Congress, 3d. sess. Vol. 52, no. 69, 4884.

19 Braverman, *Labor and Monopoly Capital*, 125.

20 Mark Bahnisch, "Embodied Work, Divided Labour: Subjectivity and the Scientific Management of the Body in Frederick W. Taylor's 1907 'Lecture on Management,'" *Body and Society* 6, no. 1 (2000): 51-68, 62.

21 Taylor, *The Principles of Scientific Management*, 77.

22 Ibid., 79.

23 Ibid., 117-18.

24 Marta Braun, *Picturing Time: The Work of Etienne-Jules Marey (1830-1904)* (Chicago, IL: University of Chicago Press, 1992), 321.

25 Bahnisch, "Embodied Work, Divided Labour: Subjectivity and the Scientific Management of the Body in Frederick W. Taylor's 1907 'Lecture on Management,'" 54.

26 Ibid., 63.

27 Taylor Archives. Letter from Taylor to Frank Copley, August 19, 1912.

28 David Harvey, *The Urban Experience* (Baltimore, MD: Johns Hopkins University Press, 1989); E. P. Thompson, "Time, Work Discipline, and Industrial Capitalism," *Past and Present* 38 (1967): 56-97.

29 Doray, *From Taylorism to Fordism: A Rational Madness*, 34.

30 프랭크 길브레스와 릴리언 길브레스는 길브레스 주식회사를 함께 경영했지만, 두 사람이 쓴 많은 논문과 책들은 프랭크의 이름으로만 출판되었다. 프랭크는 사망 전까지 공장과 관련된 일도 대부분 도맡아 했다. 이 장의 마지막 부분에서는 프랭크의 사망 이후 릴리언이 어떤 활동을 했는지를 집중적으로 다룬다.

31 Frederick Taylor Archives. Letter from Gilbreth to Taylor April 18, 1912 (FBG Correspondance 1912-1915).

32 Frederick Taylor Archives. Letter from Gilbreth to Taylor July 29, 1912 (FBG Correspondance 1912-1915).

33 Frederick Taylor Archives. Letter from Taylor to Gilbreth August 24, 1912 (FBG Correspondance 1912-1915).

34 Gilbreth's copy of this book can be found in the Lillian M. Gilbreth Archives in Smith College Library, Northampton, Massachusetts. This annotation is on page 110.

35 Ibid., 130. 길브레스가 책 여백에 쓴 메모는 테일러와 자신의 차이를 강조하느라 여백을 꽉 채울 정도로 더 격렬하게 이어진다. "테일러가 '동작'이라고 말하는 것은 '기초 활동'에 가깝다. 그의 '기초 활동'은 항상 많은 동작들로 꽉 차 있기 때문에 '하위 활동'이라고 부르는 편이 낫다. 기계 공장의 예를 들면 '기초 활동'은 볼트를 집어서 클램프로 고정시킨 다음 볼트 헤드를 기계의 슬롯에 넣고, 클램프 끝에 메꿈쇠를 댄 후 볼트를 조이는 것이다. 이런 차이를 모르는 코플리나 그의 원고를 읽는 사람들은 '동작 연구'와 '시간 연구'가 완전히 다르다는 걸 깨닫지 못한다." (233)

36 Gilbreth Archives, Box 42, Folder 0265-3 NAPTM. The Frank Gilbreth Archives can be found in the Special Collections Department at Purdue University Library. The location codes (above) reflect exactly the idiosyncratic cataloguing of the archive by Gilbreth himself.

37 Ibid., 8.

38 Ibid., 9.

39 Ibid., 15.

40 Lillian Gilbreth. "Automation" Presented to the Logistics Systems Engineering Class 59B at Wright Patterson Air Force Base, Ohio, June 26, 1959 (Speeches of LMG, Lillian Gilbreth Archives, Smith College—Box 13, Folder 4).

41 Box 42, 0265-4 NAPTM Frank Gilbreth, "Motion Study as an Increase of National Wealth," *Annals of the American Academy of Political and Social Science*, Philadelphia, May 1915.

42 Frank Bunker Gilbreth and Lillian Moller Gilbreth, *Applied Motion Study: A Collection of Papers on the Efficient Method to Industrial Preparedness* (New York: Sturgis & Walton Company, 1917), 43.

43 Ibid., 3.

44 Ibid., 4.

45 Frank Bunker Gilbreth and Lillian Moller Gilbreth, *Motion Study for the Handicapped* (London: G. Routledge & Sons, Ltd., 1920), 5.

46 Frank Bunker Gilbreth and Lillian Moller Gilbreth, *Fatigue Study; the Elimination of Humanity's Greatest Unnecessary Waste, a First Step in Motion Study* (New York: The Macmillan Company, 1919), 181.

47 Gilbreth Archives, Box 46, Micro-Motion Study File 0265-20 NAPTM, 8-9.

48 예를 들어, '잡기grasp'는 "손이나 손의 일부가 잡히는 대상과 접촉할 때 시작되며, 그 대상이 다음 서블릭의 수행을 위해 움직이기 시작할 때 끝난다"라고 규정된다. '조립assemble'은 "손이 물체나 물체의 일부를 결합될 다른 물체 위로, 혹은 결합될 물체와 함께 이동하면서 시작되며, 손이 멈추거나 다른 서블릭으로 이동하면 종료된다." Ibid., 17.

49 Gilbreth Archives, Box 41 0265-1 NAPTM (June 19 1917).

50 Gilbreth Archives, Box 42 0265-2 NAPTM.

51 Ibid.

52 Ibid.

53 The descriptions above and the explanation of the mnemonic system all come from the Gilbreth Archives, Box 42, 0265-2 NAPTM.

54 Ibid.

55 Pierre Bourdieu, *The Logic of Practice* (Stanford, CA: Stanford University Press, 1990); Maurice Merleau-Ponty, *The Phenomenology of Perception* (London: Routledge and Kegan Paul, 1962); David Seamon, "Body-Subject, Time-Space Routines, and Place-Ballets," in *The Human Experience of Space and Place*, ed. Anne Buttimer and David Seamon (London: Croom Helm, 1980), 148-65.

56 Frank Bunker Gilbreth and Robert Thurston Kent, *Motion Study, a Method for Increasing the Efficiency of the Workman* (New York: D. Van Nostrand Company, 1911), 8.

57 Ibid., 23.

58 Ibid., 67.

59 Gilbreth Archives, Box 41, 0265-1 NAPTM -8-30-1915. Seminar notes, page 27.

60 Ibid., 27.

61 Frank Gilbreth, "Likenesses as Demonstrated by Motion Study," January 1917, Gilbreth Archives, Box 42, 0265-4 NAPTM.

62 Letter from Mr. S. A. Whitaker to Gilbreth, December 6, 1915, Gilbreth Archives, Box 42, 0265-4 NAPTM.

63 Frank Bunker Gilbreth and Lillian Gilbreth, "Motion Models: Their Use in the Transference of Experience and the Presentation of Comparative Results in Educational Methods" (paper presented at the American Association for the Advancement of Science, Columbus, Ohio, December 27, 1915-January 1, 1916, 15.

64 Ibid., 16.

65 Pierre Bourdieu, *Distinction: A Social Critique of the Judgement of Taste* (Cambridge, MA: Harvard University Press, 1984); Iris M. Young, *Throwing Like a Girl and Other Essays in Feminist Philosophy and Social Theory* (Bloomington: Indiana University Press, 1990).

66 Bahnisch, "Embodied Work, Divided Labour: Subjectivity and the Scientific Management of the Body in Frederick W. Taylor's 1907 'Lecture on Management,'" 54.

67 See Brian Price, "Frank and Lillian Gilbreth and the Motion Study Controversy, 1907-1930," in *A Mental Revolution: Scientific Management since Taylor*, ed. Daniel Nelson (Columbus: Ohio State University Press, 1992), 58-76.

68 Gilbreth Archives, Box 41, 0265-1 NAPTM, August 6, 1914, 222-23.

69 Gilbreth Archives, Box 41, 0265-1 NAPTM, August 30, 1915.

70 See Brian Price, "Frank and Lillian Gilbreth and the Manufacture and Marketing of Motion Study, 1908-1924," *Business and Economic History* 18 (1989): 88-98.

71 Gilbreth Archives, Box 159, 0952-2 NZ610.

72 Ibid.

73 Gilbreth Archives , Letter of July 11, 1912, Box 159, 0952-2 NZ610.

74 Ibid.

75 Gilbreth Archives, Letter of July 30, 1912, Box 159 0952-2 NZ610.

76 Gilbreth Archives, Letter of August 8, 1912, Box 159 0952-2 NZ610.

77 Laurel Graham, "Lillian Moller Gilbreth's Extensions of Scientific Management into Women's Work, 1924-1935" (PhD diss., University of Illinois, 1992); Laurel Graham, *Managing on Her Own: Dr. Lillian Gilbreth and Women's Work in the Interwar Era* (Norcross, GA: Engineering & Management Press, 1998).

78 Graham, "Lillian Moller Gilbreth's Extensions of Scientific Management into Women's Work, 1924-1935," 2.

79 Phyllis M. Palmer, *Domesticity and Dirt: Housewives and Domestic Servants in the United States, 1920-1945* (Philadelphia, PA: Temple University Press, 1989).

80 Carolyn Goldstein, "From Service to Sales: Home Economics in Light and Power 1920-1940," *Technology and Culture* 38, no. 1 (1997): 121-52.

81 Ruth Schwartz Cowan, *More Work for Mother: The Ironies of Household Technology from the Open Hearth to the Microwave* (New York: Basic Books, 1983); Barbara Ehrenreich and Deirdre English, *For Her Own Good: 150 Years of the Experts' Advice to Women* (Garden City, NY: Anchor Press, 1978).

82 See, for instance, G. Weaver, *Our Home or Influences Emanating from the Hearthstone* (Springfield, MA, 1899).

83 Bettina Berch, "Scientific Management in the Home: The Empresses New Clothes," *Journal of American Culture* 3, no. 3 (1980): 440-45.

84 Graham, *Managing on Her Own: Dr. Lillian Gilbreth and Women's Work in the Interwar Era*.

85 Laurel Graham, "Domesticating Efficiency: Lillian Gilbreth's Scientific Management of Homemakers, 1924-1930," *Signs* 24, no. 3 (1999): 633-75, 641.

86 이 주장은 델로레스 헤이든Delores Hayden의 논의를 참고했다. 헤이든은 릴리언 길브레스와 크리스틴 프레드릭이 확실한 반페미니스트이며, 친소비자적이고, 교외 거주자에게 편중되어 있다고 본다. See Dolores Hayden, *The Grand Domestic Revolution: A History of Feminist Designs for American Homes, Neighborhoods, and Cities* (Cambridge, MA: MIT Press, 1981).

87 Archival material on Lillian Gilbreth can be found in the Lillian Gilbreth Archives at Smith College, Northampton, Massachusetts, and in the Frank Gilbreth Archives at Purdue University (files NF 87 NGH 0655-2, NF 3/NAFDP 0030-20A, and NF 111/NHE 0809-1).

88 This poem can be found in the Frank Gilbreth Archives, Purdue University, file NF88/NGH

0655-7.

89 Lillian Gilbreth, "The Kitchen Practical," Lillian Gilbreth Archives, Series IV, Box 14, Smith College.

90 Lillian Gilbreth, "The Kitchen Practical," Lillian Gilbreth Archives, Series IV, Box 14, Smith College.

91 영국의 제인 드류Jane Drew도 유사한 '현대' 부엌을 제시하면서 이와 비슷한 차트를 제시한 바 있다. See Mark Llewelyn, "Designed by Women and Designing Women: Gender, Planning and the Geographies of the Kitchen in Britain 1917-1946," *Cultural Geographies* 10 (2004): 42-60.

92 *The New York Herald Tribune* Institute Presents Four Model Kitchens, October 1930, page 8, Lillian Gilbreth Archives, Series IV, Box 14, Smith College.

93 "Kitchen Practical: The Story of an Experiment. The Brooklyn Borough Gas Company," Lillian Gilbreth Archives, Smith College, Series IV, Box 14.

94 Gilbreth Management Desk brochure, Lillian Gilbreth Archives, Smith College, Series IV, Box 14.

95 비슷한 과정이 1940년대 영국에서 진행되었다. See David Matless, *Landscape and Englishness* (London: Reaktion Books, 1998), 241-42.

96 See Graham, "Domesticating Efficiency: Lillian Gilbreth's Scientific Management of Homemakers, 1924-1930." 로렐 그레이엄의 이 주장은 푸코의 생산하고 분배하는 권력이라는 개념에서 큰 영향을 받았다. See M. Foucault, *Power/Knowledge* (New York: Pantheon, 1980).

5장 "여기서 시미춤을 추면 안 돼요"

1 Philip J. S. Richardson, *The History of English Ballroom Dancing 1910-1945* (London: Herbert Jenkins, n.d.), 41. I am indebted to the Imperial Society for Teachers of Dancing for the use of their archives. The following account is based on their archival material.

2 See, for instance, Nigel Thrift , "The Still Point: Resistance, Expressiveness Embodiment and Dance," in *Geographies of Resistance*, ed. S. Pile and M. Keith (London: Routledge, 1997), 124-51.

3 Jane Desmond, *Meaning in Motion: New Cultural Studies of Dance, Post-Contemporary Interventions* (Durham, NC: Duke University Press, 1997); G. Morris, ed., *Moving Words: Re-Writing Dance* (London: Routledge, 1996); C. Picart, "Dancing through Different Worlds: An Autoethnography of the Interactive Body and Virtual Emotion in Ballroom Dance," *Qualitative Inquiry* 8, no. 3 (2002): 348-61.

4 Margaret Lloyd cited in Richard G. Kraus and Sarah Chapman Hilsendager, *History of the Dance in Art and Education* (Englewood Cliffs, NJ: Prentice-Hall, 1981), 124.

5 Rudolf von Laban, *Laban's Principles of Dance and Movement Notation* (London: Macdonald & Evans, 1975), 5.

6 Rudolf von Laban and F. C. Lawrence, *Effort: Economy in Body Movement* (Boston: Plays, Inc., 1974), 73-74.

7 Ibid., 4.

8 Ibid., 12.

9   Ibid., 77-78.

10 J. Desmond, "Embodying Difference: Issues in Dance and Cultural Studies," *Cultural Critique* (winter 1993-94): 33-63, 58.

11 Ibid., 38-39; Marta Savigliano, *Tango and the Political Economy of Passion* (Boulder, CO: Westview Press, 1995).

12 Desmond, "Embodying Difference: Issues in Dance and Cultural Studies," 44.

13 M. Franko, "Five Theses on Laughter aft er All," in *Moving Words: Re-Writing Dance*, ed. G. Morris (London: Routledge, 1996), 43-62, 43-44.

14 그렇다고 해서 그 매개 과정이 쉬운 것은 아니다. 다른 모든 움직임 형태와 마찬가지로, 춤에서도 움직임의 과정과 관계는 '고정성, 추상성, 객관성'과 잘 부합하지 않는다. (ibid., 46).

15 Sue Foster, "The Ballerina's Phallic Pointe," in *Corporealities: Dancing Knowledge, Culture and Power*, ed. S. Foster (London: Routledge, 1996), 1-24, 1-2.

16 Helen Thomas, *Dance, Modernity, and Culture: Explorations in the Sociology of Dance* (London; New York: Routledge, 1995), 170.

17 For examples, see J. Kaeli'inohomoku, "Cultural Change: Functional and Dysfunctional Expressions of Dance, a Form of Affective Culture," in *The Performing Arts*, ed. J. Blacking and J. Kaeli'inohomoku (The Hague: Mouton, 1979); A. Kaeppler, "American Approaches to the Study of Dance," *Yearbook of Traditional Music* 23 (1991): 11-21; Susan Reed, "The Politics and Poetics of Dance," *Annual Review of Anthropology* 27 (1998): 503-32; D. Sklar, "On Dance Ethnography," *Dance Research Journal* 23, no. 1 (1991): 6-10; Paul Spencer, *Society and the Dance: The Social Anthropology of Process and Performance* (Cambridge: Cambridge University Press, 1985).

18 In geography this is connected to the observations made in Catherine Nash, "Performativity in Practice: Some Recent Work in Cultural Geography," *Progress in Human Geography* 24, no. 4 (2000): 653-64; George Revill, "Performing French Folk Music: Dance, Authenticity and Nonrepresentational Theory," *Cultural Geographies* 11 (2004): 199-209. For work on these themes elsewhere, see Desmond, "Embodying Difference: Issues in Dance and Cultural Studies."; Franko, "Five Theses on Laughter aft er All"; Savigliano, *Tango and the Political Economy of Passion.*

19 Derek P. McCormack, "The Event of Geographical Ethics in Spaces of Affect," *Transactions of the Institute of British Geographers* 28 (2003): 488-507, 488. For accounts of nonrepresentational theory, see J. D. Dewsbury, "Performativity and the Event: Enacting a Philosophy of Difference," *Environment and Planning D: Society and Space* 18 (2000): 473-96; Thrift , "The Still Point: Resistance, Expressiveness Embodiment and Dance."; Nigel Thrift , "Summoning Life," in *Envisioning Human Geographies*, ed. Paul Cloke, Philip Crang, and Mark Goodwin (London: Arnold, 2004), 81-103.

20 See James J. *Nott, Music for the People: Popular Music and Dance in Interwar Britain* (Oxford and New York: Oxford University Press, 2002).

21 Philip Richardson, "Can We Get Together and Raise the Standard of Ballroom Dancing? A Suggestion from Maurice," *Dancing Times*, April 1920, 526, 528.

22 Richardson, *The History of English Ballroom Dancing 1910-1945*, 42.

23 Edward Scott was a writer on dance and an influential figure in social dancing. For an account,

see Theresa Buckland, "Edward Scott: The Last of the English Dancing Masters," *Dance Research* 21, no. 2 (2003): 3-35.

24 "Our Conference of Ballroom Teachers," *Dancing Times*, June 1920, 44.

25 "Paris Notes. The 'Shimmy' Once More," *Dancing Times* 125 (1921): 15.

26 See Sonny Watson's Streetswing.com, http://www.streetswing.com/histmain/z3shimy.htm (accessed March 26, 2004)

27 *The American Heritage Dictionary of the English Language*, 4th ed., (New York: Houghton Mifflin, 2000).

28 Richardson, *The History of English Ballroom Dancing 1910-1945*, 39.

29 "The Sitter Out," *Dancing Times*, June 1921, 703.

30 "Paris Notes. The 'Shimmy' Once More," *Dancing Times*, 129, 709.

31 Victor Silvester, *Dancing Is My Life: An Autobiography* (London: Heinemann, 1958), 89.

32 Richardson, *The History of English Ballroom Dancing 1910-1945*, 22-23.

33 Ibid., 23.

34 See Rob Shields, *Places on the Margin: Alternative Geographies of Modernity* (London: Routledge Chapman Hall, 1991); Victor Witter Turner, *The Ritual Process: Structure and Anti-Structure, Symbol, Myth, and Ritual Series* (Ithaca, NY: Cornell University Press, 1977).

35 Richardson, *The History of English Ballroom Dancing 1910-1945*, 23.

36 For a wonderful account of the travels of tango, see Savigliano, *Tango and the Political Economy of Passion*.

37 Charles D'Albert, "The Evils of Imitative Teaching," *Dance Journal* 1, no. 2 (1907): 2-3, 3.

38 Gerald Butterfield, "The Degeneracy of Dancing," *Dance Journal* II, no. 3 (1908): 2.

39 "Is Dancing Degenerating?" *Dance Journal* II, no. 6 (1908): 8-9, 8-9.

40 "Decadent Dances: An American Woman's Denunciation of the New 'Freak' Dances," *Dance Journal* IV, no. 24 (1911): 15, 15.

41 "Degeneracy of Dancing. Ballroom Antics: Ragged Rag-Time in Two Steps," *Dance Journal* VI, no. 34 (1913), 7.

42 "The Sitter Out," 704-05.

43 Victor Silvester, *Modern Ballroom Dancing: History and Practice* (London: Barrie & Jenkins, 1974), 40.

44 Silvester, *Dancing Is My Life: An Autobiography*, 85.

45 Ibid., 86.

46 "Some Expressions of Opinion About the Conference," *Dancing Times*, June 1920, 709.

47 Richardson, *The History of English Ballroom Dancing 1910-1945*, 78.

48 Victor Silvester, "What Is Your Opinion?" *The Dance Journal* VIII, no. 2 (1935): 105-06 92, 105.

49 Ibid.

50 Richardson, *The History of English Ballroom Dancing, 1910-1945*, 37-38.

51 Quoted in Richardson, *The History of Ballroom Dancing, 1910-1945*, 38.

52 Jack Hylton, quoted in Nott, *Music for the People: Popular Music and Dance in Interwar Britain*, 201.

53 Ibid., 162.

54 Edward Scott "A Few Suggestions," *Dancing Times* 121 (October 1920): 17.

55 Frank Spencer and Peggy Spencer, *Come Dancing* (London: W. H. Allen, 1968), 14-15.

56 Silvester, *Modern Ballroom Dancing: History and Practice*, 41.

57 Richardson, *The History of English Ballroom Dancing 1910-1945*, preface.

58 Frank Gilbreth, "Likenesses as Demonstrated by Motion Study," *Gilbreth Archives* (Special Collections Department at Purdue University), January 1917, Box 42, 0265-4 NAPTM.

59 McCormack, "The Event of Geographical Ethics in Spaces of Affect," 489.

60 See Pierre Bourdieu, *The Logic of Practice* (Stanford, CA: Stanford University Press, 1990).

6장 미국의 모빌리티, 권리, 시민권

1 Notes of the Select Committee Investigating National Defense Migration, House of Representatives, Washington, DC, Monday, January 19, 1942, 9969.

2 Ibid., 9969.

3 Ibid., 10230.

4 Ibid., 10231.

5 Ibid., 10232.

6 David Delaney, "Laws of Motion and Immobilization: Bodies, Figures and the Politics of Mobility" (paper presented at the Mobilities Conference, Gregynog, Newtown, Wales, 1999), 3.

7 See, for instance, Jean Baudrillard, *America* (London: Verso, 1988); James M. Jasper, *Restless Nation: Starting Over in America* (Chicago: University of Chicago Press, 2000); John Kouwenhoven, *The Beer-Can by the Highway* (Baltimore, MD: Johns Hopkins University Press, 1961); Alexis de Tocqueville, *Democracy in America* (Chicago, IL: University of Chicago Press, 2000); Frederick Jackson Turner, *The Frontier in American History* (New York: Holt, Rinehart and Winston, 1947).

8 *Crandall v. State of Nevada*, 73 U.S. 35 (1867).

9 *Crandall v. State of Nevada*, 6 Wall. 35, 49.

10 *Kent v. Dulles*, 357 U.S. 116 (1958), 125-26.

11 Ibid., 126. Justice Douglas citing Zechariah Chafee, *Three Human Rights in the Constitution of 1787* (Lawrence: University of Kansas Press, 1956), 197.

12 Ibid., 127.

13 Louis Jaffe, *The Right to Travel: The Passport Problem, 35 Foreign Affairs 17, 26*. Cited in *Kent v. Dulles*, 357 U.S. 116 (1958), 141-42.

14 *United States v. Guest*, 383 U.S. 745 (1966), 748.

15 Ibid.

16 Ibid., 757.

17 Ibid.

18 Ibid., 758.

19 Ibid., 759.

20 *Corfield v. Coryell*, 4 Wash. C. C. 371 (1825) 380-81.

21 *United States v. Guest*, 383 U.S. 745 (1966) 767.

22 Ibid., 768.

23 *Kent v. Dulles*, 357 U.S. 116 (1958), 125.

24 Harlan citing Chafee, *Three Human Rights in the Constitution of 1787*, 192-93.

25 *Shapiro v. Thompson*, 394 U.S. 618 (1969), 636.

26 *Shapiro v. Thompson*, 394 U.S. 618 (1969), 629-30.

27 Ibid., 622.

28 Ibid., 643-43.

29 For a recent example citing *Crandall and Edwards*, for instance, see Saenz v. Roe. 526 U.S. 489 (1999).

30 I am drawing here on the law and geography interface developed in Nicholas K. Blomley, David Delaney, and Richard T. Ford, *The Legal Geographies Reader: Law, Power, and Space* (Oxford: Blackwell Publishers, 2001); Nick Blomley, *Law, Space and the Geographies of Power* (New York: Guilford, 1994); David Delaney, "The Boundaries of Responsibility: Interpretations of Geography in School Desegregation Cases," in *The Legal Geographies Reader*, ed. Nicholas K. Blomley, David Delaney, and Richard T. Ford (Oxford: Blackwell, 2001), 54-68; David Delaney, *Law and Nature* (Cambridge: Cambridge University Press, 2003); David Delaney, *Race, Place and the Law* (Austin: University of Texas Press, 1998).

31 For a full account of these, see Tim Cresswell, *The Tramp in America* (London: Reaktion, 2001).

32 *United States v. Guest*, 383 U.S. 745 (1966), 767.

33 Orlando Lewis, *Vagrancy in the United States* (New York: Self-published, 1907), 13.

34 For interesting accounts, see A. L. Beier, *Masterless Men: The Vagrancy Problem in England 1560-1640* (London: Methuen, 1985); Ian Hacking, "Les Alienes Voyageurs: How Fugue Became a Medical Entity," *History of Psychiatry* 7 (1996): 425-49.

35 I am drawing here on the work of Engin Isin. See Engin F. Isin, *Being Political: Genealogies of Citizenship* (Minneapolis: University of Minnesota Press, 2002); Engin F. Isin and Patricia K. Wood, *Citizenship and Identity, Politics and Culture* (London: Sage, 1999).

36 Isin, *Being Political: Genealogies of Citizenship*, 3.

37 Ibid., 4.

38 For an account of legal rights, see Delaney, "The Boundaries of Responsibility: Interpretations of Geography in School Desegregation Cases."

39 Chafee, *Three Human Rights in the Constitution of 1787*.

40 Karl Marx, "On the Jewish Question," in *The Marx-Engels Reader*, ed. Robert C Tuckner (New York: Norton, 1978), 26-52, 35.

41 Ibid., 43.

42 Duncan Kennedy, "The Critique of Rights in Critical Legal Studies," in *Left Legalism/Left Critique*, ed. Wendy Brown and Janet Halley (Durham, NC: Duke University Press, 2002), 178-228, 214. 그러나 던컨 케네디와는 달리 '권리' 개념을 높이 평가하는 이들도 많다. 권리 개념에 결함이 있다 하더라도 서구 민주주의 사회운동에 유용한 도구라는 것이다. 법학자 패트리샤 윌리엄스는 미국의 권리 투쟁 맥락에서 흑인들, 특히 흑인 여성들이 권리 주장을 통해 큰 동력을 얻었다고 평가한다. 윌리엄스에 따르면, "권리는 흑인들의 입에서 언급될 때 새로운 인상을 준다." See Patricia J. Williams, *The Alchemy of Race and Rights* (Cambridge, MA: Harvard University Press, 1991), 164.

43 Mark Tushnet, "An Essay on Rights," *Texas Law Review* 62, no. 8 (1984): 1363-403, 1382.

44 Nicholas K. Blomley and Geraldine Pratt, "Canada and the Political Geographies of Rights," *Canadian Geographer* 45, no. 1 (2001): 151-66.

45 Ibid., 155.

46 Ibid., 163.

47 Audrey Kobayashi and Brian Ray, "Civil Risk and Landscapes of Marginality in Canada: A Pluralist Approach to Social Justice," *Canadian Geographer* 44 (2000): 401-17, 405.

48 Linda Peake and Brian Ray, "Racializing the Canadian Landscape: Whiteness, Uneven Geographies and Social Justice," *Canadian Geographer* 45, no. 1 (2001): 180-86, 184.

49 Ibid.

50 Vera Chouinard, "Legal Peripheries: Struggles over Disabled Canadians' Places in Law, Society and Space," *Canadian Geographer* 45, no. 1 (2001): 187-92; Rob Imrie, "Disability and Discourses of Mobility and Movement," *Environment and Planning A* 32, no. 9 (2000): 1641-56.

51 Vera Chouinard, "Legal Peripheries: Struggles Over Disabled Canadians' Places in Law, Society and Space," *Canadian Geographer* 45, no. 1 (2001): 187-92, 187.

52 Imrie, "Disability and Discourses of Mobility and Movement," 1641-42.

53 Ivan Illich, *Energy and Equity, Ideas in Progress* (New York: Harper & Row, 1974), 79.

54 Ivan Illich, *Toward a History of Needs* (New York: Pantheon Books, 1978), 119.

55 This idea is fully developed in Celeste Langan, "Mobility Disability," *Public Culture* 13, no. 3 (2001): 459-84.

56 Ibid., 465.

57 여러 이슈들을 나에게 이야기해 준 버스승객조합 분들에게 감사 드린다. 로스앤젤레스 교통의 역사와 MTA를 상대한 버스승객조합의 활동들을 몇 시간에 걸쳐 설명해 준 톰 루빈에게 특히 고마움을 표한다. Existing accounts of the Bus Riders Union can be found in Robert D. Bullard, Glenn S. Johnson, and Angel O. Torres, *Highway Robbery: Transportation Racism & New Routes to Equity* (Cambridge, MA: South End Press, 2004); Mike Davis, *Dead Cities, and Other Tales* (New York: New Press, distributed by W.W. Norton, 2002); Robert Garcia and Thomas A. Rubin, "Cross Road Blues: The MTA Consent Decree and Just Transportation," in *Running on Empty: Transport, Social Exclusion and Environmental Justice*, ed. Karen Lucas (London: Policy Press, 2004).

58 Blomley and Pratt, "Canada and the Political Geographies of Rights," 163.

59 I take this notion from Anna Bullen and Mark Whitehead, "Negotiating the Networks of Space, Time and Substance: A Geographical Perspective on the Sustainable Citizen," *Citizenship Studies* 9, no. 5 (2005): 499-516.

60 I am thinking here of Michael Brown, *Replacing Citizenship: Aids, Activism and Radical Democracy* (New York: Guilford, 1997); Bullen and Whitehead, "Negotiating the Networks of Space, Time and Substance: A Geographical Perspective on the Sustainable Citizen"; Luke Desforges, Rhys Jones, and Mike Woods, "New Geographies of Citizenship," *Citizenship Studies* 9, no, 5 (2005): 439-451; J. Painter and C. Philo, "Spaces of Citizenship: An Introduction," *Political Geography* 14, no. 2 (1995): 107-20; Susan Smith, "Society, Space and Citizenship: A Human Geography for New Times," *Transactions of the Institute of British*

Geographers 14 (1990): 144-56.

61 Here I am following the development of the idea of spatial justice developed by Edward Soja, who mentions the work of the Bus Riders Union. See Edward W. Soja, *Postmetropolis: Critical Studies of Cities and Regions* (Oxford: Blackwell Publishers, 2000).

62 For a thorough account of the history of public transportation planning in Los Angeles and the particular problems of rail development, see William B. Fulton, *The Reluctant Metropolis: The Politics of Urban Growth in Los Angeles* (Point Arena, CA: Solano Press Books, 1997), chapter 5.

63 "Fighting for Equality in Public Transit: Labor Community Strategy Center v. MTA," Environmental Defense, http://www.environmentaldefense.org/article.cfm?contentid=2826 (accessed January 29, 2004).

64 *Labour Community Strategy Center v. MTA*: Case No.CV94-5936 TJH (MCX) Federal District Court, Los Angeles Summary of the Evidence, December 4, 1995, para 12a.

65 E. Bailey, "From Welfare Lines to Commuting Crush," *Los Angeles Times*, October 6, 1997.

66 Judge Hatter's Preliminary Injunction against the MTA, 1-2. *Labour Community Strategy Center v. MTA. Findings of Fact and Conclusions of Law re: Preliminary Injunction* (Sept. 21, 1994) Case No.CV94-5936 TJH (MCX) Federal District Court, Los Angeles.

67 Rita Burgos and Laura Pulido, "The Politics of Gender in the Los Angeles Bus Riders Union/ Sindicato De Pasajaros," *Capitalism Nature Society* 9, no. 3 (1998): 75-82.

68 Ibid., 80-81.

69 Linda Peake and Brian Ray, "Racializing the Canadian Landscape: Whiteness, Uneven Geographies and Social Justice," *Canadian Geographer* 45, no. 1 (2001): 180-86, 184.

70 E. Balibar, "Ambiguous Universality," *Differences* 7 (spring 1995): 48-74, 65.

71 Iris Marion Young, *Justice and the Politics of Difference* (Princeton, NJ: Princeton University Press, 1990).

72 Eric Mann et al., "An Environmental Justice Strategy for Urban Transportation in Atlanta: Lessons and Observations from Los Angeles," (Los Angeles: Labor/Community Strategy Center, 2001), 25.

7장 이주 모빌리티의 생산

1 H. Mark Lai et al., *Island: Poetry and History of Chinese Immigrants on Angel Island, 1910-1940* (San Francisco; distributed by San Francisco Study Center, 1980), 102.

2 Ibid., 94.

3 Here we are building on Bonnie Honig, *Democracy and the Foreigner* (Princeton, NJ: Princeton University Press, 2001); Lisa Lowe, *Immigrant Acts: On Asian American Cultural Politics* (Durham, NC: Duke University Press, 1996).

4 Ian Hacking, "Making Up People," in *Reconstructing Individualism: Autonomy, Individuality, and the Self in Western Thought*, ed. T. Heller, M. Sosna, and D. Wellbery (Stanford, CA: Stanford University Press, 1986), 222-36.

5 Tim Cresswell, "The Production of Mobilities," *New Formations* 43 (spring 2001): 3-25;

Jennifer Hyndeman, "Border Crossings," *Antipode* 29, no. 2 (1997): 149-76; Doreen Massey, "Power-Geometry and Progressive Sense of Place," in *Mapping the Futures: Local Cultures, Global Change*, ed. Jon Bird et al. (London: Routledge, 1993), 59-69; Jean François Lyotard and Jean-Loup Thébaud, *Just Gaming, Theory and History of Literature* (Minneapolis: University of Minnesota Press, 1985); Iris Marion Young, *Justice and the Politics of Difference* (Princeton, NJ: Princeton University Press, 1990).

6 Jean-Francois Lyotard, *The Postmodern Condition: A Report on Knowledge* (Minneapolis: University of Minnesota Press, 1984), 82.

7 Ibid., 81.

8 Lyotard and Thébaud, *Just Gaming*, 93.

9 Ibid., 94.

10 Young, *Justice and the Politics of Difference*.

11 Ibid., 156.

12 Ibid., 157.

13 Ibid., 158.

14 Daniel Boorstin, *The Americans: The National Experience* (London: Weidenfeld and Nicholson, 1966); James M. Jasper, *Restless Nation: Starting Over in America* (Chicago, IL: University of Chicago Press, 2000); Frederick Jackson Turner, *The Frontier in American History* (New York: Holt, Rinehart and Winston, 1947); Wilbur Zelinsky, *The Cultural Geography of the United States* (Englewood Cliffs, NJ: Prentice Hall, 1973).

15 Alan M. Kraut, *Silent Travelers: Germs, Genes, and the "Immigrant Menace"* (Baltimore, MD: Johns Hopkins University Press, 1995); David Ward, *Poverty, Ethnicity and the American City, 1840-1925* (Cambridge: Cambridge University Press, 1989).

16 *The Chinese Exclusion Act 1882* Forty-Seventh Congress. Session I. 1882 Chapter 126 (http://www.ourdocuments.gov/doc.php?doc=47&page=trans cript (accessed 1/4/06)

17 *The Chinese Exclusion Act 1882.*

18 Roger Daniels, *Not Like Us: Immigrants and Minorities in America, 1890-1924* (Chicago, IL: Ivan R. Dee, 1997), 7.

19 Kay Anderson, *Vancouver's Chinatown: Racial Discourse in Canada, 1875-1980* (Montreal: McGill-Queen's University Press, 1991); Susan Craddock, *City of Plagues: Disease, Poverty, and Deviance in San Francisco* (Minneapolis: University of Minnesota Press, 2000).

20 Daniels, *Not Like Us: Immigrants and Minorities in America, 1890-1924.*

21 See Lucy E. Salyer, *Laws Harsh as Tigers: Chinese Immigrants and the Shaping of Modern Immigration Law* (Chapel Hill: University of North Carolina Press, 1995); John C. Torpey, *The Invention of the Passport: Surveillance, Citizenship, and the State* (Cambridge: Cambridge University Press, 2000).

22 For accounts of this process, see Torpey, *The Invention of the Passport: Surveillance, Citizenship, and the State*; Aristide Zolberg, "Matters of State: Theorizing Immigration Policy," in *The Handbook of International Migration: The American Experience*, ed. Josh DeWind and Philip Kasinitz (New York: Russell Sage, 1999), 71-93.

23 I take this account from David Delaney, "Laws of Motion and Immobilization: Bodies, Figures and the Politics of Mobility" (paper presented at the Mobilities Conference, Gregynog,

Newtown, Wales, 1999).

24 Mary Coolidge cited in Torpey, *The Invention of the Passport: Surveillance, Citizenship, and the State*, 99.

25 Ibid., 7.

26 *Peopling of America Theme Study Act 2000*, 106th Congress, 2nd Session, S.2478

27 *Peopling of America Theme Study Act 2000*, § 2,

28 Official Press Release, February 14th, 2001, (our emphasis).

29 Steven Hoelscher, "Conserving Diversity: Provincial Cosmopolitanism and America's Multicultural Heritage," in *Textures of Place: Exploring Humanist Geographies*, ed. Paul Adams, Steven Hoelscher, and Karen Till (Minneapolis: University of Minnesota Press, 2001), 375-402.

30 Honig, *Democracy and the Foreigner*.

31 Ibid., 74.

32 Ibid., 75.

33 Citing Ali Behdad, ibid., 77.

34 Ibid., 78.

35 Ibid., 97.

36 Engin F. Isin, *Being Political: Genealogies of Citizenship* (Minneapolis: University of Minnesota Press, 2002).

37 Lowe, *Immigrant Acts: On Asian American Cultural Politics*, 2.

38 Young, *Justice and the Politics of Difference*, 172.

39 *Peopling of America Theme Study Act 2000*, § 4B.

40 Wikipedia.com (http://en.wikisource.org/wiki/California_Proposition_187_(1994)) (Accessed 5 January 2006).

41 For classic accounts, see Boorstin, *The Americans: The National Experience*; Turner, *The Frontier in American History*. In geography, claims for the unique and exceptional quality of American mobility have been made in J. B. Jackson, *Landscape in Sight: Looking at America* (New Haven, CT: Yale University Press, 1997); Zelinsky, *The Cultural Geography of the United States*.

8장 모빌리티의 동원

1 Virginia Scharff, *Taking the Wheel: Women and the Coming of the Motor Age* (New York: Free Press, 1991).

2 Clay McShane, *Down the Asphalt Path: The Automobile and the American City* (New York: Columbia University Press, 1994).

3 Robert Sklar, *Movie-Made America: A Cultural History of American Movies* (London: Chappell and Company, 1978).

4 Jean Bethke Elshtain, *Public Man, Private Woman: Women in Social and Political Thought* (Princeton, NJ: Princeton University Press, 1993); Eleanor Flexner, *Century of Struggle: The Woman's Rights Movement in the United States* (Cambridge, MA: Belknap Press of Harvard

University Press, 1975); Aileen S. Kraditor, *The Ideas of the Woman Suffrage Movement, 1890-1920* (New York: Columbia University Press, 1965); Mary P. Ryan, *Women in Public: From Banners to Ballots, 1825-1880* (Baltimore, MD: Johns Hopkins University Press, 1989); Joan Wallach Scott, *Gender and the Politics of History* (New York: Columbia University Press, 1988).

5   Caren Kaplan, *Questions of Travel: Postmodern Discourses of Displacement* (Durham, NC: Duke University Press, 1996); Janet Wolff , "On the Road Again: Metaphors of Travel in Cultural Criticism," *Cultural Studies* 6 (1992): 224-39.

6   Susan Hanson and Geraldine J. Pratt, *Gender, Work, and Space* (London and New York: Routledge, 1995); Robin Law, "Beyond 'Women and Transport': Towards New Geographies of Gender and Daily Mobility," *Progress in Human Geography* 23, no. 4 (1999): 567-88. Susan Buck-Morss, "The Flâneur, the Sandwichman and the Whore: The Politics of Loitering," *New German Critique* 39 (1986): 99-141; Mona Domosh, "Those 'Gorgeous Incongruities': Polite Politics and Public Space on the Streets of Nineteenth-Century New York City," *Annals of the Association of American Geographers* 88, no. 2 (1998): 209-26; Janet Wolff , "The Invisible Flâneuse: Women and the Literature of Modernity," in *Feminine Sentences: Essays on Women and Culture*, ed. Janet Wolff (Oxford: Polity, 1990), 34-50. Alison Blunt, *Travel, Gender and Imperialism: Mary Kingsley and West Africa*, ed. Michael Dear, Derek Gregory, and Nigel Thrift, *Mappings* (New York: Guilford, 1994); Sara Mills, *Discourses of Difference* (London: Routledge, 1991); Benedicte Monicat, "Autobiography and Women's Travel Writings in Nineteenth-Century France: Journeys through Self-Representation," *Gender, Place and Culture* 1, no. 1 (1994): 61-70; Karen Morin, "A 'Female Columbus' in 1887 America: Marking New Social Territory," *Gender, Place and Culture* 2, no. 2 (1995): 191-208. Tim Cresswell, "Embodiment, Power and the Politics of Mobility: The Case of Female Tramps and Hobos," *Transactions of the Institute of British Geographers* 24 (1999): 175-92; Tim Cresswell, *The Tramp in America* (London: Reaktion, 2001).

7   Linda McDowell, "Off the Road: Alternative Views of Rebellion, Resistance, and the 'Beats,'" *Transactions of the Institute of British Geographers* 21, no. 2 (1996): 412-19; Geraldine Pratt, "Geographies of Identity and Difference: Marking Boundaries," in *Human Geography Today*, ed. Doreen Massey, John Allen, and Philip Sarre (Cambridge: Polity, 1999), 151-68.

8   John Urry, *Sociology Beyond Societies: Mobilities for the Twenty-First Century* (London; New York: Routledge, 2000).

9   Daniel T. Rodgers, *Atlantic Crossings: Social Politics in a Progressive Age* (Cambridge, MA: Belknap Press of Harvard University Press, 1998).

10   Celeste Langan, "Mobility Disability," *Public Culture* 13, no. 3 (2001): 459-84.

11   Catherine Hall, *White, Male and Middle-Class: Explorations in Feminism and History* (NY: Routledge, 1992).

12   Peter Linebaugh and Marcus Buford Rediker, *The Many-Headed Hydra: The Hidden History of the Revolutionary Atlantic* (Boston: Beacon Press, 2000); Hall, *White, Male and Middle-Class: Explorations in Feminism and History*; Paul Gilroy, *The Black Atlantic: Modernity and Double Consciousness* (Cambridge, MA: Harvard University Press, 1993).

13   Flexner, *Century of Struggle: The Woman's Rights Movement in the United States*; S. J.

Kleinberg, *Women in the United States, 1830-1945* (New Brunswick, NJ: Rutgers University Press, 1999).

14   Sharon Strom, "Leadership and Tactics in the American Woman Suffrage Movement: A New Perspective from Massachusetts" *Journal of American History* 62, no. 2 (1975): 296-315.

15   See, for instance, Flexner, *Century of Struggle: The Woman's Rights Movement in the United States*; Kraditor, *The Ideas of the Woman Suffrage Movement, 1890-1920*.

16   Strom, "Leadership and Tactics in the American Woman Suffrage Movement: A New Perspective from Massachusetts," 304.

17   Flexner, *Century of Struggle: The Woman's Rights Movement in the United States.*

18   Ryan, *Women in Public: From Banners to Ballots, 1825-1880.*

19   Sarah Deutsch, *Women and the City: Gender, Space and Power in Boston, 1870-1940* (Oxford: Oxford University Press, 2002), 223.

20   Dennis Ryan, *Beyond the Ballot Box: Social History and the Boston Irish, 1845-1917* (Boston: University of Massachusetts Press, 1989).

21   Sharon Strom, *Political Woman: Florence Luscomb and the Legacy of Radical Reform* (Philadelphia, PA: Temple University Press, 2001).

22   Deutsch, *Women and the City: Gender, Space and Power in Boston, 1870-1940*, 223.

23   This clipping comes from Luscomb's archive and does not include the title of the publication or date. The column is headed "Suffragists Go to England."

24   Gilroy, *The Black Atlantic: Modernity and Double Consciousness*, 4.

25   Linebaugh and Rediker, *The Many-Headed Hydra: The Hidden History of the Revolutionary Atlantic*, 144.

26   Ibid., 151.

27   David Armitage, "Three Concepts of Atlantic History," in *The British Atlantic World 1500-1800*, ed. David Armitage and Michael Braddick (Basingstoke: Palgrave Macmillan, 2002), 11-27, 16.

28   Journal of Florence Luscomb, April 6, 1911 FHL, Box 206. This and following citations are taken from the travel journal of Florence Luscomb, which is held in Florence Hope Luscomb Collection (box 9 folder 206) in the Schlesinger Library, Radcliff College, Harvard University, Cambridge, Massachusetts.

29   Journal of Florence Luscomb, April 7, 1911, FHL Box 206.

30   Journal of Florence Luscomb, April 10, 1911, FLH Box 206.

31   Journal of Florence Luscomb, April 10, 1911, FHL Box 206.

32   Journal of Florence Luscomb, April 12, 1911, FHL Box 206.

33   Rodgers, *Atlantic Crossings: Social Politics in a Progressive Age.*

34   Gilroy, *The Black Atlantic.*

35   James Buzard, *The Beaten Track: European Tourism, Literature, and the Ways to Culture, 1800-1918* (Oxford: Oxford University Press, 1992); David Crouch, *Leisure/Tourism Geographies: Practices and Geographical Knowledge,* Critical Geographies 3 (London; New York: Routledge, 1999); Eeva Jokinen and Soile Veijola, "The Disorientated Tourist: The Figuration of the Tourist in Contemporary Cultural Studies," in *Touring Cultures*, ed. John Urry and Chris Rojek (London: Routledge, 1997), 23-51; Dean MacCannell, *The Tourist: A New Theory of*

the *Leisure Class* (New York: Schocken Books, 1989); Urry, *Sociology beyond Societies: Mobilities for the Twenty-First Century*; John Urry, *The Tourist Gaze: Leisure and Travel in Contemporary Societies* (London and Newbury Park, CA: Sage Publications, 1990).

36 Cynthia H. Enloe, *Bananas, Beaches & Bases: Making Feminist Sense of International Politics* (London: Pandora, 1989), 28.

37 Jokinen and Veijola, "The Disorientated Tourist: The Figuration of the Tourist in Contemporary Cultural Studies"; Vivian Kinnaird and Derek R. Hall, *Tourism: A Gender Analysis* (New York: John Wiley & Sons, 1994); M. Swain, "Gender in Tourism," *Annals of Tourism Research* 22, no. 2 (1995): 247-66.

38 Journal of Florence Luscomb April 16, 1911, FHL Box 206.

39 Journal of Florence Luscomb April 17, 1911, FHL Box 206.

40 Journal of Florence Luscomb April 18, 1911, FHL Box 206.

41 Journal of Florence Luscomb April 30, 1911, FHL Box 206.

42 MacCannell, *The Tourist: A New Theory of the Leisure Class*, 61.

43 Piers Brendon, *Thomas Cook: 150 Years of Popular Tourism* (London: Secker & Warburg, 1991); John Pudney et al., *The Thomas Cook Story* (London: M. Joseph, 1953); Louis Turner and John Ash, *The Golden Hordes: International Tourism and the Pleasure Periphery* (London: Constable, 1975).

44 *Cook's Excursionist and Cheap Trip Advertiser*, August 20, 1855, 2, in Enloe, 28.

45 Journal of Florence Luscomb, June 10, 1911, FHL Box 206.

46 Walter Benjamin, *The Arcades Project* (Cambridge, MA: Belknap Press of Harvard University Press, 1999); Keith Tester, ed., *The Flâneur* (London: Routledge, 1994); Wolff , "The Invisible Flâneuse: Women and the Literature of Modernity."

47 Journal of Florence Luscomb May 6, 1911, FHL Box 206.

48 Journal of Florence Luscomb April 20, 1911, FHL Box 206.

49 Journal of Florence Luscomb June 3, 1911, FHL Box 206.

50 Journal of Florence Luscomb May 17, 1911, FHL Box 206.

51 Journal of Florence Luscomb May 17, 1911, FHL Box 206.

52 Marshall Berman, *All That Is Solid Melts into Air: The Experience of Modernity* (Harmondsworth: Penguin, 1988); Michel de Certeau, *The Practice of Everyday Life* (Berkeley, CA: University of California Press, 1984); Rebecca Solnit, *Wanderlust: A History of Walking* (New York: Viking, 2000); Tester, ed., *The Flâneur*.

53 de Certeau, *The Practice of Everyday Life*, 101.

54 Berman, *All That Is Solid Melts into Air: The Experience of Modernity*.

55 Wolff , "The Invisible Flâneuse: Women and the Literature of Modernity."

56 Domosh, "Those 'Gorgeous Incongruities': Polite Politics and Public Space on the Streets of Nineteenth-Century New York City."

57 Journal of Florence Luscomb, May 4, 1911, FHL Box 206.

58 These quotations are taken from an article titled "Women Defend Motorists of their Own Sex," which is a clipping in the Margaret Foley Collection (Series III, File 60), Schlesinger Library, Radcliff College, Harvard University, Cambridge, Massachusetts.

59 *The Boston American, Sunday*, October 15, 1911.

60 *The Boston American, Sunday*, October 15, 1911.

61 This and the following quote are taken from newspaper clippings in the Margaret Foley collection (Series III, File 60), but do not include the source title or date.

62 Strom, *Political Woman: Florence Luscomb and the Legacy of Radical Reform*, 87.

63 Letter from Florence Luscomb to Hannah S. (Knox) Luscomb, summer 1915, FHL Box 93.

64 Sidonie Smith, *Moving Lives: Twentieth Century Women's Travel Writing* (Minneapolis: University of Minnesota Press, 2001), 26.

65 *Boston Post*, October 13, 1911.

66 Kathleen Barry, *Susan B. Anthony: Biography of a Singular Feminist* (New York: 1st Books, 2000).

67 Kleinberg, *Women in the United States, 1830-1945*; Carroll Smith-Rosenberg, *Disorderly Conduct: Visions of Gender in Victorian America* (New York: A. A. Knopf, 1985).

68 Deutsch, *Women and the City: Gender, Space and Power in Boston, 1870-1940*.

69 Margaret Mary Finnegan, *Selling Suffrage: Consumer Culture & Votes for Women* (New York: Columbia University Press, 1999); Elizabeth Wilson, *The Sphinx in the City* (Berkeley: University of California Press, 1991).

70 Strom, "Leadership and Tactics in the American Woman Suffrage Movement: A New Perspective from Massachusetts."

9장 암스테르담 스히폴공항의 모빌리티 생산

1 For recent discussions of airports, see Mark Gottdiener, *Life in the Air: Surviving the New Culture of Air Travel* (Lanham, MD: Rowman & Littlefield, 2000); David Pascoe, *Airspaces* (London: Reaktion, 2001).

2 Mike Crang, "Between Places: Producing Hubs, Flows, and Networks," *Environment and Planning A* 34 (2002): 569-74, 571.

3 Marc Augé, *Non-Places: Introduction to an Anthropology of Supermodernity* (London; New York: Verso, 1995), 110. 공항을 비장소로 보는 시각은 이제 일반적이다. 이를테면 예술가 로버트 스미스슨은 공항을 '비-현장non-site'으로 보았다. "Towards the Development of an Air Terminal Site," in Robert Smithson and Nancy Holt, *The Writings of Robert Smithson: Essays with Illustrations* (New York: New York University Press, 1979).

4 Hans Ibelings, *Supermodernism: Architecture in the Age of Globalization* (Rotterdam: NAi, 1998), 78-79.

5 Ibid., 80.

6 Iain Chambers, *Border Dialogues: Journeys in Postmodernity* (London; New York: Routledge, 1990), 57-58.

7 Rosi Braidotti, *Nomadic Subjects: Embodiment and Sexual Difference in Contemporary Feminist Theory* (New York: Columbia University Press, 1994), 18.

8 M. Brown, "A Flying Leap into the Future," *Metropolis*, July/August (1995): 50-79, 79.

9 Pico Iyer, "Where Worlds Collide," *Harper's Magazine*, August 1995, 51.

10 Ibid.

11 Kevin Hetherington, "Whither the World?—Presence, Absence and the Globe," in *Mobilizing Place, Placing Mobility: The Politics of Representation in a Globalized World*, ed. Tim Cresswell and Ginette Verstraete (Amsterdam: Rodopi, 2002), 173-88, 179.

12 Pico Iyer, *The Global Soul: Jet Lag, Shopping Malls, and the Search for Home* (New York: Knopf, 2000).

13 Crang, "Between Places: Producing Hubs, Flows, and Networks," 573.

14 See Peter Adey, "Secured and Sorted Mobilities: Examples from the Airport," *Surveillance and Society* 1, no. 4 (2004): 500-19.

15 Manuel Castells, *The Rise of the Network Society* (Oxford: Blackwell Publishers, 1996), 417.

16 This information is given in: Municipal Airport of Amsterdam, *Schiphol: Gemeente Luchthaven Amsterdam (Illustrated Guide of Municipal Airport of Amsterdam)* (1929). This and other guides to the airport are available in the Municipal Archives of Amsterdam.

17 This information is from: Municipal Airport of Amsterdam, *Gemeente Luchthaven Amsterdam (Illustrated Guide to Municipal Airport of Amsterdam)* (1936). Municipal Archives of Amsterdam.

18 Pascoe, *Airspaces*, 75.

19 This recent information is from Reinier Gerritsen and Luuk Kramer, *Schiphol Airport* (Rotterdam: NAi Publishers, 1999).

20 This and the following quotations are taken from an interview with Jan Benthem, November 18, 2003 at Schiphol Airport.

21 For a perceptive account of this, on which I draw here, see Ginette Verstraete, "Technological Frontiers and the Politics of Mobility in the European Union," *New Formations* 43 (spring 2001): 26-43.

22 The original signatories of the Schengen Agreement were Belgium, France, Germany, Luxemburg, and the Netherlands. These countries have been joined by Austria, Denmark, Finland, Greece, Iceland, Italy, Portugal, Norway, Spain, and Sweden.

23 Verstraete, "Technological Frontiers and the Politics of Mobility in the European Union," 29.

24 European Commission, *Freedom of Movement, Europe on the Move* (Brussels: Office for Official Publications of the European Communities, 1994), 3.

25 Ibid., 1.

26 Pascal Fontaine, *A Citizen's Europe* (Luxembourg: 1993), 7-8.

27 For insightful commentary on the role of mobility in European identity construction, see Ginette Verstraete, "Heading for Europe: Tourism and the Global Itinarary of an Idea," in *Mobilizing Place, Placing Mobility: The Politics of Representation in a Globalized World*, ed. Tim Cresswell and Ginette Verstraete (Amsterdam: Rodopi, 2002), 33-52; Verstraete, "Technological Frontiers and the Politics of Mobility in the European Union."

28 Stephen Graham and Simon Marvin, *Splintering Urbanism Networked Infrastructures, Technological Mobilities and the Urban Condition* (London: Routledge, 2001), 364.

29 See Adey, "Secured and Sorted Mobilities: Examples from the Airport"; Peter Adey, "Surveillance at the Airport: Surveilling Mobility/Mobilising Surveillance," *Environment and Planning A* (2004); Michael Curry, "The Profiler's Question and the Treacherous Traveler: Narratives of Belonging in Commercial Aviation," *Surveillance and Society* 1, no. 4 (2004):

475-99; Martin Dodge and Rob Kitchin, "Flying through Code/Space: The Real Virtuality of Air Travel," *Environment and Planning A* 36 (2004): 195-211.

30   Dodge and Kitchin, "Flying through Code/Space: The Real Virtuality of Air Travel," 198.

31   For a wider interpretation of this phenomenon, see N. J. Thrift and S. French, "The Automatic Production of Space," *Transactions of the Institute of British Geographers* 27 (2002): 309-35.

32   Curry, "The Profiler's Question and the Treacherous Traveler: Narratives of Belonging in Commercial Aviation," 488.

33   Adey, "Surveillance at the Airport: Surveilling Mobility/Mobilising Surveillance."

34   Jonathan Crary, *Techniques of the Observer: On Vision and Modernity in the Nineteenth Century* (Cambridge, MA: MIT Press, 1990), 41.

35   Adey, "Surveillance at the Airport: Surveilling Mobility/Mobilising Surveillance"; Albert Battersby, *Network Analysis for Planning and Scheduling* (New York: Wiley, 1970).

36   A similar program (INSPASS) based on a scan of the hand is in operation in the United States with over 50,000 participants.

37   Privium website, http://www.schiphol.nl/schiphol/privium/privium_home.jsp (accessed June 14, 2004).

38   Gillian Fuller, "Perfect Match: Biometrics and Body Patterning in a Networked World," *Fibreculture Journal* 1 (2004). http://journal.fi breculture.org/issue1/issue1_fuller.html.

39   Adey, "Surveillance at the Airport: Surveilling Mobility/Mobilising Surveillance."

40   Martha Rosler, *Martha Rosler: In the Place of the Public: Observations of a Frequent Flyer* (New York: Cantz, 1998), 32.

41   This and all other quotations from Mijksenaar are taken from an interview conducted on November 20, 2003.

42   Gillian Fuller, "The Arrow-Directional Semiotics; Wayfinding in Transit," *Social Semiotics* 12, no. 3 (2002): 131-44, 131.

43   Augé, *Non-Places: Introduction to an Anthropology of Supermodernity*.

44   Fuller, "The Arrow - Directional Semiotics; Wayfinding in Transit," 135.

45   P. Mijksenaar, "Signs of the Times," *Airport World* 8, no. 4 (August-September 2003) http://www.mijksenaar.com/pauls_corner/index.html (accessed June 21, 2004).

46   For an account of this process see Patricia Leigh Brown, Fred Conrad, and Rebecca Cooney, "A Ray of Hope for Travellers Following Signs," *New York Times*, June 7, 2001. at http://www.mijksenaar.com/pauls_corner/index.html (accessed June 21, 2004).

47   Elizabeth Grosz, *Architecture from the Outside: Essays on Virtual and Real Space* (Cambridge, MA: MIT Press, 2001), 9.

48   Anthony Vidler, *Warped Space: Art, Architecture and Anxiety in Modern Culture* (Cambridge, MA: MIT Press, 2001), 185.

49   Ibid., 181.

50   Michel Serres, *Angels, a Modern Myth* (Paris: Flammarion, 1995), 19.

51   Kim Hopper, *Reckoning with Homelessness, The Anthropology of Contemporary Issues* (Ithaca, NY: Cornell University Press, 2003), 125.

52   Leon Deben, "Public Space and the Homeless in Amsterdam," in *Amsterdam Human Capital*, ed. Sako Musterd and Willem Salet (Amsterdam: Amsterdam University Press, 2003), 229-46,

238.
53　Ibid.
54　Personal communication with Leon Deben, February 25, 2004.
55　Castells, *The Rise of the Network Society*, 416.
56　Zygmunt Bauman, *Globalization: The Human Consequences* (New York: Columbia University Press, 1998), 86.
57　Ibid.
58　Ibid., 89.

에필로그

1　See Stephen Goddard, *Getting There: the Epic Struggle between Road and Rail in the American Century* (Chicago, IL: University of Chicago Press, 1994).
2　*New York Times*, http://www.nytimes.com/2005/09/02/national/nationalspecial/02response. html?th=&emc=th&pagewanted=all (accessed October　5, 2005).
3　Alison Stein Wellner, "No Exit," September 13, 2005, *Mother Jones*, www.motherjones.com/ news/update/2005/09/no_car_emergency.html (accessed October 5, 2005).
4　Randal O'Toole, *Hawaii Reporter*, http://www.hawaiireporter.com/story.aspx?0c98e6ee-047f-41cd-9f86-3e450a4391bf). (accessed October 5, 2005).
5　Wellner, "No Exit."
6　Alan Berube and Steven Raphael, "Access to Cars in New Orleans," Brookings Institution, http://www.brookings.edu/metro/20050915_katrinacarstables.pdf (accessed October 9 2005).
7　CNN "Mayor moves to heal New Orleans' lifeblood industry," http://www.cnn.com/2005/ US/10/07/neworleans.casinos/ (accessed October 5 2005).
8　This and further quotes are from U.S. Department of Transportation, www.dot.gov/aff airs/ minetasp051804.htm (accessed October 5, 2005).
9　Zygmunt Bauman, *Globalization: The Human Consequences* (New York: Columbia University Press, 1988), 89.
10　Associated Press online at www.wwltv.com/stories/wwl090605refugees_.306635f1.html (accessed October 5, 2005).
11　Ibid.
12　Ibid.
13　This and the following quotations are from Mike Pesca, "Are Katrina's Victims 'Refugees' or 'Evacuees?'"National Public Radio, www.npr.org/templates/story/story.php?storyId=4833613 (accessed October 5, 2005).
14　See Patricia Tuitt, *False Images: Law's Construction of the Refugee* (London: Pluto, 1996).

Abler, Ronald., John. Adams, and Peter Gould. *Spatial Organization: The Geographer's View of the World.* Englewood Cliffs, NJ: Prentice Hall, 1971.

Adey, Peter. "Secured and Sorted Mobilities: Examples from the Airport." *Surveillance and Society* 1, no. 4 (2004): 500–19.

——. "Surveillance at the Airport: Surveilling Mobility/Mobilising Surveillance." *Environment and Planning A* 36, no. 8 (2004): 1365–1380.

Agnew, John. *The United States in the World Economy.* Cambridge: Cambridge University Press, 1987.

Anderson, Kay. *Vancouver's Chinatown: Racial Discourse in Canada, 1875–1980.* Montreal: McGill-Queen's University Press, 1991.

Anzaldua, Gloria. *Borderlands: La Frontera = the New Mestiza.* San Francisco, CA: Aunt Lute Books, 1987.

Appadurai, Arjun. *Modernity at Large: Cultural Dimensions of Globalization.* Minneapolis, MN: University of Minnesota Press, 1996.

Armitage, David. "Three Concepts of Atlantic History." In *The British Atlantic World 1500–1800,* edited by David Armitage and Michael Braddick, 11–27. Basingstoke: Palgrave Macmillan, 2002.

Arnold, Matthew, and John Dover Wilson. *Culture and Anarchy.* Cambridge: Cambridge University Press, 1935.

Atkinson, David. "Nomadic Strategies and Colonial Governance: Domination and the Resistance in Cyrenaice, 1923–1932." In *Entanglements of Power: Geographies of Domination/Resistance,* edited by Joanne Sharp, Paul Routledge, Chris Philo and Ronan Paddison, 256–68. London: Routledge, 2000.

Augé, Marc. *Non-Places: Introduction to an Anthropology of Supermodernity.* London and New York: Verso, 1995.

Bahnisch, Mark. "Embodied Work, Divided Labour: Subjectivity and the Scientific Management of the Body in Frederick W. Taylor's 1907 'Lecture on Management.' " *Body and Society* 6, no. 1 (2000): 51–68.

Bailey, E. "From Welfare Lines to Commuting Crush." *Los Angeles Times,* October 6, 1997, 1.

Bakhtin, Mikhail. *Rabelais and His World.* Bloomington: Indiana University Press, 1984.

Bale, John, and Joe Sang. *Kenyan Running: Movement Culture, Geography, and Global Change.* London and Portland, OR: Frank Cass, 1996.

Balibar, Ettiene. "Ambiguous Univerality." *Differences* 7 (spring 1995): 48–74.

Banta, Martha. *Taylored Lives: Narrative Productions in the Age of Taylor, Veblen, and Ford.* Chicago, IL: University of Chicago Press, 1993.

Barry, Kathleen. *Susan B. Anthony: Biography of a Singular Feminist.* New York: 1st Books, 2000.

Battersby, Albert. *Network Analysis for Planning and Scheduling.* New York: Wiley, 1970.

Baudrillard, Jean. *America.* London: Verso, 1988.

Bauman, Zygmunt. *Globalization: The Human Consequences.* New York: Columbia University Press, 1998.

————. *Legislators and Interpreters.* Oxford: Polity Press, 1987.

————. *Life in Fragment: Essays in Postmodern Morality.* Oxford: Blackwell, 1995.

————. *Liquid Modernity.* Cambridge: Polity Press, 2000.

————. *Modernity and Ambivalence.* Ithaca, NY: Cornell University Press, 1991.

Beard, George. "Causes of American Nervousness." In *Popular Culture and Industrialism,* edited by Henry Nash Smith, 57–70. New York: New York University Press, 1967.

Beard, George Miller. *American Nervousness; Its Causes and Consequences, a Supplement to Nervous Exhaustion (Neurasthenia).* New York: G. P. Putnam's Sons, 1881.

Beier, A. L. *Masterless Men: The Vagrancy Problem in England 1560–1640.* London: Methuen, 1985.

Benjamin, Walter. *The Arcades Project.* Cambridge, MA: Belknap Press of Harvard University Press, 1999.

Berch, Bettina. "Scientific Management in the Home: The Empresses New Clothes." *Journal of American Culture* 3, no. 3 (1980): 440–45.

Berger, John. *Into Their Labours: A Trilogy.* New York: Pantheon Books, 1991.

Berman, Marshall. *All That Is Solid Melts into Air: The Experience of Modernity.* Harmondsworth: Penguin, 1988.

Best, Steven, and Douglas Kellner. *Postmodern Theory: Critical Interrogations, Critical Perspectives.* New York: Guilford Press, 1991.

Blomley, Nicholas K. *Law, Space and the Geographies of Power.* New York: Guilford, 1994.

Blomley, Nicholas K., David Delaney, and Richard T. Ford. *The Legal Geographies Reader: Law, Power, and Space.* Oxford and Malden, MA: Blackwell Publishers, 2001.

Blomley, Nicholas K., and Geraldine Pratt. "Canada and the Political Geographies of Rights." *Canadian Geographer* 45, no. 1 (2001): 151–66.

Blunt, Alison. *Travel, Gender and Imperialism: Mary Kingsley and West Africa.* New York: Guilford, 1994.

Boer, Inge. "No-Man's Land? Five Short Cases on Deserts and the Politics of Place." In *Mobilizing Place, Placing Mobility*, edited by Ginette Verstraete and Tim Cresswell, 155–72. Amsterdam: Rodopi, 2002.

Boorstin, Daniel. *The Americans: The National Experience*. London: Weidenfeld and Nicholson, 1966.

Bourdieu, Pierre. *Distinction: A Social Critique of the Judgement of Taste*. Cambridge, MA: Harvard University Press, 1984.

————. *The Logic of Practice*. Stanford, CA: Stanford University Press, 1990.

Boyer, M. Christine. *Dreaming the Rational City: The Myth of American City Planning*. Cambridge, MA: MIT Press, 1983.

Braidotti, Rosi. *Nomadic Subjects: Embodiment and Sexual Difference in Contemporary Feminist Theory*. New York: Columbia University Press, 1994.

Braun, Marta. *Picturing Time: The Work of Etienne-Jules Marey (1830–1904)*. Chicago, IL: University of Chicago Press, 1992.

Braun, Marta, and Elizabeth Whitcombe. "Marey, Muybridge, and Londe: The Photography of Pathological Locomotion." *History of Photography* 23, no. 3 (1999): 218–24.

Braverman, Harry. *Labor and Monopoly Capital*. New York: Monthly Review Press, 1974.

Brendon, Piers. *Thomas Cook: 150 Years of Popular Tourism*. London: Secker & Warburg, 1991.

Brown, M. "A Flying Leap into the Future." *Metropolis*, July/August (1995): 50–79.

Brown, Michael. *Replacing Citizenship: Aids, Activism and Radical Democracy*. New York: Guilford, 1997.

Bryson, Norman. "Cultural Studies and Dance History." In *Meaning in Motion: New Cultural Studies of Dance*, edited by Jane Desmond, 55–80. Durham, NC: Duke University Press, 1997.

Buckland, Theresa. "Edward Scott: The Last of the English Dancing Masters." *Dance Research* 21, no. 2 (2003): 3–35.

Buck-Morss, Susan. "The Flâneur, the Sandwichman and the Whore: The Politics of Loitering." *New German Critique* 39 (1986): 99–141.

Bullard, Robert D., Glenn S. Johnson, and Angel O. Torres. *Highway Robbery: Transportation Racism & New Routes to Equity*. Cambridge, MA: South End Press, 2004.

Bullen, Anna, and Mark Whitehead. "Negotiating the Networks of Space, Time and Substance: A Geographical Perspective on the Sustainable Citizen." *Citizenship Studies* 9, no. 5 (2005): 499–516.

Burch, Noël. *Life to Those Shadows*. Berkeley: University of California Press, 1990.

Burgess, Ernest. "The Growth of the City: An Introduction to a Research Project." In *The City: Suggestions for Investigation of Human Behavior in the Urban*

Environment, edited by Robert Park and Ernest Burgess, 47–62. Chicago, IL: University of Chicago Press, 1925.

Burgos, Rita, and Laura Pulido. "The Politics of Gender in the Los Angeles Bus Riders' Union/Sindicato De Pasajaros." *Capitalism Nature Society* 9, no. 3 (1998): 75–82.

Butterfi eld, Gerald. "The Degeneracy of Dancing." *Dance Journal* II, no. 3 (1908): 2–3.

Buzard, James. *The Beaten Track: European Tourism, Literature, and the Ways to Culture, 1800–1918*. Oxford: Oxford University Press, 1992.

Canguilhem, Georges. *The Normal and the Pathological*. Cambridge, MA: Zone Books, 1989.

Casey, Edward S. *The Fate of Place: A Philosophical History*. Berkeley: University of California Press, 1998.

Castells, Manuel. *The Rise of the Network Society*. Cambridge, MA: Blackwell Publishers, 1996.

Chafee, Zechariah. *Three Human Rights in the Constitution of 1787*. Lawrence: University of Kansas Press, 1956.

Chambers, Iain. *Border Dialogues: Journeys in Postmodernity*. New York: Routledge, 1990.

———. *Migrancy, Culture, Identity*. London: Routledge, 1994.

Chouinard, Vera. "Legal Peripheries: Struggles over Disabled Canadians' Places in Law, Society and Space." *Canadian Geographer* 45, no. 1 (2001): 187–92.

Christ, Ronald, and Dennis Dollens. *New York: Nomadic Design*. Barcelona: Gustavo Gili, 1993.

Clifford, James. *Routes: Travel and Translation in the Later Twentieth Century*. Cambridge, MA: Harvard University Press, 1997.

———. "Traveling Cultures." In *Cultural Studies*, edited by Lawrence Grossberg, Cary Nelson and Paula Treichler, 96–111. London: Routledge, 1992.

Cooper, Emmanuel. *Fully Exposed: The Male Nude in Photography*. 2nd ed. London and New York: Routledge, 1995.

Copley, Frank Barkley. Frederick W. *Taylor, Father of Scientific Management*. New York: American Society of Mechanical Engineers, 1923.

Corbin, Alain. *The Foul and the Fragrant: Odor and the French Social Imagination*. Cambridge, MA: Harvard University Press, 1986.

Cowan, Ruth Schwartz. *More Work for Mother: The Ironies of Household Technology from the Open Hearth to the Microwave*. New York: Basic Books, 1983.

Craddock, Susan. *City of Plagues: Disease, Poverty, and Deviance in San Francisco*. Minneapolis: University of Minnesota Press, 2000.

Crang, Mike. "Between Places: Producing Hubs, Flows, and Networks." *Environment and Planning A* 34 (2002): 569–74.

Crary, Jonathan. *Suspensions of Perception: Attention, Spectacle, and Modern Culture*.

Cambridge, MA: MIT Press, 1999.

————. *Techniques of the Observer: On Vision and Modernity in the Nineteenth Century*. Cambridge, MA: MIT Press, 1990.

Cresswell, Tim. "Embodiment, Power and the Politics of Mobility: The Case of Female Tramps and Hobos." *Transactions of the Institute of British Geographers* 24 (1999): 175–92.

————. *In Place/Out of Place: Geography, Ideology and Transgression*. Minneapolis: University of Minnesota Press, 1996.

————. *Place: A Short Introduction*. Oxford: Blackwell, 2004.

————. "The Production of Mobilities." *New Formations* 43 (spring 2001): 3–25.

————. *The Tramp in America*. London: Reaktion, 2001.

————. "Weeds, Plagues and Bodily Secretions: A Geographical Interpretation of Metaphors of Displacement." *Annals of the Association of American Geographers* 87, no. 2 (1997): 330–45.

Cronon, William. *Nature's Metropolis: Chicago and the Great West*. New York: Norton, 1991.

Crouch, David. *Leisure/Tourism Geographies*. New York: Routledge, 1999.

Curry, Michael. "The Profiler's Question and the Treacherous Traveler: Narratives of Belonging in Commercial Aviation." *Surveillance and Society* 1, no. 4 (2004): 475–99.

D'Albert, Charles. "The Evils of Imitative Teaching." *Dance Journal* 1, no. 2 (1907): 2–3.

Daniels, Roger. *Not Like Us: Immigrants and Minorities in America, 1890–1924*. Chicago: Ivan R. Dee, 1997.

Davies, Norman. *Europe: A History*. Oxford; New York: Oxford University Press, 1996.

Davis, Mike. *Dead Cities, and Other Tales*. New York: New Press: Distributed by W.W. Norton, 2002.

de Certeau, Michel. *The Practice of Everyday Life*. Berkeley: University of California Press, 1984.

Deben, Leon. "Public Space and the Homeless in Amsterdam." In *Amsterdam Human Capital*, edited by Sako Musterd and Willem Salet, 229–46. Amsterdam: Amsterdam University Press, 2003.

Delaney, David. "The Boundaries of Responsibility: Interpretations of Geography in School Desegregation Cases." In *The Legal Geographies Reader*, edited by Nicholas K. Blomley, David Delaney and Richard T. Ford, 54–68. Oxford: Blackwell, 2001.

————. *Law and Nature*. Cambridge, U.K.; New York: Cambridge University Press, 2003.

————. "Laws of Motion and Immobilization: Bodies, Figures and the Politics of Mobility." Paper presented at the Mobilities Conference, Gregynog, Newtown,

Wales 1999.

————. *Race, Place and the Law*. Austin: University of Texas Press, 1998.

Deleuze, Gilles. *On the Line*. Brooklyn, NY: Autonomedia, 1999.

Deleuze, Gilles, and Félix Guattari. *Nomadology: The War Machine*. New York: Semiotext(e), 1986.

Deleuze, Gilles, and Félix Guattari. *A Thousand Plateaus: Capitalism and Schizophrenia*. Minneapolis: University of Minnesota Press, 1987.

Desforges, Luke, Rhys Jones, and Mike Woods. "New Geographies of Citizenship." *Citizenship Studies* 9. no. 5 (2005): 439–451.

Desmond, Jane. "Embodying Difference: Issues in Dance and Cultural Studies." *Cultural Critique* (winter 1993–94): 33–63.

————. *Meaning in Motion: New Cultural Studies of Dance*. Durham, NC: Duke University Press, 1997.

Deutsch, Sarah. *Women and the City: Gender, Space and Power in Boston, 1870–1940*. Oxford: Oxford University Press, 2002.

Dewsbury, J. D. "Performativity and the Event: Enacting a Philosophy of Difference." *Environment and Planning D: Society and Space* 18 (2000): 473–96.

Dixon, Deborah, and John Paul Jones. "My Dinner with Derrida: Or Spatial Analysis and Post-Structuralism Do Lunch." *Environment and Planning A* 30 (1998): 247–60.

Doane, Mary Ann. *The Emergence of Cinematic Time: Modernity, Contingency, the Archive*. Cambridge, MA: Harvard University Press, 2002.

Dodge, Martin, and Rob Kitchin. "Flying through Code/Space: The Real Virtuality of Air Travel." *Environment and Planning A* 36 (2004): 195–211.

Dodgshon, Robert. A. *The European Past: Social Evolution and Spatial Order*. Basingstoke, Hampshire: Macmillan Education, 1987.

Doel, Marcus A. *Poststructuralist Geographies: The Diabolical Art of Spatial Science*. Lanham, MD: Rowman & Littlefield, 1999.

Domosh, Mona. "Those "Gorgeous Incongruities": Polite Politics and Public Space on the Streets of Nineteenth-Century New York City." *Annals of the Association of American Geographers* 88, no. 2 (1998): 209–26.

Doray, Bernard. *From Taylorism to Fordism: A Rational Madness*. London: Free Association, 1988.

Douglas, George H. *All Aboard! The Railroad in American Life*. New York: Paragon House, 1992.

Durkheim, Emile. *The Division of Labour in Society, Contemporary Social Theory*. Houndmills, Basingstoke, Hampshire: Macmillan, 1984.

Edwards, Elizabeth. *Anthropology and Photography, 1860–1920*. New Haven: Yale University Press in association with the Royal Anthropological Institute London, 1992.

Ehrenreich, Barbara, and Deirdre English. *For Her Own Good: 150 Years of the*

Experts' Advice to Women. Garden City, NY: Anchor Press, 1978.

Eliot, T. S. *Notes towards the Definition of Culture*. London: Faber and Faber, 1948.

Elshtain, Jean Bethke. *Public Man, Private Woman: Women in Social and Political Thought*. Princeton, NJ: Princeton University Press, 1993.

Enloe, Cynthia H. *Bananas, Beaches & Bases: Making Feminist Sense of International Politics*. London: Pandora, 1989.

Entrikin, J. Nicholas. *The Betweenness of Place: Towards a Geography of Modernity*. Baltimore, MD: Johns Hopkins University Press, 1991.

Feifer, Maxine. *Tourism in History: From Imperial Rome to the Present*. New York: Stein and Day, 1986.

Feldman, Leslie. *Freedom as Motion*. Lanham, MD: University Press of America, 2001.

Finnegan, Margaret Mary. *Selling Suffrage: Consumer Culture & Votes for Women*. New York: Columbia University Press, 1999.

Flexner, Eleanor. *Century of Struggle: The Woman's Rights Movement in the United States*. Cambridge, MA: Belknap Press of Harvard University Press, 1975.

Fontaine, Pascal. *A Citizen's Europe, Europe on the Move*. Luxembourg: Office for Official Publications of the European Communities, 1993.

Forer, Pip. "A Place for Plastic Space?" *Progress in Human Geography* 2 (1978): 230–67.

Foster, Sue. "The Ballerina's Phallic Pointe." In *Corporealities: Dancing Knowledge, Culture and Power*, edited by S. Foster, 1–24. London: Routledge, 1996.

Foucault, Michel. *Discipline and Punish: The Birth of the Prison*. New York: Vintage Books, 1979.

———. *Power/Knowledge*. New York: Pantheon, 1980.

Franko, M. "Five Theses on Laughter aft er All." In *Moving Words: Re-Writing Dance*, edited by G Morris, 43–62. London: Routledge, 1996.

Fraser, Angus M. *The Gypsies*. Oxford: Blackwell, 1992.

Fuller, Gillian. "The Arrow - Directional Semiotics; Wayfinding in Transit." *Social Semiotics* 12, no. 3 (2002): 131–44.

———. "Perfect Match: Biometrics and Body Patterning in a Networked World." *Fibreculture Journal* 1 (2004): n.p.

Fulton, William B. *The Reluctant Metropolis: The Politics of Urban Growth in Los Angeles*. Point Arena, CA: Solano Press Books, 1997.

Fussell, Paul. *Abroad: British Literary Traveling between the Wars*. New York: Oxford University Press, 1980.

Garcia, Robert, and Thomas A. Rubin. "Cross Road Blues: The MTA Consent Decree and Just Transportation." In *Running on Empty: Transport, Social Exclusion and Environmental Justice*, edited by Karen Lucas. London: The Policy Press, 2004.

Garrison, William Louis. *Studies of Highway Development and Geographic Change*.

Seattle: University of Washington Press, 1959.

Gerritsen, Reinier, and Luuk Kramer. *Schiphol Airport*. Rotterdam: NAi Publishers, 1999.

Gilbreth, Frank Bunker, and Lillian Moller Gilbreth. *Applied Motion Study; a Collection of Papers on the Efficient Method to Industrial Preparedness*. New York: Sturgis & Walton company, 1917.

—————. *Fatigue Study; the Elimination of Humanity's Greatest Unnecessary Waste, a First Step in Motion Study*. 2d. rev. ed. New York: Macmillan Company, 1919.

—————. "Motion Models: Their Use in the Transference of Experience and the Presentation of Comparative Results in Educational Methods." Paper presented at the American Association for the Advancement of Science, Columbus, Ohio, December 27, 1915– January 1, 1916.

—————. *Motion Study for the Handicapped*. London: G. Routledge & Sons Ltd., 1920.

Gilbreth, Frank Bunker, and Robert Thurston Kent. *Motion Study, a Method for Increasing the Efficiency of the Workman*. New York: D. Van Nostrand Company, 1911.

Gilpin, H. "Lifelessness in Movement, or How Do the Dead Move?" In *Corporealities: Dancing Knowledge, Culture and Power*, edited by S Foster, 106–28. London: Routledge, 1996.

Gilroy, Paul. *The Black Atlantic: Modernity and Double Consciousness*. Cambridge, MA: Harvard University Press, 1993.

Goldstein, Carolyn. "From Service to Sales: Home Economics in Light and Power 1920–1940." *Technology and Culture* 38, no. 1 (1997): 121–52.

Gottdiener, Mark. *Life in the Air: Surviving the New Culture of Air Travel*. Lanham, MD: Rowman & Littlefield, 2000.

—————. *The Social Production of Urban Space*. Austin: University of Texas Press, 1994.

Graham, Laurel. "Domesticating Efficiency: Lillian Gilbreth's Scientific Management of Homemakers, 1924–1930." *Signs* 24, no. 3 (1999): 633–75.

—————. "Lillian Moller Gilbreth's Extensions of Scientific Management into Women's Work, 1924–1935." PhD diss., University of Illinois, 1992.

—————. *Managing on Her Own: Dr. Lillian Gilbreth and Women's Work in the Interwar Era*. Norcross, GA: Engineering & Management Press, 1998.

Graham, Stephen, and Simon Marvin. *Splintering Urbanism Networked Infrastructures, Technological Mobilities and the Urban Condition*. New York: Routledge, 2001.

Gramsci, Antonio. "Americanism and Fordism." In *Selections from the Prison Notebooks*, edited by Quintin Hoare and Geoffrey Smith, 277–318. New York: International Publishers, 1971.

Gregory, Derek. *Geographical Imaginations*. Cambridge, MA: Blackwell, 1994.

————. *Ideology, Science and Human Geography*. London: Hutchinson, 1978.

Grossberg, Lawrence. "Cultural Studies and/in New Worlds." *Critical Studies in Mass Communication* 10 (1993): 1–22.

Grosz, Elizabeth. *Architecture from the Outside: Essays on Virtual and Real Space*. Cambridge, MA: MIT Press, 2001.

Gupta, Akhil, and James Ferguson. "Beyond Culture: Space, Identity and the Politics of Difference." *Cultural Anthropology* 7, no. 1 (1992): 6–22.

Haas, Robert Bartlett. *Muybridge: Man in Motion*. Berkeley: University of California Press, 1976.

Hacking, Ian. "Les Alienes Voyageurs: How Fugue Became a Medical Entity." *History of Psychiatry* 7 (1996): 425–49.

————. "Making Up People." In *Reconstructing Individualism: Autonomy, Individuality, and the Self in Western Thought*, edited by T. Heller, M. Sosna, and D. Wellbery, 222–236. Stanford, CA: Stanford University Press, 1986.

————. *The Taming of Chance*. Cambridge: Cambridge University Press, 1990.

Hägerstrand, Torsten, and Allan Richard Pred. *Space and Time in Geography: Essays Dedicated to Torsten Hägerstrand*, Lund Studies in Geography. Ser. B., Human Geography, No. 48. Lund: CWK Gleerup, 1981.

Haggett, Peter. *Locational Analysis in Human Geography*. London: Edward Arnold, 1965.

Hall, Catherine. *White, Male and Middle-Class: Explorations in Feminism and History*. NY: Routledge, 1992.

Hanson, Susan, and Geraldine J. Pratt. *Gender, Work, and Space*. New York: Routledge, 1995.

Harrington, Ralph. "The Railway Journey and the Neuroses of Modernity." In *Pathologies of Travel*, edited by Richard Wrigley and George Revill, 261–78. Amsterdam: Rodopi, 2000.

Harvey, David. *The Condition of Postmodernity*. Blackwell. Oxford, 1989.

————. "From Space to Place and Back Again." In *Mappiing the Futures*, edited by Jon Bird, Barry Curtis, Tim Putnam, George Robertson, and Lisa Tickner, 3–29. London: Routledge, 1993.

————. *The Limits to Capital*. Chicago, IL: University of Chicago Press.

————. *The Urban Experience*. Baltimore, MD: Johns Hopkins University Press, 1989.

Hayden, Dolores, and Cairns Collection of American Women Writers. *The Grand Domestic Revolution: A History of Feminist Designs for American Homes, Neighborhoods, and Cities*. Cambridge, MA: MIT Press, 1981.

Heidegger, Martin. *Poetry, Language, Thought*. Edited by Martin Heidegger. Works. New York: Harper & Row, 1971.

Hendricks, Gordon. *Eadweard Muybridge: The Father of the Motion Picture*. New

York: Grossman Publishers, 1975.

Hetherington, Kevin. *New Age Travellers: Vanloads of Uproarious Humanity*. London: Cassell, 2000.

————. "Whither the World? Presence, Absence and the Globe." In *Mobilizing Place, Placing Mobility: The Politics of Representation in a Globalized World*, edited by Tim Cresswell and Ginette Verstraete, 173–88. Amsterdam: Rodopi, 2002.

Hobbes, Thomas. *The English Works of Thomas Hobbes of Malmesbury*. London: J. Bohn, 1839.

————. *Leviathan*. London: Penguin, 1988.

Hoelscher, Steven. "Conserving Diversity: Provincial Cosmopolitanism and America's Multicultural Heritage." In *Textures of Place: Exploring Humanist Geographies*, edited by Paul Adams, Steven Hoelscher, and Karen Till, 375–402. Minneapolis: University of Minnesota Press, 2001.

Hoggart, Richard. *The Uses of Literacy*. London: Pelican, 1958.

Holloway, Julian, and James Kneale. "Mikhail Bakhtin: Dialogics of Space." In *Th inking Space*, edited by Mike Crang and Nigel Thrift , 71–88. London: Routledge, 2000.

Honig, Bonnie. *Democracy and the Foreigner*. Princeton, NJ: Princeton University Press, 2001.

Hopper, Kim. *Reckoning with Homelessness, The Anthropology of Contemporary Issues*. Ithaca, NY: Cornell University Press, 2003.

Hyndeman, Jennifer. "Border Crossings." *Antipode* 29, no. 2 (1997): 149–76.

Ibelings, Hans. *Supermodernism: Architecture in the Age of Globalization*. Rotterdam: NAi, 1998.

Illich, Ivan. *Energy and Equity, Ideas in Progress*. New York: Harper & Row, 1974.

————. *Toward a History of Needs*. 1st ed. New York: Pantheon Books, 1978.

Imrie, Rob. "Disability and Discourses of Mobility and Movement." *Environment and Planning A* 32, no. 9 (2000): 1641–56.

Isin, Engin F. *Being Political: Genealogies of Citizenship*. Minneapolis: University of Minnesota Press, 2002.

Isin, Engin F., and Patricia K. Wood. *Citizenship and Identity, Politics and Culture*. London and Thousand Oaks, CA: Sage, 1999.

Iyer, Pico. *The Global Soul: Jet Lag, Shopping Malls, and the Search for Home*. New York: Knopf: Distributed by Random House, 2000.

Iyer, Pico. "Where Worlds Collide." *Harper's Magazine*, August 1995, 50–57.

Jackson, John. B. *Landscape in Sight: Looking at America*. New Haven, CT: Yale University Press, 1997.

Jasper, James M. *Restless Nation: Starting over in America*. Chicago, IL: University of Chicago Press, 2000.

Jokinen, Eeva, and Soile Veijola. "The Disorientated Tourist: The Figuration of the

Tourist in Contemporary Cultural Studies." In *Touring Cultures*, edited by John Urry and Chris Rojek, 23–51. London: Routledge, 1997.

Kaeli'inohomoku, J. "Cultural Change: Functional and Dysfunctional Expressions of Dance, a Form of Affective Culture." In *The Performing Arts*, edited by J. Blacking and J. Kaeli'inohomoku. The Hague: Mouton, 1979.

Kaeppler, A. "American Approaches to the Study of Dance." *Yearbook of Traditional Music* 23 (1991): 11–21.

Kanigel, Robert. *The One Best Way: Frederick Winslow Taylor and the Enigma of Efficiency*, The Sloan Technology Series. New York: Viking, 1997.

Kaplan, Caren. *Questions of Travel: Postmodern Discourses of Displacement*. Durham, NC: Duke University Press, 1996.

Kennedy, Duncan. "The Critique of Rights in Critical Legal Studies." In *Left Legalism/ Left Critique*, edited by Wendy Brown and Janet Halley, 178–228. Durham NC: Duke University Press, 2002.

Kern, Stephen. *The Culture of Time and Space 1880–1918*. Cambridge, MA: Harvard University Press, 1983.

Kinnaird, Vivian, and Derek R. Hall. *Tourism: A Gender Analysis*. Chichester [England]; New York: John Wiley & Sons, 1994.

Kleinberg, S. J. *Women in the United States, 1830–1945*. New Brunswick, NJ: Rutgers University Press, 1999.

Kobayashi, Audrey, and Brian Ray. "Civil Risk and Landscapes of Marginality in Canada: A Pluralist Approach to Social Justice." *Canadian Geographer* 44 (2000): 401–17.

Kouwenhoven, John. *The Beer-Can by the Highway*. Baltimore, MD: Johns Hopkins University Press, 1961.

Kraditor, Aileen S. *The Ideas of the Woman Suffrage Movement, 1890–1920*. New York: Columbia University Press, 1965.

Kraus, Richard G., and Sarah Chapman Hilsendager. *History of the Dance in Art and Education*. 2d ed. Englewood Cliffs, NJ: Prentice-Hall, 1981.

Kraut, Alan M. *Silent Travelers: Germs, Genes, and the "Immigrant Menace."* Baltimore, MD: Johns Hopkins University Press, 1995.

Laban, Rudolf von. *Laban's Principles of Dance and Movement Notation*. London: Macdonald & Evans, 1975.

Laban, Rudolf von, and F. C. Lawrence. *Effort: Economy in Body Movement*. 2d ed. Boston, MA: Plays Inc., 1974.

Lai, H. Mark, Genny Lim, Judy Yung, and Chinese Culture Foundation. *Island: Poetry and History of Chinese Immigrants on Angel Island, 1910–1940*. HOC DOI ; distributed by San Francisco Study Center, 1980.

Langan, Celeste. "Mobility Disability." *Public Culture* 13, no. 3 (2001): 459–84.

Lange, Dorothea, and Paul Schuster Taylor. *An American Exodus; a Record of Human*

Erosion. New York: Reynal & Hitchcock, 1939.

Lavie, Smadar, and Ted Swedenburg. "Between and among the Boundaries of Culture: Bridging Text and Lived Experience in the Third Timespace." *Cultural Studies* 10, no. 1 (1996): 154–79.

Law, Robin. "Beyond 'Women and Transport': Towards New Geographies of Gender and Daily Mobility." *Progress in Human Geography* 23, no. 4 (1999): 567–88.

Leavis, F. R. *Mass Civilisation and Minority Culture.* Cambridge, U.K.: Minority Press, 1930.

Lefebvre, Henri. *The Production of Space.* Oxford: Blackwell, 1991.

Lewis, Orlando. *Vagrancy in the United States.* New York: Self-published, 1907.

Linebaugh, Peter, and Marcus Buford Rediker. *The Many-Headed Hydra: The Hidden History of the Revolutionary Atlantic.* Boston, MA: Beacon Press, 2000.

Lippard, Lucy R. *Changing: Essays in Art Criticism.* New York: Dutton, 1971.

Llewelyn, Mark. "Designed by Women and Designing Women: Gender, Planning and the Geographies of the Kitchen in Britain 1917–1946." *Cultural Geographies* 10 (2004): 42–60.

Lowe, J. and S. Moryadas. *The Geography of Movement.* Boston: Houghton Mifflin, 1975.

Lowe, Lisa. *Immigrant Acts: On Asian American Cultural Politics.* Durham, NC: Duke University Press, 1996.

Lynd, Robert Staughton, and Helen Merrell Lynd. *Middletown: A Study in American Culture.* New York: Harcourt Brace, 1956.

Lyotard, Jean-François. *The Postmodern Condition: A Report on Knowledge.* Minneapolis: University of Minnesota Press, 1984.

Lyotard, Jean François, and Jean-Loup Thébaud. *Just Gaming.* Minneapolis: University of Minnesota Press, 1985.

MacCannell, Dean. *The Tourist: A New Theory of the Leisure Class.* Rev. ed. New York: Schocken Books, 1989.

Malkki, Liisa. "National Geographic: The Rooting of Peoples and the Territorialization of National Identity among Scholars and Refugees." *Cultural Anthropology* 7, no. 1 (1992): 24–44.

Malpas, J. E. *Place and Experience: A Philosophical Topography.* Cambridge, U.K.; New York: Cambridge University Press, 1999.

Mann, Eric, Kikanza Ramsey, Barbara Lott-Holland, and Geoff Ray. "An Environmental Justice Strategy for Urban Transportation in Atlanta: Lessons and Observations from Los Angeles." Los Angeles: Labor/Community Strategy Center, 2001.

Marey, Etienne Jules. *Animal Mechanism: A Treatise on Terrestrial and Aerial Locomotion.* 2d. ed. London: Henry S. King & Co. 65 Cornhill and 12 Paternoster Row London, 1874.

Marey, Étienne-Jules, and Eric Pritchard. *Movement*. New York: D. Appleton and Company, 1895.

Martin, Emily. "The Egg and the Sperm: How Science Has Constructed a Romance Based on Stereotypical Male-Female Sex Roles." *Signs: Journal of Women in Culture and Society* 16, no. 3 (1991): 485–501.

————. "Science and Women's Bodies: Forms of Anthropological Knowledge." In *Body/Politics: Women and the Discourses of Science*, edited by Mary Jacobus, Evelyn Fox Keller, and Sally Shuttleworth, 69–82. London: Routledge, 1990.

Marx, Karl. *Grundrisse. Foundations of the Critique of Political Economy*. New York: Vintage Books, 1973.

————. "On the Jewish Question." In *The Marx-Engels Reader*, edited by Robert C. Tuckner, 26–52. New York: Norton, 1978.

Massey, Doreen. "A Global Sense of Place." In *Reading Human Geography*, edited by Trevor Barnes and Derek Gregory, 315–23. London: Arnold, 1997.

————. "Power-Geometry and Progressive Sense of Place." In *Mapping the Futures: Local Cultures, Global Change*, edited by Jon Bird, Barry Curtis, Tim Putnam, George Robertson, and Lisa Tickner, 59–69. London: Routledge, 1993.

Massey, Doreen B., and P. M. Jess. *A Place in the World?: Places, Cultures and Globalization, Shape of the World*. Oxford and New York: Oxford University Press, 1995.

Matless, David. *Landscape and Englishness*. London: Reaktion Books, 1998.

McCormack, Derek P. "The Event of Geographical Ethics in Spaces of Affect." *Transactions of the Institute of British Geographers* 28 (2003): 488–507.

McDowell, Linda. "Off the Road: Alternative Views of Rebellion, Resistance, and the 'Beats.'" *Transactions of the Institute of British Geographers* 21, no. 2 (1996): 412–19.

McShane, Clay. *Down the Asphalt Path: The Automobile and the American City, Columbia History of Urban Life*. New York: Columbia University Press, 1994.

Merkle, Judith A. *Management and Ideology: The Legacy of the International Scientific Management Movement*. Berkeley: University of California Press, 1980.

Merleau-Ponty, Maurice. *The Phenomenology of Perception*. London: Routledge and Kegan Paul, 1962.

Miller, Christopher. "The Postidentitarian Predicament in the Footnotes of a Thousand Plateaus: Nomadology, Anthropology, and Authority." *Diacritics* 23, no. 3 (1993): 6–35.

Miller, Daniel. "Conclusion: A Theory of Virtualism." In *Virtualism: A New Political Economy*, edited by James G. Carrier and Daniel Miller, 187–216. Oxford: Berg, 1998.

Mills, Sara. *Discourses of Difference*. London: Routledge, 1991.

Monicat, Benedicte. "Autobiography and Women's Travel Writings in Nineteenth

Century France: Journeys through Self-Representation." *Gender, Place and Culture* 1, no. 1 (1994): 61–70.

Morgan, Jayne. "Edward Muybridge and W. S. Playfair: An Aesthetics of Neurasthenia." *History of Photography* 23, no. 2 (1999): 225–32.

Morin, Karen. "A 'Female Columbus' in 1887 America: Marking New Social Territory." *Gender, Place and Culture* 2, no. 2 (1995): 191–208.

Morris, Gail, ed. *Moving Words: Re-Writing Dance*. London: Routledge, 1996.

Mosse, George L. *Nazi Culture: Intellectual, Cultural, and Social Life in the Third Reich*. New York: Grosset & Dunlap, 1966.

Mumford, Lewis. *The City in History*. New York: Harcourt, Brace and World, 1961.

Muybridge, Eadweard. *Muybridge's Complete Human and Animal Locomotion: All 781 Plates from the 1887 Animal Locomotion*. New York: Dover Publications, 1979.

Nash, Catherine. "Performativity in Practice: Some Recent Work in Cultural Geography." *Progress in Human Geography* 24, no. 4 (2000): 653–64.

Nott, James J. *Music for the People: Popular Music and Dance in Interwar Britain, Oxford Historical Monographs*. Oxford and New York: Oxford University Press, 2002.

Ogborn, Miles. *Spaces of Modernity: London's Geographies, 1680–1780*. New York: Guilford Press, 1998.

Okely, Judith. *The Traveller-Gypsies, Changing Cultures*. Cambridge and New York: Cambridge University Press, 1983.

Painter, Joe, and Chris Philo. "Spaces of Citizenship: An Introduction." *Political Geography* 14, no. 2 (1995): 107–20.

Palmer, Phyllis M. *Domesticity and Dirt: Housewives and Domestic Servants in the United States, 1920–1945*. Philadelphia, PA: Temple University Press, 1989.

Papastergiadis, Nikos. *The Turbulence of Migration: Globalization, Deterritorialization, and Hybridity*. Cambridge: Polity Press, 2000.

Park, Robert. "The Mind of the Hobo: Reflections Upon the Relation between Mentality and Locomotion." In *The City: Suggestions for Investigation of Human Behavior in the Urban Environment*, edited by Robert Park and Ernest Burgess, 156–60. Chicago, IL: University of Chicago Press, 1925.

Pascoe, David. *Airspaces*. London: Reaktion, 2001.

Patton, Paul. "Conceptual Politics and the War-Machine in Mille Plateaux." *SubStance* 13, no. 3–4 (1984): 61–80.

Peake, Linda, and Brian Ray. "Racializing the Canadian Landscape: Whiteness, Uneven Geographies and Social Justice." *Canadian Geographer* 45, no. 1 (2001): 180–86.

Peet, Richard. *Modern Geographical Thought*. Oxford: Blackwell, 1998.

Phillips, S. "Dorothea Lange: An American Photographer." In *Dorothea Lange: American Photographs*, edited by T. Heyman, S. Phillips, and J. Szarkowski, 10–41.

San Francisco, CA: Chronicle Books, 1994.

Picart, C. "Dancing through Different Worlds: An Autoethnography of the Interactive Body and Virtual Emotion in Ballroom Dance." *Qualitative Inquiry* 8, no. 3 (2002): 348–61.

Porter, Roy. *The Greatest Benefi t to Mankind: A Medical History of Humanity.* New York: W.W. Norton, 1997.

Pratt, Geraldine. "Geographies of Identity and Difference: Marking Boundaries." In *Human Geography Today,* edited by Doreen Massey, John Allen and Philip Sarre, 151–68. Cambridge: Polity, 1999.

Pred, Allan Richard. "The Choreography of Existence: Comments on Hagerstrand's Time-Geography and Its Usefulness." *Economic Geography* 53 (1977): 207–21.

————. "Power, Everyday Practice and the Discipline of Human Geography." In *Space and Time in Geography,* edited by Allan Richard Pred, 30–55. Lund: CWK Gleerup, 1981.

Prendergast, Christopher. *Paris and the Nineteenth Century.* Oxford: Blackwell, 1992.

Price, Brian. "Frank and Lillian Gilbreth and the Manufacture and Marketing of Motion Study, 1908–1924." *Business and Economic History* 18 (1989): 88–98.

————. "Frank and Lillian Gilbreth and the Motion Study Controversy, 1907–1930." In *A Mental Revolution: Scientific Management since Taylor,* edited by Daniel Nelson, 58–76. Columbus: Ohio State University Press, 1992.

Pudney, John. *The Thomas Cook Story.* London: M. Joseph, 1953.

Pultz, John. *Photography and the Body.* London: Weidenfeld & Nicholson, 1995.

Rabinbach, Anson. *The Human Motor: Energy, Fatigue, and the Origins of Modernity.* New York: BasicBooks, 1990.

Reed, Susan. "The Politics and Poetics of Dance." *Annual Review of Anthropology* 27 (1998): 503–32.

Relph, Edward. *Place and Placelessness.* London: Pion, 1976.

Revill, George. "Performing French Folk Music: Dance, Authenticity and Nonrepresentational Theory." *Cultural Geographies* 11 (2004): 199–209.

Richardson, Philip J. S. *The History of English Ballroom Dancing 1910–1945.* London: Herbert Jenkins, n.d.

Robinson, Roger. *Ways to Move: The Geography of Networks and Accessibility.* Cambridge, U.K.; New York: Cambridge University Press, 1977.

Rodgers, Daniel T. *Atlantic Crossings: Social Politics in a Progressive Age.* Cambridge, MA: Belknap Press of Harvard University Press, 1998.

Rose, Gillian. *Feminism and Geography: The Limits of Geographical Knowledge.* Cambridge: Polity, 1993.

Rosler, Martha. *Martha Rosler: In the Place of the Public: Observations of a Frequent Flyer.* New York: Cantz, 1998.

Rutherford, John. *The Troubadours: Their Loves and Their Lyrics: With Remarks on*

Their Influence, Social and Literary. London: Smith Elder, 1873.

Ryan, Dennis. *Beyond the Ballot Box: Social History and the Boston Irish, 1845–1917*. Boston: University of Massachusetts Press, 1989.

Ryan, Mary P. *Women in Public: From Banners to Ballots, 1825–1880*. Baltimore, MD: Johns Hopkins University Press, 1989.

Sack, Robert David. ————. *Conceptions of Space in Social Thought: A Geographic Perspective*. London: Macmillan, 1980.

————. *Homo Geographicus*. Baltimore, MD: Johns Hopkins University Press, 1997.

Said, Edward. *Culture and Imperialism*. London: Vintage, 1994.

Salyer, Lucy E. *Laws Harsh as Tigers: Chinese Immigrants and the Shaping of Modern Immigration Law*. Chapel Hill: University of North Carolina Press, 1995.

Sassen, Saskia. *The Global City: New York, London, Tokyo*. 2nd ed. Princeton, NJ: Princeton University Press, 2001.

Sauer, Carl Ortwin. *Agricultural Origins and Dispersals*. New York: American Geographical Society, 1952.

Savigliano, Marta. *Tango and the Political Economy of Passion*. Boulder, CO: Westview Press, 1995.

Scharff , Virginia. *Taking the Wheel: Women and the Coming of the Motor Age*. New York: Free Press, 1991.

Schivelbusch, Wolfgang. *The Railway Journey: The Industrialization of Time and Space in the 19th Century*. Berkeley: University of California Press, 1986.

Scott, James. *Seeing Like a State: How Certain Schemes to Improve the Human Condition Have Failed*. New Haven, CT: Yale University Press, 1998.

Scott, Joan Wallach. *Gender and the Politics of History*. New York: Columbia University Press, 1988.

Seamon, David. "Body-Subject, Time-Space Routines, and Place-Ballets." In *The Human Experience of Space and Place*, edited by A. Buttimer and D. Seamon, 148–65. London: Croom Helm, 1980.

Seltzer, Mark. *Bodies and Machines*. New York: Routledge, 1992.

Sennett, Richard. *The Conscience of the Eye: The Design and Social Life of Cities*. New York: Knopf, distributed by Random House, 1990.

————. *Flesh and Stone: The Body and the City in Western Civilization*. 1st ed. New York: W.W. Norton, 1994.

Serres, Michel. *Angels, a Modern Myth*. Paris: Flammarion, 1995.

Shields, Rob. *Places on the Margin: Alternative Geographies of Modernity*. London: Routledge Chapman Hall, 1991.

Sibley, David. *Outsiders in Urban Societies*. New York: St. Martin's Press, 1981.

Silvester, Victor. *Dancing Is My Life: An Autobiography*. London: Heinemann, 1958.

————. *Modern Ballroom Dancing: History and Practice*. London: Barrie &

Jenkins, 1974.

Simmel, Georg. *The Sociology of Georg Simmel.* Glencoe, IL: Free Press, 1950.

Sklar, D. "On Dance Ethnography." *Dance Research Journal* 23, no. 1 (1991): 6–10.

Smith, Henry Nash. *Popular Culture and Industrialism, 1865–1890.* New York: New York University Press, 1967.

Smith, Neil. *Uneven Development: Nature, Capital, and the Production of Space.* Oxford, UK ; Cambridge, MA, USA: B. Blackwell, 1991.

Smith, Sidonie. *Moving Lives: Twentieth Century Women's Travel Writing.* Minneapolis: University of Minnesota Press, 2001.

Smith, Susan. "Society, Space and Citizenship: A Human Geography for New Times." *Transactions of the Institute of British Geographers* 14 (1990): 144–56.

Smith-Rosenberg, Carroll. *Disorderly Conduct: Visions of Gender in Victorian America.* New York: A. A. Knopf, 1985.

Smithson, Robert, and Nancy Holt. *The Writings of Robert Smithson: Essays with Illustrations.* New York: New York University Press, 1979.

Soja, Edward W. *Postmetropolis: Critical Studies of Cities and Regions.* Oxford; Malden, MA: Blackwell Publishers, 2000.

———. *Postmodern Geographies: The Reassertion of Space in Critical Social Theory.* London ; New York: Verso, 1989.

Solnit, Rebecca. *Motion Studies: Eadweard Muybridge and the Technological Wild West.* London: Bloomsbury, 2003.

———. *Wanderlust: A History of Walking.* New York: Viking, 2000.

Spencer, Frank. "Some Notes on the Attempt to Apply Photography to Anthropometry during the Second Half of the Nineteenth Century." In *Anthropology and Photography 1860–1920,* edited by Elizabeth Edwards, 99–107. New Haven, CT: Yale University Press, 1992.

Spencer, Frank, and Peggy Spencer. *Come Dancing.* London: W. H. Allen, 1968.

Spencer, Paul. *Society and the Dance: The Social Anthropology of Process and Performance.* Cambridge: Cambridge University Press, 1985.

Spragens, Thomas A. *The Politics of Motion; the World of Thomas Hobbes.* Lexington: University Press of Kentucky, 1973.

Strom, Sharon. "Leadership and Tactics in the American Woman Suffrage Movement: A New Perspective from Massachusetts." *Journal of American History* 62, no. 2 (1975): 296–315.

———. *Political Woman: Florence Luscomb and the Legacy of Radical Reform.* Philadelphia, PA: Temple University Press, 2001.

Swain, M. "Gender in Tourism." *Annals of Tourism Research* 22, no. 2 (1995): 247–66.

Taaffe, Edward J., and Howard L. Gauthier. *Geography of Transportation.* Englewood Cliffs, NJ: Prentice-Hall, 1973.

Taylor, Frederick Winslow. *The Principles of Scientific Management.* New York:

Norton, 1967.

Taylor, Peter J. *Modernities: A Geohistorical Interpretation*. Cambridge: Polity Press, 1999.

Tester, Keith, ed. *The Flâneur*. London: Routledge, 1994.

Thomas, Helen. *Dance, Modernity, and Culture: Explorations in the Sociology of Dance*. London and New York: Routledge, 1995.

Thompson, E.P. "Time, Work Discipline, and Industrial Capitalism." *Past and Present* 38 (1967): 56–97.

Thrift , Nigel. "Inhuman Geographies: Landscapes of Speed, Light and Power." In *Writing the Rural: Five Cultural Geographies*, edited by Paul Cloke, 191–250. London: Paul Chapman, 1994.

————. "The Still Point: Resistance, Expressiveness Embodiment and Dance." In *Geographies of Resistance*, edited by S. Pile and M. Keith, 124–51. London: Routledge, 1997.

————. "Summoning Life." In *Envisioning Human Geographies*, edited by Paul Cloke, Philip Crang and Mark Goodwin, 81–103. London: Arnold, 2004.

————. "Transport and Communication 1730–1914." In *An Historical Geography of England and Wales*, edited by Robert A. Dodgshon and Robin Butlin, 453–86. London: Academic Press, 1990.

Thrift , Nigel. J., and Sean French. "The Automatic Production of Space." *Transactions of the Institute of British Geographers* 27 (2002): 309–35.

Tocqueville, Alexis de. *Democracy in America*. Chicago, IL: University of Chicago Press, 2000.

Toffler, Alvin. *Future Shock*. New York: Random House, 1970.

Tönnies, Ferdinand. *Community & Society (Gemeinschaft Und Gesellschaft)*. New York: Harper & Row, 1963.

Torpey, John C. *The Invention of the Passport: Surveillance, Citizenship, and the State*. Cambridge: Cambridge University Press, 2000.

Tschumi, Bernard. *Architecture and Disjunction*. Cambridge, MA: MIT Press, 1994.

Tschumi, Bernard, and Robert Young. *The Manhattan Transcripts*. London: Academy Editions, 1994.

Tuan, Yi-Fu. *Morality and Imagination: Paradoxes of Progress*. Madison, WI: University of Wisconsin Press, 1989.

————. *Space and Place: The Perspective of Experience*. Minneapolis: University of Minnesota Press, 1977.

————. "A View of Geography." *Geographical Review* 81, no. 1 (1991): 99–107.

Turner, Frederick Jackson. *The Frontier in American History*. New York: Holt, Rinehart and Winston, 1947.

Turner, Louis, and John Ash. *The Golden Hordes: International Tourism and the Pleasure Periphery*. London: Constable, 1975.

Turner, Victor Witter. *The Ritual Process: Structure and Anti-Structure*. Ithaca, NY: Cornell University Press, 1977.

Tushnet, Mark. "An Essay on Rights." *Texas Law Review* 62, no. 8 (1984): 1363–403.

Ullman, Edward. "The Role of Transportation and the Bases for Interaction." In *Man's Role in Changing the Face of the Earth*, edited by William L. Thomas, 862–80. Chicago, IL: University of Chicago Press, 1956.

Urry, John. *Sociology beyond Societies: Mobilities for the Twenty-First Century*. London and New York: Routledge, 2000.

—————. *The Tourist Gaze: Leisure and Travel in Contemporary Societies*. London and Newbury Park, CA: Sage Publications, 1990.

Venturi, Robert, *Denise Scott Brown, and Steven Izenour. Learning from Las Vegas*. Cambridge, MA: MIT Press, 1972.

Verstraete, Ginette. "Heading for Europe: Tourism and the Global Itinerary of an Idea." In *Mobilizing Place, Placing Mobility: The Politics of Representation in a Globalized World*, edited by Tim Cresswell and Ginette Verstraete, 33–52. Amsterdam: Rodopi, 2002.

—————. "Technological Frontiers and the Politics of Mobility in the European Union." *New Formations* 43 (spring 2001): 26–43.

Vidler, Anthony. *Warped Space: Art, Architecture and Anxiety in Modern Culture*. Cambridge, MA: MIT Press, 2001.

Virilio, Paul. *Speed and Politics: An Essay on Dromology*, Semiotext(E) Foreign Agents Series. New York, NY, USA: Columbia University, 1986.

Ward, David. *Poverty, Ethnicity and the American City, 1840–1925*. Cambridge: Cambridge University Press, 1989.

Weaver, G. *Our Home or Influences Emanating from the Hearthstone*. Springfield, MA: King Richardson, 1899.

White, H. P., and M. L. Senior. *Transport Geography*. London and New York: Longman, 1983.

Whyte, William Hollingsworth. *The Organization Man*. New York: Simon and Schuster, 1956.

Williams, Patricia J. *The Alchemy of Race and Rights*. Cambridge, MA: Harvard University Press, 1991.

Williams, Raymond. "Mining the Meaning: Keywords in the Miners Strike." In *Resources of Hope*, edited by Raymond Williams. London: Verso, 1989.

Wilson, Elizabeth. *The Sphinx in the City*. Berkeley: University of California Press, 1991.

Wolff, Janet. "The Invisible Flaneuse: Women and the Literature of Modernity." In *Feminine Sentences: Essays on Women and Culture*, edited by Janet Wolff, 34–50. Oxford: Polity, 1990.

—————. "On the Road Again: Metaphors of Travel in Cultural Criticism." *Cultural*

Studies 6 (1992): 224–39.

Wright, John K. "Terrae Incognitae: The Place of the Imagination in Geography." *Annals of the Association of American Geographers* 37 (1947): 1–15.

Yanarella, Ernest J., and Herbert G. Reid. "From 'Trained Gorilla' to 'Humanware': Repoliticizing the Body-Machine Complex between Fordism and Post-Fordism." In *The Social and Political Body*, edited by Theodore Schatzki and Wolfgang Natter, 181–220. New York: Guilford, 1996.

Young, Iris Marion. *Throwing Like a Girl and Other Essays in Feminist Philosophy and Social Theory*. Bloomington: Indiana University Press, 1990.

————. *Justice and the Politics of Difference*. Princeton, NJ: Princeton University Press, 1990.

Zelinsky, Wilbur. *The Cultural Geography of the United States*. Englewood Cliffs, NJ: Prentice Hall, 1973.

Zipf, George Kingsley. *Human Behavior and the Principle of Least Effort; an Introduction to Human Ecology*. Cambridge, MA: Addison-Wesley Press, 1949.

Zolberg, Aristide. "Matters of State: Theorizing Immigration Policy." In *The Handbook of International Migration: The American Experience*, edited by Josh DeWind and Philip Kasinitz, 71–93. New York: Russell Sage, 1999.

온 더 무브

2021년 1월 29일 초판 1쇄 발행

지은이 ｜ 팀 크레스웰
옮긴이 ｜ 최영석
펴낸이 ｜ 노경인 · 김주영

펴낸곳 ｜ 도서출판 앨피
출판등록 ｜ 2004년 11월 23일 제2011-000087호
주소 ｜ 우)07275 서울시 영등포구 영등포로 5길 19(양평동 2가, 동아프라임밸리) 1202-1호
전화 ｜ 02-336-2776   팩스 ｜ 0505-115-0525
블로그 ｜ bolg.naver.com/lpbook12
전자우편 ｜ lpbook12@naver.com

ISBN 979-11-90901-21-5